GUIDE 2018

ORIGINE nature

500 tables attentives

biodiversité · local · terroir

Rédacteur en chef
Bertrand Roug[illegible]

**Éditions
de La Martinière**

Édito

« L'alimentation est un besoin naturel que les hommes ont su transformer en plaisir. La gastronomie est donc un fait de civilisation. Y renoncer n'est pas seulement accablant, c'est également accepter de perdre une partie de notre humanité. »

Chacun essaie de manger une, deux, voire même trois fois par jour pour les plus chanceux, selon des rituels très précis. Et, ce faisant, en mettant des champignons et de la ciboulette dans son omelette, en accordant La Tâche avec du gibier, ou en réchauffant simplement un couscous de la veille, chacun puise à l'intérieur d'un patrimoine culturel et artistique d'une profondeur vertigineuse, qui le relie à ses ancêtres, à ses origines, à son territoire et à son groupe social.

Si l'on veut juger de l'abondance et de la santé d'une civilisation, il faut prioritairement s'intéresser aux richesses contenues dans ses greniers et dans ses caves. Tous deux peuvent se visiter comme des musées et contiennent des trésors. Les greniers détiennent les clefs du passé et du présent, et contribuent à nourrir l'humanité, aussi bien sur le plan nutritif que culturel. Quant aux caves, elles voient l'avenir. Elles invitent l'homme à rechercher le plaisir plus que les regrets, l'immortalité plutôt que l'absolution quand, âgé de 70 ans, il continue à garnir son cellier avec les meilleurs crus, alors qu'il sait qu'il devra attendre encore vingt années pour déguster ses dernières acquisitions !

La culture, le vin et la gastronomie sont évidemment des composantes primordiales de nos vies. Alors, certes, nous avons trop souvent joué aux apprentis sorciers. Chacun sait les tragédies que cela a engendrées. La liste est si longue que ce livre ne suffirait probablement pas à en faire l'inventaire. Heureusement, une poignée de visionnaires (des philosophes, des paysans, des ingénieurs, des médecins, des cuisiniers, des vignerons) nous ont montré comment reprendre notre destin en main. Nous cessons donc progressivement de jouer au kamikaze, et avec notre santé. Désormais, chacun trie ses déchets au lieu de les empiler jusqu'au ciel. Tous circuits confondus, les ventes de produits issus de l'agriculture biologique représentent désormais, en France, un chiffre d'affaires de plus de 7 milliards d'euros par an (alors qu'il n'atteignait pas un milliard il y a quinze ans). On compte près de 50 000 opérateurs exerçant des activités bio sur le territoire (contre 18 000 en 2007). Plus de 1,5 million d'hectares sont engagés en bio fin 2016, soit 5,7 % de la surface agricole utile de l'Hexagone. 80 % de la population indique vouloir se nourrir régulièrement de substances labellisées. La même proportion d'habitants clame accorder, dans ses actes d'achat, une grande importance aux circuits courts, à la préservation de l'environnement et de la biodiversité…

C'est une évidence, les Français plébiscitent le bio et veulent pouvoir en disposer partout. Ils sont 80 % à désirer plus de produits labellisés dans les restaurants. 90 % des parents veulent une augmentation de l'offre bio dans les cantines scolaires. Par ailleurs, jusque dans les programmes électoraux, le consensus existe pour que soient limités les élevages hors sol, afin que tous les animaux aient accès à des extérieurs et disposent d'espaces bien aérés, lumineux et spacieux pour leur permettre de se mouvoir librement. Enfin, 96 % des consommateurs ont l'intention de maintenir ou d'augmenter leur consommation de produits bio. Quant au rejet des OGM, il est presque unanime.

Vous l'avez compris, la vocation de ce guide, et plus largement de la collection « Origine Nature », est de contribuer à accompagner et à accélérer tous ces mouvements vertueux, en renseignant des consommateurs, vous, avides d'informations, de nature et de paix.

On vilipende souvent, à raison, les excès des sociétés industrialisées. Nous avions envie de prendre le contre-pied des pessimistes pour célébrer la passion, l'optimisme et la clairvoyance des cuisiniers qui mettent en valeur toute une filière de comportements et d'artisans responsables. Ce mouvement de fond entraîne un changement des habitudes de nombreux consommateurs qui, ce faisant, contribuent à préserver leurs corps et la planète.

Dans ce livre, nous nous sommes donc attachés à recenser les 500 plus belles tables francophones respectant les impératifs d'excellence, de culture, d'humanisme, d'équité et de naturalité, tels que définis dans nos deux chartes, gastronomique et vinique. C'est dans ces lieux qu'il faut boire, manger, partager, bombancer, s'ambiancer, vivre, célébrer, aimer… Ces tables engagées méritent plus que les autres d'être connues, estimées, récompensées, car elles ouvrent le chemin vers un monde véritablement meilleur, durable et solidaire.

Bertrand Rougier

Sommaire

Le mot du président

Yann Arthus-Bertrand

Photographe

Aujourd'hui, chacun de nous porte les traces des excès et des dérives de notre monde. Que nous le voulions ou pas, notre corps est quotidiennement exposé à des poisons. Ainsi, l'analyse de mes propres cheveux[1] a révélé la présence de cinquante perturbateurs endocriniens. Quelle mauvaise surprise ! Et moi qui pensais que mes efforts pour mener une vie saine suffiraient à me protéger... Les scientifiques en apprennent chaque jour un peu plus sur ces substances dangereuses pour l'homme et l'animal, mais on sait déjà que les pesticides en constituent une des sources principales.

Manger bio, c'est donc d'abord protéger son corps en privilégiant des fruits et des légumes moins exposés aux pesticides. Mais c'est aussi être en accord avec une des convictions que j'essaie de partager depuis des années : il faut respecter conjointement l'Homme et la Terre.

Manger bio, c'est respecter la nature et ses cycles : il n'y a ni fraises ni cerises en hiver, mais c'est là qu'on peut déguster de délicieuses clémentines. Il ne s'agit pas de se priver, mais de mieux consommer, de se sentir responsable, en accord avec les saisons.

Manger bio, c'est encourager les femmes et les hommes qui s'échinent aujourd'hui pour que nous puissions nous nourrir sainement. Tant de producteurs responsables, tant de terroirs à redécouvrir, tant d'initiatives admirables.

1. Étude réalisée par l'ONG Générations futures sur sept personnalités de l'écologie française, publiée le 23 février 2017 et dont les résultats sont disponibles en ligne.

Voilà pourquoi, au sein de la fondation GoodPlanet-Domaine de Longchamp[2], les visiteurs peuvent acheter des produits sains aux producteurs du marché bio ou encore déguster des plats responsables et gourmands. Un lieu qui applique la charte alimentaire « La solution est dans l'assiette », la plus ambitieuse en France. Et, dès 2018, nous y ouvrirons le Pavillon de l'alimentation durable parrainé par Alain Ducasse.

Manger bio, c'est savoir ce qui se trouve dans son assiette, qui l'a produit et en garantir la qualité.

Il est donc tout naturel pour moi de soutenir l'initiative de Gérard Bertrand et d'être le parrain de ce guide.

Car manger bio, finalement, c'est très français !

2. La fondation GoodPlanet-Domaine de Longchamp, ouverte à Paris au printemps 2017, est un lieu dédié à la biodiversité.

Origine Nature

Gérard Bertrand

Vigneron engagé

De l'infiniment grand à l'infiniment petit, du macrocosme au microcosme, des villes aux champs, aux vignes, nous sommes toujours, à chaque instant, éternellement, connectés avec la Nature. Depuis la création, depuis l'origine des temps, nous naissons, grandissons, vivons, respirons grâce à ses bienfaits miraculeux.

Malheureusement, l'urbanisation accrue des dernières décennies, les modes de vie occidentaux et la société de consommation ont bouleversé les priorités de nos concitoyens !

Pourtant, à l'instar des êtres humains, la nature est fragile. Comme une fleur, la vie est éphémère.

Il est donc temps d'ouvrir le champ de conscience et de créer un nouveau paradigme, qui nous permettra de vivre en harmonie avec notre environnement dans le respect des écosystèmes.

L'agriculteur doit se réapproprier les vertus paysannes, celles qui le relient à son terroir, son territoire, son biotope, afin qu'il ressente le besoin vital de préserver sa terre.

Le monde agricole doit devenir une priorité, car il nourrit l'humanité, et façonne l'avenir et la santé de nos enfants.

Il faut donc encourager l'installation des jeunes agriculteurs, favoriser les filières biologiques et biodynamiques dans le cadre d'un développement durable et d'une diversité de produits et de goûts.

Nous devons lutter contre la standardisation et renforcer les produits d'origine, afin de préserver la biodiversité.

Je suis heureux de contribuer avec mes amis Yann Arthus-Bertrand, Vincent Castronovo et tous les membres de ce jury d'experts, à la révélation ou à la reconnaissance des 500 tables francophones attentives à la biodiversité.

Les chefs et restaurateurs sélectionnés dans cet ouvrage sont au quotidien les ambassadeurs de l'art de vivre. Ils choisissent des producteurs cultivant l'excellence et le respect de la biodiversité.

Leur créativité et leur savoir-faire magnifient le goût des terroirs de nos régions, tout en respectant la saisonnalité et les traditions locales.

Notre engagement de vigneron, notre leadership dans la viticulture biologique et biodynamique nous impose cette volonté d'excellence, dédiée à la production de vins révélant le potentiel de leur terroir et le caractère de leurs cépages.

Ce travail vient renforcer celui des chefs, en accompagnant leur talent et en leur permettant de créer des accords mets et vins formidables.

Ce premier guide des tables attentives est une invitation à prendre soin de nos origines et de la nature, afin que cette dernière reste clémente, accueillante, bienveillante, et nous permette de faire le lien avec les nouvelles générations, en ayant le sentiment d'avoir contribué au respect des équilibres de notre Terre.

Manger sain et équilibré pour vivre mieux et longtemps

Vincenzo Castronovo

M.D., Ph. D.

Héraclite (fin du VIe siècle avant J.-C.), philosophe grec, écrivait : « L'état de santé de l'homme est le reflet de l'état de santé de la Terre. » Aujourd'hui, les maladies chroniques, dites « maladies de civilisation », sont la cause principale de morbidité et de mortalité précoces. Elles sont liées aux agressions chimiques, physiques et biologiques de l'environnement devenu de plus en plus hostile. La prévention et la prise en charge de ces maladies passent par l'identification des sources principales de ces agressions afin de mettre en place des stratégies efficaces pour les combattre. L'alimentation contemporaine, fruit d'une terre malmenée, non seulement ne nous apporte plus l'ensemble des nutriments nécessaires pour le fonctionnement de notre organisme, mais représente aussi une source ingérable de toxines diverses qui compromettent les activités de nos cellules et sont souvent les premiers acteurs à l'origine des maladies chroniques. Hippocrate (Ve siècle avant J.-C.), père inspirateur de la médecine occidentale, avait pourtant clairement constaté et proclamé que l'alimentation doit être la première médecine : elle sert à la fois à préserver la santé et à la recouvrer chez ceux qui l'on perdue.

Depuis plus de vingt ans, je me passionne pour l'étude de l'impact de la nutrition sur la santé humaine et plus particulièrement sur le développement du cancer. Mon action s'inscrit essentiellement dans la recherche scientifique, dans l'application au patient d'une médecine basée sur la santé, et dans l'enseignement. Aussi, lorsque Gérard Bertrand m'a parlé de ce projet de répertoire de restaurants respectant la biodiversité, n'ai-je pas hésité à accepter d'être le parrain de cette belle initiative aux côtés de Yann Arthus-Bertrand.

En effet, toute démarche dont le but est d'éveiller la conscience du citoyen à l'impact de l'environnement sur sa propre santé mérite un soutien inconditionnel et urgent. Héraclite avait mille fois raison. La Terre nourrit la vie. Si nous la traitons de la pire des façons, les conséquences seront dramatiques non seulement pour l'humanité mais aussi pour toutes les formes de vie de notre biosphère. La publication d'un répertoire des restaurants francophones qui respectent la biodiversité a le mérite de mettre en avant ceux qui ont pris conscience de l'enjeu que représente le respect de notre Terre pour l'avenir de l'humanité, plutôt que de fustiger ceux qui ne le font pas. Une discrimination positive en quelque sorte. Le jury, à qui a incombé la délicate mission de sélectionner ces 500 meilleurs restaurants, a été sans concession par rapport à la qualité et au plaisir gastronomique offert par chaque chef. En effet, le temps est venu de mettre fin à ce mythe tellement présent dans l'inconscient collectif et qui soutient que les aliments bons pour la santé ne le sont pas gustativement et réciproquement.

Que ce répertoire pave le chemin de ce grand voyage du retour nécessaire aux valeurs essentielles et justes de la vie et de la santé. Celles déjà proclamées par nos ancêtres philosophes Héraclite et Hippocrate.

Vive la Terre, vive la santé et vive la vie !

Les Coups de cœur du jury

Dans cet ouvrage, nous avons distingué les 500 restaurants francophones dont l'engagement en faveur de la biodiversité est le plus important. Sur plus de 300 000 établissements de bouche dans les pays concernés, cela est revenu à valoriser un établissement sur 600. Aux Jeux olympiques, tous nos lauréats mériteraient donc une médaille d'or, voire de platine, dans leur catégorie.

Évidemment, comme toutes les sélections, la nôtre a été, et sera encore, sujette à discussion.

Cependant, alors que nous construisions notre liste et validions nos enquêtes, nous nous sommes rendu compte que certains restaurants faisaient l'objet d'un total consensus, et que d'autres produisaient des étoiles dans les yeux des membres de notre jury.

Il nous est alors apparu logique de caractériser de manière spécifique ces établissements exemplaires. Nous avons donc créé une catégorie particulière les concernant : les « Coups de cœur ».

Une cinquantaine de « Coups de cœur », décrits sur une pleine page, rythment donc la lecture de ce guide. Chaque membre du jury a choisi librement ses propres Coups de cœur. Naturellement, ces restaurants comptent parmi ceux dont l'excellence et l'engagement sont les meilleurs. Mais ils possèdent également bien d'autres qualités, qui vous seront révélées à la lecture de chaque critique. Quelques Coups de cœur sont des temples de la gastronomie internationale, d'autres affichent des rapports qualité/prix exceptionnels, certains ont un engagement mieux qu'excellent, absolument intégral, jusque dans la gestion de leur consommation d'énergie et l'usage de produits d'entretien labellisés...

Vous l'avez compris, pour mille raisons, nos Coups de cœur sont les véritables ambassades du bon goût francophone. On y mange sainement, divinement, les yeux grands ouverts sur son assiette, et sur le monde.

Les mots des membres du jury

Le terroir en 2017

Gilles Pudlowski

Journaliste gastronomique, auteur et directeur des guides Pudlo

L'attention au terroir. La permanence de la tradition assumée. La constance dans la qualité des produits frais jouant crânement le bio, les saisons, la fraîcheur et l'agriculture raisonnée. Les vins qui respectent les cépages historiques de leur appellation, ainsi que, plus globalement, leur territoire, en adoptant la biodynamie comme mode de culture… Voilà, entre autres, ce qui a guidé nos choix dans ce guide ouvert à toute la francophonie, pas seulement aux régions françaises fortes de leur diversité, mais aussi aux riches terroirs belges, luxembourgeois, suisse et québécois.

Parler de terroir(s) en 2017 a-t-il encore un sens ? Oui, plus que jamais, car c'est une manière forte, engagée et résolue de lutter contre la standardisation du goût, qui menace les tables du monde entier, quel que soit leur pedigree et/ou leur niveau de notoriété.

Quel est l'intérêt de voyager en tout sens, si c'est pour manger partout les mêmes rougets, les mêmes noix de Saint-Jacques, les mêmes langoustines ? Dévorer une choucroute à Strasbourg, s'extasier devant du homard en Finistère et faire ripaille d'une bouillabaisse à Marseille, surtout si ces plats ont été revus et corrigés par messieurs Husser, Bellin ou Passédat, vaut évidemment mieux que de se gaver de rouget à Lille ou de hareng à Nice.

Lutter pour la conservation des recettes d'antan, savamment remises au goût du jour, voilà bien un combat qui mérite d'être livré. Et c'est la démarche de beaucoup de chefs que nous avons ici mis en valeur, qui ont ce souci permanent chevillé au corps et au cœur : retrouver le goût d'hier marié à la technique d'aujourd'hui. Et ce constat : on n'a jamais mieux mangé dans la francophonie gourmande qu'en 2017. ■

Comment le bio a-t-il révolutionné la restauration ?

Patrick Faus

Rédacteur en chef du web magazine Gourmets&co.com

Ce fut long et fastidieux. Il y a encore peu de temps, le bio apparaissait auprès d'une majorité de la population comme une sorte de posture snob, élitiste, typique de nantis urbains jouant à aimer la nature.
Puis, les mentalités changèrent. D'abord, l'information concernant la surproduction industrielle et l'utilisation massive des pesticides finit par se répandre, elle aussi. Puis, les dégâts provoqués par ces excès furent connus (perte du goût des produits, arrivée des OGM, souffrance animale gratuite, colorants, arômes artificiels, maladies transmissibles à l'homme...) Enfin, une meilleure distribution des produits bio associée à la volonté du public de se recentrer sur le local, le naturel, de développer du bien-être, gustatif, économique et social, fit son chemin dans les esprits.
On assiste ainsi, depuis quelques années, à une croissance historique de l'offre bio qui paraît irrésistible. Cette évolution des mentalités a touché tous les secteurs liés à la nourriture, et particulièrement la restauration, à tous les niveaux. Quelque 80 % des français souhaitent une offre bio dans ce domaine également.
Comme souvent, les chefs, stars ou anonymes, ont eu, et ont encore, un rôle essentiel à jouer. Sur les pianos, on veut des produits sains, traités raisonnablement, utilement, biologiquement, non pas des fromages pasteurisés par de grands groupes de l'agroalimentaire. En fait, on veut une chose à peine croyable : du goût.
L'effet secondaire de cette volonté professionnelle, publique et médiatique est le retour des produits de saison en harmonie avec la terre et le climat dans nos assiettes.
Sans tomber dans les excès d'exigences individuelles parfois nombrilistes (sans gluten, sans lactose, sans sucre, sans gras, etc.), le bio est manifestement une aspiration légitime. Les meilleurs chefs y répondent positivement en faisant attention aux labels et en s'interdisant d'importer trop de produits « lointains », à l'image de l'exigence des cuisiniers scandinaves.
Mais, aimer le biodiversité, ce n'est pas aisé, c'est résister ! Résister aux diktats de l'agroalimentaire. Résister aux envies de fraises au mois de décembre. Résister aux produits standardisés et sans personnalité. Résister aux perspectives d'accords internationaux sur une agriculture hors norme et hors-sol. La France est un pays de résistance, alors résistons, encore, pour le bien de notre gastronomie, par amour pour nos vins, et pour l'avenir du goût ! ■

Nature, berce-nous

Karine Valentin
Journaliste

Demande tardive que ce « Nature, berce-nous » hérité de Rimbaud. Elle a des allures de prière, psalmodiée pour conjurer l'irrémédiable. Les hommes ont oublié ce que Montaigne professait : « Nature peut tout et fait tout. » Après que l'on eut nié qu'elle commandât, on prétendit la domestiquer, pire l'asservir. La revoilà au centre du discours des résidents de la planète, effrayés par ses revanches, raz-de-marée, tremblements de terre...

Dans l'immédiat après-guerre, disparurent les chevaux et les mules. Les revoici entre les rangs des vignes et dans les jardins de la permaculture. Le paysan, que les mirages de l'agriculture intensive avaient éloigné de l'effort et du respect de sa terre, retrouve les gestes d'attention oubliés et défend la richesse vivante que l'on nomme biodiversité. L'exclusive chimie industrielle, toxique et néfaste, fut employée pendant soixante ans, période ridiculement courte au regard de l'âge de la Terre, qui continue de tourner malgré l'incurie et l'orgueil de ceux qui la peuplent. Par endroits, on assiste au retour de la relation sensible des humains à leur univers. La Lune, qui fascinait les antiques, « cette faucille d'or... négligemment jetée dans le champ des étoiles... », revient au premier plan. Les disciples de Steiner empruntent la voie de la biodynamie, qui reconnaît l'influence du cosmos. Le « Booz endormi » de *La Légende des siècles* pourrait donc se réveiller là où les sacs d'engrais sont proscrits au profit de la présence de lapereaux, d'abeilles et d'oiseaux cavernicoles protégés par des paysans concernés, engagés dans une pensée forte, responsable, qui sous-tend une philosophie agraire respectueuse des équilibres du vivant.

Les voix de Pierre Rabhi, Lydia et Claude Bourguignon sont enfin entendues. Le respect des sols est désormais érigé en parangon minimal d'un comportement agricole réfléchi et conscient. Personne n'ignore plus les méfaits des intrants sur l'existence des faunes épigées et endogées peuplées de collemboles et de lombrics, véritables agents créateurs du terroir. À retourner par des labours trop profonds les premiers 20 cm du sol, on met le monde à l'envers ! La relation entre ces deux univers souterrains est rompue et le terroir met entre cinq et dix ans à retrouver son intégrité palpitante. La flore protégée constitue le complément essentiel de la défense contre les maladies de la plante principale. Désormais, tous les vignobles français accueillent des acteurs de ces pratiques éclairées. S'ils sont encore minoritaires, ces « paysans » sont le fer de lance d'une agriculture qui célèbre les retrouvailles des hommes avec la beauté des nourritures terrestres, élues du goût et de la culture, qui portent la vie, l'envie et la saine confiance de boire et de manger heureux. ■

Pourquoi est-il important de faire attention à sa façon de consommer au restaurant ?

Sandrine Mossiat

Auteure et chroniqueuse free lance pour *Elle Belgique*, *Ambiance culinaire*, *Télémoustique*...

On fréquente les restaurants lors d'occasions multiples et variées. Évidemment, un tête-à-tête amoureux ne se vit pas de la même manière qu'un lunch professionnel. A priori, on ne célèbre pas les noces d'or de ses grands-parents à la même adresse que celle où l'on a réservé pour fêter en bande un enterrement de vie de garçon. On peut se réjouir des mois à l'avance parce qu'on a réservé une table gastronomique et que l'on pressent que cela va être magique ; ou entrer sur un coup de tête dans la première cantine de quartier parce que le tableau des suggestions posé devant la devanture nous fait de l'œil. Circonstances, style, budget, commensaux... l'expérience « restaurant » se décline sur autant de tempos. Chaque fois, c'est une facette singulière de notre être social et émotionnel qui est à l'œuvre.

Pourtant, systématiquement, le citoyen gourmand interagit également avec son environnement ! En effet, commander un plat plutôt qu'un autre, consommer un produit et en refuser certains autres, privilégier un style de cuisine c'est, au gré de l'effet papillon, faire acte politique, économique, social ou environnemental... Oui, consommer, c'est choisir, c'est voter pour un système au détriment d'un autre, c'est poser des jalons pour sa santé, c'est décider quelle planète, quelle culture, quel niveau de solidarité ou d'interaction positive on léguera aux générations futures.

Se poser des questions sur la traçabilité, la qualité, c'est déjà agir. Préférer le plaisir d'un chocolat bio et équitable ou refuser de manger un poisson dont l'espèce s'avère en voie de disparition, une volaille élevée en batterie ou une sauce industrielle bourrée d'additifs, c'est lancer un signal fort à tous les maillons d'une filière.

Loués soient ces restaurateurs qui sélectionnent bien leurs fournisseurs et maîtrisent leurs approvisionnements. Ils soutiennent leurs producteurs et, ce faisant, leur communauté, qui travaillent des ingrédients de saison et privilégient le local, le bio, le durable, le respectable...

Qui gère ses déchets et pratique le recyclage ? Qui peut revendiquer du « fait maison » ? Qui s'attache à défendre un patrimoine culinaire, ainsi qu'une certaine vision de l'artisanat et du savoir-faire ? Tous les professionnels des métiers de la restauration font valoir un patrimoine, une mémoire collective. En plantant des graines positives, ils cultivent les petits bonheurs et participent ainsi à la construction d'un monde meilleur.

Et bien avisés leurs clients qui n'hésitent pas à les « challenger » sur ces sujets. Car, au final, nous sommes tous embarqués sur le même bateau, pas question d'arrêter la Terre, ni de descendre en marche. Ou alors... paf badaboum ! ■

Place aux « terroiristes » et aux saisons

Albert Nahmias

Sociologue, auteur, critique et chroniqueur pour *Tentation*, *Dandy*, *Lecoq Gourmand*, le guide Pudlo, Gayot.com, cet ancien restaurateur et consultant s'est trouvé très impliqué, avec Olympe, au cours des années 1970, dans l'histoire de la Nouvelle Cuisine

Après la contamination des champs par les produits Monsanto, et celle de nos assiettes par la cuisine moléculaire, les Français jugent que le restaurateur est allé trop loin dans l'exaltation des « techniques » culinaires. Ils en ont marre de l'espuma, de la viande qui n'en est pas, du dessert pour commencer et de l'apéritif pour finir... La cuisine « m'as-tu-vu », basta !

Et que penser des incidents sanitaires survenus ces dernières années à El Bulli et au Fat Duck, tous les deux triplement étoilés au moment des faits ?

Heureusement, le crépuscule s'est abattu sur les dérives culinaires façon petit chimiste. Ces dernières ont succombé aux assauts des « terroiristes ». Désormais, la primauté est au terroir et aux saisons. Parmi les premiers et les plus prestigieux chantres de cette tendance, on l'espère durable, on compte évidemment Alain Ducasse et Alain Passard, qui a été le fer de lance du sacre des légumes dans la haute gastronomie. René Redzepi, cuisiner danois a, dans son « Manifeste pour une nouvelle cuisine nordique », énoncé les principes suivants : favoriser le frais, le simple... et se restreindre au terroir et aux produits de saison. Andoni Luis Aduriz, de Mugaritz en Espagne, clame son intérêt pour la cuisine authentique, celle qui rapproche le chef de la nature.

Ce retour à l'essentiel, au naturel, met l'accent sur les circuits courts, les territoires florissants et les saisons. Pour Passard, la véritable définition d'une saison : « C'est simple : je pense tomate quatre mois par an ; je pense aubergine et courgette trois mois par an. Dans la tête des consommateurs, on peut manger des tomates toute l'année ! ... C'est aussi une question de bon sens : en hiver, les enfants ont besoin d'un velouté chaud et non pas d'une salade de tomates, faite pour se désaltérer quand il fait 25 ou 30 °C en été. » Limpide.

Les chefs de demain devront former des équipes, inventer des collaborations d'un nouveau genre avec des agriculteurs, des viticulteurs, des pécheurs, des éleveurs... Ils miseront sur une cuisine saine, de terroir et de saison. ■

Les accords mets et vins, entre didactique et plaisir du moment

Abi Duhr
Vigneron

À l'époque des émissions télévisées « culinaires », ce sujet très complexe demeure le grand oublié, bien qu'il éveille l'intérêt de la population pour une gastronomie raffinée. Réussir un accord entre mets et vins par la seule analyse théorique du vin et du plat nécessite une connaissance exceptionnelle de chacune des parties. En effet, les mets et les vins que l'on a l'intention de marier peuvent posséder des composants, des arômes, voire des textures similaires ou opposées. Dans leur ouvrage *Red Wine With Fish*, Joshua Wesson et David Rosengarten ont établi que les informations suivantes étaient requises pour réussir, en théorie, un accord parfait :

1. Connaître le goût de chaque vin produit dans le monde ;
2. Connaître le goût de tous les aliments de la planète ;
3. Connaître toutes les combinaisons entre les propositions 1 et 2.

Évidemment, s'accaparer de telles connaissances est impossible.
Si l'on veut s'initier à l'art de marier les mets avec les vins, il n'existe donc qu'une solution : déguster des plats avec des vins sélectionnés, puis se souvenir des expériences les plus satisfaisantes. Généralement, on part d'une idée, qui est bien souvent le résultat d'expériences vécues de manière positive dans le passé. Dans tous les cas, il faut garder à l'esprit que la dégustation est influencée par l'humeur du moment et par l'environnement.
On constate depuis plusieurs années que la pression financière a obligé maints « palaces » gastronomiques à réduire leur nombre de références en cave. Dans les restaurants de quartier, c'est encore pire. Le sommelier a été dégradé en porteur d'assiettes, plus aucun flacon n'est prêt à boire. La cérémonie du choix du vin a été réduite à la commande. Il faut que ça tourne ! Dans ces circonstances, même un client averti ne trouvera pas toujours la « solution » pour réaliser des accords satisfaisants.
Heureusement, il subsiste encore quelques monuments gastronomiques, où le sommelier est votre ami, où il travaille en tandem avec le chef, où il goûte les plats et les vins. Dans ces établissements, répertoriés dans notre ouvrage, vous pourrez vous laisser guider, et découvrir des sensations olfactives et gustatives que vous n'auriez peut-être jamais imaginées. Cela permet de devenir curieux, de s'offrir le luxe d'être en retard pour profiter d'une exhalaison prodigieuse ou d'assister à un mariage divin sans interrompre la cérémonie. Quel bonheur d'avoir déniché, grâce aux conseils du service, cette bouteille magique qui éblouit nos sens. Vive la sommellerie, et la gastronomie ! ■

Le sommelier

Philippe Faure-Brac

Président de l'Union de la sommellerie française, propriétaire du Bistrot du sommelier (97, boulevard Haussmann, 75008 Paris), élu meilleur sommelier du monde à Rio de Janeiro en 1992, et meilleur ouvrier de France honoris causa en 2015

Le sommelier est un professionnel du secteur vitivinicole, qui exerce dans le domaine de la restauration ou de la distribution. Dans sa fonction, la qualité de son service (aération, décantation, température des vins, choix de la verrerie) est, bien sûr, primordiale. Évidemment, le niveau d'instruction et l'empathie du sommelier, qui a nécessairement suivi une formation diplômante ou certifiante très sélective, sont également constitutifs de la qualité de ses prestations.

Le rôle du sommelier

Le sommelier contribue donc à l'achat des vins et autres boissons en fonction de la clientèle et de la carte gastronomique de l'établissement avec lequel il collabore. Il participe donc activement à la gestion des stocks, à la composition et à la rédaction de la carte des vins et des spiritueux, et conseille aux clients les meilleurs accords mets et vins. Il lui échoie également le rôle essentiel consistant à analyser et à saisir le goût des clients, afin de les orienter et de leur servir les vins (ou autres boissons) avec les plats qui leur conviennent. Le sommelier peut également conseiller les acteurs de la distribution, notamment les magasins spécialisés. C'est donc un professionnel qui opère en tant que lien interactif entre le producteur et le consommateur.

Compétences du sommelier

Il doit évidemment avoir des connaissances spécialisées en matière de vins, spiritueux, et autres boissons, ainsi qu'en gastronomie. Ses compétences comprennent la maîtrise de la dégustation, de la gestion, de la communication, de la sélection et du service du vin.
Tout ceci est très technique, et mérite valorisation, car un mauvais choix de vin peut gâcher tout un repas. Heureusement, un sommelier sait faire oublier son érudition, pour communiquer à ses clients du plaisir uniquement. ■

Vieux millésimes et grands terroirs

Eric Boschman

Sommelier, chroniqueur, comédien, un peu de tout, mais surtout iconoclaste, sans dieux ni maîtres

Le temps façonne-t-il les vins en révélant leurs origines ?

Pour répondre à cette question fondamentale, il faut au préalable en poser une autre, et définir ce que l'on entend par terroir ! Souvent, on tente de circonscrire ce dernier à des éléments environnementaux. Mais, en faisant cela, on néglige le facteur humain. Que serait un grand terroir sans un grand vigneron ? Un tas de cailloux, et c'est tout. L'homme est un catalyseur. Il permet aux éléments de s'exprimer harmonieusement. Il est à la jonction entre le monde minéral, végétal et lumineux. Le vigneron talentueux comprend intimement sa terre. Le viticulteur routinier produit un vin sans vices ni vertus (à l'image de 90 % de la production mondiale), qui est oublié avant même d'être pissé.

Comme pour les hommes, le temps est pour le vin sans pitié. Pour évoluer positivement, un vin doit être parfaitement équilibré dès l'origine. En bouche, il doit être isocèle, sans concession, sans zone floue. Il lui faut, s'il s'agit d'un rouge : des tannins, de l'acidité et de la matière. À défaut de l'un de ces trois éléments, le vin n'est pas bâti pour vieillir, ni pour évoluer positivement. Aujourd'hui, les vins sont majoritairement conçus pour être consommés entre 3 et 7 ans après la mise en bouteille. Au-delà, on évoque déjà le vieillissement. La consommation actuelle se pense donc dans l'urgence. L'humain est un gitan, à nouveau le nomade des origines. Son habitat urbain est le plus souvent dénué d'espace de stockage digne de ce nom (la faute à des architectes idiots). La vie est une urgence. Le vin doit être à son diapason, sous peine de devenir un « truc » ringard, un produit d'une époque révolue, même pas connectée. Aujourd'hui, il est normal de visiter le Louvre par le biais du miroir déformant de son smartphone, à la recherche du meilleur selfie, en oubliant de se laisser aller. La lenteur n'est plus une vertu. Et pourtant, le temps, lorsqu'il œuvre sur une matière digne de lui, met à jour, petit à petit, des singularités, des traits de caractère profonds, de la beauté insoupçonnée...

Le vin est un formidable révélateur, autant de la grandeur du travail et de l'intelligence de l'homme que de la nature dont il est issu. Mais faut-il encore que le consommateur final soit à même de percevoir ces détails. Non, il ne s'agit pas de culture ni de machins ronflants, juste d'intelligence du cœur. Car le vin, à la différence de la bière, n'est pas qu'une recette, c'est une interprétation (des conditions climatiques, géologiques...), une vision, une envie, celle d'un être humain, le vigneron. Il n'existe pas de grands terroirs intrinsèques, mais il est des conjonctions qui produisent des merveilles et du bonheur ! ■

Vins bio et non-bio, la cohabitation sans la banalisation

Bernard Burtschy
Journaliste

Côté vin, la différence entre non-bio et bio est claire et nette. Les uns s'autorisent, et souvent abusent, de l'arsenal chimique, les autres se l'interdisent, ce qui ne va pas sans risque. Avec une arme plus réduite contre la maladie, mais respectueuse de l'environnement, la récolte peut se trouver réduite, parfois détruite. Les biodynamistes vont encore plus loin. Grâce à la compréhension intime du monde végétal, animal et minéral, ils visent non sans succès à reconstituer un environnement favorable pour que la vigne retrouve un équilibre naturel, lui permettant de se défendre, seule, contre les agressions.
Aujourd'hui, tous ces vins cohabitent, souvent sans la moindre distinction, sur les cartes des restaurants, laissant le consommateur dans un flou artistique qui avantage les « conventionnels » ou les « raisonnés », qui portent mal leur nom.
L'intensification de l'agriculture et l'utilisation systématique des pesticides, insecticides et engrais chimiques a causé des dommages considérables à l'environnement, en raison d'une foi aveugle en la science. Il n'y a donc pas lieu de les banaliser. Pour les êtres humains, les dégâts sont encore plus importants, et on ne fait que découvrir la partie émergée de l'iceberg.
Dans un souci d'information, les cartes des vins doivent donc clairement mentionner les types de vins en distinguant sans ambiguïté les bouteilles certifiées « bio ». Il en est de même pour la cuisine avec l'utilisation de produits issus de l'agriculture biologique et/ou locaux. Il faut prendre le contre-pied de cette banalisation à l'avantage des lobbies, qui ne permet pas de mettre en valeur l'important travail mené pour le bien de l'humanité par certains.
Ce souci d'information n'a, bien sûr, rien à voir avec la polémique concernant la qualité des vins. Tous les vins bio et biodynamiques ne sont pas forcément « bons ». On leur demande tout simplement d'être sains, ce qui est déjà un objectif plus que louable, primordial. L'industrie agroalimentaire, en général, a sacrifié ce concept pour privilégier la conservation des aliments et la baisse des coûts de production. La viticulture avait comme but de faciliter le dur travail manuel dans la vigne, ce qui est au demeurant très honorable, mais a parfois été globalement contre-productif.
Chacun sait que l'agriculture biologique requiert une prise de risque, implique une augmentation des prix de revient et surtout une charge de travail manuel supplémentaire. Raison de plus pour que les cartes des vins mentionnent les flacons bio qui, pour toutes les raisons évoquées plus haut, méritent d'être distingués. ■

Allez les verts

Bertrand Rougier

Journaliste gastronomique et culturel.
Auteur des guides des meilleurs vins et des meilleurs restaurants de France

On peut considérer que l'agriculture biologique naquit après la Première Guerre mondiale. À cette époque, une multitude d'initiatives non concertées de médecins, d'agronomes, d'agriculteurs remettait déjà en cause les dérives d'une production intensive et chimique.

C'est un philosophe autrichien, Rudolf Steiner, qui exécuta, peu de temps avant sa mort, la première synthèse remarquable de ces courants de pensées en énonçant en 1924, dans un traité qui sert toujours de référence, sa conception d'un mode de vie et d'une agriculture humanistes, spirituels, raisonnables, respectables. Sur le plan politique, Hans Müller (Suisse) préconisait dès 1930 le retour aux circuits courts entre producteurs et consommateurs. Au tournant des années 1940, l'agronome Albert Howard publiait ses études sur la fertilité des sols, et démontrait qu'il faut engraisser ces derniers uniquement avec des substrats naturels et recyclables, seuls susceptibles de préserver les temps organiques sans altération durable de la biosphère...

Depuis lors, cette agriculture ne cessa jamais de progresser, mais elle demeure cependant toujours marginale. Pourtant, elle occupe désormais toute la surface des champs sociaux et moraux. Cependant, si les premiers cahiers des charges définissant les pratiques de l'agriculture biologique apparurent dès 1972, et si les premières réglementations européennes contraignantes datent de 1991, les comportements de la majorité des producteurs et des consommateurs demeurent peu responsables.

Aussi, une question nous taraude. Dans quelle mesure avons-nous eu raison d'établir des labels pour mettre en valeur la seule forme de production dont il est prouvé qu'elle ne nuit ni au monde ni aux espèces animales ni à l'homme ?

Est-il logique que ce qui est déjà inoffensif, naturel, bénéfique soit en plus normé, singularisé, à la manière d'un comportement marginal ou honteux ? Sur la route, on signale les virages dangereux, pas les autres. Dans un tribunal, on stigmatise les pratiques illégales, pas les autres. Aussi, plutôt que d'astreindre les producteurs lucides, éveillés, consciencieux, à s'afficher en vert, ne devrions-nous pas contraindre les funestes, les pollueurs, les opportunistes et les attentistes à se ruiner dans l'achat d'étiquettes rouges ? Certes, le bien-être et la préservation de notre planète ne sont pas uniquement des questions d'économie. Toutefois, d'elle ou nous, on se demande parfois qui commande. Heureusement, au final, qui c'est les plus forts ? Évidemment, c'est les verts ! ■

Origine Nature
Les tables attentives

Le concept

En concevant ce livre, notre volonté était d'honorer l'excellence gastronomique.

Évidemment, l'excellence est une somme de talents, d'exigence, de coups de maître, qui permet à quelques brigades d'anamorphoser une garniture d'artichauts, des petits pois ou des salsifis, afin de produire plus que de la nourriture : du bonheur et des souvenirs.

Pour mesurer cette excellence culinaire, purement gustative, nous avons logiquement évalué le niveau des recettes, des plats et des menus de chaque établissement. Cela donne lieu à une appréciation précise dans chacune de nos chroniques (« très haute gastronomie » en constitue le pinacle, et « cantine » la dénomination commune).

Toutefois, l'excellence, ce n'est pas uniquement une assiette divine. L'excellence doit également prendre en compte la hauteur d'un engagement, surtout si ce dernier revêt une importance primordiale aux plans géologiques et sanitaires. Une recette aux truffes peut être parfaite mais, si cette dernière est composée d'OGM et/ou comporte des traces chimiques détruisant nos estomacs et la biodiversité, il est logique que son niveau absolu soit relativisé. Certes, la perfection gustative de l'assiette demeurera indéniable, mais, si elle existe au détriment de notre santé et de celle de la biosphère, ses impacts négatifs doivent nécessairement pondérer sa qualité globale.

Nous avons donc souhaité célébrer les tables attentives aux deux conceptions fondamentales de l'excellence décrites précédemment. Pour cela, nous avons établi deux chartes pour évaluer l'engagement de chaque restaurant en faveur de la biodiversité, l'une vinique, l'autre gastronomique.

Enfin, nous avons retenu les 500 tables dont l'excellence culinaire et l'excellence dans l'engagement bio nous sont apparues les plus élevées.

C'est pour cette raison que, dans ce guide, se côtoient des restaurants internationalement renommés, au-dessus desquels brillent des constellations d'étoiles, mais aussi des « cantines », des tables d'hôtes, dont le niveau d'engagement bio est plus que remarquable, souvent exceptionnel, parfois même absolu.

Parmi ces 500 restaurants, nous avons également consacré une cinquantaine de « coups de cœur ». Ces tables valent mieux que le détour, elles méritent toute notre considération, car la portée, la cohérence et la puissance de leur engagement sont exemplaires, et rayonnent bien au-delà de leurs murs.

Nous l'avons énoncé en préambule de cet ouvrage, la gastronomie est un plaisir. Comme toute félicité, cette dernière doit s'exprimer avec une certaine modération, de manière responsable, car la production et la consommation alimentaires n'affectent pas seulement nos corps, elles influencent aussi de manière spectaculaire le destin de la planète, et donc l'avenir de tous les hommes.

Outils de lecture

Nous avons cherché à écrire un livre ludique et informatif. À cette fin, chacune de nos critiques, présentant le restaurant, sa table et sa carte des vins, est accompagnée d'une série de pictogrammes donnant des indications complémentaires sur l'établissement. Cette présentation va vous permettre de comprendre les codes que nous avons utilisés.

Les coups de cœur : parmi les 500 restaurants figurant dans cet ouvrage, notre jury a sélectionné une cinquantaine de coups de cœur. Ces restaurants sont ceux pour lesquels l'engagement en faveur de la biodiversité nous semble être le plus passionnant, le plus important, le plus convaincant.

Ces restaurants sont facilement identifiables, car leurs textes occupent une pleine page et ils sont précédés de la mention « coup de cœur du jury », visible en haut de page.

⌘ indique, de ⌘ à ⌘⌘⌘⌘⌘, le niveau d'engagement du restaurant en faveur de la biodiversité conformément aux critères définis dans notre charte gastronomique. Se reporter au texte intitulé « Nos chartes » pour en savoir plus.

🍷 indique, de 🍷 à 🍷🍷🍷, le niveau d'engagement du restaurant en faveur d'une sommellerie de qualité et qui prête de l'attention aux vignerons engagés en bio ou en biodynamie, conformément aux critères définis dans notre charte vinique. Se reporter au texte intitulé « Nos chartes » pour en savoir plus.

indique la présence d'un chef en cuisine. Son nom est inscrit à la suite de ce pictogramme.

indique la présence d'un sommelier. Son nom est inscrit à la suite de ce pictogramme lorsque la qualité de son service, de son conseil, la tenue de sa cave et de sa carte des vins sont exceptionnels.

♡ indique la rubrique « Pourquoi j'aime », qui précède chaque critique. Nous y avons répertorié, sous forme d'un inventaire décomplexé, les principales raisons qui nous font aimer chaque restaurant, ainsi que ce qui le caractérise.

€ Ce pictogramme sert à indiquer, en un coup d'œil, le budget minimum à dépenser pour manger dignement dans le restaurant cité.

€ indique que le prix « mini » à la carte ou le prix du menu le moins cher est inférieur à 40 €.

€€ indique que le prix « mini » à la carte ou le prix du menu le moins cher est compris dans une fourchette allant de 40 € à 80 €.

€€€ indique que le prix « mini » à la carte ou le prix du menu le moins cher est compris dans une fourchette allant de 80 € à 120 €.

€€€€ indique que le prix « mini » à la carte et le prix du menu le moins cher sont tous les deux supérieurs à 120 €.

Menus

Dans cette rubrique apparaissent les menus proposés par le restaurant, ainsi que les prix pratiqués et une description sommaire.

Par exemple :

Menu : *Création (4 plats, fromages et desserts) : 45 €*

signifie que le restaurant propose un menu intitulé « Création » coûtant 45 € et que ce menu est composé de 4 plats (le gourmand mangera ici 2 entrées, un poisson et une viande) + du fromage choisi sur un plateau et plusieurs desserts.

Si le mot fromage figure au singulier, cela informe que le fromage est servi en assiette sans choix possible du client parmi plusieurs variétés figurant traditionnellement sur un plateau.

Si le mot dessert est renseigné au singulier, cela avise qu'un seul dessert conclut le repas.

Menu : *Émotions (9 plats et desserts/vins) : 75 €/140 €*

signifie que le gourmand dégustera 9 plats (ici 3 entrées, 4 poissons et 2 plats de viandes) et plusieurs desserts. Il n'y a pas de fromage compris dans ce menu. À noter que ce menu peut être accompagné, de façon facultative, d'une formule de vins servis au verre pour 65 € de plus, soit 140 € au total. En général, les formules « vins compris » proposent un verre de vin différent par plat principal (ici 9 petits verres de vins chercheront sur chaque plat l'accord parfait).

Attention, tous les menus décrits dans ce guide ne sont pas servis à tous les repas. En général, le menu le moins cher est servi exclusivement au déjeuner et en semaine. Il vous appartient de vous renseigner avant de réserver.

À la carte

Sont ici détaillés en deux catégories (Mini et Maxi) les prix des plats à la carte.

Le tarif « Mini » correspond au prix total de l'entrée la moins chère + la viande ou le poisson le moins cher + le dessert le moins cher.

Le tarif « Maxi » correspond au prix total de l'entrée la plus chère + le poisson le plus cher + la viande la plus chère + le dessert le plus cher.

Si la vérité du budget d'un dîner se situe évidemment quelque part entre ces deux extrêmes, cette fourchette demeure un élément fiable de comparaison, de prévision et d'évaluation des prix pour qui souhaite dîner à la carte.

Nos chartes

Ces chartes ont permis d'évaluer le niveau d'engagement de chaque restaurant en faveur de la biodiversité. Nous n'avons évidemment pas souhaité privilégier les plaisirs de l'assiette, ni ceux du verre. Aussi, une charte est consacrée à la gastronomie, l'autre au vin.

Charte gastronomique *biofriendly*

Produits bio

Produits de saison

Produits locaux, circuits courts

Poissons issus de pêches durables et/ou raisonnables

Produits issus d'AOC, de crus identifiés et/ou du commerce équitable

Qualité intrinsèque des produits utilisés

Attachement au terroir

Recettes de tradition, revisitée ou non

Les six premiers critères de notre charte gastronomique évaluent la nature, la fraîcheur, la traçabilité et la qualité des produits composant chaque recette.

Les deux critères suivants ont une portée culturelle plus que gastronomique. Ils s'attachent à la préservation et à la mise en valeur d'un terroir, d'une tradition, d'une mémoire, qui nourrissent la biodiversité et empêchent l'uniformisation, qui mène inéluctablement au déclin.

La charte gastronomique donne lieu pour chaque restaurant à une cotation « biofriendly » de ⌘ à ⌘⌘⌘⌘.

En effet, les établissements n'ayant pu obtenir au moins une ⌘ dans cette catégorie ont été éliminés de notre sélection finale.

Une note de ⌘ correspond à un engagement remarquable du restaurant pour une majorité des critères spécifiés dans notre charte.

Une note de ⌘⌘ atteste d'un engagement important du restaurant concernant une majorité des critères énoncés, voire même d'un engagement exceptionnel dans certains domaines.

Une note de ⌘⌘⌘ souligne un engagement exceptionnel concernant la plupart des critères spécifiés, voire même un engagement total (100 % bio et/ou 100 % local et de saison, par exemple).

Produits bio : évalue le nombre de fruits, légumes, viandes, pains ou ingrédients de l'épicerie sèche (à l'exclusion des produits de la mer/de l'océan/d'eau douce) labellisés bio (AB, Demeter, USDA Organic, Nature made, etc.) utilisés dans les recettes.

Produits de saison : apprécie la proportion de produits de saison employés par le chef.

Produits locaux, circuits courts : recense la proportion d'ingrédients locaux (moins de 100 km ou provenant de la région) ou issus de circuits courts (relation directe entre le restaurant et le producteur, absence de conditionnement) qui garantissent une fraîcheur et une traçabilité totale.

Poissons issus de pêches durables et/ou raisonnables : indicateur mesurant l'emploi de produits de la mer/de l'océan/d'eau douce, qui ne sont pas en voie de disparition, et/ou qui sont issus de pêches raisonnables/de ligne/non intensives, et/ou de piscicultures biologiques.

Produits issus d'AOC, de crus identifiés et/ou du commerce équitable : recense les produits énumérés dans l'intitulé.

Qualité intrinsèque des produits utilisés : évalue, avant transformation et indépendamment de tous les autres critères de la charte, la qualité intrinsèque des aliments entrant dans la composition des plats.

Attachement au terroir : quantifie la manière dont le restaurant met en valeur le terroir sur lequel il est installé.

Recettes de tradition, revisitée ou non : apprécie la manière dont le chef fait vivre ou réinvente la tradition gastronomique du territoire où il exerce ses talents.

Charte vinique *vins bio*

Vins bio et/ou biodynamiques
Diversité de l'offre
Vieux millésimes
Attachement au terroir
Qualité du service
Qualité de la verrerie
Qualité du stockage
Offre au verre

Concernant notre charte vinique, le premier critère est prééminent, les autres sont utilisés pour le pondérer.

Il a été démontré, en effet, que l'usage d'intrants chimiques dans le domaine de la viticulture est encore beaucoup plus nocif et polluant qu'en matière d'agriculture classique, à la fois pour la planète, les producteurs et les consommateurs.

Les quatre premiers critères analysent la manière dont la carte des vins est constituée autour de bouteilles bio.

Les quatre critères suivants sont relatifs au service. En effet, plus encore qu'en matière gastronomique, une sommellerie inadéquate peut complètement gâcher un vin pourtant réputé excellent.

La charte vinique donne lieu pour chaque restaurant à une cotation « vins bio » de 🍷 à 🍷🍷🍷.

En effet, les établissements n'ayant pu obtenir au moins une 🍷 dans cette catégorie ont été éliminés de notre sélection finale.

Une note de 🍷 indique la présence de quelques vins bio en cave.

Une note de 🍷🍷 signale qu'au moins une quinzaine de références bio et/ou biodynamiques sont disponibles à la carte, et que plusieurs autres critères spécifiés dans notre charte sont remarquablement remplis.

Une note de 🍷🍷🍷 révèle qu'au moins une trentaine de références bio et/ou biodynamiques reposent en cave, et que la plupart des critères sont remplis de manière exceptionnelle.

Vins bio et/ou biodynamiques : évalue le nombre de bouteilles disponibles à la carte affichant un label biologique ou biodynamique. Plus de trente références est déjà un score vraiment remarquable.

Diversité de l'offre : apprécie la disponibilité de vins d'origines variées, susceptibles de s'accorder à une grande variété de goûts, et à toutes les subtilités de la cuisine du chef.

Vieux millésimes : quantifie le nombre de vieux millésimes et de vins à maturité disponibles sur la carte. En effet, il n'y a rien de plus triste que de boire un vin qui n'a pas atteint une grande partie de son potentiel.

Attachement au terroir : jauge la quantité et la proportion de vins qui sont issus de la région viticole sur laquelle l'établissement est installé.

Qualité du service : juge de la température de service des vins, de l'opportunité des carafages, de l'empathie et de la loyauté de la sommellerie, de la qualité des explications produites et de la présentation de la carte des vins.

Qualité de la verrerie : évalue la variété de verres à disposition de la sommellerie et l'usage qui en est fait (emploi de verres adéquats, mettant en valeur chaque vin consommé). En effet, une verrerie inadaptée altère considérablement le goût et les parfums des vins.

Qualité du stockage : apprécie la qualité du stockage (cave enterrée, climatisée, électrique, sous l'évier, etc.)

Offre au verre : juge de la qualité de l'offre au verre et de sa profondeur, ainsi que des mérites des accords mets et vins pratiqués par la sommellerie.

France

353 TABLES ATTENTIVES • DONT 44 COUPS DE CŒUR

Auvergne-Rhône-Alpes

51 TABLES ATTENTIVES • DONT 5 COUPS DE CŒUR

Le Haut-Allier

€ PHILIPPE BRUN MME BRUN

Haute gastronomie, isolé, calme, très fort en vins

• Le restaurant de Philippe Brun est niché à l'intérieur d'une alcôve improbable de la Haute-Loire, sur un flanc de montagne relativement inamical, mais très beau. Pourtant, l'établissement respire la sérénité. Ici, tout est tourné vers la nature. Philippe Brun travaille les poissons de rivière, ceux issus de la pisciculture locale bio (l'une des seules de France), et les fromages de la ferme du bout du monde (complètement inaccessible, sauf à pied). Il y a, bien sûr, quelque chose de baba très cool dans cette démarche, c'est vrai, mais cela n'empêche pas les recettes du chef de valoir celles du restaurant Bras, voire parfois mieux, carrément ! Ses viandes sont toutes des bénédictions. L'agneau de nos plateaux en deux services – selle rôtie sur l'os ; puis côtelette servie rosée, jus au thym serpolet et olives noires, mousseline d'aubergines et condiments – est extraordinaire, savoureux, persistant, plein de sucs et de venaison. N'importe quel restaurant triplement étoilé serait fier qu'un tel plat figure sur sa carte. Et les poissons sont encore meilleurs ! Le filet d'omble d'Auvergne à la salamandre, sabayon à la cameline bio, écume de thym citron et quinoa au caviar d'agrumes produit des parfums enivrants, nets, condensés, onctueux ! Et les desserts font encore mieux (sans rire). Ils comptent parmi les dix meilleurs que l'on puisse manger au restaurant en France. Le crousti-moelleux chocolat et framboises, marbré de sorbet ivoire-framboise, espuma de chocolat blanc est carrément délirant. On n'oublie jamais sa dégustation. Enfin, pour décrire la carte des vins, les mots manquent : condrieu La Loye de Jean-Michel Gérin à 68 €, saint-joseph Lyseras d'Yves Cuilleron à 66 €, hermitage de Jean-Louis Chave à 175 €, château Rayas dès 210 €, côte-rôtie du domaine Jean-Michel Stephan à 95 €, domaine de la Grange des Pères à 150 €, pouilly-fumé Pur Sang de Didier Dagueneau à 110 €, chablis premier cru La Forest de Vincent Dauvissat à 78 €, La Tâche à moins de 1 000 €... Splendide. S'il ne devait en rester qu'un (restaurant), il faudrait que ce soit celui-là !

***Menus** : Déjeuner (2 plats et dessert) : 39 € / Saveurs de saison (3 plats, fromages et dessert) : 75 € / Plaisir gourmand (4 plats, fromages et desserts) : 98 €*
***À la carte** : Mini : 75 € / Maxi : 150 €*

Pont d'Alleyras
43580 Alleyras
Tél. : +33 (0)4 71 57 57 63

Fermé lundi et mardi
www.hotel-lehautallier.com

L'En-cas bio

€

Restauration rapide, salon de thé, snacking, sans gluten compatible, ou à emporter

• Dans notre guide, l'En-cas bio est une exception. Très peu de plats sont ici cuisinés maison ! En revanche, 100 % des produits rentrant dans la composition des sandwichs et des assiettes sont bio, y compris les vins et les boissons. Même les poissons sont sauvages et issus de pêches durables, ou certifiés MSC en provenance d'élevages bio. Le principe de cette restauration rapide et saine est donc très séduisant. L'En-cas bio développe également le concept sans gluten. Les sashimis de saumon frais et bio sont les meilleurs d'Annecy. En saison, les glaces au lait et fruits bio connaissent aussi un grand succès. Parfait pour s'initier au bien-manger et au sain-manger.

***Menu** : Formule (1 plat et dessert) : 12,90 €*
***À la carte** : Mini : 22 € / Maxi : 35 €*

Galerie de l'Évêché
9, rue Royale
74000 Annecy
Tél. : +33 (0)4 50 77 81 92

Fermé dimanche, et le soir
www.facebook.com/LEN-CAS-BIO-110675168943988

Clos des sens

€€

LAURENT PETIT

THOMAS LORIVAL

Très haute gastronomie, engagé, locavore, végétarien compatible, annexe de Bacchus, excellent service

• Laurent Petit est un passionné d'architecture, de photographie, de décoration et de (grands) vins. Il est particulièrement plaisant que sa sensibilité s'exprime aussi bien dans ses plats qu'à travers le décor de son établissement, qui est une véritable galerie d'art. Sur le plan esthétique, dîner au Clos des sens est donc un exceptionnel privilège. Pourtant, c'est le moindre des bonheurs qui vous attend à Annecy-le-Vieux où, désormais, tout n'est plus que logique et perfection. La botte d'asperges rôties de Laurent Dumas en est la flamboyante illustration. Sans truffe ni parmesan ni cochonnaille, cette recette égale (presque) en équilibre et en intensité celle de Jacques Maximin, simplement grâce à de divins aromates et à un fond de sauce tout autant olympien. C'est limpide, merveilleux. Laurent Petit mérite depuis au moins dix ans le titre de prince de la gastronomie savoyarde, notamment car ses plats ont toujours contenu leur juste dose d'influence asiatique, de vivacité, de tendresse, ainsi qu'une persistance et une complexité aromatique rares. C'était déjà époustouflant. Depuis deux ans, le chef a choisi d'embrasser pleinement ses plus intimes convictions, d'aller tout au bout de ses envies. Il fait donc désormais briller dans ses assiettes toute la Savoie, et rien que la Savoie. Toutes ses matières premières proviennent de circuits ultra courts (moins de 50 km). Il cuisine donc uniquement des poissons et des crustacés de lac (Annecy, le Bourget et Léman, uniquement), pêchés à la ligne ou à l'épuisette. Il s'interdit l'emploi de viandes. Il collabore sur mesure, façon haute couture, avec tous les meilleurs artisans du département, ceux qui respectent l'environnement, les hommes et les animaux (laitages et fromages bio de la ferme du Crêt Joli, pain bio de Michaël Rispe, légumes bio des Jardins de Salève, les rarissimes lentilles beluga de la ferme Courtois, sans évoquer les 60 variétés d'herbes du potager du restaurant...) Depuis lors, ce n'est plus seulement le souffle des clients de l'établissement qui est coupé, mais carrément leur cœur qui bat la chamade. Le concept de Laurent Petit est tellement fort, exécuté avec tant de conviction et de virtuosité par toutes les brigades, qu'il est absolument impossible d'y rester insensible. À ce titre, la soupe de poutargue et omble chevalier, ou le thé d'écrevisses du lac, crémeux des têtes mettent en valeur l'élément liquide avec un génie unique, qui semblait n'appartenir qu'à quelques chefs japonais triplement étoilés. Totalement frais, complètement étourdissant !

• **LES VINS** : La cave est remarquable, très forte localement, très largement ouverte aux vignerons biodynamistes avec plus de 150 références labellisées (le sommelier est très engagé) sur 400 au total. Chaque région française compte donc au moins une dizaine de vignerons certifiés ! Propositions au verre très bien pensées et tous azimuts (entre 12 et 20 €). Domaine Dupasquier (roussette Marestel dès 55 € avec des millésimes de 20 ans), domaine Quenard (chignin dès 50 €), pinot gris grand cru Rangen de Thann 1999 Vendanges Tardives du domaine Zind-Humbrecht à 150 €, jurançon Babylone du domaine Didier Dagueneau à 90 €, côtes-du-roussillon-villages Les Calcinaires du domaine Gauby dès 50 €, faugères du domaine Léon Barral à 85 €, cuvée Collection Général de la Révolution du domaine Comte Abbatucci à 90 €, vin de France La Mémé du domaine Gramenon à 65 €, côte-rôtie La Landonne d'E. Guigal dès 340 €, côtes-du-jura Les Vignes de mon Père du domaine Jean-François Ganevat à 115 €, muscadet-sèvre-et-maine Amphibolite du domaine Joseph Landron à 45 €. Troisième étoile des neiges, mon cœur amoureux...

***Menus** : PETIT Déjeuner (2 plats et dessert/vins) : 70 €/100 € / PETITe Découverte (4 plats et dessert) : 110 € / Découverte (6/8 plats et desserts) : 140 €/180 €*
***À la carte** : Mini : 140 € / Maxi : 205 €*

13, rue Jean-Mermoz
74940 Annecy-le-Vieux
Tél. : +33 (0)4 50 23 07 90

Fermé dimanche soir, lundi, et mardi midi
www.closdessens.com

L'Heure bio

€ PASCALE CHAPUIS

Snacking, terrasse, engagé, végétarien friendly, ou à emporter, équitable

• 100 % fait maison, 100 % bio certifié AB ! Difficile de faire mieux. Ah, si ! Les couverts sont biodégradables et des plats végétariens, végétaliens et sans gluten peuvent être produits sur demande. Nous, on aime beaucoup la simplicité et le naturel de Pascale Chapuis et de son compagnon (en salle). Autodidacte, elle a complètement bouleversé sa carrière pour nourrir bio et sain au-delà de son cercle familial. Son restaurant, qui peut accueillir plus de 60 couverts en été, atteste du succès de son entreprise. Cela dit, ce n'est pas étonnant, car la pièce de bœuf et son chutney, ainsi que les desserts glacés sont vraiment très bons, même en comparaison des standards annéciens, vraiment élevés en la matière. Voilà, nous avons peut-être trouvé la cantine ultime… et saine !

***Menu** : Menu (poisson, pâtes, glace) : 10 €*
***À la carte** : Mini : 25 € / Maxi : 50 €*

8, passage des Bains
Place des Cordeliers
74000 Annecy
Tél. : +33 (0)4 50 09 12 43

Fermé dimanche, lundi, et le soir
www.restaurant-bio-annecy.com

Un Brin de sauge

€ JEAN-CHARLES DENARIE

Cantine bio, végétarien et gluten free compatible, engagé, ou à emporter

• Le Brin de sauge, avec ses 20 places, est le bon petit resto du coin, ce qui n'a rien de péjoratif. Il n'y a pas de lampions dans la salle tenue par Jean-Charles Denarie. En revanche, on y trouve beaucoup de bonne humeur, une clientèle locale d'habitués ravis, et des produits bio, qui composent intégralement les assiettes du restaurant. En effet, à la table de Jean-Charles Denarie, à l'exception du sel, tout est bio. Et si les intitulés des plats ne sont pas spécialement recherchés – tarte aux légumes et petits lardons, financier aux poireaux et pommes de terre… –, nous devons révéler que les recettes du chef sont vraiment gourmandes. Bien sûr, le fait qu'elles suivent le rythme des saisons et que, dans la mesure du possible, tous les produits proviennent d'artisans de la région, ne gâche rien, au contraire. Au surplus, quelques vins bio apparaissent sur la carte et, si l'on réserve à l'avance, il est possible de déjeuner végétarien ou sans gluten. En outre, le service traiteur permet de faire semblant d'être un bon cuisinier à la maison. Ça le fait.

***Menu** : Menu (2 plats et dessert) : 14,90 €*

150, avenue des Alpes
38300 Bourgoin-Jallieu
Tél. : +33 (0)4 74 28 42 38

Fermé samedi et dimanche, et le soir
www.unbrindesauge.com

BioDîner

€ PASCALE BAUDINET

Fast-miam, très engagé, cantine, ou à emporter

• Cette petite échoppe, essentiellement dédiée à la livraison de plats bio (labellisés AB) à emporter, mais où l'on peut également manger sur de petites tables si on arrive tôt, a déjà acquis une solide réputation de traiteur bio en Savoie. Certes, les tartes aux brocolis et tomates séchées ne révolutionneront pas l'avenir de la gastronomie française, mais elles sont bonnes. Au plan local, l'initiative du restaurant est porteuse de sens, d'autant plus que les modes d'approvisionnement énergétique et de livraison (vélo avec charrette) sont eux aussi éco-responsables. Quelques bouteilles de vins bio de Savoie permettent d'égayer le repas. Une cantine/traiteur à la démarche sincère et cohérente, comme on aimerait en voir plus souvent.

***À la carte** : Mini : 13,50 € / Maxi : 20 €*

7, rue Sainte-Barbe
73000 Chambéry
Tél. : +33 (0)4 56 29 12 17

Fermé samedi, dimanche, et le soir
www.biodiner.fr

Venez prendre une tarte

€ GEORGES LOUIS

Restauration rapide bio, végétarien compatible, engagé, alternatif, ou à emporter

• Venez prendre une tarte ! Avant même de rentrer dans ce petit restaurant, on goûte déjà à ce trait d'humour délicieux (mais qui, de l'aveu du patron, effraya un peu la clientèle féminine), qui décrit bien le concept de l'établissement. Toutefois, ce que l'enseigne ne dit pas, c'est que 100 % des ingrédients rentrant dans la composition des fameuses tartes sont labellisés bio. Au surplus, ces derniers sont souvent très locaux. En effet, Georges Louis se rend régulièrement chez les producteurs pour établir avec ces derniers un vrai partenariat. Ainsi, il fait confiance à la famille Perrin à Planaise pour lui fournir d'excellents légumes. Et c'est carrément le maire de Tournon, Xavier Tornier, également agriculteur, qui l'alimente en pommes et poires bio. Cependant, côtoyer des sommités n'empêche pas le chef d'être un vrai trublion. Chez Venez prendre une tarte, vous pourrez évidemment payer votre repas en euros, ou manger une soupe. Mais vous pourrez également vous acquitter de l'addition en réglant en « élef », la monnaie locale, alternative et citoyenne du bassin de Chambéry, qui s'engage dans les pratiques environnementales et sociales. Le restaurant de Georges Louis, c'est du sérieux, ce n'est pas seulement une tarte à la crème.

***Menus** : Formule (soupe, quart de tarte et boisson) : 5,75 € / Tarte entière : 14 €*

12, rue Denfert-Rochereau
73000 Chambéry
Tél. : +33 (0)6 87 55 66 32

Fermé samedi, dimanche, et le soir

COUP DE CŒUR DU JURY

Hameau Albert 1er

€€

PIERRE MAILLET

ALAIN GOUSSE

♡ **Très haute gastronomie, luxe, chic et choc, locavore, romantique**

• Chaque année, la famille Carrier tisse dans son Hameau de si nombreux motifs d'éblouissements qu'il nous est impossible de tous vous les décrire, mais nous allons quand même essayer. En salle, le service est doté des dons d'ubiquité et d'empathie, au point de donner vie à chaque élément de la table. Les conseils dispensés par la sommellerie sont loyaux et précieux. Ils résolvent les équations impossibles de la satisfaction du client, de la préservation de son budget et de l'excellence des accords viniques avec le gargantuesque menu dégustation. Plus que jamais ouvert sur le monde, le Hameau conserve intactes son identité et sa générosité savoyardes. La magie irradiant ici est d'une intensité égale à celle soutenant les sanctuaires les plus mythiques, dont la simple évocation patronymique défie l'imagination. Or, la maison de la famille Carrier semble naturellement vouée à faire partie de cette légendaire fraternité de restaurants. L'enchaînement des plats est parfait, le crescendo des saveurs dépasse allègrement le sommet du mont Blanc, pour se rapprocher des portes du Paradis. Par exemple, la truite de la Vallée d'Aoste sur poitrine et oreilles de cochon fermier de montagne, crème de fèves et lait battu empile les voluptés jusqu'à la jouissance. Et toutes les assiettes du gargantuesque menu dégustation sont à ce niveau, débordantes de légumes et de fleurs du jardin, ou de merveilles provenant des meilleurs maraîchers et producteurs (parfois bio) situés dans les vallées qui jouxtent le toit de l'Europe, des deux côtés de la frontière. Une visite au Hameau Albert 1er fera battre à tous les cœurs la chamade. On ne peut donc qu'être emballé.

• **LES VINS** : Une carte magnifique, et qui ouvre largement ses portes aux vins bio, mais jugez plutôt. Vins au verre (15 références, chignin-bergeron du domaine Louis Magnin à 12 €). Coefficients normaux (3). Pessac-léognan château Haut-Brion 1985 à 800 €, saint-estèphe château Montrose 1966 à 390 €, chablis premier cru Vaillons du domaine Vincent Dauvissat à 98 €, Marquise de Roussy de Sales dès 42 €, beaujolais blanc de Jean-Paul Brun à 47 €, Roc d'Anglade à 76 €, côtes-du-roussillon-villages Vieilles Vignes du domaine Gauby à 88 €, château Montus à 58 €, domaine de la Taille aux Loups à 61 €, Clos des Papes à 128 €, riesling Munchenberg du domaine Ostertag dès 84 €, chignin-bergeron Grand Orgue du domaine Louis Magnin à 49 €, roussette-de-savoie du domaine Grisard à 68 €. Belle sélection de demi-bouteilles. De quoi sortir des sentiers battus ou carrément partir en quête du Graal.

***Menus** : Déjeuner (1 plat et dessert) : 42 € / Menu du jour (2 plats, fromages et dessert/vins) : 66 €/82 € / Petite fête gourmande du marché (3 plats, fromages et dessert) : 92 € / Menu de la Maison de Savoie (7 plats, fromages et desserts/vins) : 156 €*
***À la carte** : Mini : 105 € / Maxi : 270 €*

38, route du Bouchet
74400 Chamonix
Tél. : +33 (0)4 50 53 05 09

Fermé mardi midi, mercredi, jeudi midi
www.hameaualbert.fr

L'Impossible

€

AURO BUCCI

♡ **Gastronomique, chic, chalet typique, rustique, musique**

• L'Impossible n'est pas totalement français, il est aussi un peu, beaucoup, italien ! Le chef autodidacte, Auro Bucci, s'est installé ici pour réaliser son rêve d'une cuisine de montage, de France et d'Italie, qui soit biologique, mais aussi pour communiquer, en territoire étranger, son amour d'une gastronomie transalpine naturelle et gourmande. Derrière ses fourneaux, le chef déclame des recettes de citation, qui recherchent la simplicité, la tradition et l'exaltation de la qualité des ingrédients. Le choix de ces derniers est donc prépondérant. Et, logiquement, Auro Bucci favorise ceux provenant de cultures ou d'élevages biologiques (80 %), et qui respectent l'homme et la terre. Ses farines bio du Piémont sont moulues à la pierre et permettent la réalisation de pâtes extraordinaires. Tous les poissons à la carte sont sauvages, pêchés à la ligne ou au petit filet dans l'Atlantique. Tous les producteurs sont personnellement connus du chef et, lorsque l'un, parmi eux, n'est pas certifié, il vérifie personnellement qu'il travaille à partir de méthodes naturelles et sans utilisation de chimie. Enfin, plusieurs spécialités végétariennes et végétaliennes ornent la carte. Dans ces conditions, on s'étonne que les critiques puissent encore snober les raviolis aux épinards et ricotta, beurre clarifié, sauge et « pecorino di Pienza », qui transforment le palais en un boudoir vénitien, coloré et moelleux. Le filet de canard sur sauce aux fruits de la Passion avec pommes de terre à l'ail et chips de topinambour est, quant à lui, le parangon d'une gastronomie de frontière, diablement métissée et séduisante. C'est aussi l'incarnation du grand plat à vin. À ce titre, la carte est pléthorique. Elle contient tout ce qui compte des deux côtés des Alpes. Enfin, les Bucci organisent fréquemment dans leur établissement des concerts et de très ludiques ateliers de dégustation de fromages et de vins. Aucun doute, il y a de la vie et de la passion chez les Bucci, ce qui confirme formidablement le dicton : « À cœur vaillant, rien d'Impossible. »

• **LES VINS** : On compte pas loin de 400 références italiennes et françaises, dont une très grande quantité de vins bio. Et, cerise sur le gâteau, l'offre au verre est généreuse (dès 7 €) et les tarifs carrément amicaux. Crozes-hermitage Entre Ciel et Terre de David Reynaud à 77 €, champagne cuvée 3 A de De Sousa à 68 €, So.Vi.Pi "L'Impossible" à 25 €, chignin-bergeron Exception de Denis et Didier Berthollier à 32 €, châteauneuf-du-pape du domaine de Cristia à 45 €, sancerre Constellation du Scorpion du domaine Vincent Gaudry à 50 €, cuvée Magique du château de Passavant à 35 €, Gypse Terroir Unique du domaine Sylvie Spielmann à 40 €, chardonnay de Spadafora à 30 €, domaine la Cabotte dès 28 €, pinot noir Strangenberg du domaine Éric Rominger à 35 €, Barclo de Massolino à 58 €, muscat-de-rivesaltes du domaine Cazes à 30 €... Sans oublier un large choix de grands vins de luxe. C'est la classe.

***Menus** : Menu du marché (2 plats et dessert) : 38 € / Végétarien (2 plats et dessert) : 44 € / Menu du cœur (2 plats, fromages, dessert/vins) : 62 €/86 €*
***À la carte** : Mini : 60 € / Maxi : 120 €*

9, chemin du Cry (route des Pèlerins)
74400 Chamonix-Mont-Blanc
Tél. : +33 (0)4 50 53 20 36

Ouvert tous les jours, le soir
www.restaurant-impossible.com

Serge Vieira

⌘ €€€ SERGE VIEIRA

Haute gastronomie, luxe, calme, happy carnivore

• Installé sur le domaine du château de Couffour, à Chaudes-Aigues, Serge Vieira est désormais le maître d'un vaisseau bio qui regarde vers l'Aubrac. En effet, tout son établissement a été éco-conçu ! Ici, tout est tourné vers la nature, vers le Cantal et vers Michel Bras, auquel le Bocuse d'or 2005 semble inextricablement lié en raison de ses partis pris. Évidemment, la comparaison est flatteuse. Elle est également méritée ! Le foie gras cuit au naturel, fine gelée de porto et condiments de poire épicée est presque un dessert, et c'est totalement une merveille. Le carpaccio de langoustines, viennoise de câpres et marinage de légumes fait la fête au citron confit dont les exhalaisons sont immédiatement formidables. Le colvert rôti aux épices, scorsonères, crème de cerfeuil tubéreux et pâte d'olives noires est un Everest, qui porte le palais des clients vers des sommets insoupçonnés, et permettent d'embrasser à la fois les Alpes, la Provence et le Maghreb. La carte des vins est loyale, raffinée, à l'image de cette belle Maison. Onze références au verre à partir de 12 €, Effusion du domaine Patrick Baudouin ou Clos Michet de Jacky Blot ou Oppidum de Yann Bernard à 50 €, Blanc Fumé de Pouilly de Didier Dagueneau à 115 €, La Forest de Vincent Dauvissat à 85 €, Manon du Clos Marie à 55 €, riesling grand cru Muenchberg du domaine Ostertag à 80 €, la rarissime vosne-romanée premier cru Duvault-Blochet du domaine de la Romanée-Conti à 350 €... un incontournable dans l'horizon gastronomique français.

***Menus** : S (3 plats, fromages et dessert/vins) : 85 €/140 € / M (4 plats, fromages et dessert/vins) : 145 €/235 €*
***À la carte** : Mini : 150 € / Maxi : 290 €*

Le Couffour
15110 Chaudes-Aigues
Tél. : +33 (0)4 71 20 73 85

Fermé mardi et mercredi
www.sergevieira.com

Domaine de Clairefontaine

⌘⌘⌘ €€ PHILIPPE GIRARDIN DOMINIQUE VIALA

Gastronomique, romantique, isérois jusqu'au bout des doigts, parc

• Le domaine de Clairefontaine est le repaire isérois de Philippe Girardon, meilleur ouvrier de France 1997, l'un des plus anciens et des plus expérimentés chefs étoilés du département (il a côtoyé madame Point). Dans la région, le chef est connu comme le loup blanc. Les meilleurs artisans locaux sont à son service. Difficile de trouver ailleurs de plus délicieuses chartreuses ou des noix de Grenoble plus exceptionnelles. Au surplus, sur son vaste domaine, Philippe Girardon cultive son jardin ainsi que de merveilleux fruits et aromates. Il élève également lui-même ses poules, qui pondent le fameux œuf bio du domaine. Ce dernier, délicatement poché, associé aux asperges de Saint-Prim, morilles de région, émulsion de vieux comté sélectionné par Bernard Mure-Ravaud (MOF fromager), est un paroxysme de délicatesse, dont on pourrait faire des folies. La soupe de poisson d'eau douce, écrevisses, truite fario et omble chevalier rend un très bel hommage aux fleuves, rivières et lacs alentour (le chef pratique d'ailleurs personnellement la pisciculture sur le cours d'eau traversant sa propriété). La cave est, elle aussi, vraiment engagée. Une quinzaine de vins au verre entre 5 € et 17 €. Taburnum du domaine Les Vins de Vienne à 70 €, hermitages de Jean-Louis Chave dès 200 €, Minéral du domaine Montirius à 50 €, domaine de Fondrèche dès 25 €, Rose Pourpre de Pierre Gaillard dès 148 €, La Landonne en verticale sur trente millésimes... Tous les plus emblématiques producteurs du Rhône sont là ! Si vous cherchiez la véritable ambassade gastronomique de l'Isère, vous venez de la trouver.

***Menus** : Soir (2 plats et dessert) : 70 € / Quatre services (2 plats, fromages et dessert) : 78 € / Dégustation (3 plats, fromages et dessert) : 98 € / Signature (5 plats, fromages et desserts/vins) : 128 €/170 €*
***À la carte** : Mini : 105 € / Maxi : 210 €*

105, chemin des Fontanettes
38121 Chonas-L'Amballan
Tél. : +33 (0)4 74 58 81 52

Fermé lundi et mardi
www.domaine-de-clairefontaine.fr

Auberge du pont de Collonges - Paul Bocuse

⌘ €€€€ PAUL BOCUSE AND CO.

Haute gastronomie, chic et rétro, hors du temps, tour operator

• Comment résumer en peu de mots le fabuleux destin de titan de Paul Bocuse ? Comment expliquer sans être péremptoire qu'il est initiateur de tous les concepts ayant contribué à projeter la cuisine hexagonale dans l'ère de la modernité ? Comment dire en même temps, sans paraître contradictoire, qu'il demeure plus que tout autre viscéralement attaché à la tradition ? Comment convaincre qu'avec Alain Ducasse, Joël Robuchon et Pierre Gagnaire, ils incarnent, seuls, la gastronomie française à l'étranger ? On ne sait pas ! Et dans les cuisines de Paul, il se passe quoi ? Eh bien, déjà, on y croise la plus forte concentration de meilleurs ouvriers de France de l'Hexagone, ces derniers étant dépositaires des cahiers de recettes manuscrits du maître. Dans ces conditions, on comprend que les légendaires soupes aux truffes V.G.E. ; loups en croûte feuilletée et volailles de Bresse en vessie demi-deuil n'aient pas pris une seule petite ridule. Dans la cave, il y a tout (750 références et des verticales vertigineuses). Entre 75 et 125 €, on peut ouvrir le château de la Gardine, les chablis de William Fèvre, plusieurs vins de Paul Jaboulet Aîné, de la maison Perret, du domaine Jean-Marc Burgaud et même du château de Fosse-Sèche. Un voyage dans le temps, et une cure de Jouvence !

***Menus** : Classique (2 plats, fromages et desserts) : 170 € / Bourgeois (3 plats, fromages et desserts) : 230 € / Grande tradition (4 plats, fromages et desserts) : 270 €*
***À la carte** : Mini : 170 € / Maxi : 320 €*

40, rue de la Plage
69660 Collonges-au-Mont-d'Or
Tél. : +33 (0)4 72 42 90 90

Ouvert tous les jours
www.bocuse.com

Le Pré

⌘ € XAVIER BEAUDIMENT

Haute gastronomie, isolé, engagé, charme, grand de demain, excellent service

• Le Pré, c'est un vrai restaurant de chef, beau et grand (l'homme autant que son restaurant), qui est centré autour du terroir, de la nature et, surtout, des clients, auxquels Xavier Beaudiment ne refuse rien, surtout pas de remettre sur la carte son emblématique œuf de poule bio, pulpe fumée au foin, qui est l'autre grande recette française autour de cet aliment, avec celle de Gilles Goujon, évidemment. Cela en dit déjà beaucoup sur le talent du cuisinier qui fait opérer sa magie à Durtol. Au surplus, le jeune chef est engagé. Chez lui, tout est cuisiné maison. Il s'investit dans la formation et la pédagogie gastronomique (-30 % sur les menus pour les clients âgés de moins de 30 ans). Il réduit au maximum les emballages (en pratiquant le circuit court, voire extra-court et en négociant directement avec ses fournisseurs). Logiquement, il n'emploie que des produits frais, locaux, de saison, et milite pour des recettes saines, détox, déchargées de graisses. Reste que, ce qui impressionne vraiment au Pré, c'est la qualité des cuissons, à la milliseconde. L'omble chevalier et consommé de champignons est dément. Mi-japonaise, mi-norvégienne, cette recette totale possède un équilibre parfait et, pour cette raison, des saveurs tonitruantes. La carte des vins invite tous les biodynamistes auvergnats sur des coefficients souvent moins que triplant. Et les stars des autres vignobles hexagonaux ne sont pas oubliées. Parmi les très grands restaurants français, le Pré est probablement le plus discret. Ce n'est évidemment pas une raison pour l'ignorer.

***Menus** : Déjeuner (2 plats et dessert) : 39 € / Dîner (3 plats, fromages et dessert) : 69 € / Dégustation (5 plats, fromages et dessert) : 99 €*
***À la carte** : Mini : 75 € / Maxi : 150 €*

Route de la Baraque
63830 Durtol
Tél. : +33 (0)4 73 19 25 00

Fermé dimanche soir, lundi et mardi
www.restaurant-lepre.com

Moun Païs

€ LAURENCE BROSSY ET RÉGIS CAILLEAUD

Cantine bio, végétalo-compatible, sans gluten compatible, très engagé

• Moun Païs est sis dans la Drôme, en plein cœur de la Biovallée et de l'Écosite. Évidemment, dans leur restaurant engagé, Laurence Brossy et Régis Cailleaud profitent pleinement de tous les avantages subséquents. À l'intérieur de leur établissement écoconçu, on mange uniquement des plats de saison, faits maison et réalisés à partir d'ingrédients bio, exclusivement. Ici, même la peinture et les produits d'entretien sont labellisés ! Le chauffage émane d'un poêle à bois. L'énergie est fournie par une éolienne et des panneaux photovoltaïques. Par ailleurs, on ne s'étonne pas que Régis et Laurence connaissent l'histoire de chaque producteur (circuits très courts) et de chaque aliment qu'ils servent aux clients. Une cantine bio destinée à des salariés travaillant dans le secteur « nature », cela a du sens, évidemment. D'autant plus que l'on peut venir célébrer ici sa promotion ou d'autres événements en profitant d'une belle petite carte des vins locale et bio, de 20 références (côtes-du-rhône Poignée de Raisins du domaine Gramenon à 24 €, Khayyâm du Mas de Libian à 29 €, vacqueyras Le Village de Montirius à 22 €, cornas du domaine Franck Balthazar à 46 €, ventoux L'Éclat du domaine de Fondrèche à 24 €...) La cantine détox dont on ne se lasse pas.

Menus *: Assiette végétarienne : 12 € / Formule (1 plat et dessert) : 15 € / Menu (2 plats et dessert) : 18 €*
À la carte *: Mini : 24 € / Maxi : 32 €*

Écosite du Val de Drôme
Place Michel-Paulis
26400 Eurre
Tél. : +33 (0)4 75 25 21 88

Fermé le soir et le week-end sauf réservation
www.mounpais.fr

Les Cèdres

€€ JACQUES BERTRAND JEAN-PAUL BERTRAND

Haute gastronomie, fort en vins, raffiné, la passion des accords, excellent service

• Le fait que le frère du chef dirige la salle des Cèdres participe aux standards très élevés qui sont atteints par sa brigade. Une telle empathie est rare. Et c'est heureux, car les recettes imaginées par Jacques Bertrand sont tendues au point de ne pas supporter la moindre imprécision. Ainsi, chacun des amuse-bouches et mignardises peut être considéré comme un mini-plat, pas seulement destiné à caler l'estomac, mais aussi à impressionner le palais avec des saveurs impérieuses, qui ne sauraient séduire si présentées en grande quantité. Les noix de Saint-Jacques grillées aux brisures de noix, fondue d'endives légèrement crémées accompagnées d'un verre de côtes-du-jura du domaine Jean Macle sont saisissantes. Idéalement cuites, elles exhibent une tendresse incroyable et jouent sur toute la gamme des saveurs suaves. Côté vins, c'est pointu : muscat Fronholz du domaine Ostertag à 55 €, plusieurs roussettes et chignins en Savoie dès 45 €, nectars étrangers (Hongrie, Grèce, Afrique du Sud), La Griffe du Clos de l'Ours à 65 €, château Clerc Milon dès 135 €. La belle histoire des Cèdres s'approche lentement, mais sûrement, de l'apothéose attendue.

Menus *: Déjeuner (2 plats et dessert) : 47 € / Soir (2 plats et dessert) : 85 € / Dégustation (3 plats et dessert) : 105 € / Découverte (5 plats, fromages et desserts/vins) : 140 €/210 €*
À la carte *: Mini : 100 € / Maxi : 170 €*

Le Village
25, rue Henri-Machon
26600 Granges-les-Beaumont
Tél. : +33 (0)4 75 71 50 67

Fermé lundi et mardi
www.restaurantlescedres.fr

Le Café Lumière

€ ÉLODIE ILLES

Cantine, cinéphile, cultivé, engagé, végétalo-compatible

• Le Café Lumière possède plusieurs atouts dans sa manche pour séduire les gourmands grenoblois. D'abord, en été, on peut y profiter du parc de la caserne de Bonne. Ensuite, ce charmant restaurant est situé pile en face des caisses du Méliès, un complexe cinématographique qui n'exclut pas les films d'art et d'essai. Enfin, tous les produits qui touchent les assiettes proviennent d'un excellent traiteur, qui ne travaille que des ingrédients bio et locaux : Païza. Quant aux légumes et aux fruits (de saison), ils arrivent tous du maraîcher bio de Beaurepaire. Dans les assiettes, valsent donc les traditionnels bœuf bourguignon et sole meunière. Mais on peut aussi goûter à quelques mets plus raffinés : dhal de lentilles corail au lait de coco et à la coriandre ; ou mousse de myrtille à la cardamone. En plus, sur la carte, il y a toujours de la place pour un plat sans gluten (le chef s'adapte sur demande) et des propositions végétariennes. La carte des vins propose du bio issu du négoce local. La cantine grenobloise de ceux qui veulent manger sain et intelligent.

***Menu** : Formule (1 plat et dessert) : 14 €*
***À la carte** : Mini : 25 € / Maxi : 35 €*

27, allée Henri-Frenay
38000 Grenoble
Tél. : +33 (0)7 81 35 86 71

Fermé lundi soir, samedi midi et dimanche midi
www.facebook.com/cafelumieregrenoble

Le Fantin Latour

€€ STÉPHANE FROIDEVAUX

Haute gastronomie, nature, végétalo-compatible, inventif, avec jardin

• Stéphane Froidevaux, c'est le petit Veyrat grenoblois, et pas seulement car il a collaboré avec ce dernier. En effet, si le chef s'est installé dans l'ancienne ville olympique, c'est parce qu'il est un vrai amateur, et un fameux producteur, d'une authentique gastronomie des montagnes, pleine de saveurs, d'herbes, de nature et d'altitude. À ce titre, dans le menu dégustation du restaurant, le bien nommé Ascension des cimes, plusieurs plats atteignent des sommets. Le tartare de poissons, légèrement braisés, est croquant, fondant, justement épicé, suffisamment rugueux pour porter le menu fretin en haute montagne. Les épinards sauvages en émulsion, artichauts, shiitakes, champignons de saison, crème exquise s'imprègnent des saveurs de la truffe, pour s'envoler en rétro-olfaction, portés par des herbes rares. L'agneau servi au bocal, où il a cuit accompagné de branches de résineux et d'épineux, est gigantesque. Il délivre des parfums si puissants qu'ils en deviennent entêtants, et méritent les vins les plus capiteux de la vallée du Rhône. Par bonheur, la cave est bien fournie : champagnes Krug dès 280 €, La Grande Dame à 230 €, muscadet-sèvre-et-maine Amphibolite de Joseph Landron à 26 €, Clos de la Coulée de Serrant à 110 €, condrieu Brèze de Louis Cheze à 65 €, vin de paille du château d'Arlay à 52 €, Roc d'Anglade à 53 €, languedoc Éolienne du mas d'Espanet à 36 €, ventoux Persia du domaine de Fondrèche à 52 €, côtes-du-rhône Bout d'Zan du Mas de Libian à 44 €...

***Menus** : La Cueillette du matin (2 plats et dessert) : 50 € / Végétarien (3 plats et dessert) : 50 € / L'Échappée belle (5 plats, fromages et dessert) : 75 € / Ascension des cimes (6 plats, fromages et desserts) : 85 €*
***À la carte** : Mini : 95 € / Maxi : 185 €*

1, rue du Général-de-Beylié
38000 Grenoble
Tél. : +33 (0)4 76 24 38 18

Fermé dimanche et lundi, et le midi sauf samedi
www.fantin-latour.fr

Le Clair de la plume

€€€ JULIEN ALLANO

Gastronomique, très chic, très romantique, végétalo-compatible, calme absolu, piscine biologique, complètement givré/glacé

• Julien Allano est un amoureux fou des produits, il veille sur sa liste de producteurs attitrés (de truffes notamment) comme sur un trésor de guerre. Son bœuf limousin fumé aux sarments de vignes, jus réduit au vin de Grignan-les-Adhémar, truffe d'été agit sur les gourmets comme une révélation. On imagine d'abord un plat « uppercut », il se révèle finalement tout en parfum, presque évanescent. Quant aux desserts, réalisés par Jean-Christophe Vitte (meilleur ouvrier de France et champion du monde de pâtisserie glacée), ils valent à eux seul le voyage. Évidemment, on mange ici les meilleurs sorbets de France, qui font littéralement fondre tous les clients. Le mangue-passion et piment d'Espelette est une gourmandise proche du monumental. La carte des vins est exceptionnellement forte en régions, et digne d'une grande maison. Elle respecte les vignerons biodynamistes : Château l'Hospitalet de Gérard Bertrand (9 € au verre), côte-de-beaune-villages d'Olivier Leflaive à 60 €, Clos-Vougeot d'Anne Gros à 460 €, La Petite Côte d'Yves Cuilleron à 95 €, Le Méal de M. Chapoutier à 300 €, cuvée Laurine du domaine Saint Luc à 35 €, Gigondas du domaine des Bosquets à 90 €, Réserve du Pigeonnier du château de Fosse-Sèche à 90 €... La belle histoire est en train de s'écrire !

***Menus** : Végétal (2 plats et desserts) : 50 € / Dégustation (3 plats et desserts) : 75 € / Découverte (4 plats, fromages et desserts) : 115 €*
***À la carte** : Mini : 80 € / Maxi : 160 €*

2, place du Mail
26230 Grignan
Tél. : +33 (0)4 75 91 81 30

Ouvert tous les jours
www.clairplume.com

Les Morainières

€€ MICHAËL ARNOULT

Haute gastronomie, isolé, charme, accueillant, excellent service, avec vue

• Michaël Arnoult réalise des menus dégustation gargantuesques et parfaits. Vous conviendrez que cela mérite d'être signalé. Passé, notamment, chez Emmanuel Renaut, le chef est tombé amoureux des produits et de la zénitude émanant des paysages savoyards. Désormais installé à Jongieux, la capitale des vins de Savoie, il produit une gastronomie de montage inventive, sans défaut, à l'image de celles de Régis et de Jacques Marcon ou du restaurant de Sébastien Bras. Il se laisse porter, au gré des saisons, par l'atmosphère et le climat de la région. Chaque menu et chaque recette forment donc un tout : excellents produits, sublimes cuissons, assaisonnements soignés, sauces royales, architectures babyloniennes, « repaire terroir »... Le filet de féra du lac, cannelloni de poisson et agastache est carrément idéal. La cuisson lente à basse température rend une tendresse et des fragrances rares, qui contrastent avec la masculinité de l'écrevisse du Léman. La carte des vins est formidable, composée de 120 références, notamment servies au verre : roussette-de-savoie Marestel du domaine Dupasquier à 44 €, manicle cuvée de l'Amandier du Caveau Bugiste à 45 €, Persia du domaine de Fondrèche à 48 €, Les Calcinaires 2007 du domaine Gauby à 49 €, cuvée Manon du Clos Marie à 48 €, meursault 2010 d'Alain Gras à 100 €, riesling 2009 de Trimbach, sancerre Les Romains d'Alphonse Mellot à 66 €, Blanc Fumé de Pouilly de Didier Dagueneau à 95 €... Comme dans les pochettes de notre enfance, chaque assiette, chaque flacon contient au moins une chouette surprise. Que demander de plus ?

***Menus** : Déjeuner (2 plats et dessert) : 48 € / Découverte (4 plats, fromages et dessert) : 85 € / Confiance (6 plats, fromages et dessert) : 135 €*
***À la carte** : Mini : 130 € / Maxi : 200 €*

Route de Marétel
73170 Jongieux
Tél. : +33 (0)4 79 44 09 39

Fermé lundi et mardi
www.les-morainieres.com

Alta Terra

⌘⌘⌘ 🍷 € VIRGINIE SERRE

♡ Bistrot de campagne, végétalo-compatible, sans gluten compatible, engagé, engageant, volcanique

• Café gourmand, table d'hôtes ou hammam bio... chez Alta Terra, on a le choix, sans l'embarras. La situation de l'établissement, au pied d'un magnifique volcan auvergnat, le puy Mary, est déjà dépaysante. Les assiettes réalisées par Virginie Serre, qui cuisine chaque ingrédient maison et choisit de travailler autant que possible avec des produits labellisés bio, savent également faire voyager. Formules végétariennes, ou sans gluten ou sans laitage sont accessibles. Les délicieuses lentilles de Saint-Flour accompagnent de nombreux plats. Le chocolat chaud est véritablement gourmand. Les vins bio proviennent de fournisseurs locaux et sont affublés de petits coefficients. L'une des plus belles haltes détox du département.

***Menu** : Menu (2 plats, fromages et dessert) : 20 €*

Le Pradel
15300 Lavigerie
Tél. : +33 (0)4 71 20 83 03

Ouvert sur réservation
www.altaterra-cantal.com

La Maison de Flo

⌘⌘⌘ 🍷 € FLORENCE GIRY

♡ Cantine, végétarien compatible, engagé localement, terrasse, ou à emporter

• Au menu de la Maison de Flo, il y a tout ce que l'on aime : des produits hyper locaux, et bio, méticuleusement sélectionnés. On trouve d'ailleurs ici une très large sélection de viandes de pays, bio elles aussi, qui raviront et régaleront les carnassiers. Toutefois, les végétariens ne sont pas oubliés. Il y a toujours au moins un plat de la carte qui leur est dédié. Sur demande, les plats peuvent être composés sans lactose et/ou sans gluten, car Florence Giry est très à l'écoute de ses clients. Mais ses spécialités demeurent les crêpes et les galettes de sarrasin, pour lesquelles elle possède un tour de main reconnu dans toute la ville. Quelques vins bio sont visibles sur l'ardoise. La détox, sans intox.

***Menus** : Formule (1 plat) : 10 € / Menu (entrée et plat) : 18 €*
***À la carte** : Mini : 15 € / Maxi : 25 €*

4, impasse du Marché-Couvert
43000 Le Puy-en-Velay
Tél. : +33 (0)6 01 49 95 69

Fermé dimanche, lundi, et mardi soir
www.facebook.com/La-Maison-de-Flo-131038844039404

Christophe Marguin

€ CHRISTOPHE MARGUIN

Gastronomique, charme, tradition, histoire, gourmand, fort en vins

• Depuis 1906, quatre générations de cuisiniers se sont succédé derrière les pianos de l'hôtel Le Logis, qui appartient à la famille Marguin. Christophe est donc tombé dans la marmite de la cuisine française dès son plus jeune âge, et il a rapidement brillé, obtenant le prix Taittinger en 1996. Passionné par la gastronomie, le chef collectionne les menus historiques de grands repas présidentiels, royaux, ainsi que les livres culinaires. Logiquement, c'est cette grande tradition française qu'il invite à faire revivre à sa table. Évidemment, les recettes du terroir du pays lyonnais n'ont aucun secret pour lui. Ses producteurs sont des fidèles, dont certains travaillent pour l'établissement depuis plus de trente ans. Les grenouilles simplement sautées au beurre et fines herbes; ou la volaille de Bresse AOP à la crème de Bresse AOC, riz basmati et riz sauvage, crêpes Parmentier ont donc bien le goût de leurs origines. Par ailleurs, en cave, s'empilent les flacons antiques, et tout ce que le Rhône connaît comme géants plie genoux pour entrer ici. Une bien belle maison, de tradition et d'engagement.

***Menus** : Jacques (2 plats et dessert) : 28 € / Menu du centenaire (2 plats, fromages et dessert) : 52 € / Gaspard (2 plats, fromages et dessert) : 60 € / Victor (4 plats, fromages et dessert) : 85 €*
***À la carte** : Mini : 65 € / Maxi : 130 €*

916, route de Strasbourg
01700 Les Échets-en-Dombes
Tél. : +33 (0)4 78 91 80 04

Fermé samedi midi, dimanche soir et lundi
www.christophe-marguin.com

La Bijouterie

€ RYAN DOLAN ET ARNAUD LAVERDIN

Gastronomique, cuisine-comptoir, chaises d'époque, bric et broc, street fooding

• Ici, à midi, c'est raviolis ! Comprenez dim sum (raviolis à la vapeur à la cantonaise). Ce petit délice culinaire, façon boîte à bijoux pouvant contenir de belles surprises, c'est l'idée géniale et asiatique friendly trouvée par Ryan Dolan et Arnaud Laverdin pour agrémenter les déjeuners des gourmets lyonnais : bœuf façon grand-mère; ou crabe, tourteau, citron et aneth; voire même riz gluant et champignons. Et ça marche, formidablement, autant au niveau de l'accueil que pour les papilles. Le soir, le menu unique, tendance street fooding, fait également un tabac. Huit petits plats s'enchaînent dans le bon tempo et le bon goût. L'épaule braisée au barbecue galvanisée par un combo concombre-sésame possède en bouche un volume incroyable. L'aile de raie (épeautre, lait, girolles, estragon), densifiée par un impressionnant porc gascon, ne comporte aucune faiblesse en dépit d'une grande variété d'ingrédients disparates. La pêche de vigne, verveine, meringue, jaune d'œuf confit est carrément un coup de génie. Tous les plats sont donc extrêmement malicieux, et la carte des vins ne fait pas exception : Le Clos des Grillons de Nicolas Renaud et Mas Foulaquier à moins de 40 €, cuvée Élise du domaine La Terrasse d'Élise à 71 €, le pétillant (et bio) La Bulle Gamay ou L'Insolent en Chaume à 6 € au verre. Bref, un restaurant où l'on (n')attrape (pas) le sum...

***Menus** : Formule Sum (2 plats) : 15 € / Menu unique (6 plats et desserts) : 42 €*

16, rue Hippolyte-Flandrin
69001 Lyon
Tél. : +33 (0)4 78 08 14 03

Fermé dimanche et lundi
www.labijouterierestaurant.fr

Cercle Rouge

€ FLORENT EL SAIR

Bistronomique, street food du monde, bibliothèque, à l'étage

• Florent El Sair aurait pu être une star du commerce international. Mais, à l'approche de la trentaine, il a choisi d'abandonner sa carrière pour intégrer l'institut Paul-Bocuse et faire le tour des tables étoilées (Maison Lameloise, Mandarin oriental...) et du monde (Suisse, Chine et Bahamas). Désormais chez lui, le chef bourlingueur invite d'abord à goûter son enthousiasme, puis sa gentillesse et enfin sa cuisine mondialisée. Les Saint-Jacques snackées sur un velouté de potimarron, ou la bavette de bœuf émincée à la menthe fraîche attestent d'un excellent sens de l'équilibre, des cuissons et des accords. Il n'y a donc pas que la bibliothèque privatisable (à l'étage) qui informe sur l'érudition et l'envie de bien faire du chef. Ses assiettes (et sa carte des vins, dont les coefficients doublent à peine, même chez les grands producteurs de la région) en font également la démonstration.

***Menus** : Formule Déjeuner (1 plat et dessert) : 15 € / Déjeuner (2 plats et dessert) : 19 € / Formule Dîner (2 plats et dessert) : 27 € / Dîner (2 plats et dessert) : 35 €*

36, rue de l'Arbre-sec
69001 Lyon
Tél. : +33 (0)4 78 28 41 98

Fermé dimanche et lundi
www.cercle-rouge.fr

La Mère Brazier

€€ MATTHIEU VIANNAY

Haute gastronomie, chic, romantique, très fort en vins

• Eugénie Brazier, affectueusement appelée la mère Brazier, fut de la première promotion de chef à obtenir trois étoiles en 1933, non pas pour un, mais carrément pour deux restaurants (l'exploit mettra soixante-quatre ans avant d'être renouvelé par Alain Ducasse). C'est donc à ce personnage lyonnais mythique que Matthieu Viannay rend hommage. Force est de constater que ce meilleur ouvrier de France parvient à résoudre l'équation a priori impossible consistant à concilier l'héritage de cette grande dame, sa créativité personnelle et la contemporanéité exigée d'un restaurant cherchant à son tour à atteindre l'Olympe. La ventrèche de thon rouge marinée à l'aigre-doux, tartare de bœuf aux huîtres, condiments au raifort ; la grosse sole de petit bateau farcie aux algues et coquillages, beurre au caviar ; ou l'intemporel et fameux pain de brochet, homard et petits légumes, jus de carapace à l'absinthe attestent de la réussite du chef dans sa périlleuse entreprise. La cave est somptueuse, très forte dans la vallée du Rhône (tout côte-rôtie de 90 € à 280 €), mais pas seulement : pinot gris grand cru Spiegel des domaines Schlumberger à 60 €, alsace Grasberg du domaine Marcel Deiss à 60 €, cuvée Quattuor blanc de IV blancs de Drappier à 156 €, sancerre Belle Dame 2007 du domaine Vacheron à 90 €, hermitage Le Pavillon 2007 de M. Chapoutier à 370 €, costières-de-nimes Lou Coucardié de Michel Gassier à 52 €... On se souvient de son passage chez la Mère Brazier.

***Menus** : Formule (1 plat et dessert) : 57 € / Affaires (2 plats et dessert, vins, eaux et café) : 70 € / Les classiques de la Mère (3 plats, fromages et dessert) : 125 € / Dégustation (4 plats, fromages et dessert) : 160 €*
***À la carte** : Mini : 145 € / Maxi : 285 €*

12, rue Royale
69001 Lyon
Tél. : Tél. : +33 (0)4 78 23 17 20

Fermé dimanche et lundi
www.lamerebrazier.fr

Toutes les couleurs

€ AGNÈS PLOTENY

Cantine bio, végétarien, rigolo, gluten free, naturel, engagé, fait maison

• Depuis dix ans, Agnès Ploteny élabore une cuisine gourmande et sans regret, mais aussi instinctive, une recette pouvant changer en cours de service en fonction de son inspiration. Dans son restaurant labellisé, tout est bio, car la chef aime que ses plats aient le goût des ingrédients qu'ils contiennent. Elle ne veut pas que ses recettes soient moins que totalement saines. Les hyperaliments, comme les graines, sont germés par ses propres soins. Les desserts sont réalisés sans sucres ajoutés, les farines sont fraîchement moulues sur place, le gluten n'a pas droit de cité dans la cuisine et les cuissons sont réalisées sans aluminium (le micro-ondes est également banni) et à des températures strictement contrôlées, et aussi basses que possible. Cela explique pourquoi les shiitakes sautés sont si bons, presque au niveau de ceux produits dans des restaurants plusieurs fois étoilés. Les vins bio sont pointus, mais la carte est réduite (4 € au verre). La vie est trop courte pour ne pas bien manger.

***Menus** : Déjeuner (2 plats et dessert) : 25 € / Découverte (2 plats, fromages et dessert) : 29 €*
***À la carte** : Mini : 25 € / Maxi : 40 €*

26, rue Imbert-Colomès
69001 Lyon
Tél. : +33 (0)4 72 00 03 95

Fermé dimanche et lundi, et le soir de mardi à jeudi
www.touteslescouleurs.fr

Café Terroir

€ JEAN-FRANÇOIS TÊTEDOIE

Bistronomie de luxe, comptoir unique, bon jaja

• Le café Terroir propose une cuisine à la fois authentique et innovante, permettant la mise en valeur et le respect des meilleurs produits des territoires rhônalpins. Pour ce faire, et garantir l'intensité du goût, les ingrédients chinés chez les meilleurs « artisans » locaux sont assez peu transformés. Jean-François Têtedoie affirme d'ailleurs à ce titre qu'il doit jouer un rôle de découvreur, de révélateur, au moins autant que de cuisinier. Cette abnégation se retrouve dans le concept et les recettes du restaurant, où tout est fait pour assurer un moment de plaisir au client. Le club sandwich et la terrine de maman sont mieux que délicieux, fameux ! Rue Amboise, on mange donc simplement, mais très au-dessus du niveau supposé d'un bistrot dînatoire. Au surplus, le rapport qualité/prix est surprenant jusque sur la carte des vins, concentrée autour de la vallée du Rhône et du Beaujolais, où Vernay, Burgaud, Barret, Perret, Ogier, Grangeon, Thevenet et Charlin ouvrent leurs meilleures cuvées entre 25 et 100 €. Jean-François fait honneur à son père, Christian, et prouve que la philosophie de comptoir contient bien souvent de gros morceaux de vérité, notamment culinaire !

***À la carte** : Mini : 25 € / Maxi : 75 €*

14, rue d'Amboise
69002 Lyon
Tél. : +33 (0)9 53 36 08 11

Fermé dimanche midi et lundi
www.cafeterroir.fr

AOC Les Halles

⌘⌘⌘ 🍷🍷 € DOMINIQUE PILASTRE

♡ Bar à vins, bon jaja, charcuterie, planche, ardoise, branché

• AOC Les Halles est un bistrot à vins et un repaire de copains où l'on peut manger sainement des charcuteries et des viandes exceptionnelles provenant de la maison Conquet. Ici, à l'intérieur du « hamburger », on trouve du saumon gravlax. Les saint-marcellins proviennent des meilleurs producteurs, le beurre est acheté chez Bordier... En plein cœur des halles Paul-Bocuse, l'AOC fait donc la part belle aux meilleurs produits de nos régions. Christophe Garnier est parvenu, non seulement à décliner son concept de restauration à la coule au sein de la très concurrentielle capitale des gones, mais carrément à rendre son restaurant « in », en profitant de la qualité de la clientèle locale pour monter d'un cran le niveau de ses prestations. Et cela fonctionne, jusque sur la carte des vins, forte dans le Rhône et dans toutes les régions : François Chidaine, domaine Plageoles, Drappier et Pascal Granger sont à moins de 60 €, et servis au verre ! La soif du miam, c'est aux Halles !

***À la carte** : Mini : 35 € / Maxi : 60 €*

102, cours Lafayette
69003 Lyon
Tél. : +33 (0)4 72 60 79 57

Fermé le soir dimanche, lundi et mardi
www.facebook.com/AOC.LesHalles

La Table 101

⌘ 🍷🍷 € OLIVIER DELBERGUES

♡ Bistronomique, soigné, excellent service, bon jaja

• Dans son restaurant situé à proximité de la gare de Lyon Part-Dieu et des Halles, Olivier Delbergues propose une cuisine centrée autour du produit, qui affiche beaucoup d'inventivité et des tarifs d'une grande modestie. Avec son épouse, ils forment un couple d'authentiques aubergistes. Leur immense instruction illumine tout l'établissement, des plats au service. Les asperges aux morilles font fondre. La cuisson du foie gras poêlé sur pomme rôtie est réalisée à la milliseconde. La viande est parfaite ! Dans les assiettes, tout est frais, bien exécuté, sans défaut. On peut difficilement imaginer meilleur bistrot. D'autant plus que la carte des vins joue en première division : champagne rosé brut Billecart-Salmon à 75 €, bugey cru Cerdon du domaine du Clos de la Bierle à 20 €, jurançon sec cuvée Marie du Clos Uroulat et pacherenc-du-vic-bilh du château d'Aydie à 29 €, saumur Arcane du château de Fosse-Sèche à 30 €, sancerre Les Amoureuses de François Crochet à 36 €, pouilly-sur-loire de Serge Dagueneau à 23 €, vouvray moelleux de Philippe Foreau à 53 €. Le chic, sans le choc !

***Menus** : Sur le pouce (1 plat et dessert) : 21,90 € / Business (2 plats et dessert) : 27 € / Saveurs (2 plats et dessert) : 32 € / Plaisir (2 plats et dessert) : 44 €*
***À la carte** : Mini : 50 € / Maxi : 90 €*

101, rue Moncey
69003 Lyon
Tél. : +33 (0)4 78 60 90 23

Fermé samedi et dimanche
www.latable101.fr

Chez Lucien

€ BENJAMIN NIETO

Bistronomique, branché, foutraque, party time

• Lucien, c'est le nom du chien du chef (dont le museau sert de logo au restaurant), Benjamin Nieto, un jeune diplômé de l'institut Paul-Bocuse. Ce dernier sait mettre les petits plats dans les grands. D'abord, il ne cuisine qu'à partir de produits frais et donc, de saison. Par ailleurs, chaque dimanche midi, c'est menu unique, ambiance unique, autour d'un monument de la gastronomie française, exécuté avec précision et servi généreusement (et parfois même à volonté, dans le cas du bœuf bourguignon). Chez Lucien est donc le spot idéal pour ouvrir les vins de copains qui reposent largement en cave. Cela dit, si l'on peut évidemment avoir envie de marcher dans le rêve de Benjamin Nieto et profiter pleinement de son espace de convivialité gourmand, il y a aussi de la place pour y manger excellemment, notamment si l'on déguste son plat signature, qui frôle l'exceptionnel : le ragoût de pieds de cochon aux piquillos, gratiné à la moelle. Un restaurant de cabot ? On valide, des deux mains !

***Menu** : Menu-Carte (2 plats et dessert) : 32 €*
***À la carte** : Mini : 35 € / Maxi : 55 €*

2, rue Belfort
69004 Lyon
Tél. : +33 (0)4 26 07 35 76

Fermé dimanche soir et lundi
www.chez-lucien.fr

Curnonsky

€ BENJAMIN CAPELIER

Bistronomique, bar à manger, branché, foutraque, fort en vins, bio-bio, ou à emporter

• Curnonsky possède plusieurs originalités. Déjà, son nom est inspiré par celui du plus célèbre critique gastronomico-viticole français, qui affirma, non sans raison, que Lyon était la capitale mondiale de la gastronomie. Ensuite, l'établissement est encastré dans le fameux mur des Canuts, ce qui est probablement une exposition idéale pour conserver le vin. Enfin, 134 bouteilles servent de décor au mur du restaurant… Bref, on l'imagine, rue Pelletier, on boit très bien et très bio (coefficient à peine doublant pour Yann Bertrand, Jean-Louis Chave, domaine Mosse, domaine Le Roc des Anges, Jean Foillard, château La Baronne, domaine des Roches Neuves, Mas Foulaquier, Mas de Libian…) Évidemment, ici, les assiettes sont des prétextes pour trinquer. Cependant, si la déclinaison de carottes en trois façons (soupe, royale et pickles), tuiles à la moutarde et crème de raifort atteint parfaitement ce premier objectif, accompagnée d'une roussanne solaire, on doit aussi lui reconnaître de nombreuses autres qualités : complexité, constitution et fraîcheur. Chez Curnonsky, le chef aime beaucoup s'amuser, et ses clients avec lui.

***Menu** : Déjeuner (2 plats et dessert) : 19 €*
***À la carte** : Mini : 30 € / Maxi : 45 €*

14, rue Pelletier
69004 Lyon
Tél. : +33 (0)4 78 27 47 23

Fermé dimanche, lundi midi, mardi soir et mercredi soir
www.facebook.com/curnonskylyon

Les Apothicaires

⌘⌘⌘ € TABATA MEY ET LUDOVIC MEY

♡ Gastronomique, fou dingue, décontracté, épuré, téléstar

• Avant de se marier avec Ludovic et de s'appeler Mey, Tabata faisait dans le concours culinaire à la télé. Elle s'en est plutôt bien sortie ! Désormais propriétaire, avec son époux, d'un restaurant de 30 couverts extrêmement bien situé à Lyon, elle fait déjà sensation. Devant son poste de télévision, il est difficile de juger de recettes que l'on ne goûte pas. Même les membres du jury, qui dégustent froid, sont guère mieux lotis. Aussi, vous nous croirez si vous le voulez, mais on vous promet que, servi chaud, et fignolé sans pression industrielle et/ou télévisuelle, le merlu de ligne, cerfeuil tubéreux, dulse et Saint-Jacques « crispy » est merveilleux, déclenchant le pétillement de myriades de petites étoiles sur le bout de la langue. Le faux-filet de bœuf, choux et raifort, levure torréfiée est un parangon de cette nouvelle cuisine bistronomique, qui aime les goûts nets et forts, épurés, transcendés à la japonaise. Reste que, après la dernière bouchée de ce plat, nous avions déjà envie d'en écrire les louanges. Si l'on excepte une carte des vins en construction, tout est déjà rudement bien pensé (engagement saisonnier et locavore) dans ce petit établissement d'où émane beaucoup de chaleur. Il n'y a donc aucune raison de se priver, d'autant plus que, comme les patrons, les tarifs sont tout doux. Ne laissez pas passer votre chance de rencontrer une star de la télé !

***Menus** : Déjeuner (2 plats et dessert) : 26 € / Menu (3 plats et dessert) : 42 € / Dégustation (3 plats et desserts) : 48 € / Découverte (4 plats et desserts) : 52 €*
***À la carte** : Mini : 25 € / Maxi : 40 €*

23, rue de Sèze
69006 Lyon
Tél. : +33 (0)4 26 02 25 09

Fermé dimanche et lundi
www.lesapothicairesrestaurant.com

Le Café du peintre

⌘ € FLORENCE PÉRIER MAXIME TÊTEDOIE

♡ Bistronomique, bouchon lyonnais, élégant, raffiné, fier de son identité, fort en vins

• Le Café du peintre, c'est le bouchon lyonnais dans toute sa splendeur : classique, classieux, « terroiriste », bien agencé, et qui réserve plein de belles surprises à se damner. Le peintre, Florence Périer, et son fils, Maxime (au service), sont toujours souriants. On peut même considérer ce dernier comme un authentique boute-en-train, mais qui connaît parfaitement son métier. Ici, un repas est d'abord esquissé par de logiques entrées grasses à souhait : charcuteries, terrines et tartare d'endives superbement exécutés. Puis, le repas prend des couleurs avec la cervelle d'agneau meunière ou les cailles en sauce, qui restent dodues, pleines de sève et de jus. Enfin, la touche finale apportée par les desserts : crumble aux poires ou tiramisu complètent les agapes de la plus belle des manières. On peut cependant tenter d'ajouter à l'œuvre mangée un peu plus de contraste et d'amitié, en piochant dans une cave majuscule de 250 références hautes en couleur : La Syrare d'A. Gallety, Poignée de Raisins du domaine Gramenon, Les Vieilles Vignes du domaine de Villeneuve, Nadal du domaine de Fondrèche, Charles Giraud du domaine Saint Préfert, Papillon d'Henri Milan, Brise Cailloux de Matthieu Barret, Aléofane de Natacha Chave... Que du très grand, à moins de 100 € ! Le Café du peintre ne réalise pas encore de chef-d'œuvre, mais il sait décorer avec style l'espace d'un déjeuner ou un dîner.

***Menu** : Menu du jour (2 plats, fromage et dessert) : 21 €*
***À la carte** : Mini : 35 € / Maxi : 50 €*

50, boulevard des Brotteaux
69006 Lyon
Tél. : +33 (0)4 78 52 52 61

Fermé samedi et dimanche, et le soir de lundi à mercredi
www.lecafedupeintre.com

Le Neuvième Art

€€€ CHRISTOPHE ROURE MICHAËL POLLET

Haute gastronomie, confortable-chic, précision, tradition

• Si le parcours de Christophe Roure n'est pas vraiment un long fleuve tranquille, il démontre une persévérance remarquable (CAP de charcutier, de pâtissier, Pierre Gagnaire, Régis Marcon, Paul Bocuse, MOF...) Désormais bien installé dans la capitale des gones, le chef et une sommellerie remarquable (qui supervise toute la salle avec un aplomb impressionnant) délivrent des prestations plus que favorables, prodigieuses. Dans un registre asiatique, les langoustines, infusion de menthe, de coriandre et de verveine, artichaut, chips de crevette, encre de seiche et bâtonnet au paprika maquillent les lèvres d'épices pour construire un plat magistral. À la fois terrien, aérien (grâce à un bouquet d'une intensité et d'un volume rare) et aquatique, ce plat supporte l'épithète de chef-d'œuvre. La cave est exceptionnelle dans le Rhône, très forte par ailleurs : formules au verre (13 belles références entre 9 € et 12 €), Brézème 2005 du domaine Lombard à 89 €, saint-joseph du domaine Pierre Gonon à 59 €, celui du domaine Jean-Louis Chave à 69 €, Les Ruchets de Jean-Luc Colombo à 135 €, La Mordorée de M. Chapoutier à 254 €, Le Méal à 300 €, La Turque 2002 de E. Guigal à 328 €, Nadal du domaine de Fondrèche à 45 €, Coteau de Noiré de Philippe Alliet à 74 €, savennières de Pithon-Paillé à 49 €... Les fulgurances du chef et de son sommelier valent, largement, le déplacement.

***Menus** : Deux plats (2 plats, fromage et dessert) : 88 € / Trois plats (3 plats, fromage et dessert) : 115 € / Quatre plats (4 plats, fromage et dessert/vins) : 135 €/195 € / Confiance (5 plats, fromage et dessert/vins) : 148 €/220 €*
***À la carte** : Mini : 135 € / Maxi : 220 €*

173, rue Cuvier
69006 Lyon
Tél. : +33 (0)4 72 74 12 74

Fermé dimanche et lundi
www.leneuviemeart.com

Café Sillon

€ MATHIEU ROSTAING-TAYARD

Gastronomique, végétal de ouf, rapport qualité/prix, fou dingue, bistrot-trop

• Le bistrot est soigné, épuré-chic, ce qui est en général bon signe. Le service est décontracté, presque convivial, ce qui est plutôt avenant. Toutes les formules sont clairement identifiées, sans surprise, ce qui est loyal. Enfin, la cuisine de Mathieu Rostaing-Tayard est au diapason, voire même au taquet, pour parler jeune ! On l'attend enivrante, d'un exceptionnel rapport qualité/prix, et elle ne déçoit pas. Le poulpe au barbecue, fenouil, persil, menthe, cébette, fleurs de coriandre et de harissa décoiffe sévèrement. Cela faisait bien longtemps que l'on n'avait pas mangé le mollusque à ce niveau-là. Les desserts sont du même niveau. La confiture de tomates vertes avec sarrasin n'a pas d'équivalent en France. La carte des vins joue à fond la carte de la contemporanéité. Elle est pleine à craquer de vignerons trublions (coefficients inférieurs à 3) : Dominique Belluard, Christian Binner, Rémi Dufaitre, Yvon Métras, Jean-Philippe Padié, Daniel Sage, Philippe Valette... Lyon compte bon nombre de grands restaurants mais, avenue Jean-Jaurès, il y a une perle !

***Menus** : Déjeuner (2 plats et dessert) : 23 € / Dîner (2 plats et dessert) : 38 € / Dégustation (3 plats et dessert) : 45 €*

46, avenue Jean-Jaurès
69007 Lyon
Tél. : +33 (0)4 78 72 09 73

Fermé dimanche et lundi
www.cafe-sillon.com/fr

La Maison des bois

€€€€

MARC VEYRAT

Très haute gastronomie, végétalo-compatible, très engagé, loca-bio, autarcie, déjà mythique, casser la tirelire

• Après bien des péripéties, dont plusieurs incendies, elle est désormais ouverte et partie pour durer, la Maison des bois. Sur le plan gastronomique, les propositions sont identiques à celles que le maître pratiquait précédemment, au sommet de sa gloire, six fois étoilé dans deux restaurants, et titulaire de notes parfaites, maximales, utopiques, dans un célèbre guide jaune. Au col de la Croix-Fry, on se régale donc de menus himalayens, diaboliques, interminables. La soupe de potimarron, châtaignes croustillantes, écume de muscade, biscuit aux coquilles d'œufs est déjà un sommet, qui ouvre l'appétit au point de transformer les clients en ogre. Le mythique yaourt de foie gras virtuel, myrrhe odorante de cueillette, mikados de cette folie anisée n'a rien perdu de sa superbe avec la délocalisation. La nouvelle tartiflette fumée à l'acha des montagnes ou le faux caviar du Léman, gelée tremblotante, crème de tussilage possèdent tous les deux une puissance et une persistance insensées, alors que les assiettes paraissent d'abord toutes frêles. Et les 16 petits plats (desserts compris) du menu sont tous à ce niveau-là, sans faute, aucune ! Le retour de Marc Veyrat est donc fracassant. Mais pouvait-il en être autrement ? Pourtant, le chef n'est plus exactement le même qu'avant. L'homme au chapeau rigolo semble apaisé, fier du rôle qu'il a à jouer dans la nouvelle bataille au cœur de laquelle il s'est engagé, à savoir : expliquer que manger ce n'est pas seulement se nourrir, c'est vivre ! Vivre en harmonie avec son corps, avec les autres, avec la planète. L'ambition de Marc Veyrat est folle : protéger le garde-manger de l'humanité et sauvegarder la biodiversité pour que l'écosystème fonctionne ! Vous l'imaginez, nous ne pouvons qu'agréer, et adhérer ! Dans cette optique, le grand chef a construit sa ferme gastronomique pour qu'elle soit quasi-autarcique, ce qui est totalement unique au monde à ce niveau de prestation. Dans la Maison des bois, on dîne donc majoritairement d'ingrédients cultivés ou cueillis sur place, dans les murs ! Aucun produit posé sur les pianos n'a connu la chimie, ni les pesticides, ni les engrais industriels. Tous les produits d'importation sont biologiques, et locaux autant que possible. À la technique et au modernisme, Marc Veyrat est ainsi parvenu à ajouter une troisième dimension, la plus belle : l'émotion.

Le maître a donc créé son sanctuaire, gastronomique et pédagogique. Tout y est, encore et toujours, réglé comme sur du papier à musique. On compte presque un miracle à l'œuvre dans chaque plat. Mais, surtout, il y a désormais un supplément d'âme, conféré par la volonté du chef de protéger l'homme et la nature par tous les moyens mis à sa disposition. Depuis son petit bout de montagne, la Maison des bois va-t-elle devenir un phare qui éclaire le monde ? L'ambition est à l'image de Marc Veyrat et de son talent : stratosphérique !

***Menus** : Menu de fête (7 plats, fromages, desserts et vins) : 295 € / La Grande Fête minérale et pastorale (13 plats, fromages et desserts) : 395 € / La Grande Fête dans les étoiles (13 plats, fromages et desserts) : 395 €*

Col de la Croix-Fry
74290 Manigod
Tél. : +33 (0)4 50 60 00 00

Fermé dimanche soir, lundi, mardi, mercredi, et jeudi midi
www.marcveyrat.fr

Flocons de sel

€€€€ EMMANUEL RENAUT

Très haute gastronomie, palace time, chic et choc, végétarien friendly

• La maison d'Emmanuel Renaut est située sur une route de montagne qui justifie à elle seule l'acquisition du GPS. L'établissement est composé de trois luxueux chalets, typiquement mégevans, qui font honneur à la franchise Relais & Châteaux. Aujourd'hui, le chef est plus fonceur, plus frondeur que jamais. Chaque assiette (notamment les propositions végétariennes) lui appartient désormais intégralement, qu'il s'agisse des premières morilles aux œufs et au « café », des compositions exclusivement réalisées à base de produits montagnards, ou du fameux duo de poissons à partager. En fait, chaque préparation renferme des saveurs exquises, herculéennes, enthousiastes, qui gâtent leur dégustateur. À ce titre, le menu dégustation Randonnée du sel au sucre compte indubitablement parmi les plus belles balades gourmandes du monde. La carte des vins a encore pris de l'envergure et de la profondeur : roussette-de-savoie Marestel du domaine Dupasquier à 66 € et Prieuré Saint Christophe du domaine Grisard à 70 €, chignin Les Combottes du domaine Rapet à 100 €, Clos des Papes à 150 €, bourgueil Le Haut de la Butte de Jacky Blot et Les Galichets de Catherine et Pierre Breton dès 70 €. Une promenade au septième ciel, un peu plus près des étoiles !

Menus *: Déjeuner (3 plats et dessert) : 120 € / Randonnée du sel au sucre (7 plats, fromages et desserts) : 230 €*
À la carte *: Mini : 180 € / Maxi : 360 €*

1775, route du Leutaz
74120 Megève
Tél. : +33 (0)4 50 21 49 99

Fermé mardi et mercredi
www.floconsdesel.com

Le Chabichou

€€ MICHEL ROCHEDY ET STÉPHANE BURON

Haute gastronomie, au pied des pistes, cuisines ouvertes, chic et choc, volupté, select

• Si l'on veut goûter à l'ivresse des sommets, le Chabichou est une destination à recommander. Toutes les assiettes invitent les produits les plus nobles. Elles sont dressées avec beaucoup de raffinement dans le plus pur style Nouvelle Cuisine. Mais ces figures imposées, au demeurant fort belles, n'empêchent pas la créativité. Ainsi, les compositions en sandwich terre-mer et les plats Lego-Mikado embellissent tout, même les cèpes. En été, les fleurs et les petits légumes du potager d'altitude font chanter le menu du déjeuner. Cependant, si l'on fait la route, c'est pour déguster soit des compositions himalayennes, telles que les Saint-Jacques de Roscoff en pot-au-feu froid, fine gelée, caviar oscietre de France, carpaccio mariné au citron caviar, sorbet mandarine, agrumes, noix piquée à l'ail noir cuite sur une pierre du Doron ; soit des vins faramineux : maison Louis Jadot, domaine Dujac, domaine Denis Mortet, domaine Christophe Buisson, domaine Parent, Jean-Baptiste Adam, Le Haut-Lieu du domaine Huet (150 €), château Montus, Le Clos des Fées, Roc d'Anglade à partir de 100 € et (bien) au-delà. À Courchevel, le fooding atteint des sommets, façon luxe.

Menus *: Formule (1 plat et dessert) : 50 € / Déjeuner (2 plats et dessert) : 75 € / Découverte (2 plats et desserts) : 105 € / Givré (5 plats et dessert) : 145 € / Flocon (8 plats, fromages et dessert) : 255 €*
À la carte *: Mini : 180 € / Maxi : 360 €*

90, rue des Chenus
Courchevel 1850
73120 Saint-Bon-Tarentaise
Tél. : +33 (0)4 79 08 00 55

Fermé de mi-avril à fin juin, et de septembre à fin novembre
www.chabichou-courchevel.com/le-gastronomique

La Bouitte

€€€€

LES MEILLEUR !

♡ **Très haute gastronomie, terroir, la montagne ça vous gagne, luxe, chic et choc, volupté**

• Résidente de Savoie, la famille Meilleur, père et fils en cuisine, mère en salle, a une philosophie adorable : travailler en priorité avec des ingrédients bio et naturels, avec des producteurs locaux pour les primeurs, et des pêcheurs attitrés pour les poissons provenant exclusivement des lacs environnants, idem pour les éleveurs de bêtes... Leur Bouitte est un chalet montagnard de carte postale, au décor délicieux (déjà), doté de volumes spacieux et chaleureux en bois épais, avec bain aux vapeurs de foin, Spa intime et un jacuzzi d'extérieur. Contre toute attente, c'est dans ce cadre labellisé Relais & Châteaux d'altitude que René et Maxime produisent une cuisine sacrément inventive. C'est sans doute leurs parcours professionnels atypiques (Maxime était aux portes de l'équipe de France de biathlon avant d'aller étudier la pâtisserie chez Lenôtre, en 1996, suite à une déception sportive) qui ont poussé le père (René) et le fils à explorer les sentiers les moins fréquentés de l'art culinaire, ce qui leur vaut l'amitié indéfectible de Marc Veyrat, autre cuisinier des sommets. On s'en doute, la gastronomie pratiquée à la Bouitte est à la recherche de performances, de perfection, de précision et de rigueur. Elle parvient même à atteindre ces objectifs sans copier les modèles qu'elle désire égaler. La sommellerie est charmante. Elle évite de tomber dans les rituels un peu austères des restaurants triplement étoilés. La plupart des plats en met plein la vue. Il vaut venir à Saint-Martin-de-Belleville pour savourer les somptueux desserts réalisés par Maxime. Ce dernier s'affirme particulièrement doué dans le registre du sucré-salé et l'extraction des sucs, de fruits et de légumes. La gastronomie d'herbier savant, à base d'ail des ours, de livèche ou d'hysope, retrouve également ici ses lettres de noblesse. Tous les plats les plus appétissants (la gigantesque tomate cœur de bœuf, inoubliable) révèlent de puissantes exhalaisons. On est en droit de tomber en pâmoison. À Saint-Martin-de Belleville, on est bien chez les meilleurs des Meilleur !

• **LES VINS** : La carte des vins, ouverte sur toute la France, est particulièrement forte localement. Elle révèle un vrai travail de mise en avant de vignerons originaux, notamment en biodynamie. Les Gravières de Girardin à 75 €, Vieilles Vignes de Quenard à 58 €, Les Granges de Baudry à 75 €, Larrivet Haut-Brion à 78 €, Clos Floridène à 63 €, roussette du domaine de l'Idylle à 56 €, Grand Orgue de Magnin à 69 €, pouilly-fumé de Dagueneau à 144 €, château-grillet à 192 €. Peu de bordeaux blancs mais un vaste choix en Bourgogne : La Forest de Dauvissat à 128 €, château de la Maltroye à 120 €. Noblesse du Temps du domaine Cauhapé à 105 €, La Romanée-Conti dans les 5000 €, mondeuse cuvée gastronomique de Thiollet à 80 €, Anne de Chypre de Vachères à 32 €, chinons de Baudry dès 80 €, côte-rôtie de Gaillard à 125 €, cuvée Cerise de Grippa à 58 €, Beaucastel à 194 €, Tête de Bélier du château Puech-Haut à 100 €, les Six Barriques du domaine Les Mille Vignes à 145 €, Ombre du Soir à 70 €, madiran du château Aydie à 75 €.

Menus *: Formule Déjeuner (2 plats et dessert) : 140 € / Découverte de 4 surprises (3 plats et dessert) : 170 € / Découverte de 5 surprises (4 plats et dessert) : 195 € / Découverte de 8 surprises (6 plats, fromages et desserts) : 295 €*
À la carte *: Mini : 190 € / Maxi : 380 €*

Hameau de Saint-Marcel
73440 Saint-Martin-de-Belleville
Tél. : +33 (0)4 79 08 96 77

Fermé lundi et mardi midi, et en septembre, octobre, novembre et mai
www.la-bouitte.com

Régis et Jacques Marcon

€€€€ RÉGIS MARCON ET JACQUES MARCON

Très haute gastronomie, isolé, calme, luxe, romantique, à fond sur le champignon

• Si le restaurant de Régis et de Jacques Marcon est fermé pendant toute la saison hivernale, c'est parce que le chef présente sur ses tables uniquement des produits de saison locaux, souvent labellisés, de première qualité. Or, à cette époque, les primeurs de la région ne possèdent ni la diversité, ni le pedigree souhaité. Pour donner une idée du niveau d'exigence du restaurant, on peut révéler que l'un de ses fournisseurs est Philippe Bouissou, un génie, ex-chef doublement étoilé, qui a rénové une serre « Gustave Eiffel » à une trentaine de kilomètres de Saint-Bonnet-le-Froid. Il y fait pousser des fruits et des légumes merveilleux, dont la famille Marcon s'est adjugée l'exclusivité. Dans ces conditions, on comprend que le filet d'omble de la famille Romezin, rôti aux deux chanterelles, salsifis « Mikan » et sabayon aux cèpes secs réalise un terre-mer stupéfiant. Mais cette recette magique n'est encore rien face au composé de colvert au praliné de cèpes, crumble de cuisse, jus infusé au café, qui fait jaillir des myriades d'étoiles dans chaque recoin du palais et dont la dégustation ne s'oublie jamais. En cave : champagne cuvée L'Accomplie de Savart à 85 €, condrieu La Loye du domaine Jean-Michel Guerin à 120 €, ermitage De l'Orée de M. Chapoutier à 240 €, domaine Gourt de Mautens à 105 €, côte-rôtie La Landonne d'E. Guigal à 470 €, domaine Jean-Louis Chave dès 200 €, château de Pibarnon 77 €...

***Menus** : Vellave au déjeuner (2 plats, fromages et dessert) : 132 € / Vellave (3 plats, fromages et dessert) : 157 € / Entre Velay et Vivarais (6 plats, fromages et dessert) : 207 €*
***À la carte** : Mini : 155 € / Maxi : 290 €*

Larsialas
43290 Saint-Bonnet-le-Froid
Tél. : +33 (0)4 71 59 93 72

Fermé mardi, et de mi-novembre à mars
www.regismarcon.fr

La Cerise sur l'agneau

€ COOPÉRATIF

Bistrot-bio, végétalo-compatible, sans gluten compatible, très local, épicerie, ou à emporter, coopératif

• La Cerise sur l'agneau est une extension de la coopérative Ardelaine, qui a sauvé la filière laine locale, en créant un musée vivant de la laine et du mouton, un restaurant, une boutique de commercialisation rapidement réputée pour la qualité de ses viandes, etc. Les coopérateurs qui ont pris en charge ce bistrot-bio, où les maîtres mots sont détox et bonne humeur, produisent dans leur établissement l'alimentation la plus vierge possible de traitements chimiques et OGM, dans l'intérêt de la santé des consommateurs et dans celui de la planète. Toute la partie épicerie (farine, lait, huile, épices, céréales, etc.) est labellisée AB ou « Nature et Progrès ». Les légumes sont produits selon les recommandations de l'agriculture biologique, en grande majorité sous le label AB. Les viandes et poissons sont issus d'élevages de proximité et respectent des modes de production raisonnés. Les produits de nettoyage sont écologiques, labellisés par Écocert. Enfin, la région étant riche en coopératives agricoles, châtaignes, myrtilles, pêches, abricots, cerises, pommes de terre primeurs, légumes variés, fromages de chèvre, agneaux (excellentissimes), truites proviennent tous de fournisseurs ardéchois. Idem pour les vins, souvent bio. Un chouette endroit pour faire son marché et/ou manger sain (le collier d'agneau aux pruneaux, pommes de terre en robe des champs et dégradé de légumes racines vaut largement citation).

***Menu** : Menu (2 plats et dessert) : 24 €*

Puausson
07190 Saint-Pierreville
Tél. : +33 (0)4 75 66 62 66

Fermé le soir sauf samedi
www.lacerisesurlagneau.wixsite.com/restau

Jaco'Pain

€ **RESPONSABLE MARIELLE ET SYLVAIN FAURE**

♡ Boulangerie, café-resto, terrasse, locaux écolo

• Comme son nom l'indique, au commencement, Jaco'Pain était d'abord une boulangerie. Puis, l'établissement est devenu un exemple, presque un temple. Tous les produits du restaurant sont bio : les pains, évidemment, réalisés dans un pétrin à vitesse lente, mais aussi tout un tas de produits en provenance de petits fournisseurs du Vercors, et qui illuminent les assiettes de la salle et de la terrasse du restaurant. Le filet de truite au four et ses légumes sont honnêtement savoureux, probablement car le poisson provient de la pêche de ligne. La vercouline fait revivre une spécialité locale (pomme de terre et bleu du Vercors, ail des ours, noix, gratiné) qui fera fondre les amateurs de fromage. Ajoutons à cela que de très bons vins du Rhône, nature ou bio, reposent en cave, que tout est cuisiné maison, que la vaisselle et les produits d'entretien sont éco-responsables... Les clients ne s'y trompent pas. Ils ont fait de ce restaurant-boulanger un vrai beau succès, où il ne faut pas hésiter à saucer chaque plat.

***À la carte** : Mini : 30 € / Maxi : 50 €*

Le Village
26190 Saint-Thomas-en-Royans
Tél. : +33 (0)4 75 47 59 82

Fermé samedi soir, dimanche et lundi
www.jacopain.fr

Le Comptoir des épicuriens

€

♡ Cave à manger, miam-miam en tapas, fort en vins, dégustation au comptoir, décontracté, ludique

• Philippe Faure-Brac, meilleur sommelier du monde en 1992, et membre de notre jury, est le parrain de l'établissement créé par Éric Buiron. Ce n'était pas une raison suffisante pour tenir le Comptoir des épicuriens à l'écart de nos pages. Bien sûr, vous vous en doutez, le point fort de cette cave à manger, c'est le vin ! Ici, on peut déguster des tapas au bar (20 personnes) accompagnés d'une bouteille payée à prix caviste où, plus simplement, acheter des flacons rares de manière ludique (dégustation avec vigneron invité le samedi) Il y a plus de 300 références (toutes goûtées par le propriétaire) qui font le tour du monde avec panache, intuition, érudition. Et le bio tient le haut du pavé : saumur La Pierre Frite du domaine du Pas Saint Martin à 10 €, montagny premier cru Les Bassets du domaine Laurent Cognard à 22 €, Bric Del Salto à 17 € (formidable vin doux d'Alba), Clos d'Uroulat, château d'Aydie, Clos du Caillou, Romanée-Conti, Natura, château Puech-Haut, domaine La Croix Montjoie, etc. On connaît des lieux où l'on mange mieux, c'est certain. Mais des endroits avec un tel choix de vins, affichant de tels tarifs, où l'on peut boire, manger, tout en participant à une soirée karaoké, c'est quand même franchement inédit et enthousiasmant.

***Menu** : Formule tapas (prix en fonction de l'événement)*
***À la carte** : Mini : 25 € / Maxi : 35 €*

12, avenue Georges-Clemenceau
69160 Tassin-la-Demi-Lune
Tél. : +33 (0)4 74 26 62 91

Fermé dimanche soir et lundi
www.lecomptoirdesepicuriens.fr

Les Terrasses

€€ CHRISTOPHE ARIBERT JEAN-JACQUES RUEIL

Haute gastronomie, charme, romantique, parc, excellent service

• À Uriage, la gastronomie a toujours été un magistral feu d'artifice, façon salve du 14 Juillet. La cave, pléthorique, est forte dans toutes les régions (château Laville Haut-Brion à 250 €, jurançon La Canopée du domaine Cauhapé à 95 €, riesling Furstentum d'Albert Mann à 100 €, château Rieussec 1979 à 210 €, Didier Raveneau dès 95 €, tout Étienne Sauzet, dont La Garenne à 115 €, gevrey-chambertin Les Corbeaux du domaine Séraphin à 160 €, condrieu Vertige d'Yves Cuilleron à 140 €...) Le service empathique est l'un des meilleurs de France. Il est aimable, charmant et charmeur... Et pourtant, sa tâche est compliquée par des menus gargantuesques impliquant souvent du service au guéridon. Le pain perdu et meringue à la truffe, crème brûlée et glace au café explose en bouche comme très peu d'autres plats en France. La truite du Vercors, asperges vertes de Mallemort et mouron des oiseaux est une recette-perfection, qui ne s'oublie jamais, et qui communique aux gourmets l'amour des Alpes et de la roussanne. On a besoin de toute sa concentration et de toute sa lucidité pour apprécier la myriade de petits plats aériens que sert Christophe Aribert. En effet, le chef fait monter les gourmets si haut qu'il est nécessaire pour ces derniers de bien s'accrocher pour ne pas être pris de vertige. Cela reste un bien maigre prix à payer pour côtoyer les sommets.

***Menus** : Menu du marché (2 plats et dessert/vins) : 69 €/87 € / Les Découvertes (3 plats et desserts) : 110 € / Sur mesure (5 plats, fromages et desserts) : 155 € / Les Terrasses (6 plats, fromages et desserts) : 189 €*
***À la carte** : Mini : 150 € / Maxi : 270 €*

60, place Déesse Hygie
38410 Uriage-les-Bains
Tél. : +33 (0)4 76 89 10 80

Fermé dimanche soir, lundi, mardi, mercredi midi et jeudi midi
www.grand-hotel-uriage.com

Anne-Sophie Pic

€€€ ANNE-SOPHIE PIC BAPTISTE GAUTHIER

Haute gastronomie, chicissime, service de palace, romantique, fine équipe

• Un repas chez Anne-Sophie Pic se démarque d'autres agapes car chaque plat (particulièrement ceux composant les menus) possède le don de réveiller un souvenir, une transe. La chef ne se prive pas d'employer quelques délicieux « artifices » : taguer d'épices ou mélanger les émulsions, pour ébahir ses clients. Cependant, ses compositions très inventives reposent quand même essentiellement sur la première des bases : des ingrédients « hors catégorie ». Anne-Sophie Pic se fournit notamment chez Cyril Vignon, qui cultive des légumes rares et des fleurs comestibles spécialement pour le restaurant. Par ailleurs, la Drôme étant la première région bio de France, Anne-Sophie Pic profite d'un terroir exceptionnel, même sur sa carte des vins où tout ce qui compte est présent, mais un peu cher (coefficient quintuplant, Les Terrasses de l'Empire à 120 €, De l'Orée à 600 €, Chante-Alouette à 120 €, La Chapelle 1961 à 15 000 €, Coulée de Serrant à 275 €...), même si c'est en voie d'amélioration. Mais qu'importe, car on ne dîne pas chez Pic, on festoie.

***Menus** : Plaisir (2 plats et dessert) : 110 € / Découverte (3 plats, fromages et dessert) : 160 € / Harmonie (5 plats, fromages et dessert) : 240 € / Essentiel (7 plats, fromages et desserts) : 320 €*
***À la carte** : Mini : 155 € / Maxi : 320 €*

285, avenue Victor-Hugo
26000 Valence
Tél. : +33 (0)4 75 44 15 32

Fermé dimanche soir et lundi
www.anne-sophie-pic.com

Un Tablier pour deux

⌘⌘⌘ € PATRICIA MIGUET

Bistronomique, végétarien et gluten free compatible, engagé, ou à emporter

• Au sein de la famille du chef Patricia Miguet, on est cuisinier depuis quatre générations. Dans le domaine de la gastronomie, elle a donc tout connu, du prestigieux lycée hôtelier de Tain-l'Hermitage aux repas du dimanche, en passant dans les cuisines de tables étoilées. Aujourd'hui, avec son époux, Patricia continue son aventure culinaire en poussant encore plus loin son engagement. Ses plats sont évidemment faits maison à partir de produits frais, de saison, principalement achetés en circuits courts. Ses ingrédients sont majoritairement bio (60 %). Dans ce cadre, Patricia joue sur son piano de douces mélodies culinaires, savoureuses, intuitives, agrémentées de plantes comestibles, jolies et délicieuses, ivrées par Jean-Luc Raillon. La carte des vins fait le tour de la vallée du Rhône bio, avec une affection particulière pour le nord de l'appellation, sans négliger le reste de l'Hexagone. Enfin, sont organisés ici des dîners éphémères (pop-up), et on peut venir chercher son panier de légumes bio tous les jeudis. Sincère, inspiré, expérimenté !

***Menus** : Formule (2 plats et dessert) : 17 € / Déjeuner (2 plats et dessert) : 22 € / Dîner (2 plats et dessert) : 33 €*

164, avenue Victor-Hugo
26000 Valence
Tél. : +33 (0)4 75 44 14 68

Fermé lundi, et le soir sauf vendredi et samedi
www.untablierpourdeux.fr

Chez Mon Jules

⌘⌘⌘ €€ JULES DUGUET JULES DUGUET

Bistronomique instruit, locavore, cool, coin sieste, dépaysant, au plaisir de recevoir

• On prend d'abord Julien Duget pour un doux dingue. Puis, on goûte ses espumas, ses mousses chantilly, ses viandes panées parfaitement assaisonnées. Alors, on se renseigne. On apprend qu'il fut, à Paris, le premier restaurateur « chromatique », proposant des plats unicolores, ce qui est quand même singulier. Désormais, le chef a changé de parti pris. Il met beaucoup de couleurs, façon arlequin, dans ses assiettes, où les fleurs/herbes sont partout. On ne se refait pas ! Jules Duguet a conservé son goût de la provocation. Par exemple, il peut confire du gingembre pour le fourrer dans du poulet, et ainsi surprendre même les papilles les plus érudites. C'est malin, souvent bio, toujours bon. Et on peut arroser le tout de vins locaux et/ou bio sans prétention, ni contrefaçon (la cave est spécialement forte dans la vallée du Rhône, avec les domaines La Fourmente et Durand, notamment). Du haut niveau, à la fraîche et à la coule !

***Menus** : Ardoise (2 plats et dessert) : 29,90 € / Menu Carte (2 plats et dessert) : 34,90 € / Dégustation (4 plats, fromages et dessert) : 50 €*
***À la carte** : Mini : 35 € / Maxi : 70 €*

5, rue Étienne-de-Vesc
26220 Vesc
Tél. : +33 (0)4 75 04 20 74

Ouvert tous les jours en juillet et août
Fermé dimanche soir, et de lundi à mercredi
www.chezmonjules.com

Yoann Conte

€€€ YOANN CONTE LANDRY TISSOT

Haute gastronomie, végétalo-compatible, vue sur le lac, embarcadère, terrasse, romantique

• Yoann Conte est un cador, un cuisinier en or. Assis à sa table, qui donne directement sur le lac, on est d'abord époustouflé par la précision des cuissons et des équilibres entre textures, mais aussi par l'harmonie et la quantité faramineuse d'imagination se dégageant du moindre plat. Ainsi, le simple amuse-bouche de foie gras sur un nuage d'agrumes diffuse si longtemps tous ses parfums qu'il touche déjà à la perfection. Ici, même le surabondant triple plateau de fromages est un élément indispensable et spectaculaire de la mise en scène du repas. Mais, si l'on vient ici, c'est surtout pour la mythique queue de langoustine, laquée d'épices douces, herbes à curry. Une recette parfaite ! Le crustacé, tagué de mélisse, de curry, de cannelle, de clou de girofle, de muscade, d'olives et d'orange possède une indicible beauté. La sauce du plat concentre des exhalaisons excessivement flatteuses d'œuf, de gingembre et d'aromates. La complexité de l'assiette est fantastique, carrément jouissive. La cave est, elle aussi, superbe, et accessible : Montlouis de François Chidaine à 59 €, Zulime 2010 d'Adrien Berlioz à 65 €, Marestel 2008 du domaine Dupasquier à 55 €, Grand Orgue du domaine Louis Magnin à 75 €, Génération XIX 2010 d'Alphonse Mellot à 110 €, Le Haut-Lieu 2010 du domaine Huet à 75 €, Mas Jullien à 70 €, Grand H 2010 d'Albert Mann à 114 €. Ajoutons que le menu végétarien s'impose lui aussi sur le podium français dans sa catégorie. Indubitablement, le Conte est (très) bon !

***Menus** : Lac et montagne (3 plats, fromages et dessert) : 90 € / Un flocon à la mer (6 plats, fromages et desserts) : 149 € / Potager maraîcher (7 plats, fromages et desserts) : 154 € / Racines paysannes (7 plats, fromages et desserts) : 198 € / Conte vents et marées (9 plats, fromages et desserts) : 225 €*
***À la carte** : Mini : 115 € / Maxi : 240 €*

13, vieille route des Pensières
74290 Veyrier-du-Lac
Tél. : +33 (0)4 50 09 97 49

Fermé lundi et mardi
www.yoann-conte.com

Maison Décoret

€€ JACQUES DECORET

Haute gastronomie, chicissime, décomplexé, trublionnesque, comme chez soi au palace

• Jacques Decoret occupe une maison de maître, au style épuré, chic et branché, dans le centre de Vichy. Les liens entre le répertoire et ses créations les plus débridées – et la frontière entre les deux – y sont maintenant devenus bien visibles. Mais le chef n'a pas pour autant renoncé à nous promener dans ses univers culinaires décalés, uniques : ceux de nos rêves gastronomiques les plus fous ! Dans la catégorie des alchimistes, il fait encore figure d'exception. En attestent les cachous sans cachou et les piles électriques, simples amuse-bouches, qui sont déjà de grands moments, comme les huîtres sous cellophane. Ici, il faut tout toucher, tout voir… tâter, lécher et sentir pour saisir toutes les essences emprisonnées dans chaque plat. La carte des vins est moins étonnante, mais demeure celle d'une grande maison : château Labastide Dauzac, Clos Uroulat, Zoé de La Préceptorie, vins de Charles Joguet et du château du Hureau, nectars du domaine Pierre Adam en Alsace… et tout ce qui compte dans les grandes régions. Un restaurant rare, bio-divers et contemporain !

***Menus** : Déjeuner (1 plat, fromage ou dessert) : 42 € / Découverte (2 plats et dessert) : 71 € / Harmonie (3 plats, fromages et desserts) : 89 € / Confiance (6 plats, fromages et desserts/vin) : 119 €/175 €*
***À la carte** : Mini : 90 € / Maxi : 170 €*

15, rue du Parc
03200 Vichy
Tél. : +33 (0)4 70 97 65 06

Fermé mardi et mercredi
www.maisondecoret.com

La Pyramide

⌘ €€ PATRICK HENRIROUX

♡ Haute gastronomie, charme, chic, historique, institution

• La Pyramide est un lieu de vie coquet, situé dans un coin tranquille de la capitale des rois burgondes. Même si on ne sait pas exactement qui était ce cuisinier littéralement gigantesque, ni vers quels pinacles il porta la gastronomie française par ses contributions décisives, le fantôme de Fernand Point, premier chef ayant obtenu en 1933 trois étoiles au Guide Michelin, plane toujours sur son mythique établissement. Dans ce cadre, Patrick Henriroux relève brillamment le défi de la succession, et produit des miracles. Il y a de la localité et de la générosité dans chaque assiette. Ses juliennes de légumes comptent parmi les meilleures de l'Hexagone, et font sensation avec les poissons, en absorbant parfaitement les jus de peau et les sucs iodés de cuisson. Le plateau de fromages mérite lui aussi mention. La carte des vins fait remonter le temps jusqu'en 1893. Château Rayas à 250 €, saint-péray du domaine du Tunnel à 59 €, côtes-du-rhône La Redonne de Jean-Luc Colombo à 45 €, IGP Vaucluse Alpha du domaine de Fondrèche à 38 €, alsace grand cru A 360P du domaine Ostertag à 100 €, châteauneuf-du-pape du domaine Saint-Préfert dès 80 €, Jean-Paul Brun à partir de 27 €, tout le domaine des Comtes Lafon et les meilleurs meursaults à partir de 140 €... L'art de cultiver la prodigalité et le bien-être bourgeois, c'est là ! On connaît pire idéal.

***Menus** : Menu du marché (2 plats, dessert et vin) : 66 € / Sensibilité de saison (2 plats, fromages et dessert) : 104 € / Pyramide (3 plats, fromages et dessert) : 138 € / Petite découverte (4 plats, fromages et dessert) : 154 € / Découverte (5 plats, fromages et dessert) : 170 €*
***À la carte** : Mini : 145 € / Maxi : 260 €*

14, boulevard Fernand-Point
38200 Vienne
Tél. : +33 (0)4 74 53 01 96

Fermé mardi et mercredi
www.lapyramide.com

Miwam

⌘⌘⌘ €

♡ Bistronomique, fast-good, famille Bras, nature, conceptuel, ou à emporter

• Mais qu'est donc le Miwam ? Le Miwam, c'est d'abord, comme le Niak, un petit mot tout mignon inventé par la famille Bras (*** et coup de cœur dans cet ouvrage). Du coup, on s'en doute, le Miwam c'est la nature avant tout. Reste que, le Miwam, c'est aussi une pâte de céréales complètes bio, sans matière grasse ajoutée et garnie de préparations culinaires, cuite au moment. En bref, le Miwam, c'est le super sandwich conçu par la famille Bras et dont on peut se délecter, entre autres gourmandises, dans le restaurant éponyme. Cette délicieuse préparation peut aussi bien accueillir des légumes, des viandes, du poisson et même de fameux desserts. Au final, le Miwam est une bonne pâte passée dans un gaufrier dessiné spécialement, de manière à apporter un croustillant unique et une forme ondulée surprenante. La famille Bras aime aussi nommer son Miwam : OCNI, objet culinaire non identifié. Tant que le restaurant continue de vendre des vins bio, nous consentons à lui autoriser cet ultime raffinement.

***À la carte** : Mini : 8 € / Maxi : 20 €*

125, boulevard de Stalingrad
(à l'intérieur du magasin Botanic)
69100 Villeurbanne
Tél. : +33 (0)4 37 42 69 93

Fermé le soir
www.miwam.fr

Bourgogne-Franche-Comté

23 TABLES ATTENTIVES • DONT 2 COUPS DE CŒUR

Le Bistronome

€ FRANÇOIS PIARD

Bistronomique, familial, généreux, fort en vins

• Le Bistronome fait partie de ces adresses bénies (il y en a quelques autres dans ce livre) que l'on se communique à voix basse et en secret. François Piard y pratique une cuisine savoureuse et généreuse, à laquelle on n'accrochera peut-être jamais d'étoile, mais qui fait pourtant honneur au marché, aux produits frais du terroir, aux clients et aux desserts, souvent excellents. Évidemment, la carte des vins est très très forte localement. Elle aussi pratique des tarifs extraordinairement mesurés. Le grand restaurant à boire du Jura est là !

***Menus** : Formule (1 plat et dessert) : 17 € / Déjeuner (2 plats et dessert) : 25 € / Dîner (2 plats et dessert) : 33 €*
***À la carte** : Mini : 40 € / Maxi : 60 €*

62, rue de Faramand
39600 Arbois
Tél. : +33 (0)3 84 53 08 51

Fermé dimanche soir, lundi soir, et mardi
www.facebook.com/Le-bistronome-594895273912767

Les Caudalies

€ NADINE TROUSSARD PHILIPPE TROUSSARD

Gastronomique, chic, fromagerie, un dimanche à la campagne

• Le vieux dicton populaire l'affirme : à Arbois, on boit. Bon, la ville étant la capitale des vins du Jura, la proposition précédente tient donc du pléonasme. En revanche, il est plus utile d'expliquer pourquoi, quand on passe à Arbois, on s'arrête aux Caudalies. La raison est limpide. La cave du restaurant (600 références) est tenue par Philippe Troussard, un sommelier auréolé du titre de meilleur ouvrier de France en 2015. Aussi, pas besoin de se battre pour dénicher une belle bouteille. Il n'y a sur la carte que d'exceptionnels flacons, à partir de 30 €, en passant par le château-chalon 1999 de la famille Berthet-Bondet (65 €), puis par tout le reste du Jura et en finissant sur des montrachets ancestraux de la maison Bouchard Père et Fils (ces flacons-ci sont plus chers). Évidemment, le plateau de fromages est très fort, ce qui est déjà une grande satisfaction. Et, en cuisine, la maman du petit génie de la sommellerie défend ses convictions avec une grande habileté : filet de sandre et chapelure de noix, rutabaga au vinaigre Jurabalsam ; noix de Saint-Jacques truffées, crème de butternut et poudre de cèpes ; suprême de poulet fermier aux morilles et vin jaune, risotto pané et persil racine. C'est certain, avec de tels plats, on ne peut qu'avoir envie de boire de grands vins !

***Menus** : Bistrot (2 plats et dessert) : 19 € / Plaisir (2 plats, fromages et dessert) : 43 € / Symphonie (3 plats, fromages et dessert) : 53 € / Dégustation (4 plats et desserts) : 78 €*
***À la carte** : Mini : 70 € / Maxi : 125 €*

20, avenue Pasteur
39600 Arbois
Tél. : +33 (0)3 84 73 06 54

Fermé lundi et mardi
www.lescaudalies.fr

Loiseau des vignes

⌘ 🍷🍷🍷 € MOURAD HADDOUCHE

♡ Gastronomique, annexe de Bacchus

• Si Beaune est bien la capitale des vins de Bourgogne, Loiseau des vignes est incontestablement, plus que jamais, son ambassade. Le restaurant est équipé de l'une des plus grandes bibliothèques Enomatic de vins d'Europe, qui permet de gérer 70 références au verre. Évidemment, Mourad Haddouche joue sur son piano des accords d'avant-garde sacrément branchés. Ainsi, le cœur de saumon et pickles de radis caressés d'une moutarde douce, crêpe moelleuse d'escargots du pays à la rhubarbe et pousses végétales trouverait sans mal sa place à la carte d'un restaurant triplement étoilé. Le plat possède le goût juste et clair de chacun de ses ingrédients, mais parvient surtout à imposer des fragrances délicieuses bien que très complexes, et porte sur un piédestal rhubarbe et radis, que l'on a rarement connus en si grande forme. Reste que, sans faire offense aux multiples talents du chef, on vient surtout ici boire du vin au verre : mâcon-igé 2010 de Nicolas Mai let à 5 €, mercurey premier cru La Cailloute 2010 du domaine Theulot-Juillot à 6 €, puligny-montrachet 2010 du domaine François Carillon à 11 €, meursault 2010 du domaine François Mikulski à 11 €, meursault Clos de la Barre 2009 du domaine des Comtes Lafon à 18 €, corton-charlemagne grand cru 1998 du domaine Bonneau du Martray à 28 €, chablis premier cru Vaillons 2009 du domaine François Raveneau à 8 €, riesling Rosenberg 2010 d'Albert Mann à 8 €, côtes-du-jura Grusse en Billat 2008 de Jean-François Ganevat à 6 €, concrieu Deponcins 2010 de François Villard à 12 €, faugères Jadis 2008 du domaine Léon Barral à 7 €, porto Terras do Grifo 2006 de Rozès à 8 €. Vin sur vins, évidemment !

***Menus** : Formule du déjeuner (plat et dessert) : 25 € / Menu du déjeuner (2 plats et dessert) : 32 € / Découverte (2 plats, fromages et dessert) : 59 € / Gourmand (3 plats, fromages et dessert/vins) : 75 €/135 € / Dégustation (4 plats, fromages et dessert/vins) : 95 €/165 € / Saveurs (3 plats, fromages et desserts/vins) : 119 €/194 €*
***À la carte** : Mini : 100 € / Maxi : 200 €*

31, rue Maufoux
21200 Beaune
Tél. : +33 (0)3 80 24 12 06

Fermé dimanche et lundi
www.bernard-loiseau.com

Basilic Instant

⌘⌘⌘ 🍷 € CATHERINE SIBILLE

♡ Cantine, comme à la maison, végétarien, engagé, détox, ou à emporter

• Contrairement à Catherine Sibille, beaucoup de restaurateurs n'arborent pas fièrement sur leur porche le logo ministériel « Fait maison » ! La raison n'est pas que ce blason soit inutile ou dévalorisant, mais bien que la plupart des restaurateurs ont dans leurs cartons au moins une petite préparation industrielle qui les disqualifie. Ici, tout, sans aucune exception, passe entre les mains de la cuisinière. Tous les produits sont bio ou strictement locaux. En saison, les carottes et les petits pois sont cuits à la perfection. Les vins (2,50 € le verre, à partir de 11 € en bouteille) proviennent de Biocoop. Le buffet (14 €) est végétarien et à volonté. Honnêtement, on y mange d'excellentes tartes et des desserts qui feraient le bonheur de nombreuses pâtisseries. La cantine détox de Besançon est ici !

***Menus** : Buffet : 14 € / Buffet et dessert : 17,50 €*

93, rue des Granges
25000 Besançon
Tél. : : +33 (0)3 81 83 17 78

Fermé samedi soir et dimanche
www.basilic-instant.e-monsite.com

L'Étang du moulin

⌘ 🍷 €€ **JACQUES BARNACHON** **SANDRINE BOISSENIN**

Gastronomique, chasse, pêche et champignons, bucolique, isolé, romantique, terrasse avec vue

• Pour Jacques Barnachon, chaque assiette doit ressembler à un tableau. Sa composition doit être harmonieuse, mais doit également laisser place à des goûts inattendus et procurer des sensations rares. Le programme est donc ambitieux. Et les promesses sont tenues, notamment pour les recettes mettant en valeur des truites pêchées dans l'étang, et celles où reposent gibiers et/ou champignons en provenance des forêts alentour. Le dos de truite blanche « pisciculture de Heimbach », mariné puis cuit à 53 °C, ragoût de potiron et de châtaignes, lait infusé à l'absinthe, laisse une impression subtile en mémoire longtemps après sa dégustation. Et encore, la spécialité de Jacques Barnachon, c'est le foie gras, qui est ici incomparable. Le programme de la carte des vins est à l'avenant. Petits coefficients, grands vignerons certifiés bio : tout Yves Cuilleron, tout château Puech-Haut, tout Jean-Luc Colombo... Il fait bon barboter dans l'Étang du moulin, en toute saison !

Menus *: Menu de saison (2 plats et dessert) : 48 € / Découverte (3 plats, fromages et dessert) : 89 € / Dégustation (4 plats, fromages et desserts) : 119 € / Grand menu Dégustation (5 plats, fromages et desserts) : 139 €*
À la carte *: Mini : 80 € / Maxi : 160 €*

5, chemin de l'Étang du moulin
25210 Bonnétage
Tél. : +33 (0)3 81 68 92 78

Fermé dimanche soir, lundi, mardi, et mercredi midi
www.barnachon.com

Maison Lameloise

⌘ 🍷 €€€ **ÉRIC PRAS** **SÉBASTIEN REYMOND**

Haute gastronomie, chic et choc, institution, bourguignon sans les gnons

• Succession de petites salles aux poutres apparentes, parfaitement alignées et vernies, mur en pierre de taille opposé à des parois blanches immaculées, le restaurant Maison Lameloise combine l'élégance feutrée d'un Relais & Châteaux, le chic bourgeois d'une demeure de notaire entièrement rénovée et l'ascétisme chaste d'un monastère cistercien. C'est ici qu'Éric Pras compose une gastronomie de haute volée et de haute bourgeoisie : sucettes de chou, de thon, de foie gras, figue et parmesan pour le choc ; melba de coquilles Saint-Jacques et truffes de Bourgogne pour réaliser l'exégèse du plat automnal parfait, où iode et sous-bois fusionnent totalement. Et, pour qui en douterait, les recettes de chasse ont toujours la cote à Chagny. Ainsi, le filet de chevreuil au pralin de noisettes, navets fondants croustillant de polenta convoque toujours les feuilles mortes et les vins les plus élégants. À ce titre, la cave est royale, rien de moins (500 références) : les verticales des plus grandes maisons de la région sont légion. Les monthélies et auxey-duresses de Jean-François Coche-Dury, ou les hautes-côtes-de-beaune du domaine Jayer-Gilles sont à moins de 100 €. Les chablis de William Fèvre et les marsannays du domaine Philippe Charlopin se boivent dès 70 €, ses morey-saint-denis sont aux alentours d'un billet vert... La gastronomie selon Éric Pras possède évidemment beaucoup de style, et conjugue plaisir, tradition et modernité à tous les temps, et à toutes les sauces.

Menus *: Déjeuner (2 plats et dessert) : 82 € / Menu de l'instant (2 plats et dessert) : 145 € / Dégustation (3 plats, fromages et dessert) : 190 € / Découverte (4 plats, fromages et dessert) : 215 €*
À la carte *: Mini : 160 € / Maxi : 300 €*

36, place d'Armes
71150 Chagny
Tél. : +33 (0)3 85 87 65 65

Fermé mardi et mercredi
www.lameloise.fr

Hôtel de la poste

⌘⌘⌘ € FRÉDÉRIC DOUCET

Gastronomique, chic, romantique, contemporain, étoilé style

• Frédéric Doucet exerçant son talent dans le charolais, on se doute que l'on goûte dans son restaurant à des viandes, et notamment du bœuf, de toute première qualité. Cependant, le chef est surtout le chantre d'une cuisine nouvelle traditionnelle, c'est-à-dire moderne, pleine de saveurs et de couleurs. Ces dernières se retrouvent d'ailleurs dans la décoration de boudoir, chic et calfeutré, de la salle principale. Bien sûr, on ne peut que conseiller de goûter au filet de bœuf charolais (frais, local et bio), sauce au vin rouge de Bourgogne, qui est objectivement meilleur ici qu'ailleurs. Plus étonnant, les poissons sont également fameux, sûrement car ils sont choisis chez des producteurs méritant le label Mr. Goodfish. Quant à la carte des vins, elle vaut une étoile. On aime les déclinaisons de très bons vignerons (Yves Cuilleron, Clos des Toisières), mais les formules et le service dans ce domaine peuvent encore un peu muscler leur jeu. Toutefois, cela n'entame en rien la quantité de plaisir que l'on engrange après une visite à Charolles.

***Menus** : Inspiration du moment (2 plats et dessert) : 32 € le midi, 38 € le soir / Petit coup de cœur (4 plats, fromages et desserts) : 85 € / Gros coup de cœur (6 plats, fromages et desserts) : 95 € / Charolais (6 plats, fromages et desserts) : 95 €*
***À la carte** : Mini : 65 € / Maxi : 120 €*

2, avenue de la Libération
71120 Charolles
Tél. : +33 (0)3 85 24 11 32

Fermé jeudi, dimanche soir, et lundi ;
en haute saison, fermé dimanche soir, lundi, et mardi midi
www.hotel-laposte-doucet.com

Château de Courban

⌘ €€ TAKASHI KINOSHITA JEAN-NOËL RAHMANI

Gastronomique de campagne, romantique, nippon et bon, relaxant

• La situation du restaurant et de l'hôtel (Spa, piscine à débordement), situés à quelques encablures des vignobles chablisiens et champenois, est évidemment un point fort. L'accueil et l'esprit familial qui règnent sur cette luxueuse maison sont également des atouts indéniables. Cependant, c'est surtout l'éclectisme du chef nippon, Takashi Kinoshita, et de sa pâtissière, Sae Hasegawa, qui force l'admiration. Ce dernier rêve depuis l'âge de 13 ans de conquérir une étoile en France. On le rassure, son chawanmushi (flan salé) au daichi (bouillon) de volaille charolaise et coquille Saint-Jacques de Roscoff, parfumé au yuzu (agrume nippon) excède largement le niveau visé. Par ailleurs, Takashi Kinoshita aime tellement notre pays qu'il connaît par cœur les coordonnées de tous les meilleurs producteurs bourguignons. Son sommelier jongle avec habileté avec 200 références. Largement de quoi prendre un verre, voire de carrément prendre son pied !

***Menus** : Découvertes (2 plats et dessert) : 47 € / Terroir (3 plats et dessert) : 69 € / Dégustation (4 plats, fromages et desserts) : 89 €*
***À la carte** : Mini : 80 € / Maxi : 120 €*

7, rue du Lavoir
21520 Courban
Tél. : +33 (0)3 80 93 78 69

Fermé le midi sauf dimanche
www.chateaudecourban.com

La Petite Marche

€

Bistronomique, très engagé, sur le pouce compatible, ou à emporter, végétalo-compatible

• La Petite Marche est un restaurant affilié à la grande chaîne de magasins bio La Vie saine, qui est notamment spécialisée dans les écoproduits et les anti-allergènes (sans gluten). Toutefois, il ne faut pas se méprendre. C'est bel et bien un bon restaurant qui est sis au 29, rue Musette. Tout y est préparé sur place, tout est fait maison et, 100 % des aliments sont labellisés bio. Au surplus, la salle, située au premier étage du magasin, est très agréable, lumineuse, particulièrement bien entretenue (avec des produits bio). Sans être inventives, les recettes sont recherchées : le fondant aux champignons fait vraiment fondre, ce qui est sa vocation. La panna cotta à la fleur d'oranger et la délicieuse mousse carotte-orange sont également des propositions épatantes. Bien sûr, les vins sont bio. À ces prix-là, on n'est pas loin de penser que l'on a trouvé la cantine ultime.

***Menus** : Formule (1 plat et dessert) : 12,90 € / Menu (2 plats et dessert) : 15,90 €*
***À la carte** : Mini : 15 € / Maxi : 27 €*

29, rue Musette
21000 Dijon
Tél. : +33 (0)3 80 30 15 10

Fermé dimanche, et le soir
www.facebook.com/petitemarche

L'O des Vignes

€ SÉBASTIEN CHAMBRU

Bistronomique, boire à manger, façon troquet, décontracté, bienveillant

• Dans son annexe bistrotière, adjacente à sa table gastronomique, Sébastien Chambru tient une ligne claire : des plats d'une grande lisibilité, en prise immédiate avec la saison, composés exclusivement de produits frais. Le chef estime que la modernité est là, dans le renouvellement de ses inspirations puisées au fil des saisons et de ses émotions. Or, force est de constater que, si tous les bistrots français étaient capables d'envoyer des bars sauvages en écailles soufflées, topinambour en pulpe et croquant, girolles au jus ; ou des foies gras en tranches, servis chaud, betterave crue et cuite, jus acidulé ; ou encore du bœuf français maturé, cuit au poêlon, gnocchi de sésame noir, jus de vin à la truffe noire, personne n'aurait plus besoin de consulter des guides gastronomiques, et la France serait un paradis culinaire. On mange donc excellemment à l'O des Vignes, et à moins de 30 €. Mais, surtout, on y boit divinement : pouilly-fuissé Vers Cras du château de Beauregard à 58 €, viré-clessé Quintaine du domaine Guillemot-Michel à 42 €, mâcon La Roche Vineuse du domaine Merlin à 24 €, Fleurie de Jean Foillard à 62 €, vosne-romanée 2010 du domaine Méo-Camuzet à 168 €... Que demande le peuple ?

***Menus** : Délices du marché (2 plats et dessert) : 26 € / Origines (3 plats et dessert) : 45 € / Ôdace (4 plats, fromages et desserts/vins) : 69 €*
***À la carte** : Mini : 60 € / Maxi : 100 €*

129, rue du Bourg
71960 Fuissé
Tél. : +33 (0)3 85 38 33 40

Fermé mardi et mercredi
www.lodesvignes.fr

La Côte Saint-Jacques

€€

JEAN-MICHEL LORAIN

ARNAUD LAPLANCHE

Haute gastronomie, luxe, calme et volupté, institution, romantique

• Le clan Lorain est une dynastie de bâtisseurs. Leur Côte Saint-Jacques, la première étape gastronomique mythique sur la route des vins et des hédonistes venant de Paris, est une maison poupée russe. Le moindre détail y est sans cesse fignolé dans le but avoué d'atteindre la perfection. À ce titre, le splendide Spa et les chambres rénovées ne sont pas les moindres pierres ajoutées à l'édifice. Ici, un fil conducteur gourmand et empathique relie tout, de la salle aux chambres, en passant par la piscine et la cuisine. Ce que l'on sait moins, c'est que cet immense chef est engagé discrètement, mais depuis fort longtemps, dans la cause du bien et du sain mangé. Il a collaboré à plusieurs opérations gouvernementales et privées (notamment avec le groupe Unilever) pour faire la promotion d'une gastronomie saine et allégée dans la restauration et les cantines, scolaires notamment. Par ailleurs, sur ses pianos, il essaie de poser un maximum de produits bio et/ou locaux. Bien sûr, certains crustacés, poissons et produits de l'épicerie sèche échappent à cette règle. Reste que les familles Lorne (potimarrons et potirons), Moinet (maraîcher), Rappinot (pommes de terre) et Philippe Czerwinski (herbes, plantes sauvages et champignons) travaillent toutes sur mesure depuis plus de dix ans (voire beaucoup plus) pour le restaurant. Sur la carte, sont toujours visibles en filigrane les fameux mets sur lesquels s'est assise la réputation de la Maison : la poularde de Bresse à la vapeur de champagne, la truffe au chou Michel Lorain et les huîtres en petite terrine océane. Mais, si Jean-Michel est adepte d'une gastronomie de la mémoire, il adore également mettre les sens en éveil et en émoi. À la Côte Saint-Jacques, on vit une petite odyssée de la volupté. Il faut donc plus que jamais y venir pour ne pas en sortir, pour cocooner. On profitera ainsi totalement d'un accueil charmant, d'un service exemplaire et de recettes du même niveau. Toutes les variations autour de l'huître et des Saint-Jacques sont extraordinaires. L'aile de raie en cuisson lente, tomates confites, concombre et perles du Japon, infusion de lait de coco, thym et citron légèrement épicée fait totalement chavirer le palais, et persiste même sur du meursault de Jean-François Coche-Dury. Alors, oui, on vient ici pour toucher au sublime. Et toute une équipe, chef compris, vous aide à y parvenir. Enthousiasmant.

• **LES VINS** : La grande carte est essentiellement bourguignonne. La proposition au verre vaut entre 12 € et 25 €. Entre les verticales de Romanée-Conti et de Pétrus, on trouve toujours de belles références et de bonnes affaires : chardonnay maison à 39 €, Montée de Tonnerre et Vau de Vey du domaine Durup en chablis à moins de 75 €, fixin de Dominique Laurent à 49 €, meursault de Vincent Girardin à 77 €, sancerre du domaine Thomas à 60 €, coteaux-du-layon du château Montbenault à 65 €, gewurztraminer du domaine Ostertag à 59 €, saint-julien du château Moulin de la Rose à 90 €, ainsi que la plupart des crus connus et célèbres dans toutes les régions. De quoi boire en toutes occasions.

***Menus** : Déjeuner (2 plats et dessert/vins) : 78 €/121,50 € / Déjeuner gourmet (3 plats et dessert/vins) : 92 €/148 € / Découverte (3 plats, fromages et dessert/vins) : 165 €/240 € / Gourmand (4 plats, fromages et desserts/vins) : 198 €/287 € / Grand menu de Jean-Michel Lorain (5 plats, fromages et desserts/vins) : 238 €/336 €*
***À la carte** : Mini : 140 € / Maxi : 310 €*

14, faubourg de Paris
89300 Joigny
Tél. : +33 (0)3 86 62 09 70

Fermé lundi
www.cotesaintjacques.com

Le Bon Accueil

⌘ € MARC FAIVRE CATHERINE FAIVRE

Gastronomique, traditionnel, local, maison, douillet

• Dîner chez les Faivre, c'est côtoyer par procuration Georges Blanc, Jacques Lameloise et Pierre Gagnaire, ce qui n'est déjà pas rien. C'est aussi apprendre à découvrir une région, à laquelle le chef est viscéralement attaché. Pour lui rendre hommage, il réalise une cuisine sincère, gourmande, très généreuse. La selle de chevreuil, poivrade, poire au vin possède une authentique noblesse. Mais, moins que les desserts de la Maison, tous à se damner, notamment le « Tout chocolat noir », sorbet pur Pérou, absinthe de Pontarlier, qui est l'une des meilleures compositions à base de cacao que l'on puisse manger dans l'est de la France. La carte des vins est inventive, bien pensée, et permet de goûter à prix tout doux des chablis de Sébastien Dampt ou des irouléguys du domaine Bordaxuria, comme des grands crus bourguignons. Mieux que bon, un accueil carrément douillet !

***Menus** : Le Sentier (1 plat et dessert) : 26 € / Le Tour du lac (2 plats, fromages et desserts) : 46 € / Notre montagne (3 plats, fromages et desserts) : 82 €*
***À la carte** : Mini : 65 € / Maxi : 120 €*

1, chemin de la Grande-Source
25160 Malbuisson
Tél. : +33 (0)3 81 69 30 58

Fermé dimanche soir, lundi, et mardi midi
www.le-bon-accueil.fr

Jean-Michel Couron

⌘ € JEAN-MICHEL COURON MARIE-HÉLÈNE COURON

Gastronomique, intime, façon cave de luxe, bon jaja, excellent service, ou à emporter

• Jean-Michel Couron est installé depuis vingt ans dans un restaurant mouchoir de poche jouxtant l'église Saint-Étienne. Ici, tout est fait maison, et pour le client. Ce dernier est chouchouté par l'épouse du chef, qui sait toujours trouver la formule adaptée aux envies de chacun, même lorsqu'il s'agit de cuisiner un plat conditionné pour être emporté. Aucun doute, donc, Jean-Michel Couron, c'est la grande table de Nevers. En atteste la raviole d'huîtres de Marennes et de navets bio marinés aux paillettes d'algues, écume de vinaigre de vin à l'échalote, poudre de pain, qui fait carrément plonger le gourmand au cœur d'un océan d'iode. Le faux-filet de bœuf charolais Label rouge grillé, pesto de roquette et noix, croustillant de shiitakes au chorizo et jus corsé au balsamique fait encore mieux. C'est un grand plat carnassier tout en puissance, qui transforme son dégustateur en ogre et appelle les plus grands vins français. À ce titre, la cave accueille la fine fleur de l'élite : pouilly-fumé Pur Sang de Didier Dagueneau à 120 €, sancerre de Lucien Crochet à 35 €, bourgueil Le Haut de la Butte du domaine de la Taille aux Loups à 35 €, chinon La Croix Boissée du domaine Bernard Baudry à 40 €, ermitage du domaine Jean-Louis Chave à 180 €, château Mourgues du Grès à 31 €, saint-joseph Les Pierres Sèches d'Yves Cuilleron à 37 €, clos Triguedina à 32 €... Une maison de patience, de tempérance et de bonté !

***Menus** : Formule (1 plat et dessert) : 24 € / Menu (2 plats, fromages et dessert) : 36 € / Découverte (2 plats, fromages et desserts) : 50 € / Dégustation (3 plats, fromages et desserts) : 58 €*
***À la carte** : Mini : 75 € / Maxi : 120 €*

21, rue Saint-Étienne
58000 Nevers
Tél. : +33 (0)3 86 61 19 28

Fermé dimanche soir, lundi et mardi
www.jm-couron.com

Château de Germigney

⌘ 🍷 €€ PIERRE BASSO MORO CHRISTOPHE MENOZZI

♡ Gastronomique, luxe, enchanteur, isolé, parc

• Le manoir, le parc, la grande et magnifique salle voûtée… tout concourt à faire du Château de Germiney le plus bel hôtel-restaurant du Jura. D'autant plus qu'œuvre en cuisine un duo de cadors, Pierre Basso Moro et Christophe Menozzi. Le premier est capable de fulgurances telles que la Saint-Jacques de Port-en-Bessin en deux services, crue à la truffe noire, purée de céleri au beurre noisette poêlé, et cuite jus de piquillos, poudre de jambon, pois chiches. Ce plat très guérardien réinvente carrément la manière de déguster les coquillages. Le second est un sommelier orfèvre, à la tête d'une cave très originale et très locale (domaines Pignier, Jean-Claude Credoz, Hughes Béguet, etc.), qui communique sa passion pour la cuisine du chef et les accords mets et vins, avec brio et gentillesse. Le nom des stars sur le livre d'or en atteste ; le Château de Germiney est un lieu où il faut avoir été.

***Menus** : Plaisir (2 plats et dessert) : 45 € / Bien-Être (3 plats et dessert) : 65 € / Germigney (3 plats et dessert) : 80 € / Menu du Marquis (4 plats, fromages et desserts) : 110 €*
***À la carte** : Mini : 75 € / Maxi : 150 €*

31, rue Edgar-Faure
39600 Port-Lesney
Tél. : +33 (0)3 84 73 85 85

Fermé lundi et mardi midi
www.chateaudegermigney.com

Les Louvières

⌘ 🍷🍷 €€ PHILIPPE VAUFREY

♡ Gastronomique, isolé, engagé, avec vue, charme rustique, romantique, bon jaja

• Pour accéder au restaurant de Philippe Vaufrey, sis à Pratz, dans le Haut-Jura, il faut emprunter une route-sentier qui serpente dans la montagne et vous mène au bout du monde, jusqu'à un exceptionnel point de vue panoramique sur les Monts Jura. Évidemment, le chef-propriétaire est conscient de la situation exceptionnelle de son établissement, en pleine nature, et cherche à rendre à cette dernière ce qu'elle lui donne au quotidien. Philippe Vaufrey a donc aménagé son établissement pour que ce dernier produise de l'énergie solaire et récupère des eaux de source. Derrière ses pianos, il produit une gastronomie créative, qui fait voyager tout autour du monde, mais en utilisant majoritairement des produits locaux ou labellisés. Son ris de veau, légère réduction au madère, tressée de courgettes et carottes est délicieux, tout comme son « Colissimo » de morilles en velouté à la truffe blanche. La carte des vins est très forte dans la région : côtes-du-jura de Jean-François Ganevat à 49 €, château-chalon de Jean-Claude Credoz à 79 €, arbois de Stéphane Tissot à 46 €, châteauneuf-du-pape de Louis Geniest à 55 €, riesling de Trial Hill à 56 €… La gastronomie de montagne métissée, façon zen, ça se passe à Pratz !

***Menus** : Formule (1 plat et dessert) : 41 € / Menu (2 plats et dessert) : 49 €*

39170 Pratz
Tél. : +33 (0)3 84 42 09 24

Fermé dimanche soir, lundi et mardi
www.leslouvieres.com

BOURGOGNE-FRANCHE-COMTÉ

Auberge de la Charme

⌘ € NICOLAS ISNARD ET DAVID LECOMTE

♡ Gastronomique, aviné, romantique, chic et pas cher

• Nicolas Isnard et David Lecomte ont toujours une idée en tête, et une idée d'avance. Traiteurs, barmen, chefs primés, ambianceurs... ils donnent toujours à leurs clients une bonne raison pour visiter leur établissement. Leur vaisseau amiral, étoilé, posé en banlieue dijonnaise, ne fait pas exception à la règle. Le menu de midi est l'un des meilleurs rapports qualité/prix dans sa catégorie. La cuisine est inventive, les légumes de saison, les produits issus des marchés locaux, le service instruit, la cave pléthorique... On trouve dans cette dernière aussi bien des grands crus classés que des biodynamistes bourguignons (Rossignol-Trapet, Parent, Mortet)... Si vous le cherchiez, voici le repaire idéal pour festoyer entre amis.

***Menus** : Déjeuner (2 plats, dessert et vins) : 36 € / Premiers pas (2 plats et dessert/vins) : 53 €/81 € / Découverte (4 plats et dessert/vins) : 73 €/111 € / Menu de la Charme (5 plats et desserts/vins) : 99 €/144 €*
***À la carte** : Mini : 60 € / Maxi : 110 €*

12, rue de la Charme
21370 Prenois
Tél. : +33 (0)3 80 35 32 84

Fermé dimanche soir, lundi et mardi
www.aubergedelacharme.com

Le Grapiot

⌘ € SAMUEL RICHARDET

♡ Bistrot-gastro, traiteur, fort en vins, décontracté, sans nappe

• En patois local, grapiot signifie : « petit chemin montant ». Nul doute que, s'il est emprunté en compagnie de Samuel Richardet, ce dernier mène vers des Everest gustatifs inespérés. Le ragoût de morilles et ris de veau aux asperges, quenelle de volaille est une authentique version de luxe de la recette jurassienne. Il faut dire que le chef, en dépit de sa jeunesse, est un érudit et fervent défenseur du goût franc-comtois, un trublion qui ne conçoit pas la gastronomie sans le vin. À ce sujet, le choix de ses références, largement locales, mais pas seulement, confirme le savoir-faire et le savoir-choisir de la Maison : Julien Mareschal, Bruno Schueller en Alsace, Georges Descombes pour du brouilly bio, le tout servi en bouteille ou au verre sur des coefficients même pas doublant... Nous ne pouvions qu'être séduits.

***Menus** : Déjeuner (2 plats et dessert) : 25 € / Plaisir (2 plats et dessert) : 32 € / Découverte (3 plats, fromages et dessert) : 50 €/65 €*
***À la carte** : Mini : 40 € / Maxi : 60 €*

Rue Bagier
39600 Pupillin
Tél. : +33 (0)3 84 37 49 44

Fermé dimanche soir, lundi soir, et mardi
www.legrapiot.com

Loiseau des sens

€ M. SHORO

Bistronomie détox, végétalo-compatible, Spa, chic, excellent service

• L'institution Bernard Loiseau réalise déjà des merveilles un peu partout, dans tous les registres, de la Bourgogne à Paris. Une nouvelle étoile brille désormais au sein de ce prestigieux univers du luxe et de l'art de vivre : Loiseau des sens. Jouxtant le relais historique, à Saulieu, ce bâtiment moderne et végétalisé accueille un Spa ultramoderne et un restaurant « bistronomique très chic avec ambition », dont la vocation est de produire des recettes de grande qualité, dans une optique détox, c'est-à-dire essentiellement végétarienne, et composées de produits autant bio et locaux que possible (les plantes de la famille Vedrenne à Précy-sous-Thil, les producteurs labellisés Parc naturel du Morvan, etc.) Cet état d'esprit, résolument en phase avec son époque, évoque évidemment la grande cuisine minceur de Michel Guérard, qui unit relaxation, bien-être, plénitude du corps et de l'esprit. Alors, certes, le grand frisson gastronomique continue de se produire entre les murs du bâtiment historique, aux petits soins du génial Patrick Bertron. Toutefois, les plats sans gluten et les menus végétariens de Loiseau des sens ouvrent aux gourmets de nouvelles et très séduisantes perspectives. La cave, ainsi qu'une petite fraction de la restauration, notamment les achats, sont, par exemple, gérés par les caciques de la Maison. Loiseau des sens est un restaurant en apesanteur. Logiquement, on y mange de manière légère et naturelle. Pourtant, le plaisir, la gourmandise et la volupté sont nichés dans chaque recoin de ce bel établissement, vraiment contemporain, très accessible. Tout le monde est toujours bienvenu chez Bernard Loiseau.

***Menus** : Retour du Marché (2 plats et dessert) : 32 € / Végétarien (2 plats, fromage et dessert) : 49 € / Plaisir : (3 plats, fromage et dessert) : 59 €*
***À la carte** : Mini : 50 € / Maxi : 75 €*

Loiseau des sens
Au sein du Relais Bernard Loiseau
2, rue d'Argentine (avenue de la Gare)
21210 Saulieu
Tél. : +33 (0)3 80 90 53 53

Fermé dimanche et lundi
www.bernard-loiseau.com

BOURGOGNE-FRANCHE-COMTÉ

COUP DE CŒUR DU JURY

La Madeleine

€€

PATRICK GAUTHIER

BOURGOGNE-FRANCHE-COMTÉ

Haute gastronomie, rustique-chic, institution, très fort en vins

• Patrick Gauthier, c'est un cuisinier, avant tout ! Sa journée démarre tous les matins depuis vingt ans par la visite du fameux marché de sa ville chérie, Sens, où il est connu et attendu comme le loup blanc, chaque maraîcher ayant son petit panier secret dédié au chef étoilé de la ville. Pour le cacique, en cuisine, ce sont les produits qui dictent les recettes. Ensuite, pour lui, la gastronomie, c'est beaucoup d'amour, au moins autant de passion et d'empathie, et un peu de technique. Car, disons-le, Patrick Gauthier est l'un des derniers « philanthropes-cuisiniers » exerçant son talent au sommet. Il fut même le seul chef à parvenir à imposer dans le classement des 100 meilleurs restaurants de France deux cantines sises à la même adresse (la seconde était son annexe japonaise, tenue par le talentueux chef Tetsuya Ichioda). Patrick Gauthier est, en effet, un grand connaisseur du Japon, où il a exercé ses talents comme capitaine de la Tour d'Argent de Tokyo ! On retrouve cette pureté et cette loyauté typiquement nippone dans la plupart de ses recettes, et dans tous ses menus. La Madeleine continue donc d'être le restaurant idéal pour s'initier, où initier ses amis, à la haute gastronomie. Les valeurs de convivialité et de partage dont Patrick Gauthier imprègne chacune de ses assiettes est déjà une félicité. Mais, en plus, il se déroule toujours dans ce restaurant des événements merveilleux, arrivant sur la table sous forme de plats inattendus. Ces compositions au gré du marché sont d'autant plus géniales que spontanées. Le carpaccio de langoustine, émulsion de citron vert, ciboulette et fleur de sel est ainsi une émotion pure, notamment lorsqu'elle suit le carpaccio de noix de Saint-Jacques. On est alors d'abord très heureux que le chef renvoie gracieusement, et pour le plus grand plaisir de toute la table, un plat signature que toute la ville adore. On est encore plus charmé quand on découvre que la nouvelle assiette est totalement différente de la précédente, mais que cette variation sur un même thème procure néanmoins un plaisir identique. Le pigeonneau en deux services est toujours gorgé de sucs, particulièrement animaux, il laisse pourtant la sensation d'une caresse sur le palais. Le plateau de fromages demeure la plus belle sélection française. Enfin, les foies gras poêlés sont exquis, et la mousseline au chocolat Guanaja, réduction de vinaigre de banyuls, qui les accompagne parfois, mériterait brevet ! À la Madeleine, le patron parvient invariablement à allumer dans les mirettes des gourmets la lueur que l'on aperçoit dans celles des enfants insatiables : ceux qui ont les yeux plus grands que le ventre. On en redemande.

• **LES VINS** : La carte et le sommelier prennent de l'étoffe chaque année. La Bourgogne blanche est notamment impeccablement représentée, même dans ses climats les plus rares et les plus précieux (vougeot blanc Le Village du domaine Bertagna à 112 €, meusaults de Jean-François Coche-Dury au même prix). Ici, on pourra aussi vous ouvrir les plus prestigieux montrachets sans vous donner de leçon. On trouve aussi des marsannays, des saint-joseph d'Yves Cuilleron, voire des viogniers ardéchois excellents et bio, à moins de 50 €. Les meilleurs producteurs demeurent donc tous accessibles, que ce soit en matière de choix comme de tarif. La sélection entre 30 € et 75 € (saint-aubin de Sylvain Langoureau, rully de Bernard Ponsot, chablis de Daniel-Étienne Defaix...) demeure particulièrement avenante (chablis premier cru Les Butteaux 1993 du domaine François Raveneau à 75 €, Laurent Tribut, montagny premier cru de Stéphane Aladame...) De quoi satisfaire toutes les envies, d'autant plus que le vin au verre est pratiqué avec dextérité. Très belle sélection de demi-bouteilles.

Menus *: Express (2 plats et dessert) : 49,50 € / Saison (2 plats, fromages et dessert) : 67 € / Lucullus (3 plats, fromages et dessert) : 80 € / Plaisir et découverte (7 plats, fromages et desserts) : 120 €*
À la carte *: Mini : 105 € / Maxi : 180 €*

1, rue d'Alsace-Lorraine
89100 Sens
Tél. : +33 (0)3 86 65 09 31

Fermé dimanche, lundi, et mardi midi
www.restaurant-lamadeleine.fr

Auberge de la Tour penchée

€ FRANÇOIS DUTHEY

Gastronomique, inventif, chic, romantique, douillet

• L'Auberge de la Tour penchée est un secret partagé par les plus futés des gastronomes de l'Hexagone. Cette élite sait, à l'exception du Guide Michelin, qu'une belle histoire de terroir, de localité et de biodiversité s'écrit ici à chaque service, depuis 1991, et plus particulièrement depuis 2006. Derrière chaque plat se cachent un produit de qualité, un bel assaisonnement, une cuisson juste. S'il affirme fièrement qu'il a « cessé de courir », et qu'il veut « juste s'amuser à faire plaisir, donner du bonheur et des souvenirs », François Duthey n'en propose pas moins des spécialités de foies gras (parmi les meilleurs de France), de poissons, de crustacés et de gibiers totalement mémorables. La carte des vins comporte des merveilles des années 1990 provenant de toute la France à des tarifs amicaux (coefficients inférieurs à 3). La grande classe, l'initiation totale à la haute gastronomie, sans pression, ni convention, seulement du bonheur !

***Menus** : Déjeuner (2 plats et dessert) : 25 € / Foies gras (3 plats de foies gras, fromages et dessert) : 55 € / Dégustation (5 plats, fromages et dessert) : 89 €*

2, rue de Delle
90400 Sevenans
Tél. : +33 (0)3 84 56 06 52

Fermé samedi midi, dimanche soir, et lundi
www. atourpenchee.com

Aux Terrasses

€ JEAN-MICHEL CARETTE

Gastronomique, charme, jardin, service attentionné, végétalo-compatible

• Aux Terrasses est l'étape de charme de Tournus. Belles pierres, bois massif, chêne de classe internationale... tout est fait pour que les gourmets puissent passer un séjour douillet et savoureux. Dans ce cadre, Jean-Michel Carette met en scène une cuisine innovante, où les produits traditionnels du terroir s'assemblent avec malice pour forger des saveurs inattendues. Les escargots « élevage Jérôme Chaland » piqués à l'ail, consommé de bœuf, champignons shiitake, jeunes navets ; ou les pequillos farcis au fromage, balsamique 25 ans d'âge en sont l'illustration. Ils séduisent là où on ne les attend pas. Cela n'empêche pas la cuisine du chef d'être « produits centrée ». Cette démarche débute avec le choix des fournisseurs, issus du tissu local et régional pour la grande majorité. Cet état d'esprit est également inscrit sur la carte des vins, dotée de plus de 6 000 flacons, et qui recense exclusivement des propriétaires-récoltants, dont une belle part de vignerons biodynamistes (dès 35 €). Abnégation, respect des fournisseurs et du client, amour de la nature et de la Bourgogne. Indubitablement, une bien belle maison.

***Menus** : Menu du marché (2 plats et dessert) : 25 € / D'ici et d'ailleurs (2 plats, fromages et dessert) : 40 € / Pourquoi pas (4 plats, fromages et dessert/vins) : 60 €/100 € / Mets encore (6 plats, fromages et desserts/vins) : 90 €/140 €*
***À la carte** : Mini : 85 € / Maxi : 170 €*

18, avenue du 23-Janvier
71700 Tournus
Tél. : +33 (0)3 85 51 01 74

Fermé dimanche et lundi
www.aux-terrasses.com

BOURGOGNE-FRANCHE-COMTÉ

Greuze

⌘ 🍷🍷 €€ YOANN CHAPUIS

♡ **Gastronomique, institution, chic, épuré**

• Greuze, c'est une institution et une carte des vins sans fond, notamment en région (musigny grand cru 2008 du domaine Jacques Prieur à 430 €, mâcon-villages de Jean Thevenet et Fils à 44 €, meursault de Pierre Boisson à 90 €, puligny-montrachet de François Carillon à 94 €, meursault Les Tillets d'Alain Gras à 92 €, Il était une fois du domaine de Fondrèche à 87 €, L'Hospitalitas de Gérard Bertrand à 98 €, Mon P'tit Pithon du domaine Olivier Pithon à 53 €). Pour dire vrai, dès l'arrivée sur la place qui fait face au restaurant, le ventre commence à se remplir de petits papillons qui préparent déjà aux délicieuses agapes à venir. Les plats signatures, tels que l'escar-œuf des prés et kumkat, œuf de la ferme Morgan Louche et escargots de l'élevage Jérôme Chaland, croustille aux amandes et nectar de mousserons; ou l'infusion de bœuf de Charolles et caviar osciètre de Neuvic, consommé iodé et cazette du Morvan sont fameux, très intelligemment conçus, absolument gourmands, contrastés, forts en goûts, en parfums et en surprises. Par ailleurs, le menu hommage à Jean Ducloux demeure l'un des meilleurs liges du monde pour accompagner les grands vins de Bourgogne. Greuze est à nouveau au sommet.

***Menus** : Saveurs du marché (2 plats et dessert) : 42 € / Au gré de la saison (2 plats, fromage et dessert) : 75 € / Signature Jean Ducloux (3 plats et dessert) : 87 € / Plaisir du moment (4 plats et dessert/vins) : 95 €/175 € / Signature (5 plats, fromage et dessert/vins) : 110 €/205 €*
***À la carte** : Mini : 70 € / Maxi : 140 €*

1, rue Thibaudet
71700 Tournus
Tél. : +33 (0)3 85 51 13 52

Fermé mercredi et mardi
www.restaurant-greuze.fr

Le Bengy

⌘⌘ 🍷🍷 € DOMINIQUE GÉRARD

♡ **Gastronomique, tradition, décontracté, amical, bon jaja, rapport qualité/prix**

• Le Bengy est un restaurant de la banlieue de Nevers. Évidemment, on connaît des destinations plus sexy. Pourtant, il y a bien de la magie à l'œuvre dans cet établissement. Dominique Gérard réalise ici des recettes authentiquement nivernaises. Tous les poissons sont pêchés dans la Loire. Les viandes proviennent d'élevages régionaux responsables. Les fruits et légumes sont cultivés par des artisans nivernais (notamment les productions bio de Stéphane Gautheron), et respectent donc scrupuleusement les saisons. Au Bengy, le chef revisite la grande tradition et son terroir. Il émane de chaque assiette des parfums puissants, authentiques. Les cuissons respectent des matières premières exceptionnelles. Dominique Gérard n'a donc besoin d'aucun travestissement pour envoyer de fabuleuses gelées de lapin et piquillos, vinaigrette à la moutarde de Charroux; ou d'anthologiques faux-filets de veau, cuisson à basse température, navets glacés et jus à la fève tonka. Et encore, si les recettes du Bengy valent largement autant que la plupart des assiettes de restaurants bistronomiques de la capitale, ce n'est que l'un des points forts de l'établissement. En effet, sa carte des vins est certes courte, mais somptueuse : pouilly-fumé Pur Sang de Didier Dagueneau à 85 €, Clos le Grand Beaupréau du domaine Ogereau à 27 €, le fameux sancerre de Lucien Crochet à 24 €, Les Monts Damnés de François Cotat à 41 €, Les Pénitents d'Alphonse Mellot à 24 €, muscadet Le L d'Or de Pierre Luneau-Papin à 22 €, côte-rôtie du domaine Jamet à 85 €... Bien manger, bien boire, à tarifs amicaux : vive Bengy !

***Menus** : Saveur locale (2 plats et dessert) : 19,50 € / Menu de saison (2 plats et dessert) : 24 € / Tradition (2 plats, fromages et dessert) : 34 €*
***À la carte** : Mini : 45 € / Maxi : 75 €*

25, route de Paris
58640 Varennes-Vauzelles
Tél. : +33 (0)3 86 38 02 84

Fermé dimanche et lundi
www.le-bengy-restaurant.com

Bretagne

18 TABLES ATTENTIVES • DONT 5 COUPS DE CŒUR

Breizh Café

€

RAPHAËL-FUMIO KUDAKA

Haute gastronomie, nippon friendly, cidre et saké, international breton

• Bertrand Larcher vend des crêpes dans le monde entier, et il connaît un succès faramineux au Japon, sa terre d'adoption. C'est pourquoi il a transformé le premier étage de sa maison mère, à Cancale, en une formidable table franco-japonaise, la meilleure de tout le pays, et de loin. L'une des raisons à cela est l'implication du chef. Une autre est la fraîcheur de la majorité des produits utilisés (les poissons et crustacés proviennent de pêches durables et ne connaissent jamais la glace) qui, au surplus, sont souvent labellisés. La dernière raison est l'exceptionnelle richesse, et la complexité d'égal niveau des recettes, qui tiennent longuement tous les sens en haleine lors de la dégustation : homard des îles de Chausey, carottes, algues bretonnes, lamelles de homard mi-cuit, vinaigrette aux prunes séchées, condiment d'algues au kabosukoshõ, salade de quinoa, carottes marinées, confit et mousse à l'orange est bien l'intitulé d'une seule recette ! Elle parvient miraculeusement à rendre hommage à tous les ingrédients utilisés, qui se marient parfaitement dans l'assiette et créent un brouhaha fantastique, guérardien, sur le palais. Mais notre plat préféré demeure les céréales biologiques, cuisse de canard, foie gras, omusubi grillé aux dix céréales biologiques Jukkokumai, cuisse de canard, coulis de sésame blanc, vinaigrette de truffes, copeaux de foie gras au saké ! Indubitablement, Il y a du Pierre Gagnaire et du Makimura Naoya chez Raphaël-Fumio Kudaka, qui exerce au plus haut niveau en matière de gastronomie maritime et métissée. Impossible de ne pas être impressionné par autant de brio et de maîtrise.

• **LES VINS** : On s'en doute, cette dernière contient des cidres d'exception (vendus à prix coûtant) et des sakés d'une grande rareté : Sato no homare « Kuro-Gin » d'Ibaraki (Junmai Ginjo), Kaze no mori « Nama » de Nara (Junmai Daiginjo), Kokuryu « Ryu » de Fukui (Daiginjo), Kuheiji 35 de Nagoya 2013 (Junmai Daiginjo), Seikyo « Maboroshi » de Hiroshima (Junmai Ginjo), Dassai « Ni Wari San Bu » de Yamaguchi (Junmai Daiginjo). En ce qui concerne les vins, les 100 références sont soigneusement triées (coefficients moins que triplant), et une attention particulière est accordée aux vins issus de l'agriculture biologique : vin de France La Soif du Mal du domaine des Foulards Rouges, côtes-du-jura Chamois du Paradis de Jean-François Ganevat, saumur Brézé du Clos Rougeard, languedoc-pic-saint-loup L'Orphée du Mas Foulaquier, côtes-du-rhône La Sagesse du domaine Gramenon... Du grand art liquide !

***Menus** : Déjeuner (2 plats et dessert) : 38 € / Déjeuner gastronomique (2 plats et dessert) : 48 € / Menu saisonnier (4 plats et dessert/vins) : 75 €/110 € / Dégustation de saison (7 plats et dessert/vins) : 135 €/190 €*
***À la carte** : Mini : 60 € / Maxi : 120 €*

7, quai Thomas
35260 Cancale
Tél. : +33 (0)2 99 89 56 46

Fermé mardi et mercredi
www.breizhcafe.com

Patrick Jeffroy

⌘ €€ PATRICK JEFFROY

♡ Gastronomique, charmant, face à la mer, panoramique

• Carantec est un concentré de Bretagne. La cuisine de Patrick Jeffroy également. En toute saison, cette dernière tient de la carte postale gourmande, chaque élément de l'assiette rivalisant de majesté pour séduire sa part de mer et de lumière. Homme de goût et de tempérance, Patrick Jeffroy a pris le temps pour construire consciencieusement de fameux plats signatures, et pour épouser en grandes pompes le style « Années folles nippones ». Les assiettes sont donc marquées par le métissage, l'élégance et les goûts forts, même si le lien avec la baie de Morlaix, où les meilleurs producteurs travaillent pour, et avec lui, demeure toujours prégnant. Cette bourgeoisie gastronomique finement ciselée s'exprime parfaitement dans le filet de Saint-Pierre, beurre citronné au caviar de harengs, carotte des sables, coco de Paimpol aux pieds de veau ; ou dans le homard bleu, marbré de foie gras, anguille fumée, asperge verte française et dashi crémeux, qui font sensation sur le palais, rapidement comblé de saveurs qui font tourner la tête. La cave a de la bouteille (et des vieux millésimes), ça tombe bien. À Carantec, il faut donc revenir souvent si l'on veut faire intégralement le tour du propriétaire, car plusieurs excursions gastronomiques trépidantes sont proposées, toute l'année.

***Menus** : Optimist (2 plats, desserts et vins) : 52 € / Caravelle (2 plats, fromages et dessert) : 81 € / Cormoran (2 plats, fromages et desserts) : 106 € / Corsaire (3 plats, fromages et desserts) : 142 €*
***À la carte** : Mini : 110 € / Maxi : 190 €*

Hôtel de Carantec
20, rue de Kelenn
29660 Carantec
Tél. : +33 (0)2 98 67 00 47

Fermé dimanche soir, lundi et mardi
www.hoteldecarantec.com

La Table du marais

⌘⌘⌘⌘ € PASCAL RAFFRAY

♡ Bistronomique, très engagé, végétalo et sans gluten compatible, Old School, ou à emporter, la Bretagne ça vous gagne

• Entre Cancale et le Mont-Saint-Michel, le restaurant de Pascal Raffray (ancien chef de partie aux Maisons de Bricourt) est implanté au cœur du marais, dans le village de La Fresnais. La vocation du lieu est simple, et belle : faire très bien manger, donner du plaisir, dans une ambiance chaleureuse, tout en restant totalement respectueux de l'environnement. À ce titre, la Table du marais a reçu le label Clef verte, garantissant que l'établissement gère de manière responsable son eau, ses déchets, son énergie et ses achats, et que ne sont employés dans les cuisines que des poissons issus de pêches durables, ainsi que des produits étrangers provenant du commerce équitable. Le client a aussi la possibilité de repartir avec son vin ou son plat pour limiter le gâchis. Il est difficile d'être plus engagé, et, finalement, c'est peut-être cela qui rend si succulent le homard bleu du vivier, rôti au beurre et citronné entier ; et le cabillaud en peau d'agrumes, basilic et mousseline de choux-fleurs. Au surplus, la cave accueille une belle gamme de flacons bio dès 27 €. Très engagé, sympathique, avec un petit brin de folie. Ça nous plaît, beaucoup !

***Menus** : Formule bistrot (1 plat) : 12 € / Pissenlit (1 plat et dessert) : 15 € / Menu du terroir (2 plats et dessert) : 19 € / Fine bouche du marais (2 plats et dessert) : 27 €*
***À la carte** : Mini : 35 € / Maxi : 80 €*

3, place de la Gare
35111 La Fresnais
Tél. : +33 (0)2 99 58 73 76

Fermé lundi et mardi
www.restaurantlatabledumarais.fr

Les Jardins sauvages

€ GILLES LE GALLÈS

Gastronomique, végétalo-compatible, très engagé, chic, romantique, Yves Rocher

• Les Jardins sauvages, c'est la cantine d'Yves Rocher ! Le génie du monde végétal est né ici, dans le Morbihan, au cœur du village de La Gacilly, en 1930. Depuis, ses héritiers se sont succédé au poste de maire du village. Sis au sein du magnifique Éco-hôtel Spa Yves Rocher, La Grée des Landes, le restaurant de Gilles Le Gallès (ancien de chez Bernard Loiseau) est évidemment totalement orienté détox, naturalité et biodiversité ! En esthète du végétal, le chef compose au fil des saisons de fameux menus qui exploitent à la perfection l'immense jardin botanique bio de la Maison. Les produits jouant sur les pianos sont tous labellisés et proviennent de fournisseurs situés dans un rayon de 50 km. L'intégralité du restaurant est certifiée AB, carte des vins comprise, depuis 2013. L'écrasé de pommes de terre aux truffes (de Nicolas Monnier), crème d'avoine persillée est un plat végétalien, puissant et persistant, l'un des meilleurs de France. Le cabillaud en croûte de tomme de la ferme des 7 chemins, mesclun et pesto de mâche marie le fooding et le répertoire pour faire fondre même les jeunes gourmands, qui ne voudront plus jamais goûter à du poisson pané après avoir dévoré cette recette. Tous les grands noms du bio sont en cave. Le mariage du luxe, de l'industriel à grande échelle, du (très) bon et du très bio existe, en voici la preuve éclatante.

***Menus** : Graminée (2 plats et dessert) : 30 € / La Grée Saint-Jean (2 plats et dessert/vins) : 35 €/56 € / La Grée des Landes (2 plats, fromages et desserts) : 42 € / Menu végétarien (2 plats et dessert) : 42 € / L'Ardoise du jour (2 plats, dessert et vins) : 56 € / Dégustation (4 plats, fromages et dessert/vins) : 72 €/92 €*
***À la carte** : Mini : 60 € / Maxi : 120 €*

Les Tablettes
Cournon
56200 La Gacilly
Tél. : +33 (0)2 99 08 50 50

Ouvert tous les jours
www.lagreedeslandes.com

BRETAGNE

Le Bistrot de nos terroirs

€

Cantine, joli dedans, convivial, très engagé, végétalo-compatible, boîte à musique

• Le concept du Bistrot de nos terroirs est simple, mais très efficace : permettre aux clients de réaliser un voyage culinaire bio au cœur des terroirs de France. Dans ce cadre convivial (chaque espace est décoré à l'image d'une région), la cuisine proposée est saine, gourmande (les portions sont très généreuses), traditionnelle et authentique. Si la carte suit logiquement le rythme des saisons, elle est également rythmée par les concerts et autres événements organisés dans l'enceinte de l'établissement. Toutefois, s'il est évident que le succès du restaurant doit beaucoup à la convivialité du service toujours souriant, et à son ambiance conviviale, il faut aussi reconnaître la qualité des produits employés en cuisine : tout est bio, frais et transformé sur place. Les poissons sont issus de pêches durables. Le bœuf est charolais, doublement certifié AB et Label rouge. Les andouillettes portent fièrement leur AAAAA... La carte des vins accueille une quarantaine de références, parmi lesquelles une vingtaine de vignerons biodynamistes (dès 25 €), ce qui est très suffisant pour toutes sortes de célébrations. Au surplus, dîner au Bistrot de nos terroirs ouvre droit à une réduction pour une séance au cinéma attenant. Plus d'hésitation...

***Menus** : Formule (1 plat et dessert) : 13,90 € / Menu (2 plats et dessert) : 25 €*
***À la carte** : Mini : 30 € / Maxi : 40 €*

ZAC Cap Malo
Rond-point d'accès
35520 La Mézière
Tél. : +33 (0)2 99 33 97 15

Ouvert tous les jours
www.bistrot-de-nos-terroirs.fr

Too Ti Bon

€ GWENDAL GLADY

Cantine, sans chichis, total végétal, sur le pouce ou à emporter, engagé

• Gwendal Glady a commencé sa carrière comme tous les bons élèves, en s'installant derrière les fourneaux de tables étoilées. Puis, il a souhaité marier dans ses assiettes le bien-manger et le sain-manger. Il a alors épousé à bras le corps la cause bio, qu'il cherche à démocratiser à Lannion, jusque dans le choix des produits d'entretien de son établissement… Le buffet est totalement végétarien et inspiré. Les plats du jour sont composés de produits bio et locaux. Même quand ces derniers font jour à des saveurs du bout du monde, tous les ingrédients sont, au pire, issus du commerce équitable. On aime également la vraie sélection de desserts proposée par l'établissement. La courte carte des vins nature (et bio) est vendue à prix presque coûtant. Si vous cherchiez une nouvelle cantine, vous l'avez trouvée, mais il n'y a que 8 places assises ! Vous devrez donc certainement emporter votre festin au bureau.

***Menus** : 1 plat : 7 € / 1 plat et dessert : 10 € / 2 plats et dessert : 15 €*

10, rue de Keriavily
22300 Lannion
Tél. : +33 (0)2 96 14 65 72

Fermé le soir et le week-end
tootibon@gmail.com

Croc'Épi

€ MICKAËL SAIGET

Cantine, grand buffet, self-miam, snacking, engagé, ou à emporter

• Croc'Épi, c'est l'alternative lorientaise pour déjeuner rapidement, sainement et bio. Le restaurant est affilié au réseau Biocoop et, forcément, n'emploie dans ses assiettes que des produits bio ou extrêmement locaux (les poissons proviennent tous du port). Le leitmotiv du propriétaire est de faire profiter au maximum de la fraîcheur de ses aliments, et d'éduquer ses clients au respect des grandes saisons qui rythment la vie du restaurant et de la nature. Un espace snacking, tout aussi exigeant, permet de se désintoxiquer en emportant des sandwichs labellisés que l'on grignote à la maison ou sur un coin de table au bureau. En plus, chez Croc'Épi, à partir de 3 € au verre, on peut accompagner ses plats avec du vin bio. L'initiative, désormais bien rodée, mérite d'être saluée.

***Menus** : Formule (1 plat et dessert) : 16 € / Menu : 17,25 €*
***À la carte** : Mini : 25 € / Maxi : 35 €*

1, impasse Jean-Saint-Marc
56100 Lorient
Tél. : +33 (0)2 97 88 31 38

Fermé dimanche, et le soir
www.les7epis.fr

COUP DE CŒUR DU JURY

Le Jardin gourmand

€

NATHALIE BEAUVAIS

ARNAUD BEAUVAIS

Bistronomique, décontracté, trop mad, tout compatible, frais

• Le Jardin gourmand, c'est trop Mad, c'est-à-dire trop bien, trop bon. Déjà, à l'intérieur du restaurant de Nathalie et Arnaud Beauvais, on prend soin de vous permettre de déguster ce qui vous convient, en prenant en compte toutes vos allergies. Sans gluten, sans lactose, végétalien... tout est possible, tout est prévu. Évidemment, tout est cuisiné et transformé maison. Depuis quinze ans, le credo de Nathalie est de faire découvrir les productions traditionnelles des meilleurs artisans bretons. Aussi, ici, les andouilles, le cidre, les fruits de mer, les crustacés, les choux-fleurs, les artichauts et le far ne sont pas seulement locaux, ils sont surtout fameux ! Les poissons proviennent uniquement de pêches durables, lorientaises, réalisées par de petits bateaux et, aussi souvent que possible, à la ligne. Il suffit de goûter au gigot de lotte braisé au lait ribot, saucisse de Molène, gâteau de sarrasin et fondue de légumes ; ou aux galettes de pommes de terre à l'andouille de Guémené-sur-Scorff, mêlée de salades, pour se convaincre du talent de Nathalie et de la validité de tous ses partis pris. Même les desserts sont excellents. Le tutti chocolat du Jardin (trilogie de chocolat noir Valrhona et Cluizel, autour d'un fondant glacé, d'une mousse et d'un gâteau moelleux) est délicieux. Et la crème brûlée de Beauvais, qui change tous les jours d'ornements, est systématiquement inspirée. Par ailleurs, le restaurant est le premier de France a avoir décroché l'Affichage environnemental, né du Grenelle éponyme, et dont l'objectif est de valoriser les établissements ayant les impacts environnementaux les plus limités en termes de consommation d'énergie et de services. En effet, ici, la gestion de l'eau est raisonnée, celle des déchets et des produits d'entretien est labellisée. La Bretagne tient sa grande cuisinière, talentueuse et responsable !

• **LES VINS** : Composée par Arnaud, la cave est richement dotée, notamment en flacons bio (25 % de l'effectif global). Depuis plus de vingt ans, le cacique sélectionne ses « trésors » avec passion pour les faire découvrir au fur et à mesure qu'ils se bonifient (beaucoup de vieux millésimes). La cave renferme ainsi plus de 5 000 bouteilles (dont tous les « usual suspects » : François Chidaine, château Bonneau, Bruno Paillard en Champagne, des grands crus classés, etc.) La vallée de la Loire, le Rhône, le Bordelais et la Bourgogne occupent la plupart des rayonnages, mais aucune région de France n'est oubliée. Les tarifs sont sages, dès 35 € et sur des coefficients jamais plus que triplant. Enfin, une sympathique sélection de cidres saura enivrer les aficionados.

***Menus** : Déjeuner (2 plats et dessert) : 32 € / Formule du soir (1 plat et dessert) : 36 € / Menu (2 plats et dessert) : 44 € / Dégustation (3 plats et desserts) : 52 €*
***À la carte** : Mini : 44 € / Maxi : 52 €*

46, rue Jules-Simon
56100 Lorient
Tél. : +33 (0)2 97 64 17 24

Fermé dimanche soir, lundi et mardi en haute saison ; le reste de l'année, fermé aussi mercredi et jeudi

www.tropmad.com

BRETAGNE

L'Amphitryon

⌘ 🍷🍷🍷 €€ JEAN-PAUL ABADIE

♡ **Très haute gastronomie, Neptune, fort en vins, zone indus, goût de luxe, chic dedans**

• L'Amphitryon ressemble plus à une crypte qu'à un restaurant. Il n'y a même pas de fenêtre dans la salle à manger, située en léger sous-sol. Il a donc fallu au chef une forte dose d'abnégation, de courage, de persévérance et de clairvoyance pour parvenir à faire de son enseigne, située en zone industrielle, l'une des plus lumineuses d'Europe. À ce titre, il était carrément culotté de chercher à innover sur le thème des poissons et des crustacés près d'un port où chaque habitant, donc chaque client potentiel, possède sa recette secrète pour limoner le turbot, le cabillaud et la daurade. Cependant, la dégustation du Royal Club sandwich de Saint-Jacques et de truffes est inimitable. Les Saint-Jacques caramélisées, coulis d'étrille au kumquat sont extraordinaires, tendres, profondes, pleines de sucre et d'iode. De la même façon, on pourrait mettre au défi toute la Bretagne de reproduire la sole étuvée sur l'arête, jeunes épinards et olives de Nyons, dont la complexité laisse baba. La carte des vins est stupéfiante, dans le monde entier : Pedro Ximénez Viejo Napoleon d'Hidalgo La Gitana à 10 € au verre, Vinifera d'Henry Marionnet à 38 €, Clos des Papes à 119 €, syrah du domaine Georges Vernay à moins de 35 €, alsace grand cru Altenberg-de-Bergheim de Marcel Deiss, domaine du Coulet, Jean-Paul Brun, François Raveneau, Vincent Dauvissat, maison Trimbach, domaine Ostertag, Henri Milan... à moins de 100 €. À l'Amphitryon, il faut venir découvrir la haute gastronomie des mets et des vins !

***Menus** : Précis d'Amphi (2 plats, fromage et dessert) : 50 € / Refus de superflu[s] (3 plats et desserts) : 88 € / Apparente simplicité (5 plats et desserts) : 120 € / Délir's d'initiés (4 plats, fromages et dessert) : 150 €*
***À la carte** : Mini : 70 € / Maxi : 140 €*

127, rue du Colonel-Jean-Muller
56100 Lorient
Tél. : +33 (0)2 97 83 34 04

Fermé dimanche et lundi
www.amphitryon-abadie.com

Auberge du pont d'Acigné

€€

SYLVAIN GUILLEMOT

MARIE-PIERRE GUILLEMOT

Haute gastronomie, bonbonnière, locavore, bio-bio, fusion

• Le restaurant de Sylvain Guillemot (ancien élève de Marc Tizon, de Jacques Thorel et d'Alain Passard) est un secret savamment gardé, bien qu'étoilé. Le chef et son épouse se sont installés sur les terres natales de ce dernier, car il s'agit du « grenier de la France ». Cuisinier locavore par nécessité et passion, « ayatollah du produit » comme il se définit lui-même, Sylvain Guillemot parcourt inlassablement les marchés, les champs, les exploitations... à la rencontre des producteurs, et finit toujours par entretenir des liens étroits, amicaux, avec les meilleurs d'entre eux. D'ailleurs, il avoue que le moteur de la créativité de son restaurant, ce sont eux, plus que lui ! Cela dit, c'est bien au cacique que l'on doit une réelle profusion d'aliments dans chaque assiette et la modification des menus à la dernière minute, en fonction des goûts que Madame, en salle, fait remonter jusqu'aux pianos. Sylvain Guillemot cuisine ainsi, vraiment sur mesure : à la saison, au marché et à la table ! C'est absolument remarquable. Cela dit, très actif, le service est parfois débordé, d'autant plus que le restaurant fait toujours salle comble. Il faut dire que cette gastronomie de la proximité absolue, « client centrée », est épatante, très séduisante. Vos doléances y sont immédiatement prises en compte, les recettes y sont délicieuses et pédagogiques. Les Saint-Jacques, amarante et betterave séchée, qui sont assouplies par une onctueuse émulsion de coco, mais qui conservent du nerf grâce à des chips de légumes imitant le jambon, sont techniquement parfaites, visuellement brillantes, et très riches en goût... Sylvain Guillemot est indubitablement en route vers les sommets, mais il est tellement en avance, que les journalistes ont du mal à le suivre.

• **LES VINS** : La proposition au verre est très importante, et met en valeur des vins de Loire sortant des sentiers battus, notamment de vieux millésimes de vouvray (demi-sec 1986 de Philippe Brisebarre). En Champagne : Laurent-Perrier à 99 €, Grande Réserve de Gosset à 110 €, La Grande Dame 1995 de Veuve Clicquot à 520 €. En revanche, on aime les vieux coteaux-de-l'aubance du domaine de Bablut (8 € le verre), le muscadet-sèvre-et-maine Comte Leloup du château de Chasseloir, l'anjou Les Bergères du domaine Jo Pithon à 68 €, le jurançon du domaine Nigri à 39 €, le grenache noir du domaine Les Mille Vignes à 160 €. Pessac-léognan 2000 du château de France à 52 €, château Pape Clément à 220 €. Château d'Aydie, château Vieux Parc, domaine Mule Blanche à 45 €, costières-de-nimes Les Galets Dorés du château Mourgues du Grès, côtes-du-rhône Bout d'Zan du Mas de Libian à 35 €, château de la Gardine dès 27 € en côtes-du-rhône, meursaults de Jean-Philippe Fichet, et cuvée Alexandre du domaine de Mallemort à 39 €... Enfin, belles formules en accords parfaits avec les mets à moins de 40 €. Même le public non averti aura envie de lire et d'apprendre.

***Menus** : Déjeuner (2 plats et dessert/vin et café) : 44 €/59 € / Gastronomique (2 plats et dessert) : 63 € / Dégustation (3 plats, fromages et dessert) : 85 € / Découverte (5 plats, fromages et desserts) : 115 €*
***À la carte** : Mini : 90 € / Maxi : 180 €*

Lieu-dit Pont d'Acigné
Route départementale 392
35530 Noyal-sur-Vilaine
Tél. : +33 (0)2 99 62 52 55

Fermé dimanche soir, lundi et mardi
www.auberge-du-pont-dacigne.com

BRETAGNE

L'Auberge des Glazicks

€€ **OLIVIER BELLIN** **FIONA BEURROIS**

Haute gastronomie, le vent du large et celui du succès, ne doit rien à personne

• À la lecture de la carte, on comprend rapidement qu'ici, tous les produits proviennent de pêches sauvages, de culture bio ou d'agriculture raisonnée. Les assiettes portent toutes l'empreinte des vieux briscards qui savent relancer à chaque bouchée l'intérêt de leurs clients. Olivier Bellin pratique donc une gastronomie de la dichotomie. Les plats salé-sucré y tiennent la vedette. Les associations périlleuses y sont souvent probantes, parfois même irrésistibles (le foie gras et l'huître). Les oppositions de textures fondantes-craquantes enchantent presque tous les plats. Les duos terre-mer, où poissons et crustacés sont préparés comme des viandes, sont succulents (magnifique frite de homard au chorizo). La carte des vins est au niveau attendu : sancerre En Grands Champs d'Alphonse Mellot à 66 €, muscadet du domaine du Haut Bourg dès 30 €, vouvray de Catherine et Pierre Breton à 40 €, crozes-hermitage Aux Bêtises de David Reynaud à 55 €, riesling grand cru Muenchberg du domaine Ostertag à 100 €. Un grand chef, et un grand restaurant, tout simplement !

***Menus** : Glazicks (2 plats, fromages et dessert) : 55 € / Saveur (3 plats, fromages et dessert) : 95 € / Plaisir (5 plats, fromages et desserts) : 115 € / Passion (8 plats et desserts) : 200 €*
***À la carte** : Mini : 105 € / Maxi : 210 €*

7, rue de la Plage
29550 Plomodiern
Tél. : +33 (0)2 98 81 52 32

Fermé lundi et mardi
www.aubergedesglazick.com

BRETAGNE

La Butte

€€ **NICOLAS CONRAUX**

Haute gastronomie, chic dedans, dans le vent dehors, cave avec vue, néon

• Dynamique, créatif et passionné, le chef Nicolas Conraux est l'apôtre d'une cuisine de vérité, « produit centrée », imprégnée de la culture bretonne (mâtinée de touches délicieusement alsaciennes). Il respecte les légumes, les saisons et la noblesse du terroir, dont il tire la quintessence. En attestent le pavé de lieu aux légumes poêlés sur un lit de cannellonis de blé noir ; et les Saint-Jacques de la baie de Morlaix confites, agrumes Bachès. Amour du beau et du bon produit, respect des traditions et d'un patrimoine culinaire riche et varié, la Butte a tout pour plaire, y compris sa carte des vins et ses forfaits boissons (de 25 à 35 €, pour 3 ou 4 verres servis en totale harmonie avec les plats choisis). Comment rendre ses vacances à la mer encore plus saines et mémorables ? Vous êtes en train de lire la réponse !

***Menus** : Végétarien (2 plats et dessert) : 42 € / Dunes de Keremma (2 plats et dessert) : 56 € / Entre Pontusval et Porsguen (2 plats, fromages et dessert) : 69 € / Jeune (de 18 à 30 ans) (2 plats, dessert, eau, vins et café) : 69 € / Balade gourmande en Finistère (5 plats, fromages et desserts/vins) : 118 €/145 €*
***À la carte** : Mini : 65 € / Maxi : 190 €*

12, rue de la Mer
29260 Plouider
Tél. : +33 (0)2 98 25 40 54

Fermé lundi et mardi
restaurant.labutte.fr

Le Château de sable

€€ JULIEN MARSEAULT SÉBASTIEN TIREL

Gastronomique, écolo à tous les niveaux, détox, décontracté, avec vue sur la mer

• La cuisine de Julien Marseault est à l'image de la Bretagne. Elle joue avec des saveurs fines et fortes : lisettes proposées en salade façon César en amuse-bouche ; Saint-Jacques aux salsifis et aux cèpes, rouget en cuisson douce... On aime particulièrement les sauces du chef où dominent l'encre et l'iode, ainsi que les inventives Saint-Jacques au hareng et yaourt ; ou le homard aux gnochetti sardes (malloreddus). Bref, derrière les pianos, les idées fusent et rusent au gré de l'air du temps, avec des hommages subtils et délicieux aux traditions du Sud et du Grand-Ouest. Les cuissons sont précises à la milliseconde, les goûts sont nets, les alliances sonnent justes. Ajoutons à cela de jolis vins provenant de toute part, choisis avec science par l'expert Sébastien Tirel, et il n'y a plus à hésiter : il faut découvrir cet hôtel restaurant écolo où les recettes et le service swinguent avec talent.

***Menus** : Nos premiers échanges (2 plats et desserts) : 42 € / Au fil des saisons (3 plats et desserts) : 56 € / Les yeux fermés (5 plats, fromages et desserts) : 89 €/140 €*
***À la carte** : Mini : 50 € / Maxi : 100 €*

38, rue de l'Europe
29840 Porspoder
Tél. : +33 (0)2 29 00 31 32

Fermé dimanche soir, lundi et mardi
www.lechateaudesablehotel.fr

L'Effet papillon

€ CAMILLE

Cantine bio, décontracté, ou à emporter, végétalo-compatible

• Dès le départ, l'ambition des propriétaires des lieux, Camille et Doumé, était de dépasser le 100 % bio, pour le manger 100 % sain. Aussi ont-elles sans le savoir adopté le concept de Pol Grégoire, l'Alimentation vive, qui consiste à choisir des produits labellisés, et à les cuisiner avec beaucoup de soins. Ainsi, les aliments que l'on consomme chez l'Effet papillon sont authentiques, paysans et de saison. Ils sont souvent proposés crus, ou cuits avec précaution, à basse température et lentement, afin de préserver toutes leurs saveurs et toutes leurs richesses. Et ça marche ! Vous risquez de ne pas reconnaître le goût (et d'en être agréablement surpris) de certains de vos mets favoris. Les vins sont bio aussi (dès 4 € au verre), et la sélection est rigolote (dès 28 €). Enfin, il faut le signaler, le panais pomme vanille est à se pâmer. Un lieu sympa et détox. On ne demande rien d'autre !

***À la carte** : Mini : 20 € / Maxi : 30 €*

22, rue de Douarnenez
29000 Quimper
Tél. : +33 (0)2 98 74 29 25

Fermé dimanche, et le soir sauf vendredi
www.leffet-papillon.fr

La Cigale égarée

€ DAMIEN VICTOR-PUJEBET

Gastronomique, Class, Cool and Crazy, avec jardin, isolé, fusion, inventif

• La Cigale égarée est sise dans une auberge isolée de bord de route de Quimperlé. Le décor est typique : ruralité, simplicité et convivialité. En revanche, sous la tutelle de Damien Victor-Pujebet, les assiettes sont, du propre aveu du chef, Class, Cool and Crazy ! Vous rêviez d'une cuisine gastronomique, bio et fusion, à base d'éprouvettes, de tubes à essais et de seringues ? Eh bien voilà, votre vœu est exaucé ! Ici, la cuisine est totalement décomplexée, résolument contemporaine, toujours artisanale, locale ou bio et musicale (si, si). La Saint-Jacques « inspiration du Cigare Roméo et Juliette » en bulle de fumée « Short Churchills », brochette de vanille victoria et citron vert possède une complexité démente et des exhalaisons magistrales, qui rendront baba tous les amateurs de vitoles. Le plat est unique, sans équivalent ! Le K du canard schizo, rail de coco et poudre de tomate qui pique, Burgeau grillé, espuma de rattes, truffe melanospurum, foie de la bête en confit, whisky est tellement tonitruant qu'il faut le déguster apaisé, en écoutant du Lou Reed, et se laisser perdre dans cette délicieuse recette labyrinthique. Carte des vins maligne (on s'en doutait). Si Ziggy Stardust (David Bowie) avait ouvert un restaurant, ce dernier n'aurait pas pu être plus azimuté que la Cigale égarée.

***Menus** : Formule (2 plats) : 23 € / Dare-d'Art (2 plats et desserts) : 28 € / Audace (3 plats et dessert) : 43 € / Délit de fine gueule (3 plats et dessert) : 66 € / Quinte et sens (6 plats, fromages et desserts) : 92 €*

16, route d'Athenry
29300 Quimperlé
Tél. : +33 (0)2 98 39 15 53

Fermé dimanche et lundi
www.lacigaleegaree.com

BRETAGNE

La Tonnelle à vins

€ GUY MÉLIA ET GABRIELLE OGÉ

Restaurant à boire, fort en vins, engagé, fou dingue, végétalo-compatible, ou à emporter

• Le concept de la Tonnelle à vins est simple : pas de Métro (le grossiste), pas de Tariquet (le grossiste), pas de Coca (le grossier) ! Cette cave-restaurant propose donc une cuisine créative, exsangue de préparations industrielles, composée de produits frais, locaux, de saison et souvent bio. Les recettes sont très influencées par la grande cuisine méditerranéenne, légumière et ensoleillée. Personne ne s'en plaindra. Quant aux vins, qui sont la raison pour laquelle on vient à la Tonnelle, ils sont identitaires, très souvent labellisés, sélectionnés auprès de petits producteurs respectueux de l'environnement et de la santé de leurs clients. Et, ils ont tous été goûtés par le maître des lieux, Guy Mélia. Sur table, les nectars de Bacchus sont servis au verre dès 3,50 € et à prix cave + 7 € : domaines Kientzler, Landron, Pithon-Paillé, François Chidaine, Vincent Carême, Mas Foulaquier, Jacky Blot, Laurent Combier, Matthieu Barret, Mas de Libian, etc. Convivial, engagé, sympathique, humain. On n'en demande pas plus !

***Menu** : Déjeuner (2 plats et dessert) : 19 €*
***À la carte** : Tapas de 4 à 12 €*

27, boulevard de Verdun
35000 Rennes
Tél. : +33 (0)2 56 51 27 78

Fermé dimanche, et le soir de lundi à mercredi
www.latonnelleavins.fr

COUP DE CŒUR DU JURY

Le Yachtman

€€

LOÏC LE BAIL

♡ **Gastronomique, très chic, très romantique, Neptune, la Bretagne ça vous gagne, la tradition ça a du bon, terrasse et salle avec vue**

• À Roscoff, idéalement situé face à l'île de Batz, l'hôtel Le Brittany abrite un splendide restaurant : le Yachtman. Les murs en pierre, les grandes arches avec vue, l'élégance globale de ce décor de palace invitent immédiatement à vivre des moments d'exception. D'autant plus que la démarche du chef est pertinente. D'abord, il profite des pêcheurs de ligne alentour et s'approvisionne exclusivement en poissons de « petits bateaux », comme la *Fée des îles* de Jean-Yves Cueff, qui lui livre des Saint-Jacques de scaphandrier, des tourteaux géants, de belles araignées, des langoustes de casier et des homards d'anthologie. Ensuite, le chef s'entoure uniquement des meilleurs producteurs locaux, pour séduire ses clients en mettant simplement, mais précisément, en valeur leurs produits ! On ne s'étonne donc pas que les inspirations lisibles sur la carte soient essentiellement bretonnes et maritimes. En attestent le tartare de pieds de couteaux aux asperges blanches ; et la gelée de poissons de roche qui, pour les clients, ajoutent à la vue sur la mer les parfums de ses embruns. Cependant, ces recettes, déjà très méritantes, sont rapidement éclipsées par les grosses queues de langoustines justes saisies, ravioles de poireaux et de lard paysan ; ou par l'œuf coulant, vieux parmesan, mignon de porc fumé et oignons de Roscoff, qui racontent de façon émouvante, mais chacun à leur manière, toute la beauté de leur pays. Les desserts font preuve du même raffinement et d'un identique patriotisme breton de fort bon aloi. Le kouign amann façon Tatin ; le soufflé de pommes de terre « allégées » ; la quenelle de sorbet au lait ribot ; ou le « Battu du Léon », mendiants macérés au vieux rhum, glace au pain d'épice sont totalement, exclusivement finistériens. Ils respirent l'air frais tout en se gorgeant sans honte de sucre, d'alcool et de gourmandise. Aucun doute, au Yachtman, le terroir, la douceur et l'art de vivre sont bien au rendez-vous !

• **LES VINS** : On s'attend à admirer une cave sans fond digne d'un palace, et on n'est pas déçu ! Les vieux millésimes sont légion. Bordeaux est surreprésenté, et les stars du vignoble pointent toutes le bout de leur nez. Chambolle-musigny du domaine Dujac à 114 €, volnay de Jean-François Coche-Dury à 250 €, marsannay de Méo-Camuzet à 69 €, chinon Le Clos Guillot de Bernard Baudry à 39 €, château Mouton Rothschild sur 20 millésimes à partir de 420 €, château Roc de Cambes à 120 €, château Smith Haut Lafitte à 170 €, barsac 1997 du château Nairac à 53 €, montagny premier cru d'Olivier Leflaive à 57 €, riesling de Trimbach à 52 €, coteaux-de-l'aubance Le Tertereaux du domaine de Montgilet à 65 €, savennières Clos le Grand Beaupréau du château Pierre-Bise à 49 €, saumur L'Insolite de Thierry Germain à 53 €, pouilly-fumé Silex de Didier Dagueneau à 175 €, champagne Substance de Jacques Selosse à 240 €... À cela, on doit ajouter une sélection de vins au verre qui change quotidiennement en fonction de la carte, mais dont le prix demeure stable à 11 € (hors champagne et vins liquoreux).

***Menus** : Plaisir (2 plats et dessert) : 58 € / Tentation (2 plats, fromages et dessert) : 72 € / Saveurs (3 plats et dessert/vins) : 92 €/122 €*
***À la carte** : Mini : 85 € / Maxi : 140 €*

Boulevard Sainte-Barbe
29681 Roscoff
Tél. : +33 (0)2 98 69 70 78

Fermé lundi, et le midi
www.hotel-brittany.com

BRETAGNE

Le Coquillage

€ HUGO ROELLINGER PHILIPPE WIES

♡ Haute gastronomie, très engagé, charmant, chic, romantique, face à la mer, service excellent

• Olivier Roellinger a dominé la Bretagne et la France gastronomique avant de se mettre au repos et entre parenthèses, pour ménager sa santé. Puis, il a ouvert, avec son fils (qui a collaboré avec Pierre Gagnaire et Michel Guérard), un fier marin avec la tête solidement vissée sur les épaules, le Coquillage, et nous avons été à nouveau heureux, infiniment... À quoi tient un plat, une étoile ? Honnêtement, personne ne le sait vraiment, même pas les inspecteurs du guide rouge. Pour preuve, lors de notre dernier repas au Coquillage, nous avons retrouvé intactes, au zénith, toutes les valeurs qui ont fait le succès d'Olivier, dont la quintessence est exprimée par les fameuses idées d'Hugo, qui n'a cependant le droit de broder qu'un seul macaron sur son veston. Pourtant, chacune de ses assiettes raconte l'histoire et les sortilèges de la baie du Mont-Saint-Michel et de l'arrière-pays celtique. La nature, la culture et l'affect bretons sont visibles dans chaque plat. Les valeurs d'humanité, d'hospitalité, d'art de vivre, de partage et de préservation des ressources imprègnent autant la salle que les pianos. Au surplus, Hugo est allé beaucoup plus loin que son père dans la mise en valeur des territoires bretons. Déjà, lorsque son paternel décida de fermer son restaurant triplement étoilé, c'est le jeune homme qui fit preuve d'initiative pour ouvrir le Coquillage, justement dans le but de ne pas laisser perdre la culture et le patrimoine que son père avait façonnés de ses mains. Ensuite, petit à petit, Hugo s'est engagé personnellement auprès des pêcheurs les plus responsables. Il a aussi accompagné quelques producteurs vers la certification. Puis, il a lentement, sereinement, cultivé avec amour et inspiration son formidable jardin. Sis à quelques pas seulement de la mer, ce dernier mesure aujourd'hui 8 ha, en augmentation constante et raisonnée. On y trouve plus de 50 variétés d'herbes, 32 variétés de pommes très rares, des ruches, et tous les primeurs dont on puisse rêver, issus des meilleurs graines/plants/boutures. Hugo a également rénové l'ancienne boulangerie, désormais fonctionnelle, où sont travaillées des farines biologiques et locales qui produisent tous les pains et viennoiseries de la maison. Et, à l'exception des épices et des vins, le chef n'emploie plus aucun ingrédient qui ne soit pas breton ou normand. Ainsi, il n'est pas surprenant que le mémoriel homard au cacao, trois piments mexicains et vin de xérès rende un fameux hommage au seigneur de la Ravardière et vaille toujours largement trois étoiles. On peut en dire autant des langoustines translucides, fleurs de sureau et pétales de roses du jardin. Les chairs des crustacés sont tellement exceptionnelles, tellement gorgées de tout, que les mots manquent pour les décrire. Les huîtres tièdes au fameux curry Corsaire, oseille sauvage du chemin des douaniers permettent également au palais d'atteindre le nirvana. Elles sont spectaculaires dès la première bouchée. Ajoutons à cela que le chef pousse le raffinement jusqu'à aller récolter manuellement les algues qui entrent dans la composition de ses plats, et cela devient une évidence : la maison du partage, de la perfection et de la passion a un nom : Coquillage !

• **LES VINS** : La cave est intelligente. Sans aucune arrogance, ni biais, elle fait le tour de France des meilleurs artisans en matière de vins blancs, de nature et de biodynamie, le chef et son sommelier étant très engagés. Grand Blanc du domaine Henri Milan à 58 €, chablis grand cru Les Clos de Vincent Dauvissat à 148 €, riesling grand cru Pfersigberg de Bruno Schueller à 58 €, sancerre Sauletas du domaine Étienne et Sébastien Riffault à 56 €, Panier de Fruits de Jean-François Chêne à 36 €, Mizuiro du domaine des Miroirs à 69 €, Pentes Douces du domaine Les Roches Sèches à 36 €, côte-de-beaune Les Pierres Blanches du domaine Emmanuel Giboulot à 76 €, Mas Jullien à 72 €, vin blanc de Léon Barral à 69 €, Vie on y est du domaine Gramenon à 41 €... et près d'une centaine d'autres références certifiées. Difficile d'être plus exhaustif.

***Menus** : Menu marin (2 plats et dessert) : 35 € / Le Grand Choix de la Baie (2 plats, fromages et dessert) : 68 € / Au gré du vent et de la lune (7 plats, fromages et desserts) : 139 €*
***À la carte** : Mini : 80 € / Maxi : 160 €*

Lieu-dit Le Buot
35350 Saint-Méloir-des-Ondes
Tél. : +33 (0)2 99 89 64 76

Ouvert tous les jours
www.maisons-de-bricourt.com

BRETAGNE

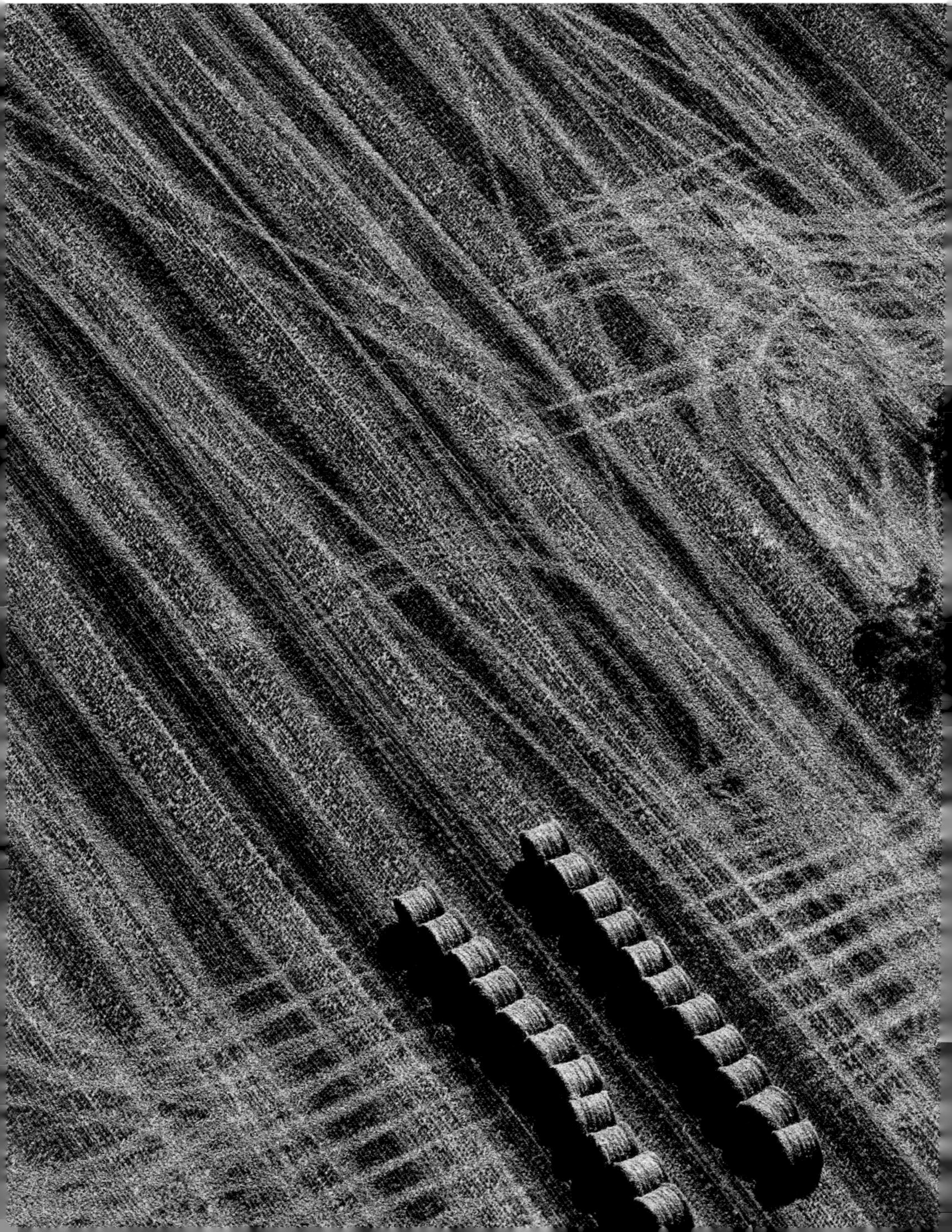

Centre-Val de Loire

8 TABLES ATTENTIVES • DONT 1 COUP DE CŒUR

Château de Pray

⌘ 🍷 €€ FRÉDÉRIC BRISSET

♡ **Gastronomique, luxe-chargé, romantique avec tapisserie d'époque, Alphonse Daudet**

• La gastronomie qu'affectionnent la famille Cariou et le chef exécutif Frédéric Brisset est celle qui met en scène des produits sains de façon saine, qui est facile à déguster, et qui récite à la perfection, sans hésitation, le répertoire de la Nouvelle Cuisine technique. Le homard bleu, champignons des caves de Bourré et oseille ; ou le jarret de veau, tomates de Saint-Genouph, épinards et chèvre frais font sensation pour des raisons identiques : tout dans l'assiette est calculé pour exhausser un goût déjà fort et délicieux, celui de l'ingrédient vedette. D'ailleurs, si le lieu a été fréquenté régulièrement par des célébrités et des poètes depuis le XIIIe siècle, on sent bien que la volonté de toutes les brigades, y compris de la sommellerie, est de réunir les conditions permettant aux clients d'être les stars de la soirée. Un luxe de détail, un luxe d'attention, on ne saurait en demander plus.

Menus *: Déjeuner (2 plats, fromages et dessert) : 58 € / Dîner (3 plats, fromages et dessert) : 71 € / Dégustation (6 plats, fromages et desserts) : 135 €*
À la carte *: Mini : 90 € / Maxi : 180 €*

Rue du Cèdre
37530 Amboise-Chargé
Tél. : +33 (0)2 47 57 23 67

Fermé lundi, mardi, et mercredi midi
www.chateaudepray.fr

Auberge des Templiers

⌘ 🍷🍷 €€ YOSHIHIKO MIURA

♡ **Gastronomique, très romantique, grand jardin, chic**

• La très classique cuisine de Yoshihiko Miura est un ravissement. Le service de la Maison est dévoué, conscient du poids de l'histoire, le décor de l'établissement est digne d'un conte de fées (antiquités véritables, tentures épaisses, vases et lampes gigantesques). Déjà, les simples amuse-bouches sont aux couleurs de la saison, et conservent toutes les exhalaisons des ingrédients qui les composent. Les foies gras sont toujours exceptionnels, notamment le « façon nougat », entre le marbré et le mi-cuit, qui fond dans la bouche sur un chutney de fruits épicés et ne semble plus jamais vouloir quitter le palais. Le canard aux épices douces, puissamment asiatique, braisé, s'apparente à une révision moderne et pleine de vivacité des plus grandes recettes de la Tour d'Argent. La cave est époustouflante à tarifs plutôt modérés : bourgogne-hautes-côtes-de-nuits du domaine Jayer-Gilles à 65 €, meursault de Jean-François Coche-Dury à 150 €, richebourg de 1937 à 850 €, châteauneuf-du-pape Boisrenard à 90 €, riesling Tradition 1990 de la maison Hugel à 60 €, côtes-du-marmandais Chante Coucou 1998 du domaine Elian Da Ros à 40 €, tavel du château d'Aqueria à 40 €… De quoi satisfaire tous les appétits et toutes les soifs !

Menus *: Déjeuner (1 plat, fromages et dessert) : 55 € / Classique (2 plats, fromages et dessert) : 90 € / Signature (3 plats, fromages et dessert) : 135 €*
À la carte *: Mini : 90 € / Maxi : 185 €*

20, route départementale 2007
45290 Boismorand
Tél. : +33 (0)2 38 31 80 01

Ouvert tous les jours
www.lestempliers.com

L'Échalier

€ CATHERINE BRYS

Bistronomie d'exploration, traditionnel

• A priori, l'Échalier ne paie pas de mine. Son chef, Catherine Brys ne fait pas la une des magazines culinaires. Reste qu'elle possède une très grande expérience, qui plus est glanée tout autour du monde, et pas seulement dans les livres. Or, ses belles histoires de gastronomie interlope, elle les fait partager dans ses assiettes, qui invitent à de très sympathiques voyages immobiles. Pourtant, tous les plats s'appuient sur des produits locaux, souvent bio. Le territoire berrichon est donc présent partout, comme si les recettes avaient le don d'ubiquité. Les légumes de saison viennent du Potager bio de Fussy, les œufs bio sont de la ferme de Michel Sacrez à Marçais, les fruits bio poussent dans les vergers des Coteaux de Saint-Martin... Soirées à thèmes, fait maison, carte qui change tout le temps, vins locaux, partage, plaisir, voyage... nous voilà séduits !

***Menus** : Formule (1 plat et dessert) : 15 € / Menu (2 plats et dessert) : 29 €*

30, route de Paris
18110 Fussy
Tél. : +33 (0)2 48 69 31 72

Fermé samedi, dimanche, lundi midi, jeudi midi et vendredi midi
www.hotel-echalier.fr

Vincent Cuisinier de campagne

€ VINCENT SIMON

Bistronomie du terroir, bucolique, jardin, terrasse, vieilles pierres, engagé, engageant, annexe de Bacchus

• Déjà, le cadre est magnifique. Et, vous l'avez compris, nous sommes chez Vincent Simon, carrément dans sa « maison ». Mais, comme il habite un petit château, ça va, nous ne sommes pas à l'étroit. Le chef fait partie de l'illustre (et très réduite) confrérie des jardiniers-cuisiniers. Son objectif, c'est de produire une gastronomie à visage humain, en lien direct avec les amis, les producteurs et les clients. Le circuit court, pour Vincent, c'est 0 km ! Et, comme un grand nombre d'ingrédients proviennent de son potager biologique, ce n'est pas qu'une vue de l'esprit. Le chef réalise d'ailleurs son propre nectar avec les vignes qui jouxtent sa demeure. Toutefois, la carte des vins ne compte pas ce seul flacon, car le chef-propriétaire ouvre sa cave personnelle à ses hôtes. Et cette dernière est splendide ! On y trouve tout ce qui compte à Bourgueil à moins de 50 €. Le patron étant un ami de Vincent Dauvissat, il dispose de tous les meilleurs vins de Chablis (vendus sur table à moins de 100 €). Mais on peut aussi ouvrir du vouvray Clos Naudin de Philippe Foreau à moins de 40 €, du pomerol 1970 Vieux Château Certan ou des bâtard-montrachet à moins de 250 €, du Clos Vougeot 2002 d'Anne Gros à 230 €, du Clos des Papes à moins de 100 €, voire du château Margaux et de La Chapelle de Paul Jaboulet Aîné moins chers que chez votre caviste ! Et dans l'assiette ? Rien de rustique, oh non ! Du moderne, de l'inventif, du précis : de l'extra, quoi ! Filet de sandre grillé, sur sa peau, bouillon de légumes et pousses vertes ; foie gras poché aux épices, pommes de terre et jus de persil ; carpe d'eau claire farcie de rillettes de poule, déglacée à l'émulsion de roquette ! Si le bonheur existe, c'est sans doute ici qu'il vient passer ses vacances.

***Menus** : Formule du midi (1 plat et dessert) : 19 € / Menu (2 plats et dessert) : de 31 à 40 €*
***À la carte** : Mini : 45 € / Maxi : 70 €*

19, rue de la Galottière
37140 Ingrandes-de-Touraine
Tél. : +33 (0)2 47 96 17 21

Ouvert sur réservation
www.vincentcuisinierdecampagne.blogspot.fr

La Cognette

ꕥꕥꕥ 🍷🍷 € FAMILLE DAUMY

♡ Gastronomique, institution, berrichon à fond les ballons, ou à emporter, annexe de Bacchus

• L'auberge La Cognette, c'est l'un des dix plus vieux restaurants français n'ayant jamais cessé son activité. Cette maison chaleureuse, amicale, a été rendue célèbre par Honoré de Balzac, qui s'y rendait régulièrement du temps de la mère Cognet pour satisfaire son pantagruélisme légendaire. C'est lors de l'une de ses nombreuses visites qu'il aurait déclaré, puis écrit : « On ne mange pas en province plus luxueusement qu'à Paris, mais on y mange mieux. » Et, depuis lors, la Cognette n'a jamais cessé d'être le repaire des amoureux instruits de nourritures spirituelles et terrestres. La famille Daumy, dont trois générations œuvrent avec talent dans l'établissement, est donc logiquement et totalement dévouée à son terroir chéri, dont elle récite les recettes et le patrimoine culinaire sans fausse note. Cave de très grande maison (600 références, des vieux millésimes de plus de 50 ans, tout ce qui compte à Bordeaux). Une institution.

***Menus** : Menu du marché (2 plats et dessert) : 39 € / Gourmet (2 plats, fromages et dessert) : 69 € / Grand Gourmet (3 plats fromages et dessert) : 78 € / Découverte (5 plats, fromage et desserts) : 98 €*
***À la carte** : Mini : 60 € / Maxi : 120 €*

Boulevard de Stalingrad
36100 Issoudun
Tél. : +33 (0)2 54 03 59 59

Fermé dimanche soir, lundi et mardi midi
www.la-cognette.com

CENTRE-VAL DE LOIRE

La Maison d'à côté

€€

CHRISTOPHE HAY

Haute gastronomie, rétro-moderne-chic, vin sur vins, cuisine ouverte, que demande le peuple style

• Christophe Hay a fait de sa Maison d'à côté le conservatoire des terroirs du Val de Loire. Tous ses produits proviennent de la région et du fleuve voisin. Et, dès les amuse-bouches, le délicieux gala locavore commence, avec les petites fritures de Loire et les panais panés. Cela dit, même si le début des agapes est déjà un festival, on peut lui préférer l'apothéose des desserts. Le velours de chocolat Alto el Sol Barry, choco'poire, croustillant lacté, crème glacée, cardamome est un gigantesque hommage au cacao, qui demeure longtemps sur le palais, et en mémoire. Cela dit, si on recherche un plat régional et royal, la carpe de Loire « à la Chambord », truffe d'automne, lard de Colonnata, écrevisses, champignons, vin de Cheverny remporte aisément tous les suffrages. Dans la Maison d'à côté, le bon et le beau se côtoient donc avec élégance, sens du goût, à tous les étages, et jusque dans la cave. Pour parvenir à un tel niveau, Christophe Hay a un secret ! S'il produit bien une cuisine « régionale » exemplaire et particulièrement bio, c'est parce qu'il dispose de deux potagers, magnifiquement entretenus par ses soins, et dotés d'une exposition incroyable, sur les bords de Loire. Par ailleurs, concernant les poissons, le chef ne s'inquiète ni de la traçabilité ni de la qualité, puisqu'un pêcheur sur le fleuve travaille exclusivement, et « sur mesure », pour son restaurant... Dire que la Maison d'à côté est très forte en région est encore un euphémisme !

• **LES VINS** : La composition de la carte des vins ressemble beaucoup à celle des recettes du chef, puisque les nectars de Loire sont clairement mis en avant. Cependant, toutes les régions sont bien représentées, et les meilleurs vignerons nature de la nouvelle génération sont plébiscités par la sommellerie, qui fait son travail d'investigation en région sans faire gonfler les prix : pinot blanc du domaine Ostertag à 36 €, chardonnay Classic de Jean-Paul Brun à 29 €, montlouis-sur-loire Les Bournais de Francois Chidaine à 63 €, pouilly-fumé Silex de Didier Dagueneau à 161 €, coteaux-du-languedoc Prestige du château Puech-Haut à 34 €, saumur-champigny Les Poyeux du Clos Rougeard à 247 €, côtes-de-gascogne Les Mirlandes Jeunes Vignes du domaine de Mirail à 23 €, château Roubine à 25 €, coteaux-du-layon La Poterie du château de Suronde à 33 €, coteaux-du-languedoc L'Infidèle du Mas Cal Demoura à 59 €, rasteau du domaine Bressy-Massor à 26 €, domaine des Tours d'Emmanuel Reynaud à 31 €...

***Menus** : Au fil de la saison (2 plats et dessert) : 42 € / Dégustation (4 plats et dessert/vins) : 68 €/94 € / Carte blanche (5 plats et desserts/vins) : 88 €/124 €*
***À la carte** : Mini : 60 € / Maxi : 120 €*

17, rue de Chambord
41350 Montlivault
Tél. : +33 (0)2 54 20 62 30

Fermé mercredi
www.lamaisondacote.fr/maison

Le Grand Hôtel du Lion d'or

⌘⌘ 🍷🍷 €€ DIDIER CLÉMENT

♡ Haute gastronomie, luxe, institution, fort en vins, romantique

• La plus ancienne auberge de France (1774) est toujours fringante, son style Relais & Châteaux est spécialement avenant, notamment la jolie cour intérieure fleurie. Didier Clément, un exégète du Viandier, rend ce lieu particulièrement vivant en ressuscitant grâce à des produits locaux et souvent bio, des goûts de peau oubliés, l'odeur et les couleurs justes des fleurs et des herbes, qui enchantent des menus passionnants, dont les intitulés font rêver et qui respirent la plénitude, la suavité. Toutes les compositions du chef sont raffinées, mirobolantes, comme la sole farcie, morilles et artichauts, jus brun, tabac de cuisine et crème de pommes de terre. L'architecture des plats est d'abord conçue pour stupéfier... Et la carte des vins également (850 références, dont 250 en Loire). On y trouve panache et majesté, avec une savante sélection au verre, des vieux millésimes de plus de 50 ans, le domaine de la Petite Croix, le château de Fesles et le Coteau de Noiré à moins de 60 €... Une bien belle parenthèse, naturellement enchantée.

***Menus** : Déjeuner (1 plat, dessert et café) : 49 € / Au goût du jour (2 plats, dessert et café) : 64 € / Impressions (3 plats et desserts) : 105 € / Vagabondages (4 plats et desserts) : 140 €*
***À la carte** : Mini : 125 € / Maxi : 260 €*

69, rue Georges-Clemenceau
41200 Romorantin-Lanthenay
Tél. : +33 (0)2 54 94 15 15

Fermé mardi midi
www.hotel-liondor-romorantin.fr

Pertica

⌘ 🍷🍷 € GUILLAUME FOUCAULT QUY PHI

♡ Gastronomique, isolé, charme, amical, décontracté

• La pertica est une ancienne unité de mesure romaine. Pourtant, il n'y a rien de rustique dans l'établissement de Guillaume Foucault (second de Pascal Barbot à l'Astrance), sauf la volonté inextinguible de valoriser et de construire un patrimoine. Son établissement a été entièrement conçu par des artisans locaux utilisant des matériaux traditionnels, en respectant l'environnement qui l'entoure. On s'en doute, les recettes du chef sont au diapason, de directes inspirations de la culture de vie du terroir vendômois. Le natif du cru adore travailler des variétés ancestrales ou autochtones de légumes. Il connaît par cœur les meilleurs fournisseurs de son pays : poire de Carésy, pomme de rose, pintades perle noire, poissons de ligne et de Loire... D'ailleurs, sa volaille, jus court, feuilles de moutarde, poires de terre possède une puissance de goût telle qu'elle vous attache pour l'éternité aux territoires loir-et-chériens. Dans un registre exactement opposé, les asperges blanches, lard de Colonnata, émulsion d'huîtres fumée sont délicates au point de supporter l'épithète de « romantique ». La carte des vins est brillante en Loire, patrie de la biodynamie. On peut donc boire sans avoir mal à la tête (coefficients moins que triplant). Comme le dit la chanson, dans le Loir-et-Cher, on ne fait pas de manière... mais on mange divinement.

***Menus** : Premier menu (2 plats et dessert) : 32 € / QP G (3 plats et dessert) : 45 € / Grand menu (5 plats et dessert) : 70 €*

15, place de la République
41100 Vendôme
Tél. : +33 (0)2 54 23 72 02

Fermé dimanche, lundi et mercredi midi
www.restaurantpertica.com

La Cuisine du Sud

€ MARIE-FRANCE

♡ Cantine-bio, végétarien compatible, sans gluten compatible, ou à emporter, jeun's, bio-bio

• La Cuisine du Sud, c'est la nouvelle génération take-away, façon cuisine savoureuse et équilibrée. L'établissement entièrement rénové accueille dans une ambiance chaleureuse aux allures de bistrot, coloré et fleuri. On peut manger sur place, ou n'importe où, puisque le service « à emporter » a bien rodé ses « Tupperware ». La plupart des produits sont bio et/ou locaux. Tout est cuisiné sur place, avec soin et précision par Marie-France. L'idée est que tous les plats soient sains, équilibrés, façon grand-mère savante... Dans les assiettes : A Torta a l'Erba, une petite tourte aux blettes et oignons, de grandes salades, des burgers corses, du tiramisù au canistrelli, des jus bio... Mais aussi beaucoup de vins locaux et labellisés : corse-sartène Équilibre du domaine Pero Longo à 22 €, corse La Robe d'Ange du clos Fornelli à 23 €, domaine Comte Peraldi à 24 €, corse-sartène Alfieri Polidori du domaine San Micheli à 27 €, patrimonio YL d'Yves Leccia à 26 €... On aimerait bien mettre sur notre table du dimanche les mêmes plats que ceux concoctés chez Cuisine du Sud.

***Menu** : Formule Pic-Nic : 9 €*
***À la carte** : Mini : 20 € / Maxi : 30 €*

441, avenue de la Libération
20200 Bastia
Tél. : +33 (0)4 95 30 20 61

Fermé samedi et dimanche
www.lacuisinedusud.com

Le Pirate

€€ JERRY MONMESSIN

♡ Gastronomique, confortable, institution, tradition, Neptune, avec vue

• S'il est un restaurant qui fait actuellement partie des meilleures tables de Corse, c'est bien le Pirate. Cet établissement de grand standing est situé sur le pittoresque port de pêche d'Erbalunga, un emplacement magique, ce dont personne ne se plaindra. Géré par Nathalie et Jean-Pierre Ricci, il fait de la concurrence à Neptune, en mettant en valeur les produits du terroir et de la mer (pêche de ligne, pêche durable, sans glace). Ici, tous les ingrédients rentrant dans les recettes sont d'une fraîcheur et d'une qualité exceptionnelles. La carte suit évidemment les saisons, mais encore plus les désirs du chef, Jerry Monmessin. Les jeux de pommes entre yuzu et miel corse, fiadone et crumble de noisettes rafraîchi au thym citron ; ou le suprême de volaille Label rouge d'ici, farci aux langoustines du cap Corse, tomates confites et émulsion de crustacés sont deux recettes très audacieuses, puissantes et gourmandes, dont on n'imagine pas se lasser. Carte des vins composée de vieux flacons, très abordable, très forte en région, mais pas seulement : Général de la Révolution du domaine Comte Abbatucci à 98 €, Bianco Gentile du domaine Yves Leccia à 50 €, Clos Culombu à 34 €, Clos Canarelli à 40 €, Échezeaux du domaine Faiveley à 190 €, côte-rôtie Madinière d'Yves Cuilleron à 95 €... une cuisine de beauté. En Corse, on n'en attendait pas moins.

***Menus** : Menu du marché (2 plats et dessert) : 42 € / Découverte (3 plats, fromages et desserts) : 75 € / Plaisir (4 plats, fromages et desserts) : 90 €*
***À la carte** : Mini : 80 € / Maxi : 140 €*

Le port
20222 Erbalunga
Tél. : +33 (0)4 95 33 24 20

Ouvert tous les jours en saison
www.restaurantlepirate.com

L'Assiette verte

€

♡ Cantine-bio, végétarien compatible, ou à emporter

• L'Assiette verte est un restaurant 100 % bio, sis à côté d'un magasin La Vie claire. Il est ici proposé une cuisine typiquement corse, franche, gourmande. Pour garantir la fraîcheur des aliments et leur qualité, les stocks sont restreints. La carte est donc courte. Bien sûr, cette dernière est dominée par les légumes de saison. Le service est attentif, les présentations des assiettes font le petit effort supplémentaire qui va bien. Les recettes sont traditionnelles. Dos de cabillaud, écrasé de pommes de terre ; gratin, légumes poêlés, noisettes rôties ; fondants au chocolat ; moelleux aux pommes, etc. Bien sûr, tout est fait maison, y compris les sauces. La détox en Corse.

***À la carte** : Mini : 20 € / Maxi : 35 €*

Allée des Fleurs
20600 Furiani
Tél. : +33 (0)6 23 55 01 39

Ouvert tous les jours à midi
www.facebook.com/LAssiette-Verte-932332023492820

A Pignata

€€ FAMILLE ROCCA-SERRA

♡ Charcutesque, cochonnaille, ferme de luxe, auberge, typique, rustique, terrasse avec vue

• A Pignata est une institution corse. C'est un hôtel-auberge de luxe possédant une vue stupéfiante sur les forêts alentour. Ici, on aime les grosses pierres, les gros bancs, le gros bois et les grosses portions. Et personne ne s'en plaindra. Le menu unique, renouvelé quotidiennement, a le bon goût de la tradition… et donne à manger des produits exceptionnels, issus souvent de l'exploitation familiale, comme les charcuteries, provenant de l'élevage de Jean-Baptiste et d'Antoine. Mais on pourrait aussi citer la délicieuse huile d'olive, les veaux « maison » et les laitages « corsés ». Bref, on peut vivre ici en autarcie tout en s'arrosant avec les meilleurs vins locaux. Une adresse plus verte que verte, où l'on peut se ressourcer en dînant d'agneau confit, servi avec des cannelloni au brucciu. Un incontournable.

***Menu** : Menu (2 plats, fromages et dessert) : 48 €*

Route des sites archéologiques de Cucuruzzu
20170 Levie
Tél. : +33 (0)4 95 78 41 90

Ouvert tous les jours d'avril à décembre
www.apignata.com

Sol e Monti

⌘⌘⌘ 🍷🍷 € **ÉLODIE BALESI**

♡ Bistronomie de terroir, fort en vins, institution, corsica passionata

• Au cœur de l'Alta Rocca, Sol e Monti est une étape de choix, incontournable. On se doute cependant qu'en cuisine et en coulisses, succéder à son truculent tonton Félicien n'a pas dû être aisé pour Élodie Balesi. Pourtant, elle s'en tire avec une décontraction formidable. Elle continue avec précision et une envie sensible de remettre au goût du jour les merveilleux produits du terroir corse. Aussi, logiquement, à Sol e Monti, on dîne de charcuteries d'anthologie, de fameux cochons de lait rôti, de petites fritures, de cabri et de brocciu frais. Le sauté de veau bio de Jacques Abbatucci aux olives, tripettes de pommes vapeur est un plat idéal pour escorter les vins rouges régionaux. Aussi le moelleux à la châtaigne, accompagné d'un muscat local, ne procure-t-il que du bonheur. La carte des vins semble avoir été immunisée contre l'inflation et les ravages du temps. Tous les vins proposés sont à pleine maturité, sur des coefficients simplement triplant... par rapport aux prix de l'époque! Domaine de Torraccia 2003, Grotte di Sole 2002 d'Antoine Arena, morgon Côte du Py 1999 de Louis Jadot, pommard 1984 du domaine Faiveley, crozes-hermitage Les Meysonniers 1993 de M. Chapoutier, mythique château de Pibarnon 1990, gewurztraminer Vendanges Tardives 1998 de Trimbach... Si tu vas en Corse, n'oublie pas d'aller à Quenza!

***Menus** : Formule (1 plat et dessert) : 15 € / Déjeuner (2 plats et dessert) : 29 € / Dîner (2 plats et dessert) : 35 € / Dégustation (3 plats et dessert) : 45 €*
***À la carte** : Mini : 25 € / Maxi : 65 €*

Quartier Monticello
20122 Quenza
Tél. : +33 (0)4 95 78 62 53

Fermé dimanche
www.solemonti.com

Grand-Est

23 TABLES ATTENTIVES • DONT 2 COUPS DE CŒUR

L'Arnsbourg

⌘ €€ **FABIEN MENGUS**

♡ Haute gastronomie, isolé, chic, romantique, grande forêt, les pieds sur l'eau

• Elle en a connu, beaucoup, des péripéties, cette superbe table, où l'on accède en serpentant sur une route si belle, irréelle, féerique, sylvestre, que s'y égarer procure un plaisir compensant largement le temps passé. Entre chien et loup, le chalet qui tient lieu de restaurant à la famille Mengus, installée pour rester, a pris un sacré coup de jeune et de fouet. Les propriétaires sont conscients du patrimoine qu'ils ont à défendre. La Moselle, mais aussi toute l'Alsace rayonnent dans l'établissement grâce aux meilleurs produits des plus fameux producteurs de la région. Dans la salle, le service est intelligent, empathique, technique, sans défaut. Dans les assiettes se révèlent de l'envie, de l'audace, de la fierté, de la créativité, de la poésie et de la gourmandise. Le dos de bar sauvage, mousseline de genièvre, embeurrée d'épinard, fenouil cuit en croûte de sel, écume à la bergamote fait fusionner le terroir lorrain avec l'océan Atlantique. Le plat est magnifique. Mais moins que l'idéale poêlée de ris de veau au beurre salé, croustillant aux agrumes, barigoule d'artichauts Camus au lard de Colonnata, beurre blanc à l'orange amère, qui fait vibrer tout le palais de satisfaction et d'émotion. La carte des vins est évidemment celle d'une grande maison. S'attabler à l'Arnsbourg est toujours un privilège.

***Menus** : Plaisir (3 plats et dessert) : 55 € / Petite partition (2 plats et dessert) : 80 € / Grande partition (4 plats et dessert) : 110 € / Intuition (6 plats et desserts) : 140 €*
***À la carte** : Mini : 120 € / Maxi : 210 €*

18, Untermuhlthal
57230 Baerenthal
Tél. : +33 (0)3 87 06 50 85

Fermé lundi et mardi
www.arnsbourg.com

Lüser Stub

⌘⌘⌘ € **ODILE KRIEG**

♡ Bistronomique, végétarien, comme à la maison, très intime, très secret, sur réservation uniquement

• Lüser Stub est le détenteur du titre de restaurant le plus difficile à réserver de France, devant tous les établissements triplement étoilés de l'Hexagone. En effet, il n'est ouvert qu'au déjeuner du mercredi au vendredi. Au 13, de la rue de la Herse à Colmar, le cadre est évidement soigné. Mais ceci ne suffit pas à expliquer le succès de l'établissement. En fait, ce dernier tient au fait que l'on dîne littéralement chez le chef, Odile Krieg, et que l'on goûte ici à une gastronomie végétarienne très inspirée, qui séduit déjà au-delà de nos frontières. Dans ce restaurant mouchoir de poche sont servis uniquement des produits bio, frais et traçables. Ensuite, les desserts de saison sont succulents. Et, concernant les vins, ils sont tous bio et alsaciens. Odile Krieg parvient donc bien, conformément à sa flatteuse réputation, à produire une gastronomie végétarienne vraiment gourmande. Manger chez Lüser Stub est une expérience unique et intime, un peu comme partager un secret.

***Menu** : Menu (2 plats et dessert) : 20 €*

13, rue de la Herse
68000 Colmar
Tél. : +33 (0)3 89 24 56 06

Fermé du samedi au mardi, et le soir
www.facebook.com/pages/Lüser-Stub/199715420233256

L'Arpège

€ **GRÉGOIRE SANCHEZ**

Gastronomique, végétarien compatible, branché, engagé

• Être un restaurant français et s'appeler l'Arpège est une sacrée gageure, car le temple éponyme est situé en face du ministère de l'Agriculture, à Paris, et il fait déjà rêver les gastronomes de toute la planète ! Comme chez le monument bien connu, il y est pratiqué ici une cuisine labellisée bio, travaillée avec des produits locaux et de saison. À l'instar d'Alain Passard, Grégoire Sanchez invente de chouettes recettes à partir de légumes flamboyants. Le risotto végétarien aux asperges ou le mille-feuille à l'avocat font mouche. Le palet de poisson à l'aneth sent loin et sent bon. La carte est renouvelée chaque jour au gré du marché, il est donc impossible de manger ici deux fois le même plat. En revanche, on profite complaisamment du magnifique jardin à l'ancienne, et aussi de la belle salle voûtée. Carte des vins maligne, bio et pas chère. La bonne pioche à Colmar.

***Menus** : Végétarien (2 plats et dessert) : 15 € / Menu du jour (2 plats et dessert) : 17 €*
***À la carte** : Mini : 27 € / Maxi : 45 €*

24, rue des Marchands
68000 Colmar
Tél. : +33 (0)3 89 24 29 64

Fermé dimanche, lundi soir, mardi soir et mercredi soir
www.larpegebio.com

Saveurs de l'Inde

€ **DHANBIR SINGH**

Spécialités indiennes, végétalo-compatible, sans gluten compatible, chanté, enchanté, avec thé, engagé, ou à emporter

• Saveurs de l'Inde est le spécialiste de la cuisine indienne à Colmar ! Dis comme ça, avouons-le, c'est un peu banal. Heureusement, il y a un twist ! Dhanbir Singh, originaire du Penjab (Inde du Nord), vit en Alsace depuis vingt-cinq ans. Il a travaillé, à tous les postes, dans tout ce que la région compte de restaurants. Particulièrement fier de son expérience accumulée à la dure et de ses origines, sensible à la protection de l'environnement, et désireux de nourrir ses clients comme lui-même, sainement, il a logiquement choisi, au moment d'ouvrir son propre établissement, de cuisiner maison à base d'ingrédients presque exclusivement issus de l'agriculture biologique (quelques épices font exception). Sur la carte, cela donne : samosas aux légumes (chaussons farcis, pâte faite maison), poulet tandoori (filet mariné et grillé avec légumes de saison) ou curry de poisson à la nigelle, tous vraiment bons ! Petite cartounette des vins toute mignonne, sans prétention, mais où l'on ne trouve que des nectars locaux labellisés en biodynamie, dont Fleur de Lotus de Josmeyer (32 €), ce qui vaut quand même beaucoup mieux que l'ordinaire. Indian style !

***À la carte** : Mini : 33 € / Maxi : 50 €*

4, rue Saint-Guidon
68000 Colmar
Tél. : +33 (0)3 89 71 14 37

Fermé samedi midi, dimanche et lundi
www.saveurs-inde.fr

COUP DE CŒUR DU JURY

Auberge de l'Ill

⌘⌘⌘ 🍷🍷🍷 €€€€

MARC HAEBERLIN

SERGE DUBS

♡ Très haute gastronomie, luxe, calme et volupté, annexe de Bacchus, excellent service

• Marc Haeberlin représente la gastronomie alsacienne dans ce qu'elle possède de plus noble, de plus digne, de plus appétissant. Sa famille s'est installée à Illhaeusern il y a 350 ans. Fritz y fit construire un restaurant nommé l'Arbre vert en... 1878 ! Et, depuis lors, il n'a jamais cessé d'émaner de l'auberge légendaire une noblesse et une chaleur qui réchauffent jusqu'à l'âme. Cette constance au plus haut niveau est évidemment exceptionnelle. Cet amour des produits du terroir, sans cesse anoblis, tient du sacerdoce. Il est rare qu'un succès à ce point phénoménal n'engendre pas une certaine forme d'arrogance. Or, à l'Ill, du service des petits pains à celui des plus grands vins, il ne transpire qu'une saine, très sereine et très intense passion de la gastronomie. Tout est mis en œuvre pour que chaque gourmand soit mis à l'aise, vive une expérience inoubliable, quelles que soient ses attentes. Les Saint-Jacques sur mousse de panais, truffe, cheveux de pomme de terre sont un parfum, un plat immense dont on ferait des folies. Toutefois, le jarret de veau légèrement caramélisé, servi au guéridon en deux assiettes, lié avec une sauce au sang très épaisse, décoré par une divine truffe melanosporum, carotte et semoule absorbant tous les sucs de la viande est carrément flamboyant. L'onctuosité et la longueur du plat permettent de le comparer à un dessert. À ce niveau de perfection, on doit parler de magie. Un séjour ici possède les mêmes vertus qu'une cure de Jouvence.

• **LES VINS** : Serge Dubs (meilleur sommelier du monde en 1989) réalise toujours, et à tous niveaux, des prestations impeccables. Sa carte est l'une des plus belles de France. Elle contient des vins très vieux et très rares, et plein de flacons accessibles. Alsace grand cru Altenberg-de-Bergheim de Gustave Lorentz à 60 €, alsace grand cru Kaefferkopf du domaine Kuehn à 33 €, muscat grand cru Kirchberg de Barr de la Maison Klipfel à 49 €, riesling Hugel Jubilée de Hugel et Fils à 65 €, alsace grand cru Clos Saint Landelin de René Muré à 82 €, criots-bâtard-montrachet du domaine Fontaine-Gagnard à 285 €, château Coutet 1997 à 110 €, château de Fieuzal à 133 €, châteauneuf-du-pape du château Mont-Redon à 73 €, saint-joseph Les Rocailles du domaine Pierre Finon à 28 € (en demie), cornas Les Ruchets de Jean-Luc Colombo et Beaucastel à 125 €, vouvray Le Haut-Lieu du domaine Huet à 49 €, chinon Les Varennes du Grand Clos de Charles Joguet à 45 €, côtes-du-jura du château d'Arlay à 32 €, côtes-du-marmandais Chante Coucou du domaine Elian Da Ros à 40 €... Sans parler des richebourgs, la tâche, château d'Yquem et autres vins de prestige, tous présents. Possibilité de vins au verre pour des accords parfaits (12 références, champagnes compris).

Menus *: Tradition (3 plats, fromages et dessert) : 129 € / Haeberlin (4 plats, fromages et desserts) : 184 €*
À la carte *: Mini : 130 € / Maxi : 310 €*

2, rue de Collonges au Mont-d'Or
68970 Illhaeusern
Tél. : +33 (0)3 89 71 89 00

Fermé lundi, mardi
www.auberge-de-l-ill.com

La Vie saine

⌘⌘⌘ 🍷 € JEAN-LUC MARTIN

♡ **Cantine bio, très engagé, sur le pouce compatible, ou à emporter, végétalo-compatible**

• La Vie saine est une chaîne de magasins bio, notamment spécialisée dans les éco-produits et les anti-allergènes (sans gluten), largement implantée dans toute la France. L'établissement de Jouy-aux-Arches possède une sympathique particularité : il est doté d'une grande salle de restaurant digne de ce nom. Tout est préparé sur place, rien n'est surgelé. 100 % des aliments entrant dans la composition des recettes sont labellisés bio. Certes, il n'y a pas de service en salle, mais Jean-Luc Martin est un cuisinier qui travaille bien et sait tirer le meilleur d'un filet de bœuf. Au surplus, les poissons sont tous issus de pêches durables, la consommation d'énergie est raisonnée, mêmes les couverts sont biodégradables et les produits d'entretien sont bio ! Quant aux quelques vins bio du self, ils permettent de célébrer sainement et dignement toutes sortes d'événements. Toutes les cantines devraient ressembler à celle de Jean-Luc Martin.

***Menus** : Formule (1 plat et dessert) : 14,90 € / Menu (2 plats et dessert) : 16,90 €*
***À la carte** : Mini : 16 € / Maxi : 27 €*

ZAC Actisud de Jouy - Route de Metz
Parc Aravis - 1 bis, allée des Tilleuls
57130 Jouy-aux-Arches
Tél. : +33 (0)3 87 62 94 80

Fermé dimanche, et le soir

Côté vigne

⌘ 🍷🍷 € MARIE-CHARLOTTE SCHERTENLEIB

♡ **Bistronomique, boire et manger, décontracté, typique, rustique modernisé, tradi**

• Le slogan adopté par Marie-Charlotte Schertenleib et son époux est plutôt malin, et mignon : « Le bonheur est dans l'assiette. » Il est vrai que les compositions raffinées, qui modernisent les bases classiques et locales de la cuisine de la chef, ont de quoi plaire, notamment aux grands gourmands et aux amateurs de vins de la région, qui retrouveront sur la carte tous les vignerons du village (Blanck, Schmitt, Koehly, etc.) et des alentours sur des coefficients doublant ou triplant. Les cromesquis de cuisses de grenouilles et escargots à la crème de noisette, chips de pancetta est un incontournable fort bien troussé, en dépit des difficultés posées par le plat. La recette est grasse, onctueuse, appuyée sur des ingrédients (et des pattes) de premier choix ! L'œuf de ferme bio poché, tombée d'épinards aux tomates confites, crème de parmesan et chips de jambon italien opère dans un registre radicalement différent, celui du fooding de luxe ; mais sa réussite est égale, il s'agit là encore d'une bien belle friandise ! Beaucoup d'application en cuisine, et donc, en effet, du bonheur dans l'assiette !

***Menus** : Terroir (2 plats et dessert) : 29 € / Menu du marché (2 plats et desserts) : 35 € / Douceur de la Mer (2 plats et desserts) : 39 € / Gourmet (3 plats et desserts) : 46 €*
***À la carte** : Mini : 40 € / Maxi : 85 €*

30, Grand-Rue
68240 Kientzheim
Tél. : +33 (0)3 89 22 14 13

Fermé samedi midi, dimanche soir et lundi
www.cote-vigne.fr

Les Sheds

⌘⌘⌘ 🍷 €

♡ **Cantine, végétalo-compatible, très engagé, spectacles, ou à emporter**

• Les Sheds est un lieu hybride de vie et de citoyenneté, ce n'est donc pas seulement un restaurant, c'est une épicerie bio, un café, un théâtre, une salle de concert, un potager pédagogique, un marché paysan... La vocation du restaurant est de produire une cuisine maison, de saison, accessible à tous. Sur la table, quand un produit n'est pas bio, il est local. S'il n'est pas local, il est issu du commerce équitable. Sinon, eh bien, il n'est pas sur la table ! Évidemment, ici, on aime l'esprit baba de communauté, les beaux volumes de l'ancienne usine de textile, ainsi que les tables sur roulettes. La carte des vins est d'origine française. La plupart des nectars sont labellisés bio. Il y a même un centre associatif et une estrade où les clients sont invités à pousser la chansonnette. Un lieu sain, d'échange et de partage. Dé-ve-lop-pe-ment du-ra-ble. Dé-ve-lop-pe-ment du-ra-ble.

***Menus** : Formule (1 plat et dessert) : 12,50 € / Menu (2 plats et dessert) : 15,50 €*
***À la carte** : Mini : 22 € / Maxi : 45 €*

2A, rue d'Illzach
68260 Kingersheim
Tél. : +33 (0)3 89 51 15 03

Fermé dimanche et lundi, et le soir de mardi à jeudi
www.facebook.com/lessheds

La Clairière

⌘⌘⌘ 🍷🍷🍷 €

♡ **Gastro-détox, chic, bio et Spa hôtel, calme, végétalo-compatible**

• La Clairière est perdue en plein cœur de la forêt du Parc naturel régional des Vosges du Nord dans un petit village où règne un calme absolu. Le restaurant est sis à l'intérieur d'un hôtel bio, où tout, jusqu'au gigantesque Spa et aux produits d'entretien, est labellisé bio. Il se joue donc à Ingwiller une petite musique bien sympathique, qui chante le respect de la nature, de la sérénité, du bien-être pour le corps, le cœur et l'esprit. Le restaurant permet de retrouver le plaisir de manger grâce à une alimentation naturelle, simplement gourmande, mais présentée de manière raffinée. Le service est souvent un peu dépassé, mais les plats végétariens, les viandes AB, les poissons issus de pêches durables et une sélection des meilleurs vins français d'origine biologique emportent largement l'adhésion. La détox intelligente et luxueuse.

***Menu** : Détox (2 plats et dessert) : 45 €*
***À la carte** : Mini : 50 € / Maxi : 90 €*

63, route d'Ingwiller
67290 La Petite-Pierre
Tél. : +33 (0)3 88 71 75 00

Ouvert tous les jours
www.la-clairiere.com

Auberge Frankenbourg

⌘ €€ SÉBASTIEN BUECHER

♡ Haute gastronomie, chic, boisé, voûté, romantique, avec vue, excellent service

• L'Auberge Frankenbourg est un havre de paix où la convivialité et le confort sont les maîtres mots. Sébastien Buecher a grandi ici même, jouant et apprenant dans les cuisines de l'auberge familiale en compagnie de son père, dont il a brillamment pris la suite. Sur le plan gastronomique, si ce n'est la qualité de l'accueil et l'envie débordante de faire plaisir, il n'y a pas beaucoup de points communs entre les recettes des différentes générations s'étant succédé aux fourneaux. Et, nous devons bien l'avouer, nous avons une préférence pour les très savantes assiettes filiales : le foie gras de canard, épinard-citron, gingembre confit et pomelos ; ou le tartare de chevreuil saisi, datte-cannelle, lait de noisette, topinambour et café sont impressionnants, très habiles, très longs et, surtout, très bons ! Carte des vins de grande classe. Dans un cadre dépaysant et ouvert sur la nature, on peut découvrir ici une cuisine cosmopolite, raffinée, qui convoque plein d'étoiles autour de la table. À ne pas manquer !

***Menus** : Tentation saisonnière (3 plats et dessert/vins) : 40 €/54 € / Déjeuner (4 plats et dessert) : 62 €/84 € / La Vancelle (8 plats et dessert/vins) : 88 €/122 €*
***À la carte** : Mini : 75 € / Maxi : 150 €*

13, rue du Général-de-Gaulle
67730 La Vancelle
Tél. : +33 (0)3 88 57 93 90

Fermé mercredi et jeudi
www.frankenbourg.com

Auberge du Cheval blanc

⌘ €€ PASCAL BASTIAN JOËL BRENDEL

♡ Très haute gastronomie, luxe, inspiré, inspirant, responsable, moderne

• Carole et Pascal Bastian (passé chez Philippe Etchebest et Jean-Georges Klein) font courir au triple galop leur Cheval blanc sur la voie royale du succès. Pascal Bastian y élabore les chapitres d'un passionnant ouvrage gourmand. Dès les amuse-bouches, les architectures les plus audacieuses épousent les territoires les plus anciens : mirabelles, foie gras d'oie et Picon bière, pour produire des mélanges encore plus détonnants que s'ils sortaient de l'atelier d'un apprenti chimiste. Les alliances des pains d'épice avec des granités semblent, pour le plus grand plaisir des gourmets, ne jamais vouloir quitter le palais. Pourtant, les cannellonis de foie gras, émulsion de cèpes et truffes parviennent à les faire oublier. La carte des vins est très forte en région, mais pas seulement : rieslings Jubilée de Trimbach dès 40 €, et Frédéric Émile de Trimbach à 85 €, riesling grand cru de Paul Buecher à 58 €, chablis premier cru Montée de Tonnerre de Jean-Paul et Benoît Droin à 52 €, ermitage De l'Orée de M. Chapoutier à 210 €, châteauneuf-du-pape 2001 du domaine de Boisrenard à 110 €. Une très grande table, qui pourrait prochainement régner sur la région, même si la concurrence est rude.

***Menus** : Promenade au Fleckenstein (3 plats, et dessert/vins) : 62 €/98 € / Balade en Alsace du Nord (4 plats et dessert/vins) : 92 €/140 € / Épicure (6 plats, fromages et dessert/vins) : 120 €/190 €*
***À la carte** : Mini : 110 € / Maxi : 220 €*

4, rue de Wissembourg
67510 Lembach
Tél. : +33 (0)3 88 94 41 86

Fermé lundi, mardi, et vendredi midi
www.au-cheval-blanc.fr

GRAND-EST

Le Cerf

€€ MICHEL HUSSER

Haute gastronomie, luxe, calme, volupté, terroir

• Le Cerf est l'un des plus beaux hôtels d'Alsace. La question qui se pose est donc de savoir si les prestations gastronomiques de Michel Husser sont au niveau de son splendide établissement. Et... la réponse est mille fois positive. Son style marie évanescence, générosité, grand répertoire et Nouvelle Cuisine épurée. Son restaurant est l'un des rares où l'on puisse goûter aussi bien à des plats d'inspirations italienne, maghrébine, japonaise ou espagnole, composés presque exclusivement à base de produits alsaciens, souvent bio. Le pigeonneau d'Alsace rôti, ragoût de pissenlit et de févettes, jus simple est une réincarnation du printemps... au Maroc ! La partie alsacienne de la carte des vins est remarquable : grand cru Altenberg-de-Bergheim cuvée Henriette du domaine Frédéric Mochel à 45 €, pinot gris cuvée du Banni du domaine Romain Fritsch à 38 €, cuvée spéciale de la Cave du roi Dagobert à 47 €, Le Dragon du domaine Josmeyer à 44 €, Vieilles Vignes de Michel Léon à 35 €, Clos Saint Landelin du domaine René Muré à 59 €, cuvée Sainte Catherine du domaine Weinbach à 65 €, sylvaner d'Agathe Bursin à 35 €, Les Vieilles Vignes de Sylvaner du domaine Ostertag à 37 €, cuvée Félicie du domaine Bernhard-Reibel à 45 €, Les Perles Rares du domaine Laurent Vogt à 38 €... À l'instar de Midas, tout ce que touche Michel Husser continue à se transformer en or. Il faut découvrir ou redécouvrir cette auberge du bonheur.

***Menus** : Plaisir (2 plats et dessert) : 47 € / Clin d'œil au terroir d'Alsace (2 plats, fromages et dessert) : 70 € / Menu de saison (3 plats, fromages et dessert) : 85 € / Dégustation (5 plats, fromages et dessert) : 135 €*
***À la carte** : Mini : 110 € / Maxi : 185 €*

30, rue du Général-de-Gaulle
67520 Marlenheim
Tél. : +33 (0)3 88 87 73 73

Fermé mardi et mercredi
www.lecerf.com

La Parenthèse

€ MICHKA DISTILLI

Miam-miam, végétalo-compatible, ou à emporter, confortable, terrasse, commerce équitable

• Michka Distilli a été la pionnière du bio à Mulhouse. D'abord titulaire d'un diplôme de graphiste (ce qui explique les jolies lignes de son restaurant), elle a changé de carrière en passant un CAP de cuisinier, de manière à pouvoir exprimer toute sa sensibilité écologique. Les spécialités de la maison ont longtemps été les tartines. Désormais, on peut également déguster des assiettes beaucoup plus variées (dont certaines végétariennes, ou des crêpes, des soupes, de très bons gâteaux au chocolat, etc.) composées de produits de proximité, frais et bio, ou issus du commerce équitable (les thés, par exemple). La carte des vins est très courte, mais on y trouve des producteurs bio comme Valentin Zusslin, servis au verre ou en bouteille (dès 21 €). Au surplus, la Parenthèse accueille fréquemment de petits spectacles programmés en soirée (musique douce, théâtre, lectures de contes). Parfait pour toute la famille.

***Menu** : Formule (1 plat et dessert) : 12 €*
***À la carte** : Mini : 25 € / Maxi : 35 €*

26, rue de la Justice
68100 Mulhouse
Tél. : +33 (0)3 89 56 08 47

Fermé dimanche et lundi
www.facebook.com/la-Parenthèse-296729227021766

Le Bistro des saveurs

⌘ 🍷🍷🍷 €€ THIERRY SCHWARTZ

♡ **Haute gastronomie, enchanteur, décontracté, ludique, bio-chouette**

• En pénétrant dans la taverne de luxe de Thierry Schwartz, on ne s'attend pas à décrocher autant d'étoiles. Le chef possède un excellent sens du rythme et de la mesure. Cela permet à sa gastronomie d'inventaire, façon Prévert, de tutoyer les sommets dans un superbe menu dégustation, où tout est savamment remuant, dégingandé. Aucune recette ne laisse insensible les papilles. En ce sens, dans le rôle du cuisinier trublion, Thierry Schwartz mérite indubitablement un oscar. Aussi, finalement, le plus surprenant, au Bistro, ce n'est pas de goûter à de succulentes infusions de truffe, mais à des compositions évoquant directement les traditions les plus nobles (le pâté de foie gras d'oie Maréchal de Contades, créé en 1779 par Jean-Pierre Clause), ou qui citent à la perfection les chefs les plus illustres. Alain Passard ne réussirait pas mieux le navet jaune plein champ en croûte de sel gris, citron jaune, miel. La cave est enivrante et très forte dans sa région (mais pas seulement) : alsace grand cru Vorbourg du domaine René Muré à 12 € au verre (20 références), riesling grand cru Muenchberg du domaine Ostertag à 65 €, pinot blanc Les Coteaux d'Obernai du domaine Seilly à 25 €, auxerrois d'Albert Mann à moins de 30 €, domaine Leflaive, Clos des Lambrays, vins de Jacky Blot dès 26 €… Le bistrot ultime est alsacien.

***Menus** : Saveurs (2 plats et dessert/vins, eaux et cafés) : 75 €/97 € / Expérience (4 plats et desserts/vins, eaux et cafés) : 95 €/127 € / Émotions (7 plats et desserts/ vins, eaux et cafés) : 120 €/162 €*
***À la carte** : Mini : 80 € / Maxi : 190 €*

35, rue de Sélestat
67210 Obernai
Tél. : +33 (0)3 88 49 90 41

Fermé dimanche et lundi
www.bistro-saveurs.fr

La Fourchette des ducs

⌘⌘⌘ 🍷🍷 €€€€ NICOLAS STAMM SERGE SCHAAL

♡ **Très haute gastronomie, chic, romantique, excellent service, fort en vins**

• Nicolas Stamm (cuisinier) et Serge Schaal (gestion et direction de la salle) travaillent depuis bientôt vingt ans main dans la main. Au sommet de leur forme, ils produisent désormais des plats mythiques. La poularde de Bresse en demi-deuil cuite comme un baeckeoffe vaut celle réalisée par Paul Bocuse dans les années 1990 ; le plat est un concentré de ferme bourguignonne, de campagne et de douceur susceptible de l'imposer à la table des rois. La ganache moelleuse au chocolat et épices, crème moka et caramel mou vaut également son pesant d'or. À la fois suffisamment léger pour clôturer un copieux menu dégustation, ce plat possède également une persistance exceptionnelle permettant aux gourmets d'apprécier toute les nuances des grands crus de cacao le composant, et de se laisser envoûter par la douceur des arômes de sucre et de café. Logiquement, la cave est riche en Alsace. Les premières fioles se débouchent dès 55 € chez Jossmeyer et Ostertag. Pour le reste, les grands noms qui excitent les guides sont tous imprimés sur la carte : Clos Saint Urbain, René Muré, Trimbach, Marc Colin, Philippe Charlopin, Jean-Paul Brun, M. Chapoutier… Un restaurant authentiquement séduisant et romantique.

***Menus** : Essence de terroir (3 plats et dessert) : 120 € / Libre émotion (4 plats et dessert) : 155 €*
***À la carte** : Mini : 130 € / Maxi : 240 €*

6, place de la Gare
67210 Obernai
Tél. : +33 (0)3 88 48 33 38

Fermé dimanche soir, lundi, et le midi le reste de la semaine
www.lafourchettedesducs.com

Anthon

⌘ 🍷🍷 € GEORGES FLAIG

♡ **Gastronomique, isolé, nature, calme et volupté, chic, très romantique**

• Dans le parc naturel régional des Vosges du Nord, au cœur de la Réserve mondiale de biosphère, se situe le restaurant Anthon. Dans ce décor typiquement alsacien et savamment moderne, Georges Flaig (passé au Chabichou, chez Loiseau, chez Westermann, à La Pinède...) réalise une cuisine « actuelle de saison », sans aucune faute. Chaque recette révèle sans effort toutes les nuances, toutes les odeurs des ingrédients la composant. Quant aux rognons de veau aux échalotes, pousses d'épinards et späetzles, c'est un grand plat à vin tanniques. Les ravioles à l'alsacienne, schniderspäetles de truite aux échalotes confites sont du plaisir pur, un concentré de tendresse égayé par un peu de vivacité et d'acidité. La carte des vins est très forte en région : muscat de Gérard Neumeyer, Les Vieilles Vignes de Sylvaner du domaine Ostertag sont à moins de 50 €. On trouve également des vins du Palatinat tout proche, tel que les pinots noirs de Friedrich Becker. Encore une maison du bonheur en Alsace, qui en compte décidément énormément.

***Menus** : Petit menu (2 plats et dessert) : 26 € / Grand menu (3 plats et dessert) : 54 €*
***À la carte** : Mini : 45 € / Maxi : 110 €*

40, rue Principale
67510 Obersteinbach
Tél. : +33 (0)3 88 09 55 01

Fermé mardi et mercredi
www.restaurant-anthon.fr

Les Crayères

⌘ 🍷 €€ PHILIPPE MILLE

♡ **Gastronomique, hyper chic, super luxe, ultime romantisme, parc d'attractions**

• Les Crayères, c'est d'abord un lieu majestueux (peut-être le plus beau restaurant d'Europe), qui concentre toutes les splendeurs de l'art de vivre à la française, façon luxe authentique et vie de château paradisiaque sous boiseries d'époque et hauts plafonds. Dans ce cadre, Philippe Mille, meilleur ouvrier de France, réalise des recettes qui capturent l'essence de chaque saison. Chaque assiette contient une grande précision, une infinie rectitude et autant de bonheur. Le foie gras, betteraves ; ou le veau, pommes fondantes déclinent toute la variété de goût de leurs ingrédients principaux avec une aisance déconcertante. Vous l'avez compris, à Reims, la Nouvelle Cuisine est sublimement orchestrée. Elle interprète des harmonies qui font longuement vibrer les palais des gourmands. Par ailleurs, évidemment, aux Crayères, le champagne coule à flots et, avouons-le, apporte un supplément de poésie au déroulement des agapes. La cave contient près de 800 références, toutes triées sur le volet, dont plus de 200 flacons rien que dans la région. Les Bouzy et les grands crus d'Ambonnay sont donc à la fête, d'autant plus que les coefficients appliqués aux petites bulles sont franchement modestes (c'est épatant, pourvu que cela dure encore longtemps). La proposition de champagne au verre est également particulièrement fournie et alléchante... Plus beau, ce serait trop !

***Menus** : Déjeuner (2 plats et dessert/vins) : 69 €/90 € / Découverte (3 plats, fromages et desserts/vins) : 130 €/220 €*
***À la carte** : Mini : 130 € / Maxi : 250 €*

64, boulevard Henry-Vasnier
51100 Reims
Tél. : +33 (0)3 26 82 90 00

Fermé lundi et mardi
www.lescrayeres.com

Le Vieux Couvent

€

ALEXIS ALBRECHT

MME ALBRECHT

Très haute gastronomie, toujours vert, convivial, desserts à rendre baba, annexe de Bacchus

• Pour rendre compte du travail de la famille Albrecht, on doit déjà dire qu'il brille au-dessus de l'enseigne de son restaurant, une étoile, depuis plus de trente ans... mais qu'il y a déjà bien longtemps que cette belle Maison mériterait d'être illuminée par une constellation entière d'astres stellaires ! Bien avant la mode, le père d'Alexis cultivait son (immense) jardin avec passion, et mettait en valeur dans ses assiettes des légumes locaux et sains, jusque dans les desserts. Aujourd'hui, son fils anamorphose les plantes rares de son potager, des gibiers issus de chasses locales et des fleurs comestibles qu'il est le seul à cuisiner. Les desserts déjà délicieux sont désormais carrément extraordinaires. Ils convoquent en toute saison le printemps dans les assiettes, et inscrivent le Vieux Couvent dans le tiercé de nos plus mémorables fins de repas de l'année. Pourtant, avant les intermèdes sucrés, on peut déjà gloser au sujet du ris de veau poêlé minute, ravioli de pomme de terre au pesto (magnifique), voile de pancetta, lard fumé, panais frit en guirlande, qui est un plat dodu comme un chérubin. Les graisses de la recette sont alanguies sur des sauces épaisses où elles se débauchent en compagnie d'un basilic aussi séduisant qu'une sirène et de chips diaboliques... On connaît peu d'autres maisons où il est aussi aisé de s'initier, en toute décontraction, à la haute gastronomie. Le prix des menus a augmenté de seulement 5 € en cinq ans. Si le clan Albrecht n'était pas aussi modeste, nous qualifierions volontiers sa réussite d'insolente. C'est en partie ici que s'écrit l'avenir de la gastronomie française.

• **LES VINS** : La carte, dont le fond a été constitué avec passion par la maman d'Alexis, n'est pas pléthorique, mais parfaitement bien conçue autour des plus belles références françaises (et de vieux millésimes), auxquelles sont affublés des coefficients charmants (souvent entre 2 et 2,5). Beaucoup d'excellents vins bio sont disponibles dès 35 € (domaine La Tour Penedesses, domaine Weinbach, etc.), et les références rhônalpines, alsaciennes et languedociennes les plus connues et les plus prestigieuses culminent souvent à moins de 100 €.

Menus *: Gourmand (2 plats et dessert) : 37 € / Découverte (2 plats et desserts) : 48 € / Tentation (2 plats et dessert) : 57 € / Plaisir (3 plats et desserts) : 73 € / Dégustation (5 plats et desserts) : 99 €*
À la carte *: Mini : 75 € / Maxi : 170 €*

6, rue des Chanoines
67680 Rhinau
Tél. : +33 (0)3 88 74 61 15

Fermé lundi soir, mardi et mercredi
www.auvieuxcouvent.fr

L'Acoustic

€ — ANDRÉ GISSELMANN

Cantine, tout bio tout bon tout fait maison, végétarien, ou à emporter, café-théâtre

• André Gisselmann est un militant bio de longue date. Dans sa salle en forme de cave voûtée, derrière les pianos de sa cuisine ouverte, il n'hésite pas à gentiment corriger les clients quand il entend dire des bêtises au sujet du combat de sa vie. Logiquement, dans son restaurant, tout est bio, tout est frais et rien n'est cher, la passion du partage étant chevillée au corps du restaurateur. Le menu change tous les jours en fonction des recommandations de la ferme biodynamique de Sélestat. Les spécialités du chef sont les grandes salades mixtes, les madeleines à l'huile essentielle de géranium et l'utilisation du tofu sous toutes ses formes. Rien de transcendant, mais, ajouté à une petite carte de vins bio et locaux, à un usage modéré de toutes les énergies et à une sélection de produits issus du commerce équitable pour tout ce qui n'est pas local, cela fait quand même beaucoup de bonnes raisons pour écouter ce que le chef de l'Acoustic a à dire, et pour goûter ce qu'il propose de déguster !

***Menus** : Formule (1 plat et dessert) : 11 € / Menu (2 plats et dessert) : 13 € / Brunch : 23 €*
***À la carte** : Mini : 20 € / Maxi : 35 €*

5, place du Marché-Vert
67600 Sélestat
Tél. : +33 (0)3 88 92 29 40

Fermé dimanche, et le soir sauf vendredi et samedi
www.restobiolacoustic.com

La Bonne Auberge

€€ — MME EGLOFF — MME EGLOFF

Haute gastronomie, fort en vins, raffiné, féminin, intime, chaleureux, excellent service

• Non loin des anciennes carrières de charbon et de fer, le restaurant des sœurs Egloff est planté au milieu d'une grande rue sans charme servant d'artère principale à une ville industrieuse, horizontale, silencieuse. Mais, une fois le porche franchi, le client est saisi immédiatement par les couleurs, la chaleur, le patchwork. Cette vérité de la décoration se retrouve logiquement dans les assiettes. Les architectures des plats s'articulent certes autour d'un point central (de la purée, une marmelade, un sorbet...), mais cela n'empêche pas les assiettes d'être en même temps zébrées par des aliments qui, tels des éclairs, donnent du mouvement aux recettes et créent du remue-ménage sur le palais. Les sœurs Egloff affectionnent les contrastes, les accords en opposition et les figures acrobatiques. Les puissantes exhalaisons du pigeon au safran agissent comme un philtre d'ensorceleur. Par ailleurs, chaque détail du repas, jusqu'au très chic plateau de fromages, est impeccablement mis en scène. La décoration, la carte des vins (condrieu du domaine Georges Vernay à 136 €, riesling Clos Sainte Hune de Trimbach à 160 €, pinot gris Les Chartreux du domaine Gérard Neumeyer, alsace Les Folastries du domaine Josmeyer à 42 €, crozes-hermitage du domaine Laurent Combier à 48 €, domaine Marchard de Gramont dès 58 €, meursault de Jean-François Coche-Dury à moins de 120 €...) et les menus en attestent. Les sœurs Egloff cultivent des goûts purs. Dans une démarche d'aubergistes sincères et géniaux, elles donnent à voir l'âme d'une Maison et des trublions qui l'habitent.

***Menus** : Déjeuner (2 plats et dessert) : 48 € / Classique (2 plats, dessert et fromages) : 75 € / Séduction (4 plats et desserts) : 99 € / Dégustation (5 plats, fromage et desserts) : 115 €*
***À la carte** : Mini : 80 € / Maxi : 180 €*

15, rue Nationale
57350 Stiring-Wendel
Tél. : +33 (0)3 87 87 52 78

Fermé samedi midi, dimanche soir, et lundi

Buerehiesel

⌘ 🍷🍷 € **ÉRIC WESTERMANN**

♡ **Haute gastronomie, rapport qualité/prix, chic, mythique, romantique, raffiné, parc**

• Éric Westermann est aux commandes d'une superbe voiture de course, c'est évident. Et il est flagrant qu'il sait la piloter avec toute la dextérité que nécessite ce périlleux exercice. Sa féra du Léman, fenouil, pomme ratte, cresson, poudre de citron possède une beauté plastique à couper le souffle. Le risotto aux asperges avec son jambon espagnol grand cru contient autant de la péninsule Ibérique que de l'Italie. Quant au pigeon décomposé, il obtient une place de choix dans notre petit panthéon personnel de la gastronomie française tellement le plat est savoureux et diabolique. La cave est immense, et ne se dispense pas de proposer des formules au verre. En bouteille, on a le choix plus que l'embarras : muscat Les Marnes Vertes du domaine Loew à 30 €, pinots noirs du domaine Frédéric Mochel à 45 et V du domaine René Muré à 65 €, saumur Arcane du château de Fosse-Sèche à 44 €, savennières-roche-aux-moines de Nicolas Joly à 67 €, coteaux-du-languedoc Tête de Bélier du château Puech-Haut à 65 € , châteauneuf-du-pape du domaine de Beaurenard à 70 €... Buerehiesel garde fièrement la tête haute, dans les étoiles.

Menus *: Affaires (2 plats et dessert) : 37 € / Expression (3 plats et dessert) : 68 € / Dégustation (5 plats, fromages et dessert) : 98 €*
À la carte *: Mini : 130 € / Maxi : 260 €*

4, parc de l'Orangerie
67000 Strasbourg
Tél. : +33 (0)3 88 45 56 65

Fermé dimanche et lundi
www.buerehiesel.fr

L'Assiette champenoise

⌘ 🍷🍷 €€€ **ARNAUD LALLEMENT**

♡ **Très haute gastronomie, trop frais, chic, parc, cosy, romantique, excellent service**

• On dîne divinement dans le restaurant d'Arnaud Lallement. Le service est érudit et exigeant. Le cabri de lait et légumes confits est une gourmandise carrément enfantine. Les jus puissants imprègnent les carottes, la pomme de terre et l'oignon au point de les transformer en bonbons. Encore plus torride, viscéralement attaché à la terre, le lard paysan confit, foie gras, noir de Bigorre et mousse de pommes de terre faite au siphon à chantilly, ventrèche dégage des exhalaisons si profondes que le plat agit comme un philtre magique. Tout le gras contenu dans la recette provient du canard, le porc n'étant qu'un pur morceau de viande et d'anthologie, caramélisé sans perdre son aspect fermier. La carte des vins est au niveau des mets : châteauneuf-du-pape Boisrenard à 104 € et Les Cèdres du domaine Paul Jaboulet Aîné à 69 €, coteaux-du-languedoc Tête de Bélier du château Puech-Haut à 70 €, Clos de la Coulée de Serrant 2004 à 130 €, saumurs Les Tris de la Chapelle à 85 € et Arcane à 58 €, tous deux du château de Fosse-Sèche... À Tinqueux, la gastronomie est un feu d'artifice, brillant et enthousiasmant. Toujours aussi éclectiques et sensuelles, les recettes de maître Lallement contiennent, sans aucun doute, le secret du succès.

Menus *: Goût (2 plats, fromages et desserts) : 95 € / Saveur (4 plats et desserts) : 185 € / Émotion (6 plats et desserts/vins) : 275 €/460 €*
À la carte *: Mini : 160 € / Maxi : 280 €*

40, avenue Paul-Vaillant-Couturier
51430 Tinqueux
Tél. : +33 (0)3 26 84 64 64

Fermé mardi et mercredi
www.assiettechampenoise.com

Auberge Au Vieux Pressoir

⌘ 🍷🍷 € MICHEL RUNNER

♡ Gastronomique, traditionnel, institutionnel, jardin, route des vins

• À l'Auberge Au Vieux Pressoir, on est passionné par les vins, la bonne cuisine traditionnelle alsacienne, les vieilles armes, les vieux blasons et les vieux meubles. Au cœur de Westhalten, Michel Runner continue à produire lui-même son foie gras, ses terrines et tout ce qui compose sa mythique choucroute. Vous l'avez deviné, les ingrédients employés dans les recettes du Vieux Pressoir sont tous d'authentiques produits du terroir. Évidemment, le restaurant étant situé sur le domaine du Bollenberg, on peut déguster les nectars bio de ce dernier à des tarifs particulièrement avantageux. Le croustillant de munster à la gelée de vin accompagné par le gewurztraminer bio de la Maison réalise d'ailleurs un accord tout à fait mémorable. Indubitablement, cinquante ans de tradition, ça a du bon.

***Menus** : Entre-deux (2 plats et dessert/vin et café) : 36 €/45 € / Douceur de saisons (2 plats, fromages et dessert et vin) : 73 € / Gourmet (3 plats, fromages et dessert et vin) : 82,50 €*
***À la carte** : Mini : 45 € / Maxi : 90 €*

68250 Westhalten
Tél. : +33 (0)3 89 49 60 04

Fermé lundi
www.bollenberg.com

Hauts-de-France

7 TABLES ATTENTIVES • DONT 1 COUP DE CŒUR

La Table du marais

€ JÉRÔME ROUSSEAU

Gastronomique, poutres apparentes, végétalo-compatible, institution chic, terrasse

• La Table du marais, c'est avant tout le grand restaurant d'Amiens, où se signent les contrats et se célèbrent les mariages. Mais c'est également une cuisine gastronomique créative, qui est réalisée dans un cadre verdoyant, avec une terrasse tournée vers les étangs... Enfin, c'est surtout une envie, une volonté, un engagement, celui de Jérôme Rousseau, qui est très soucieux du respect de l'environnement et de la qualité de ses produits. Ainsi, la plupart de ces derniers sont labellisés, et c'est à pied qu'il va chercher tous les jours des fruits et des légumes exclusivement issus de l'agriculture biologique, au jardin des Vertueux de Paco. D'ailleurs, le chef n'hésite pas à mettre en scène, sur demande et sur cette base délicieuse et saine, de fameux menus vegans ou végétariens. Cependant, que les carnivores se rassurent, le légendaire filet de bœuf aux morilles de la Maison demeure toujours la grande spécialité de Jérôme Rousseau. Les noix de Saint-Jacques snackées, tarte fine de navets, huile vierge et concassé de pistaches ; ou le bar cuit au plat, gnocchis à la truffe, jus de persil plat sont bien conformes à l'air du temps. Carte des vins attendue sur des coefficients triplant. Ici, riment bio et bourgeoisie !

***Menus** : Formule (1 plat et dessert) : 28,50 € / Menu de saison (2 plats et dessert) : 33 €*
***À la carte** : Mini : 45 € / Maxi : 85 €*

472, chaussée Jules-Ferry
80090 Amiens
Tél. : +33 (0)3 22 46 17 44

Fermé dimanche et lundi
www.latabledumarais.fr

La Table du jardinier

€ LUDOVIC DUPONT

Gastronomique, ludique et éducatif, végétarien compatible, la main verte, jardin, bucolique, charme, ou à emporter

• On s'en doute, ici, on mange essentiellement les productions du jardin, mais pas de n'importe quel jardin, celui de l'abbaye de Valloires, qui jouxte le restaurant. Ludovic Dupont pourrait d'ailleurs arborer fièrement le titre de chef jardinier, car c'est lui qui bichonne les fleurs, fruits, feuilles et légumes du potager, qui viennent peindre les assiettes aux couleurs de la saison. On peut le dire, visuellement, chaque plat est sublime. Et, sur le plan gustatif, on a également de quoi gloser. Faire plus local est presque impossible. Le sorbet à la rose ; le pain au romarin ; la crème de potiron ; les crêpes à la poire confite au vin de rose ; l'agneau en papillote d'herbes sont tous vraiment délicieux. En plus, chaque assiette contient d'authentiques et fameux parfums. Originales, inédites, les recettes transforment les gourmets en Gulliver partant à la découverte de la nature, du beau, du subtil. Bucolique.

***Menu** : Menu (2 plats et dessert) : 29 €*

Jardins de Valloires
80120 Argoules
Tél. : +33 (0)3 22 23 71 13

Ouvert tous les jours à midi de mi-mars à mi-novembre
www.baiedesomme.fr/lieu/1-15-jardins-de-valloires#nogo

La Grenouillère

€€

ALEXANDRE GAUTHIER

Haute gastronomie, la bohème, à l'instinct, sur l'instant, l'aventure c'est l'aventure

• Le restaurant d'Alexandre Gauthier est un lieu singulier. À l'intérieur de la baraque voûtée, tout n'est pas droit et le carrelage est de guingois. L'architecte s'est follement amusé avec les perspectives. En cuisine, Alexandre Gauthier continue lui aussi à maîtriser un délicieux chaos. Il pose chaque jour un peu plus haut les fondations de la « jeune cuisine ». Savantes, décomplexées, pleines d'esbroufe et de talent, ses recettes ne ressemblent vraiment à aucune autre. Le chef est le chantre de la concentration et du demi-ton. Il empile les saveurs parfois jugées incompatibles pour construire des écheveaux de goûts immenses ou diaboliques, toujours bigrement étonnants et savoureux. Ses menus dégustation font donc sensation. Ses plats « carte postale » vont voyager loin. Ils sont cosmopolites et inspirés, et surpassent largement les standards habituels pour procurer d'exceptionnelles, et durables, émotions. Par ailleurs, Alexandre Gauthier est également parvenu à fidéliser les meilleurs maraîchers et artisans de la région et, beaucoup de produits plus bio que bio composent ses meilleures recettes. Les associations ahurissantes auxquelles le chef soumet ses ingrédients y gagnent bien sûr en netteté. Les oppositions de textures et de saveurs, les antagonismes cru/cuit et chaud/froid sont devenus encore plus délicats, presque raffinés, mais sans perdre de leur puissance légèrement brutale, qui secoue des papilles trop souvent anesthésiées dans d'autres lieux. On doit donc plus que jamais venir à la Grenouillère pour y découvrir de chouettes surprises mais, mieux encore, pour assister à l'éclosion d'un talent qui est en train, dans son coin, de créer un nouveau courant culinaire. Trépidant.

• **LES VINS** : Avec ses 500 références, la carte des vins joue dans la cour des très grands. La sélection au verre propose une demi-douzaine de références entre 5 € et 12 €, ce qui est le bon tarif. En Champagne, on ne sort pas des sentiers battus. En Bourgogne, on aime le saint-aubin Les Frionnes d'Hubert Lamy à 75 € ou le chablis Les Vallons de Billaud-Simon à 65 €. Mais le Bordelais est plus excitant, toutes les appellations étant représentées par deux ou trois références bien triées dont les prix sont corrects. La sélection en demi-bouteilles est colossale et a le bon goût d'afficher de vrais demi-tarifs. Ajoutons à cela les Gravières 2002, le Chante Coucou d'Elian Da Ros, la mondeuse d'Edmond Jacquin à 35 € et les vins de René Muré qui se débouchent dès 45 €, des coteaux du Chartreux et des sélections de grains nobles en alsace grand cru Altenberg-de-Bergheim à moins de 100 €... Oui, rien qu'à la lecture, on a le sourire jusqu'aux oreilles.

Menus *: Saveur du littoral (2 plats et dessert) : 55 € / Dégustation (5 plats, fromage et desserts) : 100 € / Découverte (8 plats, fromage et desserts) : 135 €*
À la carte *: Mini : 95 € / Maxi : 165 €*

19, rue de la Grenouillère
62170 La Madelaine-sous-Montreuil
Tél. : +33 (0)3 21 06 07 22

Fermé lundi midi et mardi midi en été ; en basse saison, lundi midi, mardi, mercredi midi, et jeudi midi

www.lagrenouillere.fr

Exki

⌘⌘⌘ €

♡ **Rapide-bio, ou à emporter**

• Exki, comprenez « exquis », est une chaîne belge de restauration rapide haut de gamme s'adressant aux cadres dynamiques, urbains et voyageurs. Ici, tous les produits sont frais, rien n'est surgelé. 30 % des ingrédients rentrant dans la composition des salades, des sandwichs et des desserts sont bio. Les gourmets voulant (devant) manger rapidement peuvent même commander du vin bio, conditionné au préalable. Au surplus, la chaîne, qui est surtout présente dans le nord de l'Europe, est partenaire de grands noms du commerce équitable et responsable, comme Max Havelaar, qui lui fournit ses cafés, sucres, bananes et cola. Enfin, l'engagement d'Exki se poursuit hors des murs de ses établissements. En effet, la chaîne est engagée, notamment auprès de ses clients, dans plusieurs actions concernant le développement durable et l'éco-citoyenneté. Autant de motifs qui invitent à venir goûter, sans modération, aux soupes épinard boursin ; tartes salées, lardons, jambon, emmental ; et focaccia de Montbéliard au comté, potiron et gingembre. Voilà un fast-food fréquentable, cela mérite mention.

***À la carte** : Mini : 12 € / Maxi : 25 €*

13, place de Béthune
59000 Lille
Tél. : +33 (0)3 20 13 72 77

Fermé dimanche
www.exki.fr

Rouge Barre

⌘ € STEVEN RAMON

♡ **Gastronomique, star de la télé, cuisine avec vue, briques apparentes, chef en salle et en scène**

• Le Rouge Barre est un appareillage de pierres blanches et de briques rouges, spécifiques du Nord. Désormais, c'est aussi le restaurant lillois de Steven Ramon, un cador de « Top Chef » qui, à la télé, était tout à la fois attachant et un peu énervant. Il n'a pas changé. Tous ses plats sont bien troussés. Les matières premières sont de qualité. Le principe robuchonien et fooding concernant les saveurs (elles marchent par trois) sont respectés... sauf, parfois, quand Steven Ramon pose encore sur l'assiette un ingrédient inutile pour faire du remplissage. Mais on lui pardonne. En effet, son bar, salsifis fondants et confits, sobrassada vaut surtout pour son légume. Mais, disons-le carrément, quelle merveille ! Les cuisses de grenouilles escalopées comptent également parmi les meilleures de France, alors que la recette est plus que périlleuse, largement abandonnée. En fait, Rouge Barre est fort là où on ne l'attend pas. La mousse au chocolat et caramel salé vaut mieux que son intitulé, elle est délicieuse. La carte des vins possède une maturité très supérieure à celle attendue dans une jeune maison : Bernard Baudry, domaine de la Grande Courtade, château Tourteau Chollet, domaine Dauvissat, formules en accords parfaits, verre dès 6 €... Quelque chose nous dit que Steven Ramon n'a pas fini de nous surprendre.

***Menus** : Formule (1 plat et dessert) : 23 € / Menu (2 plats et dessert) : 30 € / Dégustation (4 plats et desserts/vins) : 66 €/95 €*
***À la carte** : Mini : 60 € / Maxi : 120 €*

50, rue de la Halle
59000 Lille
Tél. : +33 (0)3 74 11 62 89

Fermé dimanche et lundi
www.rougebarre.fr

Le Bruit de l'eau

⌘⌘⌘ €€ **TIBO DHERMY**

♡ Table d'hôtes bio façon Tokyo, végétalo-compatible, zen, isolé, méditatif, conceptuel

• Le Bruit de l'eau, c'est un concept avant d'être un restaurant. Situé en bordure de la réserve naturelle de la baie de Somme, au cœur d'un hectare de nature sauvage, cet établissement imaginé par Tibo et Nathalie Dhermy révèle un univers insolite, hors du temps, japonisant (doté de très belles suites pour passer la nuit), plongé dans la nature, qui invite à un voyage zen et bio. Ici, on peut vivre la cérémonie du thé ou, sous l'égide du chef (ancien grand reporter), des émotions culinaires de saison dans la plus pure tradition du kaiseki, un repas familial et frugal composé de petits plats, essentiellement végétariens. La cuisine est ouverte, on y voit Tibo travailler et découper les poissons avec précision, cuire vite, ou lentement. Bien sûr, on mange ici du riz, du soja, des produits de la Baie. Presque tout est bio et local, notamment le thé et le vin. Les légumes proviennent du grand potager jouxtant l'établissement. Une parenthèse méditative et naturelle, dans un cadre enchanteur, cela ne se refuse pas.

***Menu** : Menu (4 plats et dessert) : 65 €*

1, chemin des Matelots
80120 Saint-Quentin-en-Tourmont
Tél. : +33 (0)6 08 62 88 84

Ouvert sur réservation
www.lebruitdeleau.org

Le Petit Jardin

⌘⌘⌘ € **QUENTIN LUCAS DE LEYSSAC**

♡ Bistronomique, convivial, champêtre, engagé, bon jaja

• Le Petit Jardin est un chouette restaurant, typique de sa région, que l'on pourrait au premier abord croire sans prétention. Et ce serait une erreur, car la cuisine de Quentin Lucas de Leyssac vaut que l'on s'y attarde. Ce dernier travaille dans le style français bourgeois, mâtiné d'idées sagement contemporaines. En attestent ses croquettes de crevettes grises, persil frit et sauce tartare maison ; et ses ris de veau dorés à la noisette, purée d'oignon doux. La dégustation de ces deux plats donne plus qu'une bonne impression, elle est trépidante, notamment en raison des fameux ingrédients rentrant dans leur composition. Il faut en effet savoir qu'au Petit Jardin tous les aliments sont tracés. Le nom de chaque fournisseur, essentiellement de petits artisans, est indiqué sur le tableau noir. Bien sûr, tous les produits sont frais. Mieux encore, une grande proportion sont locaux et bio ! La carte des vins est de haut niveau : vin de France Grololo du domaine Pithon-Paillé à 58 €, pommard premier cru Les Epenots du domaine Decelle-Villa à 118 €, côtes-du-rhône Ansata de Marc Kreydenweiss à 42 €, crozes-hermitage Les Meysonniers de M. Chapoutier à 42 €, coteaux-du-languedoc Les Armières 2005 du domaine de la Garance à 61 €, AOP Languedoc Éolienne du Mas d'Espanet à 39 €, coteaux-du-languedoc Clos des Cistes du domaine Peyre Rose à 168 €... Du beau, du bio, du tout bon, avec le sourire en prime !

***Menu** : Formule (1 plat et dessert) : 24,50 €*
***À la carte** : Mini : 40 € / Maxi : 90 €*

270, rue des Fusillés
59650 Villeneuve-d'Ascq
Tél. : +33 (0)3 59 89 49 91

Ouvert dimanche, et le soir de lundi à mercredi
www.lepetitjardin-restaurant.fr

Île-de-France

101 TABLES ATTENTIVES • DONT 11 COUPS DE CŒUR

Mille Feuilles

€

Cantine-bibliothèque, végétalo-compatible, salon de thé, terrasse, avec vue, engagé, animations

• Le Mille Feuilles est un cas à part. Il s'agit tout autant d'une librairie généraliste que d'un restaurant, qui propose des plats simples, faits maison, dans sa salle avec vue panoramique. Ici, sous l'impulsion de Véronique Banuls, ex-informaticienne adjointe au maire et en charge du développement durable, de l'environnement et des déchets de la ville, il se passe toujours quelque chose de formidable. À ce titre, nous pourrions citer les expositions, les concerts et les ateliers gourmands qui sont organisés dans l'établissement. Les assiettes ne sont pas à la traîne. La table a obtenu le label « produits d'ici, cuisinés ici », qui garantit une gastronomie locavore... et bio. En effet, parmi ses fournisseurs, Véronique Banuls privilégie toujours ceux qui sont labellisés. Par ailleurs, l'engagement du restaurant est total, jusque dans le tri des déchets et l'utilisation de produits d'entretien biologiques. Même les vins sont bio. Un bon moyen d'associer culture, viande en croûte et crème brûlée.

***Menu** : Formule (1 plat et dessert) : 15,90 €*
***À la carte** : Mini : 22 € / Maxi : 35 €*

28, rue de l'Église
91570 Bièvres
Tél. : +33 (0)1 69 85 32 69

Fermé lundi, et le soir
www.facebook.com/librairierestaurant.feuilles

MaSa

€€ **HERVÉ RODRIGUEZ**

Gastronomique, inspiré, charme, service excellent, terrasse

• La masa est une pâte alimentaire produite à partir du maïs et typiquement consommée au Mexique et dans les régions voisines. Toutefois, ici, MaSa est un acronyme signifiant « MAnipulateur de SAveurs ». Pourquoi le chef étoilé Hervé Rodriguez, bourguignon de cœur passé chez Lameloise, se définit-il ainsi ? En fait, sa sensibilité est « produit centrée », ce qui signifie que sa prodigieuse technique est totalement mise au service des aliments, et non l'inverse. Hervé Rodriguez laisse donc une totale liberté à ses fournisseurs pour lui livrer ce qu'ils estiment être les meilleurs produits du jour, charge à lui de détourner, manier, saisir l'inspiration du moment pour réaliser sa carte, qui change donc quotidiennement, et pas seulement en fonction de la saison. Il n'y a donc pas de plats signature dans les menus de MaSa, car ces derniers sont régulièrement modifiés. Citer un plat ne revêt donc qu'un intérêt limité. Toutefois, on doit révéler que les évanescents desserts aux fruits, en saison, sont toujours stupéfiants. Pareillement, le chef n'a que peu d'équivalent pour anamorphoser les crustacés et leur donner beaucoup de caractère. Carte des vins parisienne, à tarifs logiques, qui contient son lot de vignerons labellisés. MaSa c'est le bel établissement de l'Ouest parisien, où l'on dîne comme au palace, et où l'on est accueilli comme à la maison.

***Menus** : Formule (1 plat et dessert)x : 42 € / Menu (2 plats et dessert) : 49 € / Quatre services (3 plats et dessert/vins) : 80 €/125 € / Six services (4 plats et desserts/vins) : 100 €/165 € / Huit services (6 plats et desserts/vins) : 125 €/210 €*

112, avenue Victor-Hugo
92100 Boulogne-Billancourt
Tél. : +33 (0)1 48 25 49 20

Fermé samedi et dimanche
www.masa-paris.fr

La Ferme Yamashita

⌘⌘⌘⌘ €€

ASAFUMI YAMASHITA

♡ Végétarien, table d'hôtes gastronomique, seul en scène, Léguman, star, exclusif, nippon et bon

- Asafumi Yamashita, c'est plusieurs vies dans un seul corps ! Ancien sportif de très haut niveau, d'abord boxeur, puis golfeur professionnel, il s'installe dans les Yvelines, puis se reconvertit éleveur de bonzaïs. Malheureusement, il est victime du vol et du saccage de sa production. Ayant la main verte depuis son plus jeune âge, mais absolument aucune expérience préalable, il décide quand même, avant la mode du « bio », de devenir maraîcher, car cela attire moins les brigands. Aujourd'hui, dans sa catégorie, le chef autodidacte est considéré comme le meilleur de France et, probablement, du monde, par tous les plus grands cuisiniers. Pourtant, seulement six élus, dont Pierre Gagnaire, Pascal Barbot et Alain Passard en personne, bénéficient du privilège de pouvoir acheter une partie de sa production. Il ne faut pas se tromper, cet inconnu est un génie, une star. Il doit une partie de son talent au fait qu'il entretient un rapport philosophique, mystique, quasi divin avec la nature. Il ne lui parle pas, mais ne cesse jamais de l'écouter. Lorsque l'une de ses plantes manque de gaz carbonique, il vient lui-même respirer à ses côtés pour lui apporter le supplément nécessaire à sa bonne santé physio-sanitaire. Par ailleurs, Asafumi Yamashita est un pur cartésien, à la logique naturelle et implacable, qui ne s'embarrasse pas de faux-semblants. Cela lui permet de trouver mieux que quiconque la vérité, peu importe où elle se niche. Par exemple, pour le chef, il n'y a pas seulement quatre saisons dans l'année, mais une infinité de micro-saisons. En effet, Asafumi Yamashita ne cueille ses primeurs qu'au moment où ces derniers atteignent leur totale plénitude. Par exemple, pour les petits pois, cette période ne dure pas plus de cinq jour chaque année. Mais, récoltés et cuisinés durant ce court intervalle, ils sont incomparablement tendres et laiteux… Ainsi, les navets kabu du chef sont à la fois croquants et juteux, compacts et tendres, sucrés et subtilement épicés. La densité et la profondeur de la plantation des patates douces les rend légèrement transparentes. Ses variétés rares de tomates possèdent une peau de pêche ! À la table d'hôtes d'Asafumi Yamashita, dire que chaque bouchée est une révélation tient encore de l'euphémisme. Le navet cru kabu dans une sauce à l'anchois et aux pétales de chrysanthèmes vaut largement les plats végétaux ayant fait la réputation de Marc Veyrat. La boulette frite de crevette, coquilles Saint-Jacques et cabillaud, accompagnée de carottes pochées et de radis blanc, anamorphose la gastronomie selon Joël Robuchon. L'assiette possède bien trois ingrédients, mais les jeux de saveurs qui se nouent entre eux sont complexes au point de faire tomber en pâmoison… Goûter les légumes d'Asafumi Yamashita dans un grand restaurant est déjà une expérience formidable, mais les déguster sans aucun travestissement, à quelques mètres du fameux potager, cuisinés amoureusement par le chef leur ayant donné naissance, est totalement incomparable. Réservation impérative.

- **LES VINS** : Asafumi Yamashita n'est pas un expert en vins, alors il fait confiance à la sommellerie de l'Astrance pour lui trouver quelques bouteilles, surtout de vins blancs bourguignons, qu'il vend sur des coefficients triplant. On saura s'en contenter !

***Menu** : Menu (selon la saison, 4 à 7 services) : 50 € à 100 €*

2, chemin des Trois-Poiriers
78130 Chapet
Tél. : +33 (0)1 30 91 98 75

Ouvert sur réservation uniquement

ÎLE-DE-FRANCE

ÎLE-DE-FRANCE

Les Magnolias

⌘ €€ PIERRE-HENRI MOREL

♡ Gastronomique, charme, sophistiqué, fort en vins

• Les Magnolias est le moins parisien des restaurants de la région Île-de-France, et pas seulement parce qu'il est situé en banlieue, sur une grande avenue frontière, mais parce qu'il y règne un état d'esprit de grande table de province, ouvert, sérieux, feutré. Chaque semaine, Pierre-Henri Morel part à la rencontre de ses fournisseurs à Rungis. Les produits choisis proviennent en majorité d'Île-de-France, et ses sélections s'effectuent avant tout à travers un partenariat de confiance et d'exigence, qui permet d'obtenir des ingrédients d'exception, comme les asperges blanches de monsieur Caillot... Les crevettes carabineros en friture de sésame, caponata de légumes confits, équilibre aigre-doux ; ou le dos de chevreuil de Picardie, farce fine aux trompettes de la mort, cerfeuil tubéreux et fruits secs intègrent à la fois les principes d'une gastronomie moderne (esthétisme, contrastes de saveurs) et d'une tradition française de haute volée (sauces épaisses, onctuosité). La carte des vins est également bâtie avec beaucoup d'instruction sur des coefficients triplant : domaines Barmès-Buecher, Trapet, Le Conte des Floris, Matrot, Stéphane Ogier, de la Douaix, du Pré Semelé, Génot-Boulanger... De quoi sortir des sentiers battus pour découvrir des horizons plus vastes que ceux qui sont attendus.

***Menus** : Déjeuner (2 plats et dessert) : 42 € / Prestige (2 plats et dessert/vins, eaux, café) : 58 €/90 € / Dégustation (4 plats et dessert/vins, eaux, café) : 89 €/147 €*
***À la carte** : Mini : 70 € / Maxi : 110 €*

48, avenue de Bry
94170 Le-Perreux-sur-Marne
Tél. : +33 (0)1 48 72 47 43

Fermé samedi midi, dimanche et lundi
www.lesmagnolias.com

Le Bio d'Adam et Ève

⌘⌘⌘⌘ € CAROLINE SÉGURET

♡ Cantine, self-service, très engagé, serial shopper, bio-bio, ou à emporter

• Ancienne ingénieur agronome, Caroline Séguret le sait bien : il n'y a pas de problème, uniquement des solutions ! C'est sans doute la raison pour laquelle, dans son restaurant, tout est possible ! Sans gluten, sans lactose, végatalien, 100 % bio, et même faire ses courses, et pas seulement pour manger (le restaurant est situé dans le quartier des Halles)... Foodistas et fashionistas se pressent donc là pour déjeuner sain, ou emporter de quoi se régaler à la maison. Les produits sont majoritairement locaux (ce qui est une gageure à Paris) et totalement labellisés ! Les poissons sont issus de pêches durables. Les vins sont en nombre restreints, mais ils sont tous certifiés. Tout ce qui est cuisiné est fait maison. Frais, sains, prêts à consommer et made in France... Le bio d'Adam et Ève, c'est un antidote à la malbouffe, qui peut vous accompagner jusque dans votre appartement (avec doggy bag recyclable en prime). Vous n'avez plus d'excuses !

***Menu** : Déjeuner (2 plats et dessert) : 15 €*
***À la carte** : Mini : 21 € / Maxi : 30 €*

41, rue Saint-Honoré
75001 Paris
Tél. : +33 (0)9 82 36 94 57

Fermé dimanche, et le soir
www.facebook.com/Le-Bio-dAdam-et-Eve-123116557815703

Carré des Feuillants

€€

ALAIN DUTOURNIER — CHRISTOPHE SERPIN ET RUDY TOURNADE

Très haute gastronomie, institution, chic, instruit, convivial, annexe de Bacchus

- Sis dans un ancien couvent construit sous Henri IV, le mythique restaurant d'Alain Dutournier est victime d'un paradoxe singulier. Ce n'est pas, comme on pourrait le croire, un lieu de commémoration, mais de pures réjouissances. Dans les assiettes, les matières nobles sont employées avec sobriété. En revanche, les petites gelées, les divins satellites et les chips de légumes font craquer, surtout quand ils accompagnent des foies gras marbrés généreux, rehaussés de piments qui les embellissent drôlement. Grâce à Alain Dutournier, les Landes, les Gaves, l'Adour et le Gers possèdent donc mieux qu'une prestigieuse ambassade à Paris, une citadelle ! Par ailleurs, le chef, cofondateur du Collège culinaire de France (dont la vocation est de mettre en valeur les meilleurs artisans français), a toujours été totalement engagé en faveur de deux causes primordiales, qui sont à l'origine même de la rédaction de ce guide. D'abord, il fut l'un des maîtres d'œuvre dans la constitution des législations et des labels autour du véritable « fait maison », qui consiste à transformer intégralement et exclusivement au sein des restaurants des matières brutes exceptionnelles. D'autre part, Alain Dutournier fut l'un des premiers chantres, il y a plus de quarante ans, bien avant la mode, des vertus des circuits courts, seuls susceptibles de tisser de manière équitable et positive des liens durables, solidaires, forts, entre les producteurs et les consommateurs. Pour toutes ces raisons, la gastronomie et le Sud-Ouest rayonnent avec une intensité unique dans les assiettes d'Alain Dutournier. Bien sûr, il existe bien une raison aux désirs d'excellence et de pédagogie du maestro. En effet, ce dernier a été confronté aux cahiers des charges hérétiques de la restauration industrielle massive lorsqu'il travaillait pour le commissariat hôtelier d'Orly (20 000 repas par jour). Et c'est, déjà, un engagement total, celui de ses parents qui hypothéquèrent leur auberge, ce qui lui permit de s'installer à Paris (en 1973). Pour le chef, loyauté, générosité et abnégation sont donc des valeurs primordiales. Logiquement, pour caractériser la gastronomie selon Alain Dutournier, on doit donc parler de force, de sagesse, d'authenticité, d'humanité et d'une infinie précision. Évidemment, au Carré des Feuillants, la créativité se nourrit de tradition (et réciproquement), et on déguste le terroir autant que les saisons. Cependant, ce que l'on doit impérativement retenir d'une visite rue de Castiglione, c'est que les recettes du chef racontent de si éloquentes histoires, que ce dernier mérite assurément le titre de plus grand orateur de la cuisine française.

- **LES VINS** : Comme les ingrédients qui jouent sur les pianos, les bouteilles qui reposent en cave sont triées sur le volet. On trouve une collection de vieux armagnacs à couper le souffle, des verticales incroyables de tout ce que le vignoble français compte de plus somptueux (20 millésimes de Pétrus, presque autant pour la Coulée de Serrant et pour les jurançons du domaine de Souch). Or, cela tombe bien, car la grande cuisine d'Alain Dutournier mérite, largement, de tels flacons ! Cuvée La D18 du domaine Olivier Pithon à 88 €, domaine de la Grange des Pères à 200 €, Coume Gineste du domaine Gauby à 155 €, château Montus 1987 à 65 €, jurançon La Quintessence 1991 du domaine Bru-Baché à 88 €, domaine Ostertag dès 55 €, cuvées rares du domaine Anselme Selosse, château La Lagune 1970 à 300 €, saint-estèphe château Montrose 1964 à 500 €, château Mouton Rothschild 1955 à 2 400 €, Montlouis de François Chidaine à 68 €, Clos de la Bergerie de Nicolas Joly à 85 €, et tout le Sud-Ouest, le Languedoc et le Roussillon à des tarifs particulièrement amicaux. L'une des caves les plus belles et les plus ouvertes de la haute gastronomie française.

***Menus** : Déjeuner (2 plats et dessert/vins, eaux, café) : 68 €/98 € / Tout compris (4 plats, fromage, desserts, vins, eaux, café) : 159 € / Découverte (5 plats, fromage et dessert) : 198 €*
***À la carte** : Mini : 120 € / Maxi : 220 €*

14, rue de Castiglione
75001 Paris
Tél. : +33 (0)1 42 86 82 82

Fermé samedi midi et dimanche
www.alaindutournier.com

Champeaux

⌘ 🍷 €€ BRUNOT BRANGEA

♡ Brasserie bondée, déco spatiale, naturellement, bon jaja

• Fondé en 1800, et immortalisé par Émile Zola, le restaurant Champeaux fut le repaire du Tout-Paris jusqu'au début des années 1990. Aujourd'hui, comme beaucoup de monuments gastronomiques, l'établissement est piloté par Alain Ducasse. On y mange dans une salle façon hall d'embarquement, assez rapidement, et anonymement. Mais l'essentiel est ailleurs, dans des plats bistrotiers – version légère et réactualisée de la soupe à l'oignon en passant par le tartare au couteau – qui sont composés d'ingrédients frais, locaux, parfois bio, en un mot haut de gamme. Alors certes, les happy hours, les DJ sets et la renommée du patron permettent à la salle de se remplir à toute heure et au-delà des normes raisonnables. Mais cela ne doit pas empêcher, sous la la Canopée des Halles, de boire (souvent bio) et de manger avec le sourire, en toute décontraction.

***À la carte** : Mini : 40 € / Maxi : 90 €*

Forum des Halles
La Canopée
75001 Paris
Tél. : +33 (0)1 53 45 84 50

Ouvert tous les jours
www.restaurant-champeaux.com

Pirouette

⌘ 🍷🍷🍷 € FRANÇOIS-XAVIER FERROL

♡ Bistronomique, cave à manger, moderne, décontracté

• Dans son restaurant, François-Xavier Ferrol (passé chez Éric Fréchon) sert une cuisine française raffinée, dans une salle-cave entièrement faite de bois massif et de baies vitrées. Tous les grands gestes de la bistronomie parisienne sont ici exécutés avec beaucoup de précision. Les produits sont de qualité, les vins, majoritairement bio, affichent de l'érudition et des tarifs amicaux (saint-véran du domaine des Deux Roches, anjou Les Coteaux d'Ardenay de Patrick Baudouin, chinon du domaine Bernard Baudry, coteaux-du-languedoc Saint-Georges d'Orques cuvée Embruns du domaine de la Prose, tous à moins de 40 €), le service est motivé. Les recettes révèlent beaucoup d'espièglerie en revisitant les classiques et les figures imposées : l'œuf parfait aux asperges et curry, ou la tête de veau gribiche déstructurée continuent d'impressionner les clients et une grande partie de la scène critique. Un restaurant parti pour durer car, même quand la salle est bondée ou que le bar de ligne n'a pas était livré, il y a toujours quelqu'un derrière les pianos ou en salle qui s'en tire par une belle... pirouette !

***Menus** : Déjeuner (2 plats) : 20 € / Menu (2 plats et dessert) : 45 € / Dégustation (4 plats et desserts) : 65 €*
***À la carte** : Mini : 40 € / Maxi : 70 €*

5, rue Mondétour
75001 Paris
Tél. : +33 (0)1 40 26 47 81

Fermé dimanche
www.facebook.com/RestaurantPirouette

La Régalade Saint-Honoré

⌘ 🍷 € BRUNO DOUCET

Bistronomique, hype, poutres apparentes, cuisine ouverte, rôtissoire, surbooké

• Les Régalade (il y en a plusieurs) sont les restaurants ambassadeurs de la bistronomie à Paris. Rue Saint-Honoré, le chef se nomme Bruno Doucet, et ça change (presque) tout. Une mauvaise note en mathématiques lors du baccalauréat lui fit choisir d'épouser professionnellement sa seconde passion, la gastronomie, au détriment de l'astronomie. Initié aux plus précieux secrets par Charles Barrier, Jean-Pierre Vigato et Jean-François Piège, il décide en 2004 de se mettre à son compte et de racheter la Régalade, qui appartient alors à Yves Camdeborde. Depuis lors, il joue une partition bistronomique impeccable, au rapport qualité/prix imbattable. Le marbré de pintade betteraves et crème acidulée ; ou le quasi de veau rôti, gros champignon farci d'une parmesane de veau et jus de cuisson réduit sont de grands plats, notamment à vins, dont la générosité et l'authenticité régalent, conformément à la lettre d'intention de l'établissement. La cave fourmille de découvertes, de trucs pointus et/ou connus sur des coefficients triplant. Une institution, dont la gloire est méritée.

***Menu** : Menu (2 plats et dessert) : 39 €*
***À la carte** : Mini : 47 € / Maxi : 72 €*

106, rue Saint-Honoré
75001 Paris
Tél. : +33 (0)1 42 21 92 40

Ouvert tous les jours
www.laregalade.paris

Sur mesure

⌘ 🍷 €€€ THIERRY MARX DAVID BIRAUD

Haute gastronomie, luxe, chic, design, palace

• Sur mesure, c'est le temple moderne et design de Thierry Marx, façon Star Trek, dessiné par Jouin Manku. Dans ce cadre privilégié (à l'intérieur du Mandarin Oriental), le chef produit un « best of » de ses plus grandes inspirations, façon haute couture, et sur mesure, comme l'indiquent ses menus à tiroirs, qui en donnent à chaque client pour ses envies et pour son argent. Bien sûr, la technique du chef, infaillible, japonaise, éclaire chaque assiette. Ces dernières sont conçues comme de merveilleux petits pictogrammes gourmands, dont la finalité est de générer une émotion, mais aussi de susciter tous les sens, en jouant aussi bien avec la vue, l'odorat, le goût, le toucher et même l'ouïe. Et, en effet, les Saint-Jacques simplement poêlées, neige de truffe ; le bar rôti en « écailles croustillantes », noisettes du Piémont, pain torréfié ; ou le bœuf de Miyazaki, cœur de palmier façon os à moelle sont des recettes sans pareil, inédites à Paris, inaccessibles même pour les meilleurs copistes, en raison de la précision de leurs dosages et leurs cuissons, mais aussi du supplément d'âme insufflé par le chef dans chacune de ses compositions. Carte des vins de palace, où les verticales de grands vins donnent le vertige. Thierry Marx part dans tous les sens, et on aime ça, énormément !

***Menus** : Déjeuner (3 plats et dessert) : 85 € / Déjeuner (4 plats et dessert) : 100 € / Déjeuner (5 plats et dessert) : 120 € / Déjeuner (6 plats et dessert) : 150 € / Sur Mesure (5 plats et dessert) : 190 € / Sur Mesure (6 plats et dessert) : 230 € / Sur Mesure (7 plats et dessert) : 250 € / Planète Marx (5 plats et dessert) : 230 €*

251, rue Saint-Honoré
75001 Paris
Tél. : +33 (0)1 70 98 73 00

Fermé dimanche et lundi
www.mandarinoriental.fr/paris/fine-dining/sur-mesure-par-thierry-marx

ÎLE-DE-FRANCE

Yam'Tcha

⌘ 🍷🍷 €€ ADELINE GRATTARD ET CHI WAH CHAN

♡ **Gastronomique, Asie friendly, fooding, rebranche ton téléphone, réservation impérative, maison de thé, cuisine avec vue**

• Le restaurant d'Adeline Grattard étant victime de son succès, il est très difficile de réserver. Et si vous ne laissez pas votre téléphone allumé le jour de la réservation, et que vous ne pouvez pas confirmer, vous risquez de manger sur le trottoir. Cela dit, il est logique que tout Paris se presse dans cette petite salle épurée entièrement construite en perspective, avec feuilles d'or et fresque d'Extrême-Orient. En effet, la zénitude du lieu vaudrait déjà mention à elle seule. Reste que le homard sauté au jaune d'œuf de canard salé, araignée de mer, émulsion au macvin est bon au point de donner envie d'en commander immédiatement, sans sommation, une seconde assiette. Le ravioli de cochon et truffe, sauce cacahuète, herbes et piments est aussi une merveille. Ses parfums possèdent une justesse et une puissance folle. En bouche, le plat n'est qu'onctuosité et perfection. Au surplus, les accords mets et vins, ou mets et thés sont parfois bio, toujours instruits, et les tarifs de l'établissement demeurent justes en dépit de l'affluence. Une grande petite maison que l'on aime infiniment !

***Menus** : Déjeuner (2 plats et dessert/thés/vins) : 65 €/85 €/105 € / Dîner (5 plats, fromage et dessert/thés/vins) : 135 €/175 €/205 €*

121, rue Saint-Honoré
75001 Paris
Tél. : +33 (0)1 40 26 08 07

Fermé dimanche, lundi et mardi
www.yamtcha.com

Bistro Volnay

⌘ 🍷🍷 €€ THOMAS MORETTO PHILIPPE MARQUES

♡ **Bistronomique, accords mets et vins, bon jaja, stylé, Vendôme like**

• Ce bel établissement rejoue la symphonie du bistrot à vins érudit. Mais, sachant que le sommelier propriétaire est Philippe Marques, qui fut pendant dix ans le sommelier d'Alain Senderens au Lucas Carton, cela n'étonnera personne. Le Bistro Volnay est donc l'ambassade d'une cuisine gourmande et bistronomique entièrement tournée vers le vin (400 références en cave). La tourte de colvert au foie gras et son consommé, légumes de pot-au-feu ; le ris de veau croustillant, polenta, girolles et parmesan confirment ces partis pris, les deux recettes étant des lits complexes et douillets pour y accueillir les meilleurs nectars. Et, si nécessaire, dix variétés de poivres sont à disposition pour encore améliorer la subtilité des accords proposés (notamment avec les plus belles syrahs). Et, du côté de la cave, donc ? On compte plus de 15 références au verre et des choix très pointus : sancerre Florès du domaine Vincent Pinard, château la Calisse, mâcon-verzé du domaine Thibert, meursault du domaine Michel Bouzereau, chinon du domaine Bernard Baudry, Clos Meixvelle du domaine Pierre Gelin, coteaux-du-layon du château Pierre Bise passent tous largement sous la barre des 100 €. L'ivresse, sans la gueule de bois !

***Menus** : Déjeuner (2 plats et dessert) : 40 € / Dégustation (4 plats et dessert) : 65 €*
***À la carte** : Mini : 50 € / Maxi : 90 €*

8, rue Volney
75002 Paris
Tél. : +33 (0)1 85 15 27 41

Fermé samedi et dimanche
www.bistro-volnay.fr

Frenchie Bar à vins

⌘ 🍷🍷 € GREG MARCHAND AURÉLIEN MASSÉ

♡ Bistronomique, fou dingue, hype, baravinique, bio-bio chic

• Ce restaurant est très en vue en raison de l'association d'un jeune chef très talentueux, Greg Marchand, dont l'établissement gastronomique (Frenchie) est très couru (c'est littéralement la porte d'à côté), et d'un sommelier, Aurélien Massé, très impliqué dans la découverte et le partage des meilleurs nectars. Les plats bien troussés (filet de bœuf longhorn maturé 45 jours, brocoli, salade Trévise et anchois) confirment la volonté de proposer une cuisine spontanée, accessible, dédiée à la dégustation des meilleurs nectars, souvent bio. La cave permet de parcourir toute la France (et le monde) en restant immobile : Pierre Gonon, Laurent Habrard, Matthieu Barret (Rhône), Pierre Morey (Bourgogne), Gilles Berlioz (Savoie), Albert Mann (Alsace), Michel Gendrier (Loire superstar)... Un vrai choix pléthorique, apte à satisfaire toutes les envies.

***À la carte** : Mini : 32 € / Maxi : 85 €*

5-6, rue du Nil
75002 Paris
Tél. : +33 (0)1 40 39 96 19

Ouvert tous les jours
www.frenchie-restaurant.com/vins-o

Mûre

⌘⌘⌘⌘ 🍷 € COLLECTIF

♡ Cantine bio, self, sans réservation, premier arrivé premier servi, ou à emporter, New York style avec canapé

• Mûre est une petite cantine colorée d'inspiration new-yorkaise. La machine à café y est lustrée comme une Cadillac avec des produits bio. Le petit canapé où l'on peut manger est pris d'assaut comme dans la série *Friends*... Mais, le plus important, c'est que l'on ne déguste ici que des aliments artisanaux, bio ou locaux, tout étant fait et transformé maison, y compris les sodas et le pain. La formule à emporter connaît logiquement un grand succès, car le restaurant est continuellement bondé. Il faut dire que les soupes, les salades, les pizzas et les sandwichs originaux qui changent tous les jours donnent vraiment envie de revenir. On peut même boire un peu de vin labellisé. Les menus sont très abordables et le choix au comptoir est très varié. Ajoutons à cela une équipe dynamique, souriante, engagée, qui fait de la vraie cuisine autant que du service ; et la possibilité de bruncher le samedi... C'est sûr, ça donne envie de prendre pension

***Menus** : Formule (1 plat et dessert) : 10 € / Menu (2 plats et dessert) : 13 €*
***À la carte** : Mini : 15 € / Maxi : 25 €*

6, rue Saint-Marc
75002 Paris

Fermé dimanche, et le soir
www.mure-restaurant.com

ÎLE-DE-FRANCE

Passage 53

⌘ €€ SATO SHINICHI GUILLAUME GUEDJ

♡ Gastronomique, nippon et bon, cadre minimaliste

• Sato Shinichi fut le premier chef nippon à obtenir deux étoiles sur le continent, ce qui n'est pas rien! D'autant plus que Sato Shinichi est souvent seul en cuisine. Bon, évidemment, il a fait ses armes à l'Astrance et chez Pierre Gagnaire, where else? Sur ses tables, ses assiettes sont un défilé de recettes épurées, qui reposent rarement sur plus de trois ingrédients, quelques épices, une sauce ou un bouillon. Dans ces conditions, seule la qualité des matières premières et des cuissons fait la différence entre la médiocrité et l'excellence. Or, sur ces deux points, Sato Shinichi ne triche pas et réussit des démonstrations plus que parfaites! Le chef possède une maîtrise absolue de la flamme. En attestent les asperges blanches coupées en fins tronçons, sauce carbonara en émulsion lard/parmesan; ou le lieu jaune avec ses légumes de saison et son jus de coquillages. Recettes vives, parfumées, honnêtes! La carte des vins est complète : bourgogne de Jules Jayer à 85 €, château des Tours à 49 €, bourgogne du domaine A. et P. de Villaine à 70 €, mercurey du domaine Les Héritiers du Comte Lafon à 110 €, saint-péray du domaine Bernard Grippa à 88 €, lirac La Reine des Bois du domaine de la Mordorée à 63 €, énorme verticale du château d'Yquem, marsannay du domaine Trapet à 75 €, champagne Exquise de Jacques Selosse à 160 €, chablis La Forest du domaine François Raveneau à 105 €... Petit, mais costaud!

***Menus** : Affaires (3 plats et dessert) : 60 € / Dégustation (6 plats et dessert) : 140 €*
***À la carte** : Mini : 110 € / Maxi : 210 €*

53, passage des Panoramas
75002 Paris
Tél. : +33 (0)1 42 33 04 35

Fermé dimanche et lundi
www.passage53.com

Pur

⌘ €€€€ JEAN-FRANÇOIS ROUQUETTE

♡ Haute gastronomie, luxe, chic, asiatique friendly, romantique, service excellent

• Pur, c'est le futur restaurant de prestige de Paris. D'abord, il est sis au cœur même d'un des plus beaux, des plus modernes palaces parisiens, le Park Hyatt Paris-Vendôme. Ensuite, le salon est splendide. Dessiné par Ed Tuttle, il tient du boudoir et de la salle à manger royale. L'ouverture sur les cuisines confère une touche contemporaine de très bon aloi, qui permet de se recentrer sur l'essentiel, sans demeurer infiniment bouche bée, ou paralysé, face à ce majestueux décorum. Car, si le lieu est fameux, les recettes du chef le sont également. Le bœuf wagyu d'origine nippone, grillé au feu de bois, ferait devenir carnivore le plus maniaque des vegans. Le bar de ligne cuit au naturel, choux pluriels, oignons pickles, châtaignes confites, lait fumé est un immense plat à vin, qui produit des parfums subtils et puissants jusqu'en rétro-olfaction. Le pigeonneau de Racan cuisiné comme une bécasse, pommes soufflées, salsifis lardés, râpée de truffe noire est savoureux comme un dessert, puissant comme un gibier! La carte des vins est, logiquement, digne d'un palace. L'avantage, c'est que toutes les plus belles références (400 en tout) sont là, et que le château d'Yquem est servi au verre (90 € quand même). Mais, à moins de 100 €, il est difficile d'ouvrir un flacon. Bientôt, Tout-Paris va se presser à cette table, où tout n'est que luxe et raffinement.

***Menus** : Le temps qui passe (3 plats, fromages et desserts/vins) : 145 €/215 € / Carnet de voyage (5 plats, fromages et desserts/vins) : 185 €/275 €*
***À la carte** : Mini : 145 € / Maxi : 290 €*

5, rue de la Paix
75002 Paris
Tél. : +33 (0)1 58 71 10 60

Fermé le midi
www.hyatt.com/corporate/restaurants/lepur/fr/home.html?src=vanity_paris-restaurant-pur.fr

Saturne

⌘⌘⌘ ⟟⟟⟟ €€

SVEN CHARTIER

EWEN LE MOIGNE

♡ Bistronomique, déco industrielle scandinave, cave à manger, végétarien compatible, branché

• Déjà, le concept de Saturne donne le sourire. Ici, sont privilégiés les circuits courts et une agriculture propre. Les vins de la vaste cave (les propriétaires ont également une casquette de marchand en ligne) composée de plus de 300 références (pas toutes disponibles au restaurant) sont sans chimie, et très fréquemment labellisées et/ou nature. Dans les assiettes, façon Joël Robuchon, tout est concentré autour de l'essentiel : des produits artisanaux ou bio, respectant l'homme, l'animal et le végétal. Dans les assiettes ? Cela donne des recettes food finger version grand luxe. La truite de Banka avec oursin, bergamote et poire fait voir très clairement la filiation du chef avec Alain Passard. Le tartare de bœuf fumé avec poutargue fraîche, crème crue au raifort, pain à l'olive est un exemplaire terre-mer, qui empile les goûts forts jusqu'à l'ivresse. C'est aussi un lige pour les vins nature les plus francs ! Le merlu de ligne avec chou-fleur, coques et encre de seiche est un parangon de douceur et de finesse. L'aiguille fumée, betterave et raifort est cuite à la perfection. Elle contient encore une minuscule pointe d'iode qui entame un dialogue passionnant et savoureux avec la poudre glacée à la betterave. Même les desserts sont au niveau attendu. Il y a de la profondeur, du calibre et de la modernité dans le chocolat au sarrasin et foin ! Conformément à sa lettre d'intention, Sven Chartier donne bien à déguster des recettes épurées, sans fioritures, qui magnifient les aliments mis en scène. Saturne rond, et à notre humble avis, pour longtemps, direction les étoiles, en constellation ou en brochette !

• **LES VINS** : Par le biais de la société Vinisat (vins d'artisans), Ewen Le Moigne règne sur un véritable trésor qui contient tout ce que compte la jeune garde des vignerons nature et bio. On ne meurt donc pas de soif chez Saturne. D'autant plus que les formules en accords parfaits et les vins au verre (prix unique à 13 €) sont pratiqués avec connivence et dextérité (les recettes de Sven Chartier évoluent quotidiennement en fonction du marché et des cuvées disponibles). Pinot gris Réserve de Bruno Schueller, Les Vignes de Babass, saint-joseph de Jean Delobre, Patrick Bouju (Auvergne), Christian Ducroux (Beaujolais), Gérald Oustric (Ardèche), Michel Favre (Saint-Émilion), Frédéric Cossard (Bourgogne), Jean-Michel Stéphan (Rhône), Hirotake Ooka (Rhône), Anne-Marie Lavaysse (Languedoc) ouvrent tous leurs premières cuvées dès 60 €. On vous l'a dit, on le répète, il y a à boire et à manger chez Saturne.

***Menus** : Déjeuner (2 plats et dessert) : 45 € / Carte blanche (5 plats et dessert/vins) : 85 €/150 €*

17, rue Notre-Dame-des-Victoires
75002 Paris
Tél. : +33 (0)1 42 60 31 90

Fermé samedi et dimanche
www.saturne-paris.fr

Le Terroir parisien

€€ ÉRIC CASTANDET

Bistronomique, annexe de luxe, bistrot trop chic, lignes carrées

• Ah, le fameux Terroir parisien ! Si on lui avait dit, il y a dix ans, qu'il serait l'objet d'une lutte d'influence entre les plus grands chefs de France, il n'aurait sans doute jamais pensé mériter autant d'attention. Reste qu'il y a vraiment de quoi se réjouir à le voir mis en scène majestueusement, sous la direction du chef d'orchestre Yannick Alléno ! Dans son restaurant, les poires viennent de Groslay, la chicorée de Montreuil, les poireaux de Belleville, les oignons blancs de Marly... Au comptoir, on peut grignoter un véritable sandwich parisien jambon beurre (8 €). À table, Éric Castandet fait preuve de beaucoup d'application pour envoyer le carré de cochon rôti et risotto de coquillettes. Mais il est aussi précis pour les recettes qui se mangent au comptoir, comme le radis beurre et pain grillé. Toutefois, à quoi juge-t-on vraiment le Terroir parisien ? À son pâté en croûte de volaille, évidemment. Or, celui du restaurant est au niveau attendu. Carte des vins au diapason parisien (coefficients entre 3 et 4), logiquement. S'encanailler en bonne compagnie, c'est chic.

À la carte *: Mini : 50 € / Maxi : 100 €*

Palais Brongniart
25, place de la Bourse
75002 Paris
Tél. : +33 (0)1 83 92 20 30

Fermé samedi midi et dimanche
www.yannick-alleno.com/fr/restaurants-reservation/terroir-parisien/restaurant-paris.html

Café Pinson

€ AGATHE AUDOUZE ET DAMIEN RICHARDOT

Bistronomie-bio, végétaro-vegan, équitable, sans lactose, lounge, brunch, ou à emporter, très engagé

• Agathe, férue de naturopathie, d'aromathérapie, de cuisine saine et gourmande, a décidé de créer un restaurant où, selon ses propres termes, il est possible de manger des plats bio, bons, beaux et healthy ! Force est de constater qu'elle a réussi son pari. Dans les assiettes, la propriétaire s'efforce de réaliser de petites architectures dignes de grands chefs. Certes, les recettes sont plus simples, mais le croustillant de quinoa, mayo vegan, carotte caramélisée au four, brocoli vapeur et mesclun est excellent. Les desserts sans beurre font vraiment ressortir le goût de fruits somptueux. Hormis le sel, tous les ingrédients du restaurant sont labellisés bio. C'est aussi le cas des vins, souvent nature, qui trônent sur une petite carte où ils côtoient tout un tas de jus aux vertus détox et curatives. Cerise sur le gâteau, tout est fait maison. Les produits sont transformés en direct dans les cuisines avec vue, pour le plus grand plaisir des gourmands.

Menus *: Formule (1 plat et dessert) : 17,50 € / Brunch : 24,50 €*
À la carte *: Mini : 25 € / Maxi : 50 €*

6, rue du Forez
75003 Paris
Tél. : +33 (0)9 83 82 53 53

Fermé dimanche soir
www.cafepinson.fr

Elmer

⌘ 🍷🍷 € **SIMON HORWITZ** **SÉBASTIEN PERROT**

♡ Bio-bio, bistronomique, branché, rigolo, nature, éclectique

• Avant d'ouvrir son restaurant, Simon Horwitz a voyagé tout autour du monde, notamment en Asie et en Amérique du Sud, et a côtoyé des chefs aussi géniaux que Pierre Gagnaire et Sylvestre Wahid. Aussi, logiquement, il produit dans son établissement des recettes épatantes, racées, inédites, dont le fil rouge tient en cinq belles idées : internationalité, inventivité, décontraction, hédonisme, naturalisme. Mais, au-delà du talent du chef trublion, ce qui le distingue particulièrement, c'est sa volonté de servir des plats et des vins nature, aussi authentiques que possible, souvent rôtis, grillés ou braisés pour les premiers, et labellisés pour les seconds (Belluaire, Mosse, Vionnet à partir de 45 €). Qui a dit que manger sainement ne pouvait pas, en plus d'être appétissant, être également franchement rigolo ?

***Menus** : Formule (1 plat et dessert) : 25 € / Menu (2 plats et dessert) : 29 €*
***À la carte** : Mini : 40 € / Maxi : 60 €*

30, rue Notre-Dame-de-Nazareth
75003 Paris
Tél. : +33 (0)1 43 56 22 95

Fermé dimanche, lundi, et samedi midi
www.elmer-restaurant.fr

Café Ginger

⌘⌘⌘ 🍷 € **EDWARD ET DANIELA CAREY**

♡ Végétalien, trop frais, équitable, brunch, pâtisserie, épicerie, où à emporter

• Le café Ginger est le repaire des végétaliens de Paris (option sans gluten). On y mange des soupes d'anthologie, des tartes et des pizzas bio qui font la différence dès la première bouchée. Du thé aux jus de fruits, toutes les boissons sont bio et/ou issues du commerce équitable, même les vins. Certes, la carte est courte, mais on peut la déguster au verre. Pour qui douterait de la qualité, de l'engagement et de la notoriété du café Ginger, précisons qu'il est connu par les fashionistas jusqu'au Japon. Réservation impérative, sans rire, sinon vous emporterez votre dîner dans un délicieux (lui aussi) petit carton.

***Menu** : Brunch : 24,90 €*
***À la carte** : Mini : 25 € / Maxi : 40 €*

9, rue Jacques-Cœur
75004 Paris
Tél. : +33 (0)1 42 72 43 83

Fermé lundi, et le soir de mardi à jeudi
www.cafe-ginger.fr

Itinéraires

€

SYLVAIN SENDRA

SARAH SENDRA

Haute gastronomie, végétalo-compatible, amicalo-nippon, décomplexé, fort en vins, jeune talent

• Sylvain Sendra a enfin trouvé sa bonne étoile, et nous ne parlons pas de son épouse, Sarah. Originaire de la région lyonnaise, passé chez Olivier Roellinger et Alain Ducasse, le chef n'a peur de rien, ni des graisses ni de la générosité ni de la créativité ! Par ailleurs, à notre connaissance, Sylvain Sendra est le seul cuisinier qui, bien que ne disposant pas de trois étoiles, a le droit de se servir dans le potager d'Asafumi Yamashita, le fournisseur attitré d'Alain Passard, de Pierre Gagnaire et de Pascal Barbot ! Aussi, en ce qui concerne la qualité des cuissons (lentes et à basses températures) et le respect des ingrédients, ça situe le niveau. On ne s'étonne donc pas que sa cuisine d'invention, d'artisans (notez le pluriel), au gré des idées et du moment, soit impressionnante. Par exemple, son œuf au plat avec le lard de monsieur Duler, morilles fraîches, émulsion de lard et ail des ours fait monter le champignon sur un piédestal. Le carpaccio de Saint-Jacques, avec les choux d'Asafumi Yamashita, granité d'huître aux langues d'oursin et aneth possède une longueur et une complexité époustouflantes. La cave, épatante, regorge de vins bio de Loire et d'Alsace, ça tombe bien, hein ? D'ailleurs, chez Itinéraires, tout ce qui entre et/ou sort des cuisines retombe toujours sur ses pattes. Le chef n'étant pas un chat, ce n'est sans doute pas un hasard !

• **LES VINS** : Sarah a construit autour des meilleurs vignerons de la « nouvelle » génération une carte hyper tendance, très intelligente (plus de 15 références au verre), et sagement tarifée (ce qui ne gâche rien) ! Le trésor de madame Sendra est constitué de 800 références (dont la moitié vieillit sagement en cave), parmi lesquelles on retrouve Marcel Deiss ou François Raquillet dès 40 €, mais aussi de fameux vins de propriétaires bio, dont quelques raretés : cahors La Haute Pièce de Parlange et Illouz à 52 €, vin de France Faustine du domaine Comte Abbatucci à 48 €, morgon Côte du Py de Jean Foillard à moins de 50 €, champagne Jacques Selosse dès 125 €, riesling grand cru Rosacker du domaine Agapé à 71 €, côtes-du-roussillon-villages Segna de Cor du domaine Le Roc des Anges à 49 €... Même si l'on ne boit pas, on ressort moins bête après une lecture de cette carte vraiment instruite.

Menus *: Déjeuner sommelier (2 plats et vin) : 32 € / Déjeuner découverte (3 plats et dessert) : 49 € / Initiation (3 plats et dessert) : 65 € / Dégustation (4 plats et desserts/vins) : 90 €/150 €*
À la carte *: Mini : 70 € / Maxi : 140 €*

5, rue de Pontoise
75005 Paris
Tél. : +33 (0)1 46 33 60 11

Fermé samedi midi, dimanche et lundi
www.restaurant-itineraires.fr

ÎLE-DE-FRANCE

Tour d'Argent

⌘ · €€€ · PHILIPPE LABBÉ · DAVID RIDGWAY

Haute gastronomie, luxe, coin-coin, institution, service excellent, tenue correcte exigée

• La Tour d'Argent est « Le » restaurant mythique, Le restaurant le plus connu au monde ! C'est ici que les Français ont découvert l'usage de la fourchette sous Henri III. La Tour d'Argent n'est donc pas un conservatoire, c'est Le conservatoire. Certes, l'arrivée de Philippe Labbé en cuisine a projeté le restaurant dans un nouveau siècle, vers l'avenir. Cependant, les fameux canards, élevés sur mesure pour la Tour depuis plusieurs éons, n'ont pas disparu de la carte. Bien sûr, on peut vivre sans jamais avoir emprunté l'ascenseur privé menant au restaurant mais, comme d'une visite du Louvre ou de la lecture d'un roman de Dostoïevski, on en sort grandi. Il n'existe aucune autre enseigne gastronomique de laquelle rayonne autant de culture et d'histoires, petites ou grandes. Au surplus, le service est le meilleur du monde. Et, David Ridgway est probablement le meilleur sommelier en exercice en France (il a fait a mer le vin au rédacteur de ces lignes il y a vingt-deux ans). Il règne sur la plus belle cave de la planète, soit plus de 450 000 bouteilles. Les flacons les plus anciens remontent à trois siècles. Les autres font rêver : domaine François Raveneau à 160 €, domaine William Fèvre 145 €, Les Preuses du domaine Vincent Dauvissat à 175 €, Joseph Drouhin dès 160 €. Verticales vertigineuses à Bordeaux : châteaux Cos d'Estournel et Montrose de 1964, tout château Angelus à partir de 1959, Clos des Papes et domaine du Vieux Télégraphe 1998 coûtent 150 €... Et, sur le plan gastronomique, les recettes du chef valent bien deux étoiles. En attestent les langoustines vivantes, chaudes, premières asperges vertes, neige de lait d'amande, agastache, crumble des têtes. Alors, oui, même si les prix ont flambé de manière non conventionnelle (mais on murmure que le propriétaire, monsieur Terrail, va revenir à plus de raison), il faut venir à la Tour d'Argent pour manger, pour vivre, pour rêver... et pour entrer dans la légende !

***Menus** : Déjeuner (2 plats et dessert) : 105 € / Imagination de Philippe (5 plats et dessert) : 350 € / Caneton de Liliane Burgaud (5 plats) : 370 €*
***À la carte** : Mini : 230 € / Maxi : 290 €*

15, quai de la Tournelle
75005 Paris
Tél. : +33 (0)1 43 54 23 31

Fermé dimanche et lundi
www.tourdargent.com

Les Bouquinistes

⌘ · € · STÉPHANE PERRAUD

Bistronomique, Savoy, bord de scène, en vue, voiturier

• Les Bouquinistes, c'est l'emblématique restaurant des bords de scène de Guy Savoy. C'est aussi un piège à jeunes filles naïves, que des messieurs emmènent ici en leur jurant qu'elles vont vivre le grand frisson culinaire façon trois étoiles. Souvent leurs yeux pétillent à la fin du repas, quand le voiturier avance l'automobile. Il faut dire que le menu dégustation en six services est particulièrement bien troussé. Stéphane Perraud met beaucoup de conviction et de talent dans le carpaccio de poulpe, sauce vierge, quelques feuilles croquantes ; et dans le maquereau au muscadet, sorbet thym-citron, nage en vinaigrette, qui sont à la pointe de la bistronomie, et qui peuvent valoir étoile sans se forcer. Le cabillaud en parure de fruits secs, beurre blanc, choux et pois gourmands est encore supérieur, fameux. Toutefois, on ne doit pas comparer ces excellentes propositions avec celles du grand Guy. En revanche, là où les Bouquinistes marquent un point, c'est sur la carte des vins, finalement supérieure (plus bio, plus moderne et bien plus accessible) que celle du vaisseau amiral. Pas exactement le grand frisson, mais de très belles cuissons et d'excellents vins. C'est déjà très bien.

***Menus** : Déjeuner (2 plats et dessert) : 36 € / Dîner (2 plats et dessert) : 44 € / Dégustation (4 plats et desserts) : 78 €*
***À la carte** : Mini : 50 € / Maxi : 90 €*

53, quai des Grands-Augustins
75006 Paris
Tél. : +33 (0)1 43 25 45 94

Ouvert tous les jours
www.lesbouquinistes.com

Guy Savoy

⌘⌘⌘⌘ 🍷🍷🍷 €€€€

GUY SAVOY

SYLVAIN NICOLAS

♡ Très haute gastronomie, luxe, chic et choc, très romantique, service excellent

• Longtemps boudée par l'intelligentsia de la capitale, la cuisine de Guy Savoy rayonne désormais sur Paris, et sur le monde, avec une aura inégalée. Pourtant, c'était mal parti ! En effet, la conseillère d'éducation du jeune Isérois d'adoption lui avait annoncé qu'il n'était pas taillé pour les métiers manuels en général, et pour celui de cuisinier en particulier (*sic*). C'est sans doute pour cette raison que le maestro est autant engagé dans des actions de formation et de transmission du patrimoine culinaire, allant même jusqu'à inventer des jeux olfactifs pour rendre intelligents les dîners des enfants ayant la chance d'accompagner leurs parents au restaurant. Aujourd'hui, il n'y a plus qu'à la Monnaie de Paris où l'on peut faire le tour exhaustif de tous les somptueux classiques de notre gastronomie, revisités façon luxe et perfection, à base de produits de toute première qualité (pêches de petits bateaux, productions respectant les hommes, les bêtes et la Terre) qui représentent les plus belles AOC et tous les meilleurs artisans français. Le restaurant de Guy Savoy mérite donc amplement d'être considéré comme le grand conservatoire du (bon) goût et de la tradition gauloise. Le chef y conjugue naturellement la gastronomie, à tous les temps, avec plus d'être que d'avoir. Toutefois, que les gastronomades se rassurent, les menus pléthoriques, où chaque plat est sublime, font jour a des idées mieux que neuves, inédites, uniques, infalsifiables. Le turbo de la tête au pied est littéralement énorme. La concassée d'huîtres, aile de raie, granité d'algue et petit goût breton réinvente à elle seule le sel et l'iode. La soupe d'artichaut à la truffe noire, brioche feuilletée aux champignons et truffes fait briller la signature de Guy Savoy dans toute l'Europe, mille fois copiée, jamais égalée ! Le saumon figé sur sa glace (- 70 °C) et bouillon brûlant est diabolique. Les parfums de l'huile d'olive, du citron-caviar, du cerfeuil et du sel rose de l'Himalaya y sont séduisants et sensuels au-delà du raisonnable. Enfin, le pigeon grillé au barbecue, petits pois, jus aux abats, offre des contrastes impressionnants et une longueur en bouche infinie, au point de donner le vertige... Indubitablement, Guy Savoy peut fièrement revendiquer son titre de meilleur restaurateur du monde. C'est ici et nulle part ailleurs que l'on redécouvre avec humilité et fascination une nature pleine de vie, qui respire dans chaque plat, et qui a revêtu pour l'occasion ses plus beaux habits d'apparat. Quai de Conti, à chaque service, des équipes infiniment instruites, empathiques et soudées font la démonstration que la gastronomie, c'est l'art d'utiliser des aliments pour créer de grandes émotions, de la culture et du bonheur. C'est Magistral, avec une majuscule et, évidemment, cela n'a pas de prix !

• **LES VINS** : La carte des vins présente tous les grands noms de la viticulture française, auxquels s'ajoutent quelques belles pépites planétaires. Ces dernières reposent dans la cave voûtée, trois fois centenaire, construite sous la Monnaie de Paris ! Riesling Fronholz du domaine Ostertag à 125 €, chablis grand cru Les Clos de Vincent Dauvissat à 280 €, côtes-du-jura En Barberon d'André et Mireille Tissot à 90 €, ermitage De l'Orée 2007 de M. Chapoutier à 595 €, condrieu Les Chaillées de l'Enfer du domaine Georges Vernay à 290 €, limoux Aigle Royal de Gérard Bertrand à 145 €, IGP d'Hérault Siclène du domaine La Terrasse d'Élise à 105 €, montlouis-sur-loire Les Choisilles de François Chidaine à 80 €...

***Menu** : Couleurs, textures et saveurs (7 plats, fromage et desserts) : 395 €*
***À la carte** : Mini : 230 € / Maxi : 550 €*

Monnaie de Paris
11, quai de Conti
75006 Paris
Tél. : +33 (0)1 43 80 40 61

Fermé samedi midi, dimanche et lundi
www.guysavoy.com

KGB

€ WILLIAM LEDEUIL

Bistronomique, fooding, nippon et bon, à la coule

• KGB (Ze Kitchen Galerie Bis) n'est pas ce que vous croyez, mais l'autre facette de la gastronomie façon William Ledeuil, chef parisien référence de la culture fooding, et ancien chef de l'année, selon le Gault&Millau. Ici, se réinvente chaque jour une cuisine de partage décomplexée, revisitée, clairement sous influence asiatique (salade de quinoa, mousse d'avocat, crabe en tempura, bouillon dashi avec champignons enoki), mais qui conserve, chevillée aux pianos, une exigence absolue dans le choix des produits. William Ledeuil fut l'un des premiers chefs parisiens à réduire ses marges bénéficiaires pour n'accorder sa confiance qu'aux meilleurs maraîchers et épiciers. Cette quête continue... Et le sillon tracé a montré la voie à de nombreux cuistots, eux aussi « fous dingues ». Sur la carte des vins, le bon et le bio se mélangent avec élégance et nonchalance : château Lafont Menaut, domaine Bosquet des Papes, Soif de Loup, beaujolais blanc de Jean-Paul Brun, domaine Vacheron, Didier Dagueneau, Philippe Delesvaux... Du connu, du reconnu et, surtout, du solide !

***Menus** : Déjeuner (5 plats et dessert) : 36 € / Découverte (5 plats et desserts) : 55 € / Dégustation (7 plats et desserts) : 66 €*

25, rue des Grands-Augustins
75006 Paris
Tél. : +33 (0)1 46 33 00 85

Fermé dimanche et lundi
www.zekitchengalerie.fr

L'Épi Dupin

€ FRANÇOIS PASTEAU

Bistronomique, fort en vins, engagé, locavore, boutique, ou à emporter

• François Pasteau fut l'un des premiers apôtres d'une bistronomie du vin, instruite et proche du terroir parisien. À l'Épi Dupin, on ne mange donc que des produits locaux et de saison, ainsi que des poissons issus de pêches durables. Dans le restaurant, les eaux du réseau sont microfiltrées pour obtenir plus de pureté, et l'électricité est verte. Difficile d'être plus engagé en matière d'éco-responsabilité. Le céleri comme un risotto au parmesan, dos de cabillaud en croûte de noisettes ; ou les carottes multicolores de Laurent Berrurier, échine de cochon fermier basque rendent de vibrants hommages aux efforts du chef propriétaire, et illuminent immanquablement le visage des clients. La carte des vins est pleine de justice et de justesse (coefficients doublant), spécialement forte en Loire et très amicale avec les vignerons artisans et/ou engagés. Une référence, où l'on ne mange pas « mode », mais où l'on mange (et boit) bien !

***Menus** : Formule (1 plat et dessert) : 28 € / Menu Carte (2 plats et dessert) : 39 € / Dégustation (4 plats et desserts) : 52 €/89 €*
***À la carte** : Mini : 45 € / Maxi : 70 €*

11, rue Dupin
75006 Paris
Tél. : +33 (0)1 42 22 64 56

Fermé samedi, dimanche, et lundi midi
www.epidupin.com

Quinsou

€ ANTONIN BONNET

Bistronomiqiue façon gastro, intime, bien vu, technique, service excellent, romantique

• Antonin (est un gros) Bonnet. Il a tout vu, le meilleur (Michel Bras) et le pire (la Jeune Rue). Son restaurant est un lieu chromé, avec divans profonds en cuir, lustres scintillants, assez chic et intime pour que l'on y passe de délicieux moments. À ce titre, les plats envoyés par le chef sont exemplaires. Le quasi de veau accompagné d'une quenelle d'aubergine permet de goûter à toutes les nuances d'une viande de première qualité. La pomme rôtie aux épices avec granola de sarrasin, glace au houblon sauvage est un dessert envié par toutes les tables étoilées de la capitale. Et, l'emblématique plat signature du restaurant, le pagre de ligne de Saint-Gilles-Croix-de-Vie, soupe d'ortie, huile de fenouil et pommes de terre rouges des Flandres fait voyager loin, autour du monde, façon montagnes russes, entre douceur infinie, amertume maîtrisée et vivacité spectaculaire. La carte des vins nous convient, c'est-à-dire qu'elle est largement ouverte à la nature et à la biodynamie, mais aussi qu'elle est pointue (Dominique Derain, Georges Descombes, Jean-François Ganevat, Philippe Valette, Frantz Saumon) et elle pratique le verre en accord parfait dès 8 €. Le menu unique, c'est chic !

***Menus** : Formule Déjeuner (1 plat et dessert) : 29 € / Menu Déjeuner (2 plats et dessert) : 35 € / Dîner (3 plats et dessert) : 48 € / Dégustation (5 plats et dessert) : 65 €*

33, rue de l'Abbé-Grégoire
75006 Paris
Tél. : +33 (0)1 42 22 66 09

Fermé dimanche et lundi
www.facebook.com/quinsou

Le Relais Louis XIII

€€ MANUEL MARTINEZ

Gastronomique, institution, tradition, chic, romantique, romanesque

• Dîner au Relais Louis XIII, c'est l'assurance d'une parenthèse enchantée. Déjà, la salle à manger d'époque, presque baroque, aveugle dans un style bonbonnière, plaît et isole de tout, tracas compris. Manuel Martinez n'envisage pas la gastronomie comme un combat, ni un concours, mais comme un apaisement, un délicieux ronronnement (y compris au niveau du service). Alors, oui, il y a quelque chose d'anachronique dans la quenelle de bar, sorte d'abstraction insensée, mais qui possède une douceur ouatée exceptionnelle, qui fait respirer tout le palais. Le canard challandais rôti aux épices, légumes du moment, cuisse légèrement confite, pomme de terre ratte, huile d'olive et fleur de sel consacre également une certaine idée de la gastronomie française. Mais, après dégustation – venaison, salaison, fondant –, qui oserait s'en plaindre ? La carte des vins est à l'image de la Maison, classique, sans aspérité, rassurante et de haute volée : champagne Grand Blanc de Philipponnat à 95 €, puligny-montrachet premier cru Les Folatières 2008 du domaine Vincent Girardin à 130 €, sancerre Nuance 2013 de Vincent Pinard à 65 €, côtes-du-jura 2011 du domaine Macle à 60 €... Depuis les changements récents ayant ébranlé la Tour d'Argent, le Relais Louis XIII est le dernier restaurant parisien où l'on peut dignement voyager dans le temps.

***Menus** : Déjeuner (2 plats et desserts) : 60 € / Inspiration (2 plats et desserts) : 90 € / Signature (2 plats et desserts) : 90 € / Dégustation (6 plats, fromages et desserts) : 140 €*
***À la carte** : Mini : 130 € / Maxi : 220 €*

8, rue des Grands-Augustins
75006 Paris
Tél. : +33 (0)1 43 26 75 96

Fermé dimanche et lundi
www.relaislouis13.fr

Sémilla

⌘⌘ 🍷 € ÉRIC TROCHON

♡ Bistronomique, food dingue, branché, façon bar industique, tables en marbre

• Sémilla, c'est trop food ! Sémilla, c'est fashion, un peu comme le vintage... Jamais passé de mode ! Déjà, il faut préciser que le lieu possède un joli pedigree, en la personne de son chef Éric Trochon, meilleur ouvrier de France millésime 2011. Du coup, on ne s'étonne pas que le cabillaud, purée de panais, persil tubéreux, jus d'échalotes grillées fasse courir tout Paris rue de Seine. Personnellement, nous lui préférons cependant le cochon de lait farci, oignons nouveaux, champignons boutons, jus au cidre, qui tient toutes les promesses de son intitulé. Le plat est dodu, savoureux, plein de belles graisses idéalement prisonnières des satellites de l'assiette. Bien sûr, les fournisseurs emblématiques de la Maison (Micheline Bajolle pour l'huile d'olive, la boucherie du Rouillon, les pêcheurs de Granville, Stéphane Meyer l'herboriste...) sont en partie responsables des étoiles qui brillent dans chaque assiette. La cave aime les meilleures « petites » cuvées des grands vignerons (domaine la Tour Vieille, saint-joseph d'Alain Graillot, domaine Bernard Gripa à moins de 70 € et au verre). Une belle adresse fréquentée également par les mannequins de l'agence voisine.

***Menus** : Formule (1 plat et dessert) : 25 € / Déjeuner (2 plats et dessert) : 35 € / Dégustation (3 plats et dessert) : 65 € / Brunch : 25 €*
***À la carte** : Mini : 55 € / Maxi : 100 €*

54, rue de Seine
75006 Paris
Tél. : +33 (0)1 43 54 34 50

Ouvert tous les jours
www.semillaparis.com/fr

Auguste

⌘⌘⌘ 🍷 € GAËL ORIEUX

♡ Bistronomique, Mr. Goodfish, happy chic, étoilé style, intime

• Gaël Orieux est le parrain de la campagne Mr. GoodFish, dont la vocation est de sensibiliser ses confrères et toute la filière agroalimentaire à la pêche et à la consommation responsables, ainsi qu'à la préservation des ressources marines. On se doute donc que la quantité de talent et d'énergie investis dans les croustillants de langoustines à la verveine, bavarois de céleri branche et réduction de kumquat est très importante. La méticulosité nécessaire à la réalisation des Saint-Jacques, aigre-douce de carottes, salsifis fleurés à la vanille de Tahiti et shimeji est également impressionnante. Ces deux recettes ne laissent aucune prise à la critique. En effet, le chef est un grand technicien (passé chez Paul Bocuse, Yannick Alléno, Philippe Legendre et Alain Senderens) au point d'être le vrai maestro de « Top Chef », dont il est le conseiller culinaire général depuis la première saison ! Par ailleurs, son engagement est sans faille (les arômes synthétiques sont proscrits et tous les produits du restaurant son éco-responsables) car il veut faire la démonstration dans chaque plat que la Terre et la mer ne sont pas des supermarchés en libre-service. C.V. en béton armé, audace et intuition folle... On tient peut-être là le très grand restaurateur parisien de demain !

***Menus** : Déjeuner (2 plats et dessert) : 37 € / Découverte (4 plats, fromage et dessert/vins) : 88 €/154 €*
***À la carte** : Mini : 105 € / Maxi : 210 €*

54, rue de Bourgogne
75007 Paris
Tél. : +33 (0)1 45 51 61 09

Fermé samedi et dimanche
www.restaurantauguste.fr

Arpège

€€€€

ALAIN PASSARD

Très très haute gastronomie, chef culte, Léguman, chic et choc, inoubliable

• Si Alain Passard réduisait les coefficients grevant le prix des vins de sa carte et si sa brigade de salle possédait un meilleur sens du rythme, son restaurant serait sûrement le meilleur de France, voire du monde, voire de tous les temps. En effet, dans les assiettes de l'Arpège, il ne cesse de se produire des miracles, de se jouer des symphonies divines, qui convoquent des goûts et des souvenirs oubliés, rares et précieux. Une visite tient souvent les promesses d'être complètement fantastique... Pour atteindre ce niveau inédit, le chef a légèrement fait évoluer ses partis pris. Certaines de ses assiettes sont moins composées qu'auparavant, moins « guerardiennes », plus centrées autour d'un produit de première qualité, souvent en provenance directe de ses propres potagers. Ici, aucun satellite n'est anecdotique. Alain Passard trouve toujours le point d'équilibre entre une gastronomie touchant à la fois à l'épure et à l'orfèvrerie, comme en atteste la « simple » salade, vinaigrette de fruits et d'agrumes, réduction balsamique, pois rouges, échalote et persil, qui est tellement gaie qu'elle semble pétiller sur le palais.

Aujourd'hui, plus que jamais, Alain Passard raconte sa passion pour les fruits et légumes. Difficile d'imaginer l'émotion que l'on peut ressentir en dévorant une asperge ou un brocoli passé par les mains agiles du chef. Il maîtrise si bien les recettes, les dosages et les cuissons, dont il est le chantre absolu, qu'il peut faire ressortir les goûts de peau des produits sans altérer leur pulpe, libérant ainsi des parfums habituellement retenus prisonniers. Et, nous ne disserterons pas sur son emploi, lumineux, du cacao et du miel dans les assiettes salées, carrément culte ! La betterave effilée, carotte, panais, marinés au citron procure des sensations de volupté d'une rare plénitude. Sa persistance est à peine croyable. Quelques pointes aiguës générées par l'agrume déclenchent en bouche une sorte d'épiphanie gourmande. Si la vérité du métier de cuisinier existe, Alain Passard doit être en passe de la trouver, si ce n'est déjà fait !

• **LES VINS** : La carte est toujours l'une des plus chères de l'Hexagone, même si, parmi les coefficients terrifiants (5 à 6), quelques flacons sont épargnés, se contentant de tripler. Mais, pour les trouver, la vigilance est requise. Champagnes Cristal de Louis Roederer à 440 € et La Grande Dame 1990 de Veuve Clicquot à 547 €, riesling grand cru Muenchberg du domaine Ostertag à 165 €, riesling de Trimbach à 76 €, cuvée des Seigneurs de Ribeaupierre à 120 €, vin jaune d'Henri Maire à 180 €, son savagnin à 60 €, Clos des Mouches de Joseph Drouhin à 200 €, santenay de Louis Jadot à 92 €, meursault de Jean-François Coche-Dury à 512 €, La Petite Côte d'Yves Cuilleron à 129 €, Le Chevalier de Stérimberg de Paul Jaboulet Aîné à 155 €, château de Beaucastel à 324 €, blanc de Boisrenard à 145 €, Ampélidæ, le S et le C à 66 €, cuvée Réserve du domaine de l'Hortus à 69 €, Cros-Parantoux d'Henri Jayer à 3 500 €, château Lynch Bages 2002 à 400 €, Pavillon Rouge du château Margaux à 426 €, Le Pin et Pétrus à 4 000 €, Terrasses du château Pesquié à 55 €, château Vannières à 112 €, Clos de l'Ermitage à 110 €, château Tour des Gendres à 69 €, Probus du Clos Triguedina à 125 €, La Côte du château La Négly à 65 €...

***Menus** : Dégustation déjeuner (5 plats et desserts) : 145 € / Dégustation légumière (9 plats et desserts) : 320 € / Dégustation dîner (9 plats et desserts) : 390 €*
***À la carte** : Mini : 220 € / Maxi : 380 €*

84, rue de Varenne
75007 Paris
Tél. : +33 (0)1 47 05 09 06

Fermé samedi et dimanche
www.alain-passard.com

David Toutain

€€ DAVID TOUTAIN GUILLAUME LESCOLIÈRE

Gastronomique, hype, branché, nordico-immaculé, décontracté mais à réserver

- David Toutain est le surdoué, le trublion de la gastronomie parisienne. Titulaire d'une belle étoile, il se régale en voyant le Tout-Paris gourmand se presser à sa table et faire des courbettes… méritées. Car force est de constater, et de reconnaître, qu'il se passe quelque chose de formidable rue Surcouf et, même si la réservation est compliquée, elle vaut la peine. On entend souvent que le chef est l'héritier d'Alain Passard, de Pierre Gagnaire et de Marc Veyrat. Ce n'est pas faux. Cependant, pour l'instant, ses recettes et ses partis pris demeurent plus proches de ceux de Pascal Barbot et de Christophe Pelé. Ici, chaque plat est une belle et complète surprise. Dans la moitié des assiettes servies dans les menus uniques, on trouve de la poésie. Dans l'autre moitié, on mange des plats de cours de récréation savantes. Et puis, il y a le homard bleu servi dans le menu Reine des prés. La matière première est magnifique (on sent les origines du chef), et les carottes, ainsi que la bisque infusée, à la reine-des-prés justement, valent bien d'empiler le maximum de toques sur la tête du chef ! Chez David Toutain, tout est bon, ludique, tarifé avec précision, y compris les vins bio de copains et les flacons qui font frémir les Parisiens (coefficients entre le triplement et le quadruplement). Incontournable, déjà !

***Menus** : Berce (2 plats et dessert) : 55 € / Églantine (7 plats et desserts/vins) : 80 €/150 € / Reine des prés (8 plats et desserts/vins) : 110 €/180 €*

29, rue Surcouf
75007 Paris
Tél. : +33 (0)1 45 50 11 10

Fermé samedi et dimanche
www.davidtoutain.com

La Fontaine de Mars

€€ RESPONSABLE CHRISTIANE BOUDON

Bistronomique, Sud-Ouest friendly, bon jaja, institution, kitsch, en vue

- La Fontaine de Mars fut ouverte pour la première fois en 1908, est demeura depuis lors, à de rares exceptions près, un restaurant ! On envoie donc ici des produits labellisés en provenance directe des régions de Cahors et de Madiran. Ce qui fait le succès du restaurant de Christiane Boudon, ce sont évidemment les magrets de canard, les cochonnailles de la maison Laborie à Parlan, les escargots « Fontaine de Mars » et le coq au vin. Donc, oui, il y a bien quelque chose de fascinant et de désuet à la Fontaine de Mars, où tout est fait avec talent pour entretenir le souvenir d'un Paris bistrotier Belle Époque fantasmé (on vous sert encore des vins possédant plus de 200 g de sucre résiduel par litre à l'apéritif). La carte des vins est exclusivement sudiste et bordelaise, et fait rêver les touristes n'ayant pas peur des grosses bouteilles (château Pontet-Canet 2008 à 250 €, château Angélus 2007 à 620 €, château Margaux à 1 235 €, château Haut-Brion 2001 à 1 250 €, château Montus à 50 €, condrieu du domaine Yves Gangloff à 125 €, marsannay Les Longeroies du domaine Decelle-Villa à 52 €, sancerre Les Bonnes Bouches du domaine Henri Bourgeois à 32 €)… De quoi faire tourner la tête !

***À la carte** : Mini : 45 € / Maxi : 110 €*

129, rue Saint-Dominique
75007 Paris
Tél. : +33 (0)1 47 05 46 44

Ouvert tous les jours
www.fontainedemars.com

ÎLE-DE-FRANCE

Garance

⌘ 🍷🍷 € GUILLAUME ISKANDAR GUILLAUME MULLER

Haute gastronomie, cuisine ouverte, duplex, fort en vins, star wars

• Parmi les jeunes chefs de la nouvelle génération, sans complexe et possédant une passion, une volonté et un bagage technique extraordinaires, Guillaume Iskandar (formé chez Septime, Alain Passard et Gérald Passédat) est sans doute celui qui réalise les recettes les plus impressionnantes. Chaque jour sont servies ici parmi les plus savoureuses assiettes de la capitale (mémorable endive de pleine terre, cantal et jambon ibérique, volaille jaune, jus au ris vénéré, poireaux et choux de Pontoise). Bien sûr, ce succès est dû au talent du chef, mais pas seulement. Déjà, l'exigence de qualité en ce qui concerne les produits est très importante, et les maraîchers de la région Île-de-France sont favorisés pour les approvisionnements. Ensuite, l'associé et ami Guillaume Muller n'est pas n'importe qui. Il a notamment été le sommelier d'Alain Passard pendant plusieurs années. Son parti pris : décomplexer le vin et la gastronomie ! Il propose donc une sélection pointue, originale, qui va à la recherche de jeunes vignerons travaillant en biodynamie. La cave regorge donc de belles découvertes, de surprises et de bouteilles atypiques qui tournent à pleine vitesse (château Dubois Challon, Olivier Rivière, domaine Machard de Gramont et crozes-hermitage d'Alain Graillot sont à 50 € seulement, ceci expliquant la rotation infernale). Un travail d'orfèvre, à tous les étages.

Menus *: Déjeuner (2 plats et dessert) : 39 € / Déjeuner gastronomique (4 plats et dessert) : 68 € / Dîner (4 plats et dessert) : 88 €*
À la carte *: Mini : 70 € / Maxi : 140 €*

34, rue Saint-Dominique
75007 Paris
Tél. : +33 (0)1 45 55 27 56

Fermé samedi et dimanche
www.garance-saintdominique.fr

L'Affriolé

⌘⌘ 🍷 € THIERRY VEROLA

Bistronomique, fou dingue, contemporain, décontracté, végétalo-compatible, ou à emporter

• Installés dans le très chic 7e arrondissement, Thierry Verola et son épouse ont osé le carrelage en damier. Honnêtement, cela n'aurait pas été notre premier choix. Désormais, dépassé par le succès de l'établissement, ils n'ont plus le temps de faire des travaux. Cela dit, personne ne se plaindra que le couple préfère conserver son énergie pour courir les marchés et réaliser une belle cuisine contemporaine, basée exclusivement sur des légumes et des fruits franciliens. Cela explique pourquoi la chartreuse de rascasse aux vrais champignons de Paris fait accourir toute la capitale. En revanche, les somptuosités qui s'entassent sur le pâté Pantin de coquelet au foie gras sont bien dues au seul talent du chef. Les vins sont « in », au verre, et à tarifs sages en bouteille : coteaux-du-languedoc L'Équilibre de Villa Symposia à 32 €, beaune Clos des Mouches de Joseph Drouhin à 110 €, viognier du domaine du Tix à 48 €, côtes-du-rhône du château Mont-Redon à 33 €. En plus, on peut acheter et partir avec son bento-déjeuner pour aller frimer au bureau. Le bon plan !

Menus *: Formule bento (2 plats et dessert) : 19 € / Menu (2 plats et dessert) : 39 €*
À la carte *: Mini : 37 € / Maxi : 62 €*

17, rue Malar
75007 Paris
Tél. : +33 (0)1 44 18 31 33

Fermé dimanche et lundi
www.laffriole.fr

L'Atelier de Joël Robuchon Saint-Germain

€€€ AXEL MANES

Haute gastronomie, en vue, cuisine avec vue, people, au comptoir, cuisine ouverte, tous les jours

• Le décor du restaurant, sorte de crossover entre le bar à sushi nippon et le bistrot de Las Vegas chromé, où (presque) tout le monde est assis en face du comptoir, l'œil en cuisine, est un concept très moderne, très beau, mais pas extrêmement confortable, ni réellement chaleureux. Heureusement, à défaut d'émotion, le restaurant produit des recettes complètement robuchoniennes, faisant ressortir l'ultime quintessence de matières premières exceptionnelles. Le caviar sur une pomme de terre à l'anguille fumée, fleurette au raifort, a tellement impressionné le Tout-Paris que le plat est désormais copié aux quatre coins de la capitale. L'agneau de lait en côtelettes à la fleur de thym est, lui aussi, divin ! La cave est celle d'une grande maison. Au verre : sancerre du domaine Vacheron à 14 €, Les Vieilles Vignes du domaine Ostertag à 13 €, vouvray Le Mont du domaine Huet à 16 €. En bouteilles : A360P du domaine Ostertag à 115 €, L'Inédit du domaine Weinbach à 140 €, L'Hermitage du domaine Jean-Louis Chave à 280 €, chablis premier cru La Forest du domaine Vincent Dauvissat à 128 €, Les Murgers des Dents de Chien du domaine Vincent Girardin à 98 €. De l'excellence, dans chaque recoin de l'établissement.

***Menu** : Découverte (8 plats et desserts) : 179 €*
***À la carte** : Mini : 100 € / Maxi : 220 €*

5, rue Montalembert
75007 Paris
Tél. : +33 (0)1 42 22 56 56

Ouvert tous les jours
www.atelier-robuchon-saint-germain.com

Plume

€ YOUSSEF GASTLI

Gastronomique, cuisine d'auteur, façon bistrot, plats gastro

• Lorsque l'on œuvre au cœur d'un restaurant nommé « Plume », quoi de plus logique que d'y produire une cuisine d'auteur et de hauteur ? Dans les deux cas, on doit considérer que Youssef Gastli (institut Paul-Bocuse, Meurice, Crillon, Senderens) tient toutes les promesses contenues dans le nom de son établissement. En effet, chez Plume, ce que l'on remarque d'abord, c'est qu'il y a beaucoup de précision à tous les niveaux, de la salle au piano. Tout le personnel suit une partition bien écrite, non dénuée de toupet et de fantaisie : blé bio du Gâtinais (pour le pain et les tartes), légumes-racines de premier choix (sélection bio de Terroirs d'avenir), etc. Dans les assiettes, cela donne de délicieuses sardines confites accompagnées de maïs doux ; ou un exceptionnel magret de canard au potimarron et lard toscan, qui est exécuté à la perfection, jusque dans la gestion de ses divines graisses. La carte des vins est raisonnable, notamment sur le plan tarifaire : Les 3 Bois d'Éric Chevalier, Les Perruches de Pascal Lambert, Orée de Christophe Beau sont à moins de 50 €. Une belle histoire est en train de s'écrire.

***Menus** : Déjeuner (2 plats et dessert) : 25 € / Petit plat (2 plats et dessert) : 45 € / Dégustation (4 plats et dessert) : 65 €*

24, rue Pierre-Leroux
75007 Paris
Tél. : +33 (0)1 43 06 79 85

Fermé dimanche et lundi
www.restaurantplume.com

ÎLE-DE-FRANCE

Tomy & Co

⌘⌘⌘ 🍷🍷 € TOMY GOUSSET

Gastronomique, épuré, Titi de Paris, branché, raw et sweat

• Tomy & Co est le restaurant à la mode dont tout le monde parle. Il y a plusieurs raisons à cela. Déjà, il est situé dans le triangle d'or de la jeune gastronomie parisienne, à quelques mètres des repaires de David Toutain, de Sylvestre Wahid et de Mathieu Pacaud. Ensuite, derrière les fourneaux œuvre Tomy Gousset (Taillevent, Meurice), qui n'est pas un inconnu. Rue Surcouf, le chef impose sa vision d'une gastronomie métissée, pleine de saveurs, qui emprunte autant au fooding qu'à la grande cuisine nordique. La bavette d'aloyau, pommes de terre grenailles et chou kale frit est un très grand plat de bistrot. La langue de bœuf en fine tartelette, gribiche et navets vaudrait mention, comme entrée, sur la plupart des tables étoilées de la capitale. Le homard, pois chiches noirs et chorizo, carottes et galanga est une assiette « fooding » de très grand luxe, qui n'a que très peu d'équivalent, à Paris, dans sa catégorie. Évidemment, pour parvenir à un tel niveau, le chef à un secret. Ses légumes proviennent presque tous de son potager bio du château de Courances, près de Melun. La cave, attendue sur les petits grands noms du bio et du nature, répond présente. Domaines Josmeyer, Ostertag, Douro Barão de Vilar... au verre et en bouteille à moins de 50 €. Tomy & Co le clame jusque sur ses murs : Life is food ! On adhère.

Menus *: Formule (1 plat et dessert) : 25 € / Menu (2 plats et dessert/vins) : 45 €/80 € / Dégustation (4 plats et dessert/vins) : 65 €/110 €*
À la carte *: Mini : 55 € / Maxi : 85 €*

22, rue Surcouf
75007 Paris
Tél. : +33 (0)1 45 51 46 93

Fermé samedi et dimanche
www.facebook.com/tomysurcouf

Les 110 de Taillevent

⌘ 🍷🍷🍷 €€ ÉMILE COTTE JULIEN ESCARRIÉ

Brasserie très chic, annexe de Bacchus, imbattable au verre

• 110 ? Eh bien, figurez-vous qu'il s'agit du nombre de références servies au verre par Julien Escarrié. Condrieu du domaine Gangloff à 16 €, meursault Clos de la Barre à 24 €, IGP collines-rhodaniennes d'Yves Cuilleron à 3,50 €, Naïck 9 du domaine de l'Oustal Blanc à 7 €, Coume Gineste du domaine Gauby à 23 €, côte-rôtie La Blonde du Seigneur du domaine Georges Vernay à 18 €... La proposition est imbattable ! Surtout si on la met en relation avec le niveau du service et celui des assiettes qui sortent des cuisines. Le quasi de veau rôti au sautoir, jus de tomates épicé est une authentique friandise, à la fois toute douce (les textures) et relevée (les piments), dont on pourrait faire des folies. De manière générale, la fusion des cuisines française et japonaise contribue à faire le succès du restaurant, et de plats plus complexes qu'il n'y paraît, parfaits liges pour accompagner de divins breuvages.

Menu *: Menu (2 plats et dessert) : 44 €*
À la carte *: Mini : 70 € / Maxi : 135 €*

195, rue du Faubourg-Saint-Honoré
75008 Paris
Tél. : +33 (0)1 40 74 20 20

Ouvert tous les jours
www.les-110-taillevent.paris.com

Alain Ducasse au Plaza Athénée

€€€€

ROMAIN MEDER

DENIS COURTIADE

Très haute gastronomie, végétarien, luxe, chic et choc, romantique, engagé

• Déjà, le restaurant d'Alain Ducasse au Plaza Athénée est l'une des plus belles salles à manger du monde. C'est un écrin blanc qui brille de mille feux. En pénétrant dans ce sanctuaire, on a l'impression d'entrer au Paradis, dans le saint des saints de la haute gastronomie, et c'est normal, car c'était la volonté des designers, Patrick Jouin et Sanjit Manku. Dans cette alcôve, tout est doux, courbe, rond. Les petits détails artisanaux sont innombrables. La lumière se réfléchit de partout et, sans aveugler, donne l'impression à chaque table de tout voir, sans être vu. Dans les assiettes aussi, la main de l'homme (Romain Meder) est au service du beau, pour transcender les matières et les formes, mais pas à n'importe quel prix ! En effet, en faisant sien le concept de « Naturalité », Alain Ducasse a choisi de nourrir ses clients de manière plus saine et plus naturelle. Sur la table du Plaza Athénée, on trouve donc logiquement des produits exceptionnels. Ces derniers sont exclusivement de saison, souvent bio et locaux, car la cuisine de la Naturalité est respectueuse des ressources de la planète. Les petits artisans responsables, travaillant sur mesure pour le restaurant, sont privilégiés, car Alain Ducasse et son chef exécutif souhaitent mettre en valeur l'œuvre de ceux qui vivent au plus près de leurs terres, ou de la mer. Le Plaza Athénée régale donc autour de la trilogie légumes-céréales-poissons, ces derniers étant exclusivement issus de pêches durables. Ainsi, en privilégiant la qualité des produits, le Plaza Athénée participe à la défense de l'environnement. Cela n'empêche pas les lentilles vertes du Puy et caviar, délicate gelée d'anguille d'être un plat monumental. Ni les lentilles ni le caviar ne sont altérés. Pourtant, cette recette atteint le nirvana gustatif en raison d'un équilibre millimétré, de proportions parfaites, qui permettent à chaque bouchée de posséder une intensité sans égal. La simplicité, la technique et l'élégance, dont Alain Ducasse souhaite devenir le chantre, s'expriment également à la perfection dans le homard du Cotentin, salsifis et scorsonères du potager de la reine, prunelles, dont les puissantes exhalaisons et la complexité gustative tiennent en haleine de manière permanente, longtemps après la fin de la dégustation... La fusion totale entre biodiversié, nature et luxe est donc réalisée au Plaza Athénée. Probablement le meilleur restaurant végétarien du monde !

• **LES VINS** : Denis Courtiade règne sur une magnifique carte des vins, mais on s'étonne toujours de sa force en rouge alors que le restaurant ne propose plus aucune viande dans ses menus. Reste que toutes les stars de France et de Navarre ont bien élu domicile 25, avenue Montaigne, et toutes les bouteilles sont à boire, à maturité. Condrieu Coteau de Chéry de M. Chapoutier à 290 €, château Rayas blanc à 300 €, condrieu Les Terrasses de l'Empire du domaine Georges Vernay à 180 €, hermitage blanc 2003 du domaine Jean-Louis Chave à 360 €, Clos des Papes blanc à 190 €, puligny-montrachet premier cru Les Folatières du domaine d'Auvenay à 670 €, meursault premier cru Perrières 1998 du domaine des Comtes Lafon à 400 €, riesling grand cru Muenchberg du domaine Ostertag 170 €... Il n'y a que de grands vins, notamment à Bordeaux. Les coefficients sont très variables en fonction des cuvées, ce qui n'exclut pas de réaliser des bonnes affaires, mais pas à moins de 150 €.

***Menus** : Naturalité (2 plats, dessert et vins) : 210 € / Jardin-Marin (3 plats, fromages et dessert) : 390 €*
***À la carte** : Mini : 250 € / Maxi : 475 €*

25, avenue Montaigne
75008 Paris
Tél. : +33 (0)1 58 00 23 43

Fermé samedi et dimanche,
et le midi de lundi à mercredi

www.alain-ducasse.com/fr/restaurant/alain-ducasse-au-plaza-athénée

ÎLE-DE-FRANCE

Apicius

⌘ 🍷 €€€€ JEAN-PIERRE VIGATO HERVÉ MILET

♡ Très haute gastronomie, hyper luxe, triangle d'or, en vue, fort en vins

• Installé dans un hôtel particulier princier, le sublime restaurant de Jean-Pierre Vigato est pourtant discret au point de ne sembler être fréquenté que par des habitués, dont une bonne partie de gastronomes avertis, ce qui n'est pas déplaisant. Assis ici, en dépit du luxe ostentatoire (colonnes grecques, tableaux en 3D et statues indiennes), on a l'impression d'être chez soi, en famille, entre les mains du chef le plus sincère de France, qui réalise exclusivement pour ses hôtes ses recettes favorites, sans vraiment se soucier de la concurrence. Les foies gras poêlés par le chef sont de véritables desserts à la viande, des friandises exquises, qui font évidemment partie des classiques du restaurant et comptent parmi les meilleurs de France. Le ris de veau rôti, mijoté d'abats, sauce poulette est une autre recette parfaite. La carte est forte, et chère, dans toutes les régions, mais on trouvera autour de 100 € Les Taillepieds et Les Rugiens du domaine de Montille et les marsannays du domaine Méo-Camuzet. Indubitablement, Jean-Pierre Vigato produit de la poésie en plein cœur de Paris, ça vaut le prix du ticket d'entrée.

Menu *: Dégustation (4 plats, fromages et dessert) : 190 €*
À la carte *: Mini : 120 € / Maxi : 250 €*

20, rue d'Artois
75008 Paris
Tél. : +33 (0)1 43 80 19 66

Fermé samedi, dimanche, et en août
www.restaurant-apicius.com

Biosphère Café

⌘⌘⌘⌘ 🍷 € SYLVIE DO

♡ Biobio, crêperie, décontracté, sans gluten, pâtisserie, à emporter

• Première pâtisserie-crêperie certifiée bio et sans gluten de Paname, cette cantine chic est aussi un vrai restaurant où l'on peut déguster de bons vins bio (et même de Bordeaux), au verre à partir de 6 €. Les viennoiseries et les desserts sont au niveau attendu, et même plus. Les crêpes ne révolutionnent pas la recette traditionnelle, mais force est de constater que la farine bio apporte un plus non négligeable. Toutefois, en réalité, on peut manger de tout chez Biosphère Café. À ce titre, le brunch du dimanche est un vrai moment de gourmandise et de convivialité.

Menu *: Formule (1 plat et dessert) : 13,90 €*
À la carte *: Mini : 25 € / Maxi : 40 €*

47, rue Laborde
75008 Paris
Tél. : +33 (0)1 42 93 45 58

Fermé dimanche soir
www.biospherecafe.fr

Le Cinq

⌘ 🍷🍷🍷 €€€€ CHRISTIAN LE SQUER ÉRIC BEAUMARD

♡ Très haute gastronomie, luxe, romantique, service excellent, annexe de Bacchus

• L'hôtel George V est un établissement qui fait référence dans le monde entier, y compris sur le plan gastronomique, puisque, en son sein, coexistent pas moins de trois restaurants étoilés, ce qui est unique en Europe. Le plus fameux parmi eux, qui se situe au sommet de toutes les hiérarchies critiques à travers le monde, se nomme sobrement le Cinq. C'est un écrin extraordinairement flamboyant et ouaté, où le service chante et valse plus qu'il ne parle ou ne se déplace. Dans ce cadre somptueux, Christian Le Squer envoie des recettes de luxe et de saison avec une maîtrise totale. La gratinée d'oignons à la parisienne, version contemporaine, impressionne longuement les mirettes et le palais. La recette sacrifie au fameux répertoire « Titi », mais possède une classe qu'aucun autre chef n'est en mesure d'égaler à Paris. La truffe noire en gros morceaux, brioche feuilletée, coulis de truffe renvoie aux plus belles années d'Alain Senderens. Personne n'avait mis en valeur avec une telle perfection le noble champignon depuis cette époque. Et que dire de la cave sur laquelle veille Éric Beaumard ? 50 000 flacons, 3 000 références, des bouteilles hors de prix de plus de 50 ans (la plus vieille est de 1911), mais aussi quelques flacons accessibles : une quinzaine de vins au verre aux alentours de 20 €, ainsi qu'une quarantaine de références autour de 100 € (riesling Clos Mathis du domaine Ostertag, château Manoir du Gravoux, domaine de Souch, rosé du domaine de la Mordorée, IGP côtes-de-tongues du domaine Montrose, quelques Deiss...) Le Cinq rayonne sur Paris, et le monde

***Menus** : Déjeuner (3 plats et dessert) : 145 € / Déjeuner gourmand (4 plats et desserts) : 210 € / Balade gourmande (5 plats, fromage et desserts) : 330 €*
***À la carte** : Mini : 185 € / Maxi : 450 €*

31, avenue George-V
75008 Paris
Tél. : +33 (0)1 49 52 71 54

Ouvert tous les jours
www.restaurant-lecinq.com

Épicure

⌘ 🍷🍷🍷 €€€€ ÉRIC FRÉCHON BERNARD NEVEU

♡ Très haute gastronomie, branché, en vue, très chic, avec veste, romantique

• Nous aimerions bien vous écrire que prendre pension à la table d'Éric Fréchon est un plaisir qui n'a pas de prix. Malheureusement, il en a un, mais il le vaut bien. Contempler les lustres et les ors du plafond, comme seul au monde, enveloppé de lumières tamisées et de chuchotements mondains, possède une noblesse « capitale ». D'autant plus que tout ce que Paris compte de people, de ministres et de mannequins vient ici en représentation. Qu'Éric Fréchon parvienne à faire émerger sa cuisine de ce décorum spectaculaire et imposant n'est pas un mince exploit. Son secret : tirer parti de tout ce que peut lui offrir un tel établissement. Il recherche donc toujours des produits surprenants venant du monde entier pour obtenir des saveurs et surtout des textures inédites ; et proposer uniquement des produits d'une ultime qualité et d'un pedigree d'égale valeur... La carte des vins fait dans la beauté plus que dans la tendresse. Les 30 000 bouteilles proviennent de tous les terroirs, même les plus extravagants, mais, à moins de 100 €, le choix est très restreint. L'essentiel demeure cependant ailleurs, dans l'assiette, où Éric Fréchon parvient souvent à réaliser des plats de mémoire, dont on se souvient longtemps après leur dégustation, voire toute sa vie !

***Menus** : Déjeuner (2 plats et dessert) : 145 € / Bristol (4 plats, fromages et desserts) : 340 €*
***À la carte** : Mini : 250 € / Maxi : 390 €*

112, rue du Faubourg-Saint-Honoré
75008 Paris
Tél. : +33 (0)1 53 43 43 40

Ouvert tous les jours
www.lebristolparis.com/fr/gastronomie/epicure

Helen

€€

SÉBASTIEN CARMONA PORTO

MARIE ROGER

Gastronomique, blanc de blancs, Poséidon, avec réservation

• Presque tous les grands chefs parisiens ont ouvert une prestigieuse annexe poissonnière. Les brasseries de luxe sur le thème de la mer ont ainsi fleuri dans la capitale depuis le début des années 2000. Pourtant, le meilleur lige de Poséidon est sans doute Helen, le restaurant tout blanc de Sébastien Carmona Porto, où l'on peut goûter des poissons rares (denti, pulpito, chapon de mer, langoustines vivantes, carabineros, dorade royale, gambas de Palamós, oursin de Méditerranée...) et vraiment frais, n'ayant jamais connu la glace. L'ambition du chef est double : sublimer les produits et transcender les classiques. Le déjà culte carpaccio de daurade royale au citron caviar y parvient aisément, car toutes les subtilités des chairs se trouvent renforcées et contrastées par les explosions parfumées de l'agrume. Il n'y a aucun doute, le maestro possède l'amour du poisson chevillé au corps. D'ailleurs, afin de faire découvrir des pièces rares à chaque client, il invite ces derniers à partager les entrées (servies en demi, sans surcoût), afin qu'ils puissent multiplier les expériences. En effet, le souhait de Sébastien Carmona Porto est de faire goûter à de nouvelles sensations. Toutefois, en raison de son exigence sur la qualité des produits, il est impossible de savoir à l'avance ce que l'on va manger, car la carte dépend totalement des arrivages journaliers et des aléas de la pêche, le chef étant intransigeant. Au vu du niveau de chaque assiette, on ne risque pas de le lui reprocher. Le pavillon d'Helen est déjà hissé bien haut. Il n'est pas exclu qu'il atteigne encore prochainement de nouveaux sommets !

• **LES VINS** : La cave est digne d'une grande maison. Mais elle possède un petit quelque chose en plus. En effet, elle a été bâtie autour de vins « vivants » (et de vignerons reconnus), labellisés, représentatifs de leurs terroirs respectifs et choisis car susceptibles de révéler la forte personnalité de certains plats. L'amateur qui recherche des vins de relief et d'expression sera donc comblé, dans toutes les régions et tous les styles : mâcon-bussières Les Clos de Joseph Drouhin, tout pessac-léognan en blanc et, côté biodynamie, muscadet-sèvre-et-maine Amphibolite de Joseph Landron (merveilleux avec les huîtres de la Maison), meursault Les Tillets du domaine Roulot, chambolle-musigny de Philippe Pacalet, ou encore anjou Le Rouchefer du domaine Mosse.

***Menus** : Midi (2 plats et dessert) : 48 € / Dégustation (4 plats et dessert) : 138 €*
***À la carte** : Mini : 130 € / Maxi : 260 €*

3, rue Berryer
75008 Paris
Tél. : +33 (0)1 40 76 01 40

Fermé samedi midi, dimanche et lundi
www.helenrestaurant.com

Lasserre

⌘ 🍷 €€€ MICHEL ROTH

♡ Gastronomique, très chic, romantique, toit ouvrant

• Chaque année, comme en football, le microcosme gastronomique est l'objet de transferts. Récemment, le plus retentissant s'est déroulé chez Lasserre. Mais l'établissement n'a pas tremblé. En effet, Michel Roth a pris les commandes de la vénérable institution, qui affiche par là même ses nouvelles ambitions dans la course aux étoiles. Cependant, lorsque l'on officie au sein d'une institution telle que Lasserre, on ne peut pas faire ce que l'on veut, on doit faire ce qu'il faut ! Aussi, pour éviter que la Maison ne prenne la poussière, le chef doit posséder ce sens inné du détail qui, par petites touches, permet de transformer un plat, un repas, sans altérer ni le décorum ni les signatures (le pigeon André Malraux, les soufflés, les macaronis truffés...) Michel Roth (ancien chef du Ritz) possède évidemment toutes ces qualités. De plus, ses desserts valent ceux des meilleurs artisans pâtissiers de la capitale. Côté vins, la carte est énorme en Bourgogne et à Bordeaux, mais pas seulement : château de Ferrand à 110 €, château Margaux 1961 à 3 000 €, quarts-de-chaume du château Pierre Bise et savennières du château de Chamboureau dès 90 €, condrieu Chéry d'André Perret à 140 €, Clos des Papes à 220 €, bandol rosé du domaine Tempier à 60 €, La Badiane de Jean-Luc Poinsot à 95 €, bâtard-montrachet 1999 de Jean-Noël Gagnard à 450 €, échezeaux 1998 du domaine Faiveley à 320 €... Lasserre n'a pas fini de nous régaler, ni de nous faire rêver.

***Menus** : Déjeuner (2 plats et dessert) : 90 € / Dégustation (4 plats et desserts/vins) : 190 €/340 €*
***À la carte** : Mini : 165 € / Maxi : 320 €*

17, avenue Franklin-Roosevelt
75008 Paris
Tél. : +33 (0)1 43 59 02 13

Fermé dimanche, lundi, et le midi sauf jeudi et vendredi
www.restaurant-lasserre.com

Le Lazare

⌘ 🍷 €€ THIERRY COLA

♡ Bistronomique, confortable-chic, précision

• Situé sur le parvis de la gare Saint-Lazare, le bistrot du chef triplement étoilé Éric Fréchon est un lieu de vie où il fait bon se retrouver à tout moment de la journée. Dans un cadre confortable et chaleureux, rythmé par un jeu de matières chaudes, le patron de l'établissement propose une cuisine familiale, authentique et généreuse, directement inspirée par la plus pure tradition culinaire française, dont l'objet est de faire passer un moment privilégié en famille, entre amis, ou entre collègues. Cela dit, le restaurant n'est pas à l'abri de quelques fulgurances, que le Tout-Paris vient chercher ici avec assiduité. Ainsi, la truite de rivière, cuite au beurre de sarrasin, jus de cresson ; ou la tourte de gibier à plumes au foie gras, jus lié aux abats valent beaucoup plus que leur simple cotation bistrotière ou dominicale. La carte des vins est bien pensée. Elle tient plus de la grande maison que du café de la gare. Ses prix au verre sont plus avantageux que ceux en bouteille : chablis 2015 du domaine William Fèvre à 89 € (9 € au verre), cuvée Émilien du château Le Puy à 72 € (7 € au verre), chinon de Bernard Baudry à 37 €, charmes-chambertin du domaine des Beaumont à 195 €. Un bistrot de grand chef qui fait mouche. En voiture...

***À la carte** : Mini : 40 € / Maxi : 70 €*

Centre commercial Saint-Lazare Paris
Parvis de la gare Saint-Lazare - Rue Intérieure
75008 Paris
Tél. : +33 (0)1 44 90 80 80

Ouvert tous les jours
www.lazare-paris.fr

Lucas Carton

€€€€ JULIEN DUMAS

Gastronomique, chic, institution, annexe de Bacchus

• Lucas Carton est un des emblématiques restaurants gastronomiques français, qui a tout vécu : trois étoiles, Alain Senderens, l'arrivée de l'Asie sur les tables, la haute gastronomie inaccessible au commun des mortels, le rejet du Michelin... Et, aujourd'hui, cette table mythique, toujours décorée d'un macaron, est un restaurant à vins de classe internationale. Dans une ambiance faisant la liaison entre l'Art déco de style Majorelle et l'épure contemporaine, on peut dîner d'une Nouvelle Cuisine branchée, en forme, sexy, totalement dévouée à Bacchus. D'ailleurs, à chaque plat de la carte, sans exception, correspond un nectar. C'est une idée simple, et pourtant géniale. En effet, la betterave de foie gras de canard ne saurait se passer du riesling de Reichsgraf von Kesselstatt (16 €). Personne n'aurait l'idée de priver le homard breton, petits pois, genévriers, du saint-aubin d'Henri Boillot (15 €). Et le côtes-du-rhône Jardin Secret du domaine Montirius fait un tabac avec le canard, pistaches de Bronte. Bien sûr, on peut également chiner les dives bouteilles à la carte (400 références) : condrieu Ayguets d'Yves Cuilleron, savennières de Nicolas Joly, crozes-hermitage d'Alain Graillot à 85 €. Le restaurant fait un carton, c'est mérité, car l'expérience est passionnante.

***Menu** : Dégustation (3 plats, desserts et vins) : 185 €*
***À la carte** : Mini : 130 € / Maxi : 260 €*

9, place de la Madeleine
75008 Paris
Tél. : +33 (0)1 42 65 22 90

Fermé dimanche et lundi
www.lucascarton.com

L'Évasion

€€ RACHID AMZALI CATHERINE ET LAURENT BRENTA

Bistronomique, fooding, branché, baraviné

• On mange ici le meilleur œuf (bio) mayo (et macédoine de légumes) de France. Ce qui est déjà bien. Pourtant, on viendra surtout à l'Évasion pour déguster les filets d'anchois (La Guildive) au vinaigre de pedro-ximénez (30 ans), artichauts alla giudia, câpres et copeaux de parmesan, qui est un vrai grand plat bourré de goût et d'imagination. Au surplus, la carte des vins donne soif, et elle est pour une grande part servie au verre : anjou du domaine Mosse à 50 €, vin de France Faustine du domaine Comte Abbatucci (13 € au verre, 60 € en bouteille, très bon avec la recette phare de la Maison), château des Tours à 70 €, châteauneuf-du-pape du domaine Eddie Féraud à 85 €, puligny-montrachet de Lucien Muzard et Fils à 85 €. Pourquoi se priver ?

***À la carte** : Mini : 50 € / Maxi : 195 €*

7, place Saint-Augustin
75008 Paris
Tél. : +33 (0)1 45 22 66 20

Fermé samedi, dimanche et jours fériés
www.restaurant-levasion.com

Pierre Gagnaire

€€€€

PIERRE GAGNAIRE

PATRICK BORRAS

Très haute gastronomie, annexe de Bacchus, chic et choc, romantique, feutré, service excellent

• Tout le monde le sait, Pierre Gagnaire ne s'intéresse pas au bio, ni à la gastronomie locale, car il produit de la chimie. Et tout le monde se trompe ! S'il n'est pas spécifiquement engagé, sans doute car il mène d'autres combats, Pierre Gagnaire est l'un des (très) rares privilégiés à se fournir en légumes chez Asafumi Yamashita, qui est l'un des trois meilleurs « maraîchers » français, avec Alain Passard et Philippe Bouissou. Par ailleurs, le moléculaire n'est pas l'ennemi de la biodiversité. En attestent la liste des fournisseurs du restaurant, souvent labellisés, ainsi que les goûts purs de tous les ingrédients de chaque recette du maître. Autre lieu commun méritant d'être rejeté, le restaurant de Pierre Gagnaire n'est pas guindé. Il y règne une ambiance étonnamment conviviale, presque décontractée, ce qui n'empêche pas au service, du vin notamment, d'être en tout point exceptionnel : extrêmement érudit, diligent, sympathique, empathique et même généreux. Et que dire des plats… Au-delà de sa complexité, l'agneau de lait à l'oriental est un plat solaire, une formule magique. Après sa dégustation, il nous a semblé que nous n'avions jamais mangé auparavant de paprika, de coriandre, de persil, de grenaille de Noirmoutier, d'oseille ou de pain d'épice. Il s'agit sans doute du plat le plus abouti de la gastronomie française contemporaine. Personne ne sait mieux que Pierre Gagnaire marier les contraires, jongler avec les goûts et le paradoxe. Le chef est le seul maestro qui produise réellement une gastronomie totale, inimitable, qui instruit, qui ravit, qui rassasie, qui épate et qui rend heureux. Stratosphérique.

• **LES VINS** : La sommellerie fait preuve d'une intelligence rare tout en sachant manier avec subtilité la flatterie. Elle est parvenue à constituer une cave sans défaut, même sur le plan des tarifs, particulièrement attractifs, ce qui est insolite et altruiste pour un restaurant triplement étoilé. Aucune région n'est oubliée. L'élite des vignerons français et étrangers est au garde-à-vous. Des coefficients strictement triplant. Vin au verre, possibilité de formule en accord parfait. C'est honnête et alléchant. Chablis Mont de Milieu du domaine Billaud-Simon à 98 €, Vaillons 2005 de Vincent Dauvissat à 110 €, bourgogne-hautes-côtes-de-nuits Marine du domaine Anne Gros à 78 €, beaune Clos des Mouches de Joseph Drouhin à 145 €, meursault de Jean-François Coche-Dury à 125 €, rieslings du domaine Ostertag dès 89 €, chardonnay de Stéphane Tissot à 49 €, anjou Les Bergères du domaine FL à 77 €, château Haut-Brion à 1 200 €, pessac-léognan Les Hauts de Smith à 85 €, Roc d'Anglade 2007 à 69 €, Henri Milan dès 58 €, jurançon La Canopée du domaine Cauhapé à 85 €, IGP côtes-du-lot Cèdre Blanc du château du Cèdre à 68 €, riesling de Gérard Neumeyer à 78 €, quarts-de-chaume du domaine Jo Pithon à 95 €… Le restaurant de Pierre Gagnaire, c'est aussi le paradis de Bacchus.

Menus *: Déjeuner (3 plats et desserts) : 155 € / Dégustation (6 plats et desserts/vins) : 310 €/445 €*
À la carte *: Mini : 260 € / Maxi : 460 €*

6, rue Balzac
75008 Paris
Tél. : +33 (0)1 58 36 12 50

Fermé samedi et dimanche
www.pierre-gagnaire.com

ÎLE-DE-FRANCE

Bioburger

⌘⌘⌘ 🍷 €

♡ **Engagé, fast-fooding, détox pour jeunes, self, miam végétal, ou à emporter**

• Il y a des fast-foods, et des fast-foods bio et, LE fast-food bio. Bioburger est incontestablement une référence. Tout ce qui fait « kiffer » les jeunes gourmands est là, à peine travesti : le Bacon Cheese (bœuf, poitrine fumée, gouda fermier, oignon, sauce barbecue) ou le King (pareil que précédemment, mais toutes les quantités sont doublées). La différence tient dans la qualité des matières premières, intégralement bio, et des cuissons, qui conservent le suc des ingrédients. En plus, Bioburger pratique des plats végétariens en remplaçant la viande par des steaks de tofu. Le tableau serait parfait si l'on pouvait boire plus de vins à la place de la bière. Reste que le spot est idéal pour partir à la découverte, dès le plus jeune âge et sans complexe, du vrai goût de la viande et de la pomme de terre. Cool.

***Menu** : Formules : de 11,60 € à 16,50 €*

10, rue de la Victoire
75009 Paris
Tél. : +33 (0)9 81 81 88 33

Ouvert tous les jours
www.bioburger.fr

ÎLE-DE-FRANCE

Bouillon

⌘⌘ 🍷 €€ MARC FAVIER

♡ **Gastronomie au bistrot, épuré, fou dingue, cool, branché, bien accompagné**

• Tout le monde sait que Marc Favier est l'ancien second de Jean-François Piège. On sait moins qu'il adore les préparations onctueuses, très beurrées, à la Robuchon. Et on ignore généralement totalement que le chef est un grand timide, un vrai prudent. C'est pourquoi, dans son restaurant, on frôle le zéro faute. Mais c'est aussi la raison pour laquelle il ne réalise pas encore tous les coups de génie dont il est capable, car il souhaite d'abord totalement apprivoiser une clientèle parisienne très volage. Il joue donc pour l'instant le quartier, la gourmandise et la générosité. Les recettes ont donc du caractère, et plus de pertinence que d'impertinence. La brouillade aux truffes et parmesan est remarquable… depuis la table voisine, tellement ses exhalaisons sont volumineuses. Le bouillon de « vrais » champignons de Paris au foie gras chaud est servi à l'identique dans des restaurants étoilés japonais. Les spécialités au chocolat sont à se damner. La carte des vins fait l'effort bio-bio : domaine de la Grange des Pères (200 €), tout muscadet en version certifiée, François Raveneau, Magellan… coefficient entre le doublement et le triplement. Nous ne sommes pas loin de penser qu'il s'agit du spot de l'année.

***Menu** : Menu (3 plats et dessert) : 60 €*
***À la carte** : Mini : 40 € / Maxi : 80 €*

47, rue de Rochechouart
75009 Paris
Tél. : +33 (0)9 51 18 66 59

Fermé dimanche et lundi
www.facebook.com/restaurantbouillon

Marlette

€ **MARGOT CARON ET SCARLETTE JOUBERT**

Salon de thé, brunch, pâtisserie, ou à emporter

• Les sœurs Margot et Scarlette ont logiquement ouvert un café nommé Marlette. Dotées d'un C.V. en béton (fabrication de pâtisserie dans le garage de papa à la maison), elles ont donc choisi la facilité en ouvrant un restaurant (OK, c'est plutôt un salon de thé) fermé en soirée et ne servant presque que du bio... Ces partis pris laissèrent d'abord dire à la critique que le destin de l'établissement était tracé conformément à la prédiction donnée par son adresse. Pourtant, cinq ans plus tard, le Tout-Paris se presse encore ici pour bruncher, trinquer avec des vins bio, boire du thé équitable et faire le plein de mignardises. Les clients ont toujours raison !

***Menu** : Formule (1 plat et dessert) : 13,90 €*
***À la carte** : Mini : 25 € / Maxi : 40 €*

51, rue des Martyrs
75009 Paris
Tél. : +33 (0)1 48 74 89 73

Fermé lundi, et le soir
www.marlette.fr

My Free Kitchen

€ **GWENDAL**

Cantine bio, sans gluten, sans lactose, végétalo-compatible, engagé, ou à emporter, cosy

• On pourrait penser que la spécificité de My Free Kitchen est de cuisiner sans gluten, et donc en excluant le quatuor maudit seigle-avoine-blé-orge de toutes ses assiettes ! Eh bien oui, mais non ! La vraie particularité du restaurant est de proposer des recettes saines (tout est bio et fait maison), légères et fortes en goût. En effet, les sympathiques propriétaires, Philippe et Carole, sont très engagés en matière d'éco-responsabilité (énergie verte, consommation d'eau réduite) et de détox (avec leur chef, ils sont même vigilants au sujet de la contamination croisée, et sélectionnent corrélativement leurs produits labellisés). Mais, ils sont surtout très gourmands. Aussi, si la carte change tous les jours, c'est autant pour suivre le marché et la saison que leurs envies personnelles. La quiche aux patates douces et lait de coco est sucrée comme un été gorgé de soleil. La soupe de potimarron et de poireaux fait chaud au ventre et au cœur. En plus, comme les patrons aiment les vins du Sud, ils servent quelques flacons bio au verre. Une initiative très sympathique, dont le succès ne se dément pas.

***Menus** : Formule Healthy (2 plats) : 10,90 € / Menu (2 plats et dessert) : 15 € / Gourmand (2 plats, dessert et vins bio) : 25 € / Brunch du samedi : 19 € ou 24 €*
***À la carte** : Mini : 15 € / Maxi : 27 €*

1 bis, rue Bleue
75009 Paris
Tél. : +33 (0)1 48 01 67 64

Fermé dimanche, et le soir
www.myfreekitchen.com

ÎLE-DE-FRANCE

Rose Bakery

€

♡ Cantine, bio-bio, ou à emporter

• Rose Bakery est désormais une franchise de quatre adresses parisiennes (huit dans le monde). Cette grande aventure commença cependant modestement en 2002, grâce à la volonté inébranlable de Rose et Jean-Charles Carrarini, qui installèrent des cagettes pleines de produits bio sur un étal et placèrent tout autour des tables, afin de servir des recettes conçues exclusivement à partir de ces ingrédients labellisés. Aujourd'hui, évidemment, suite au succès, les établissements Rose Bakery sont beaucoup plus chic. Toutefois, on peut encore profiter de l'épicerie rue des Martyrs, où l'on mange toujours aussi sainement. 90 % des primeurs proviennent de la société BioAlizée, qui officie à Rungis. Et dans les assiettes ? Rien d'extravagant, une majorité de plats bien troussés et généreux, sauf que... on doit quand même avouer que les grandes salades composées et les risottos au shitakee sont vraiment fabuleux : complexes, profonds, puissants ! Petite carte de vins bio, exclusivement, sur des coefficients triplant, à partir de 29 €. L'adresse bio-chic de Paname, notamment en ce qui concerne l'annexe du Bon Marché.

***Menu** : Brunch : 25 €*
***À la carte** : Mini : 35 € / Maxi : 55 €*

46, rue des Martyrs
75009 Paris
Tél. : +33 (0)1 42 82 12 80

Ouvert tous les jours
www.rosebakery.fr

Supernature

€

♡ Cantine bio, végétarien compatible, ou à emporter, décontracté au comptoir

• Ne cherchez plus la cantine « healthy » des Grands Boulevards, vous venez de la trouver, c'est Supernature, un concept qui étend ses annexes (trois) dans toute la rue de Trévise. À quoi doit-on un tel succès ? D'abord, le décor, épuré, contemporain est dans l'air du temps. Ensuite, la belle cuisine du monde, éclectique, à base de produits bio, fait frémir toutes les foodistas de la capitale, qui accourent pour dévorer la salade de poivrons, anchois marinés et oignon rouge, qui ne triche ni sur la qualité de ses ingrédients, ni sur ses dosages, ni sur la taille de l'assiette. Quant au médaillon de filet mignon poêlé, pruneau-moutarde, chou blanc braisé, wasabina, il plaît beaucoup aux amateurs de sensations fortes. Le moelleux aux châtaignes, crème crue à la fève tonka fait sensation auprès des demoiselles. Bien sûr, beaucoup de clients déjeunent ici en compagnie de jus de fruits. Pourtant, la carte des vins joue son rôle, de la vallée du Rhône au Beaujolais (bio) en tout cas. Supernature ? Comme son nom l'indique !

***À la carte** : Mini : 25 € / Maxi : 40 €*

15, rue de Trévise
75009 Paris
Tél. : +33 (0)1 42 46 58 04

Ouvert tous les jours
www.super-nature.fr

Les Arlots

⌘ 🍷🍷🍷 € THOMAS BRACHET TRISTAN RENOUX

♡ Bistrot trop cool, rétro-futuriste, complet et sans complexe, bon jaja

• Aux Arlots, le vin est en vue depuis la salle. Cela dit, on aurait tort de cacher les nectars naturels de Michel Autran, de Tam Tam, de Gorgorlou, de Léon Barral, de Combal de Cosse-Maisonneuve, du Clos de l'Élu ou les mâcon-villages de Frantz Chagnoleau (dès 25 €, 5 € au verre). Mieux encore, on peut apporter sa propre bouteille (moyennant un droit de bouchon fixe de 8 €). Par ailleurs, on mange ici la meilleure saucisse (faite maison tous les matins) purée (en réalité, une mousseline de charlottes façon Robuchon) de tout Paris, ainsi que des huîtres d'anthologie. Ajoutons à cela un parti pris écologique revendiqué, des produits frais et du marché, des présentations dans l'assiette qui ne sont pas bâclées, ainsi que des cuissons vraiment maîtrisées, et nous voilà déjà en route vers le 10e arrondissement de Paris.

***Menus** : Formule (1 plat et dessert) : 17 € / Menu déjeuner (2 plats et dessert) : 20 €*
***À la carte** : Mini : 35 € / Maxi : 70 €*

136, rue du Faubourg-Poissonnière
75010 Paris
Tél. : +33 (0)1 42 82 92 01

Fermé dimanche et lundi
www.facebook.com/pg/lesarlots

Le Bichat

⌘⌘⌘⌘ 🍷 € COLLECTIF

♡ Bio-bio, fast-food écolo, cantine branchée, très engagé, ou à emporter

• Un fast-food engagé dans la lutte contre la précarité et avec l'association Les Enfants de Don Quichotte, c'est assez remarquable. Et, quand la famille d'Augustin Legrand, le personnage hyperactif, hypermédiatisé et hyperpolitisé est aux commandes, c'est aussitôt remarqué. D'autant plus que l'ambition du restaurant correspond parfaitement à l'air du temps : donner à manger bio, divers et vraiment pas cher. Plus de la moitié des produits proviennent de producteurs bio et locaux, ce qui est un exploit en Île-de-France. Tout est frais, cuisiné maison. Les vins bio peuvent se consommer au verre (prix unique à 3 €) ou s'emporter à la maison (entre 20 et 30 € par bouteille). Ici, les étoiles, les maîtres de séant cherchent à les faire briller dans les yeux des clients, et cela nous semble déjà bien suffisant pour mériter citation.

***À la carte** : Mini : 14 € / Maxi : 29 €*

11, rue Bichat
75010 Paris
Tél. : +33 (0)9 54 27 68 97

Ouvert tous les jours
www.lebichat.fr

Lula

€ LUCIANA SANTOS

Cantine bio, sans gluten, vegan compatible, petits déjeuners, ou à emporter

• Lula est un concept store bio tenu par Luciana (Lula) Santos et sa sœur. Du côté de l'épicerie, on peut donc acheter des produits bio. Dans le restaurant, dès le déjeuner, on peut déguster ces mêmes ingrédients, cuisinés avec amour et précaution, dans un style ouvertement métissé, épicé, ensoleillé, d'inspiration sud-américaine. Les petits déjeuners « réveil vegan » ou « réveil gluten free » font salle comble. Et ce n'est pas étonnant. Car le bio et le bon, chez les Santos, c'est une longue histoire de famille et d'amour. Maman tenait déjà une boutique bio à Paname. La sœurette, Natalia, a travaillé pour le collectif Éthique sur l'étiquette. Ici, tout est donc responsable, labellisé et issu du commerce local ou équitable (le restaurant est certifié). On mange donc à midi du fait maison, sain, détox, sans gluten. Les empanadas aux épinards et au fromage; les fajitas Lula faites de galettes de blé roulées gratinées à l'emmental, épices, raisins secs, œuf, sauce Lula, vinaigrette maison et crudités de saison; le cake aux pépites de chocolat; le pain et les arabicas colombiens ont donc logiquement déjà largement conquis un public de fidèles aficionados. En plus, il y a en cave quelques vins bio. Un restaurant engagé, franco-latino. C'est trop rare pour ne pas mériter une citation, et une visite.

Menus *: Petit déjeuner : 12,50 à 14,50 € / Formule (1 plat et dessert) : 15 € / Menu (2 plats et dessert) : 19 € / Brunch : 27 €*
À la carte *: Mini : 21 € / Maxi : 35 €*

216, rue Saint-Maur
75010 Paris
Tél. : +33 (0)1 42 45 62 71

Fermé le soir
www.lulalifestyleshop.fr

Sol Semilla

€

Cantine bio, végétalien, superaliments, décontracté

• Les fans parisiens de superaliments (petites graines, céréales) ont depuis longtemps élu domicile chez Sol Semilla, un délicieux restaurant 100 % vegan et 100 % bio! Bien sûr, on aime la boutique où l'on peut se procurer tout ce qui est nécessaire pour manger vert et sain à la maison. Rue des Vinaigriers, on peut se régaler de maca-curcuma, gingembre-spiruline, caroube-cumin; ou de tofu chimichuri (chili végétarien); de blinis de maïs mauve; de légumes sautés et parfumés aux fèves de cacao; de salades agrémentées de graines, de riz rouge et d'huile d'olive à la spiruline. Les amateurs sont assidus. Pour les autres, la découverte de saveurs hors norme est toujours spectaculaire. Quelques vins bio peuvent être consommés sur place. Super-vegan.

Menus *: Formule (1 plat, dessert et boisson) : 23,50 € / Découverte (2 plats et dessert) : 28 €*
À la carte *: Mini : 30 € / Maxi : 45 €*

23, rue des Vinaigriers
75010 Paris
Tél. : +33 (0)1 42 01 03 44

Fermé dimanche soir, lundi, et mardi soir
www.sol-semilla.fr

Vivant

€ PIERRE TOUITOU

Bistronomique, à boire et à manger, fort en vins, décontracté

• Pierre Touitou est Vivant ! Après être passé par le Plaza Athénée, il s'occupe désormais de ce bar aviné, spécialisé dans les vins nature (l'enseigne compte parmi les précurseurs de cette tendance dans la capitale), qui revendique une gastronomie de l'amitié, de la bonne humeur et de la bonne santé. Le chef choisit ses fournisseurs en fonction de leur label, de leur engagement et de leur proximité. Dans les assiettes, qui naviguent entre la France et l'Italie, cela donne : des œufs bio et parfaits, pasta et pesto ; du chou rôti, pommes au four, œufs de saumon ; ou de fameux desserts au chocolat, équitable et bio, qui déclinent toutes les nuances de ses pépites, du noir au blond. Le service est impliqué, les routines sont bien rodées. Vivant est toujours debout !

À la carte *: Mini : 35 € / Maxi : 90 €*

43, rue des Petites-Écuries
75010 Paris
Tél. : +33 (0)1 42 46 43 55

Fermé samedi, dimanche, et le midi
www.vivantparis.com

Achille

€€ PIERRE JANCOU ET SVANTE FORSTORP

Bistrot des Temps nouveaux, bio-bio, fou dingue, musique à fond, rital frozen style

• Chez Achille, un duo de chefs donne à boire et à manger des spécialités italo-franco-suédoises qui sentent bon l'iode, la vapeur et les produits frais, souvent labellisés et herborisés (ortie, consoude, oseille, fleur de bourrache, etc.) ! L'opalin « gras éthéré » du guanciale di Nero Brado (joues du cochon) fond sur le palais et y laisse une impression durable. En fait, rue Servan, on est au paradis des bons produits, qui imposent une carte courte, comprenant toujours deux variétés de pâtes, deux entrées, deux plats et deux desserts, c'est tout ! C'est le prix à payer pour être en mesure de proposer les meilleurs citrons d'Amalfi de Paris, ou du thon blanc grillé rosé, associé à un caviar d'aubergines fumé d'anthologie. La carte des vins est plus nature que nature, tendance, branchée sur 220 volts, avec une option pour éviter les grosses étiquettes en dérapage contrôlé (à partir de 8 € au verre, Patrick Bouju, René Mosse, Gérard Boulay, etc.) Il faut impérativement découvrir le talent d'Achille !

À la carte *: Mini : 45 € / Maxi : 90 €*

43, rue Servan
75011 Paris
Tél. : +33 (0)1 48 06 54 59

Fermé dimanche et lundi

Le Bistrot Paul-Bert

⌘ 🍷🍷 €€ **BERTRAND AUBOYNEAU**

♡ Bistrot-gastro, institution, à l'ancienne, bon jaja

• Bertrand Auboyneau (aussi propriétaire du 6 Paul-Bert) a longtemps incarné à lui seul la figure du patron du « grand » bistrot parisien. Charismatique, guerroyeur, sa seule présence en salle suffit à faire apparaître des étoiles sur toutes les tables en bois de son établissement. Reste que, même en son absence, on y mange toujours excellemment, même si le succès a engendré des services un peu usants et usés, que les assiettes, généreuses variations autour du thème du « terroir parisien », font rapidement oublier. D'autant plus que la cave regorge de quoi boire jusqu'à l'ivresse, de Gauby en passant par Germain, et quelques perles bio de la vallée du Rhône et du Bordelais. Avec ou sans modération, c'est à vous de décider !

***Menus** : Formule du midi (2 plats et dessert) : 20 € / Menu du soir (2 plats et dessert) : 38 €*
***À la carte** : Mini : 40 € / Maxi : 70 €*

18, rue Paul-Bert
75011 Paris
Tél. : +33 (0)1 43 72 24 01

Fermé dimanche et lundi
www.lebistrotpaulbert.fr

Bloom Parmentier

⌘⌘⌘ 🍷 €

♡ Cantine, végétarien-friendly, bric-à-brac, convivial, trop frais, brunch, healthy

• Le slogan de ce resto mouchoir de poche est : « Manger local et fait maison. » Tous les ingrédients, qui sont transformés sur place, proviennent donc directement des producteurs, afin de garantir leur qualité, leur traçabilité et, surtout, leur fraîcheur. Même le pain et les cookies du brunch sont concoctés derrière les pianos du restaurant. Les fruits, les farines et les céréales sont tous labellisés bio. Et, pour notre plus grand plaisir, on doit constater que le petit pain brioché garni d'un œuf cocotte mérite probablement le titre de meilleur « sandwich » de Paris. Le feuilleté épinard-courge-chèvre est également fort bon. Faut-il encore ajouter à tout cela que les vins naturels/artisanaux coulent à flot ? Nous, en tous cas, nous avons trouvé notre nouvelle cantine.

***Menus** : Formule (1 plat et dessert) : 12,50 € / Menu (2 plats et dessert) : 14 € / Brunch : 20 €*

126, avenue Parmentier
75011 Paris
Tél. : +33 (0)7 85 46 11 18

Fermé le soir
www.bloom-restaurant.fr

Les Déserteurs

⌘ 🍷 €€ DANIEL BARATIER ALEXANDRE CÉRET

♡ Bistronomique, privatisable, cuisine ouverte, déco épurée, bistrot, comptoir, tradi

• Après avoir « déserté » le Sergent recruteur pour créer leur propre restaurant, Daniel Baratier et Alexandre Céret n'ont pas hésité bien longtemps avant de trouver le nom de leur « futur » établissement. Bien sûr, on pense à Septime, à l'Astrance des débuts et à la Bigarrade, et pas seulement parce que le menu est unique. Le chef possède un vrai talent pour anamorphoser la bistronomie de comptoir en produisant des recettes parfaites (cuisson, assaisonnement, matières premières) et/ou très innovantes, à partir de bases classiques. Par exemple, le pigeonneau de Pornic, les cuisses en caillette, tombée de craterelles, mousseline de topinambours et polypode sauvage, condiment de champignons est véritablement aussi complexe que son intitulé le laisse supposer. La carte des vins, instruite, préserve des prix amicaux : Minéral + de Frantz Saumon (6,50 € au verre), bourgogne de Pierre Morey à 42 €, saint-aubin Le Banc de Pierre-Yves Colin-Morey à 50 €... Une valeur sûre, et montante.

***Menus** : Déjeuner (3 plats et dessert) : 45 € / Maxi (4 plats et desserts) : 60 €*

46, rue Trousseau
75011 Paris
Tél. : +33 (0)1 48 06 95 85

Fermé dimanche, lundi, et mardi midi
www.facebook.com/lesdeserteursParis11

Septime

⌘⌘⌘ 🍷🍷 € BERTRAND GRÉBAUT THÉO POURRIAT

♡ Haute gastronomie, food dingue, très branché, complet, déco indus-style

• Un restaurant dont le nom fait référence à la filmographie de Louis de Funès, c'est déjà du bon goût, notamment quand le clin d'œil tourne en dérision les usages de la haute gastronomie, tout en leur clamant amour et admiration. Le nom de l'établissement ne pouvait donc pas être mieux choisi, car tout ce que fait Bertrand Grébaut correspond aux principes énoncés plus haut. Le chef est annoncé comme le successeur de Pascal Barbot et de Christophe Pelé. Il est vrai que la formule est identique à celle autrefois produite par les caciques. Menu unique, produits traçables de première qualité, service précis sans chichis, chaque euro est investi dans les verres ou dans l'assiette. À ce titre, le mulet noir, concombre, faisselle est somptueux. Il dépasse ses modèles et atteint un niveau de précision que seul Philippe Bouissou fut capable de produire. La poitrine de cochon, coques, jus de cidre a été copiée dans tout Paris, est au-delà (nous l'avons aperçue à New York). Autant le dire, ce mélange terre-mer mérite son succès. Le cabillaud de ligne, beurre de bergamote et badiane c'est du Passard 2.0. En plus, les propriétaires ayant investi dans le vin, ici, c'est « all inclusive ». Les accords idéaux font honneur à Bacchus (René Mosse, Fanny Sabre, Benoît Courault, Dalamaras, Valette, Joly sont tous servis dans le menu Carte blanche). Réservation indispensable... trois semaines à l'avance.

***Menus** : Déjeuner (2 plats et dessert) : 35 € / Carte blanche (5 plats et dessert/vins) : 80 €/135 €*

80, rue de Charonne
75011 Paris
Tél. : +33 (0)1 43 67 38 29

Fermé samedi, dimanche, et lundi midi
www.septime-charonne.fr

Le Servan

⌘ 🍷🍷 € TATIANA LEVHA

♡ Gastronomique, façon bistrot, secret presque bien gardé, Asie-friendly, réservation impérative

• Le Servan est une adresse délicieuse, que les gourmets s'échangent discrètement. Même si le restaurant ne dispose pas d'enseigne, le secret commence cependant à être éventé, et la réservation est désormais impérative. Il faut dire que la chef, Tatiana Levha, a tout pour elle. La beauté, un compagnon renommé (le chef de Septime, Bertrand Grébaut) et le talent (ancienne de l'Arpège et de l'Astrance, comme son sous-chef, Baptiste Day). Évidemment, cette somme incroyable de génie concentré dans un tout petit espace produit des étincelles. L'Asie pointe son nez dans chaque recette, où l'on sent un sincère attachement à une cuisine nouvelle, d'auteur, précise et audacieuse, qui change à chaque service pour être composée uniquement de produits frais, ce qui possède également la vertu d'éviter la routine derrière les pianos, et incidemment de conserver intactes la motivation et l'intérêt des brigades. Reste que le meilleur bouillon de Paris, genre pho, œuf, champignons, nouilles, sarrasin, artichaut mérite bien de devenir une référence et une signature. On imagine facilement le cabillaud cuit au pomelo, sésame noir, légumes rôtis servi sur une grande table au-dessus de laquelle pendrait des lustres en cristal. Par ailleurs, le service assuré par Katia, la sœur Tatiana, est prompt, gracieux, instruit. Elle vous sert des vins nature à prix d'amis comme s'il s'agissait de grands crus classés : vouvray demi-sec de Sébastien Brunet à 36 €, pouilly en Loir-et-Cher de chez Laurent Saillard à 34 €, La Souteronne d'Hervé Souhaut à 32 €, Michel Guigner, Fanny Sabre... Difficile de prédire l'avenir d'un restaurant. Mais si cette fine équipe reste soudée, comme d'autres avant elle, elle peut viser les sommets.

***Menu** : Déjeuner (2 plats et desserts) : 25 €*
***À la carte** : Mini : 55 € / Maxi : 80 €*

32, rue Saint-Maur
75011 Paris
Tél. : +33 (0)1 55 28 51 82

Fermé samedi, dimanche, et lundi midi
www.leservan.com

Soya

⌘⌘ 🍷 €

♡ Cantine bio, végétarien, sans gluten compatible, façon loft, décontracté, in

• Sis dans le quartier du canal Saint-Martin, Soya, c'est la cantine végétarienne, et bio, du 11e arrondissement parisien. Aménagé dans un esprit loft à base de grandes verrières, le restaurant joue la carte du chic-urbain-cool. Dans les assiettes, les recettes sont légères, décontractées, majoritairement élaborées sans gluten. Bien sûr, les légumes, les graines et le tofu dominent la plupart des plats. Reste que, derrière les pianos, on joue la carte de l'éclectisme et du cosmopolite avec beaucoup de conviction. Les plats sont simples, détox, mais prennent leur inspiration tout autour de la planète. Les matières premières de grande qualité anamorphosent l'houmous au dukkah (mélange égyptien de graines, noix et épices) ; le tartare d'algues ; le caviar végétal de tofu et le couscous de semoule de blé parsemé de graines germées, coriandre, ciboulette, noisettes, amandes. Il y a une petite carte des vins, souvent délaissée par les fêtards, qui viennent ici à midi se ressourcer avec des jus de fruits, pour que leur corps oublie les folies de la veille. Un restaurant mieux que branché, connecté !

***Menus** : Formule (1 plat et dessert) : 19 € / Menu (2 plats et dessert) : 23 € / Brunch : 29 €*
***À la carte** : Mini : 25 € / Maxi : 40 €*

20, rue de la Pierre-Levée
75011 Paris
Tél. : +33 (0)1 85 15 27 84

Fermé dimanche soir, lundi, et mardi midi
www.soya-cantine-bio.fr

Le Villaret

⌘ 🍷🍷🍷 € OLIVIER GASLAIN

♡ **Bistronomique, briques apparentes, très fort en vins**

• Le Villaret appartient à cette fraternité d'estaminets parisiens qui possèdent un charme indéfectible, une réputation à l'épreuve de l'usure du temps. Olivier Gaslain continue de situer son établissement à mi-chemin entre le fooding et la table bourgeoise (comme en atteste une récente rénovation). Ici, le métissage dans les assiettes tient plus d'une subtile alternance entre des plats de tradition et une épure norvégienne que d'un tour du monde de l'éclectisme culinaire. Cela dit, le but est atteint. Il y a, au Villaret, à boire et à manger pour toutes les envies. Sur ce premier point, des amateurs bien renseignés continuent logiquement de venir ici pour piller une cave magistrale, bien que de proportion réduite, qui permet de déboucher Coche-Dury, Ravenau, la Romanée-Conti ou Rayas à la moitié du prix généralement pratiqué ailleurs dans la capitale. Et, sur la carte, on trouve aussi beaucoup de références moins clinquantes, elles aussi vendues à tarifs amicaux. Concernant plus spécifiquement les assiettes, la poêlée de cèpes et marrons à l'échalote, ou le canard sauvage rôti aux raisins sont de formidables liges pour le vin : onctueux, tendres, profonds. Le bistrot urbain ultime ? Probablement, oui !

***Menus** : Déjeuner (1 plat et dessert) : 22 € / Menu (2 plats et dessert) : 35 € / Dégustation (3 plats et dessert) : 55 €*
***À la carte** : Mini : 60 € / Maxi : 115 €*

13, rue Ternaux
75011 Paris
Tél. : +33 (0)1 43 57 89 76

Ouvert tous les jours
www.facebook.com/pages/Le-Villaret/124385550951095

Welcome bio

⌘⌘⌘⌘ 🍷 € COLLECTIF

♡ **Cantine bio-bio, végétalo-compatible, sans gluten compatible, engagé, décontracté**

• Welcome Bio, c'est un restaurant qui fait la promotion d'un art de vivre éthique, slow et bio. On s'en doute, sur la table, on trouve uniquement des produits labellisés, qui viennent du magasin attenant, l'un des pionniers en matière de marché équitable et bio à Paname. Par ailleurs, le restaurant possède une vraie vocation pédagogique, à savoir donner à boire et à manger sainement, sereinement, dans la sincérité, la joie et la bonne humeur. Évidemment, ici, tout est cuisiné maison. Et les recettes changent fréquemment. La raison à cela ? Les fournisseurs, les saisons, etc., mais pas seulement. En fait, cinq « chefs » se relaient derrière les pianos. L'avantage, c'est que l'on ne peut donc pas se lasser de la carte, même si l'on est un habitué. Et, dans les assiettes, on retrouve de très fringants shiitakes au tofu mariné ; des soupes de poivrons froides et chantilly coco ; et des tartes aux fruits somptueuses en saison. La carte des vins est courte, mais tous les flacons sont bio, à partir de 15 €. Le mantra de la Maison est éloquent : le plaisir, c'est bon pour la santé.

***Menu** : Formule déjeuner (1 plat et dessert) : 18,50 €*
***À la carte** : Mini : 25 € / Maxi : 50 €*

11, rue Boulle
75011 Paris
Tél. : +33 (0)1 43 38 13 88

Fermé dimanche soir, et lundi soir
www.welcomebio.fr

ÎLE-DE-FRANCE

Maguey

⌘ 🍷🍷 € VIVIEN LOISON ET JONATHAN GÉRARD BENOÎT RICHERT

♡ Bistronomique, très ludique, concept de ouf, sophistiqué, brunch de folie

• Le 12e arrondissement de Paris n'est pas un Eldorado culinaire. Émerge cependant quelques pépites, telles que Maguey, dont le concept, à notre connaissance unique, est très ludique et plutôt chic. Ici, il s'agit de manger en fonction de ses émotions ! En effet, on dîne à l'aveugle (mais en signalant au préalable ses allergies). On ne choisit donc pas ses plats, mes deux adjectifs qui vont composer votre menu. Par exemple, derrière l'épithète « cynique », se cache le maquereau mariné, avec mousse de tomate, aïoli au curry et chapelure d'orange, ce qui est assez bien vu (un maquereau, c'est en général cynique, oui) ! Quant au pigeon et ses croquettes, purée d'oignons, noisettes et champignons, gelée de canneberge, il est qualifié de moelleux et de malicieux, ce qui est parfaitement exact, mais il faut le goûter pour s'en convaincre. Derrière ce brillant concept, se cache un esprit également lumineux, celui de la propriétaire, Shu Zhang, ancienne de l'École centrale, et qui, avec ses chefs associés, Vivien Loison et Jonathan Gérard, produit une gastronomie du métissage : française (les techniques), chinoise (les ingrédients satellites et les épices) et japonaise (la volonté de ne pas dénaturer les produits). La carte des vins est également bien instruite et affiche une préférence marquée pour la biodynamie : 15 vins au verre, champagne Grande Réserve blanc de blancs de Guy Moussy à 12 € (au verre), Croq'caillotte du domaine Émile Balland à 48 €, La Combe de Malleval de Stéphane Ogier à 85 €, châteauneuf-du-pape du château des Fines Roches à 72 €, quelques vins internationaux, du saké... Indubitablement, Maguey, c'est la sensation du moment.

***Menus** : Déjeuner (2 plats et dessert) : 22 € / Sensations (2 plats et dessert/vins) : 42 €/64 € / Brunch : 25 €*

99, rue de Charenton
75012 Paris
Tél. : +33 (0)9 81 09 48 92

Fermé dimanche et lundi
www.maguey.fr

Table

⌘⌘ 🍷🍷 € BRUNO VERJUS

♡ Haute bistronomie, produit de luxe, le bon goût, pierres pleines

• Bruno Verjus est un homme étonnant, entier, qui fut un journaliste et un blogueur reconnu avant de s'improviser chef, par pure passion. Son obsession première (le cacique en a plusieurs) et quotidienne, c'est d'obtenir les meilleurs produits pour confectionner sa carte. Poissons, viandes, légumes, etc., tout provient d'artisans exceptionnels. Le bœuf d'Aquitaine est maturé par Polmard, le porc noir arrive de Saint-Géry, la plupart des fromages sont affinés par Mons, les légumes et les champignons sont récoltés à la main par Annie Bertin et Joël Thiébault... Même certains triples étoilés sont moins bien lotis ! Cette exigence, typiquement robuchonienne, se retrouve aussi derrière les fourneaux et dans les assiettes. Les recettes font souvent jour à un ingrédient principal et deux satellites le mettant en valeur, les plats étant très légèrement relevés pour exhausser délicatement les goûts. Évidemment, les cuissons sont maîtrisées à la milliseconde. On peut parler de simplicité... ou de perfection ! Les vignerons sélectionnés sur la carte sont nature, bio ou dans le vent. Le restaurant passionnant d'un chef passionné.

***Menus** : Déjeuner (2 plats et dessert) : 29 € / Menu (4 plats et dessert) : 100 €*
***À la carte** : Mini : 70 € / Maxi : 150 €*

3, rue de Prague
75012 Paris
Tél. : +33 (0)1 43 43 12 26

Fermé samedi midi et dimanche
www.tablerestaurant.fr

Virtus

⌘⌘⌘ 🍷🍷 € CHIHO KANZAKI ET MARCELO DI GIACOMO PAZ LEVINSON

♡ Gastronomique, métissé, façon bar des années 1970, décontracté, plein à craquer, rapport qualité/prix

• Virtus appartient à ce cercle très fermé des restaurants parisiens « pochette surprise », surbookés, qui, dans un cadre épuré, produisent un menu unique et inventif. Le concept a été popularisé par Pascal Barbot. Son Astrance a désormais trois étoiles (mais, dans le style, il demeure néanmoins le seul à être parvenu aussi haut, au prix il est vrai de quelques concessions sur sa démarche initiale). Christophe Pelé, David Toutain et beaucoup d'autres ont ensuite suivi ce désormais fameux mouvement. Ce qui caractérise Virtus, par ailleurs au niveau de la plupart des trublions cités précédemment, c'est que derrière les pianos jouent quatre mains, Chiho Kanzaki et Marcelo Di Giacomo. Il est donc produit ici une gastronomie cosmopolite dont l'horizon est authentiquement plus vaste qu'ailleurs, car il s'étend de la France à l'Argentine en passant par le Japon. Virtus, c'est ainsi un condensé de ce que la mondialisation peut proposer de meilleur. La salade d'asperges, sauce burrata, gariguette ; ou l'huître, échalote et ananas en sont les illustrations remarquables. Il s'agit de recettes simples, précises, efficaces en raison de matières premières d'exception et totalement préservées, notamment par les cuissons lentes. Dans la cave s'active la belle Paz Levinson, classée quatrième au concours de meilleur sommelier du monde, experte en matière de biodynamie. Ici, l'érudition et l'amour du bon se nichent dans chaque recoin de l'établissement.

Menus *: Déjeuner (1 plat et fromages) : 17 € / Dégustation (4 plats et desserts) : 59,50 €*
À la carte *: Mini : 35 € / Maxi : 70 €*

8, rue Crozatier
75012 Paris
Tél. : +33 (0)9 80 68 08 08

Fermé dimanche et lundi
www.virtus-paris.com

Will

⌘ 🍷 € WILLIAM PRADELEIX

♡ Nature, bistronomique, branché, épuré, ambiance sixties, baraviné

• Chez Will, on cuisine raw, c'est-à-dire brut ! En attestent le carpaccio de maigre, citronnelle, vinaigrette de gingembre, ou la pièce de bœuf marinée, pesto coriandre et carotte punzu. Par ailleurs, l'Asie a également droit de cité dans les assiettes. Les glaçages caramélisés façon teriyaki et les épices viennent donc, tour à tour, attendrir ou enflammer les viandes. La carte des vins est moins voyageuse que le chef, qui est passé par le Connaught à Londres sous la direction d'Hélène Darroze (deux étoiles) et au fabuleux St. Regis Bora Bora Resort. Dans la cave, de taille réduite et très nature, donc très sympa, il faut surtout chercher de la force dans le Rhône : L'Odalisque de la Bastide du Claux (7 € au verre), Pierre Gaillard, Boisrenard, le reste étant un peu plus cher. L'un des spots les plus branchés du 12e arrondissement, qui n'en manque pourtant pas.

Menus *: Formule (1 plat et dessert) : 19 € / Menu (2 plats et dessert) : 35 € / Dégustation (3 plats et dessert) : 50 €*
À la carte *: Mini : 45 € / Maxi : 60 €*

75, rue Crozatier
75012 Paris
Tél. : +33 (0)1 53 17 02 44

Fermé dimanche, et lundi soir
www.facebook.com/Will-686526784739041

ÎLE-DE-FRANCE

ÎLE-DE-FRANCE

Le Tandem

€ NICOLAS DOUAY ET PHILIPPE DOUAY

Bistrot à boire, fort en vins, bien troussé, on se marre au comptoir, bordeaux c'est pas beau

• Le Tandem, c'est l'antre parisien des vins propres, naturels, bio, dans la composition desquels n'entre aucun composant chimique. La carte des vins propose ainsi plus de 100 références, à prix sans chichis. Elle est organisée autour de producteurs, français exclusivement, qui respectent leurs vignes et leur environnement, et qui ne sont pas bordelais (car le chef préfère les vins du Languedoc et que la rivalité entre les deux terroirs est plus que centenaire). Bien calé sur sa banquette, on peut donc apprécier des nectars de Catherine et Pierre Breton (Trinch ! à 29 €), Les Cailloux du Paradis de Claude Courtois à 28 €, Les Terres Promises de Jean-Christophe Comor (dès 32 € pour l'Antidote et l'Apesanteur, un assemblage de grenache, cinsault et carignan, non dosé, avec bulles), les vins du domaine Gayda (Figure Libre à 30 €, Chemin de Moscou à 60 €) ou ceux du domaine Bérénas, de Thierry Navarre, du Mas Foulaquier, du domaine La Croix de Saint-Jean (dès 25 € en bouteille et à partir de 4 € au verre)... Pour accompagner tout ça, les frères Douay programment logiquement une cuisine généreuse et tendre, dans la plus pure tradition familiale et dominicale. Les plats sont donc goûteux et invitent le vin : tête de veau, blanquette, boudin noir, planches de charcuteries et de fromages, bon pain à mie, lardon et lentilles du Puy. À tous les niveaux, saveurs, parfums et tarifs compris, c'est limpide !

***À la carte** : Mini : 25 € / Maxi : 50 €*

10, rue de la Butte-aux-Cailles
75013 Paris
Tél. : +33 (0)1 45 80 38 69

Fermé dimanche et lundi

Yuman

€

Cantine bio, décontracté, végétalo-compatible, très engagé, détox, cool, ou à emporter

• C'est écrit sur l'enseigne, au menu de Yuman, c'est tous les jours, du bon, du bio, et c'est tout ! Certains pensent que l'on ne changera pas le monde. Gilles Tessier est certain que, pierre par pierre, on doit y parvenir. Son engagement est total. Tout bon, tout bio, donc ! Même les consommations d'eau et d'énergie sont raisonnées. La totalité des produits d'importation proviennent du commerce équitable. Les locaux sont éco-conçus. Tous les poissons sont issus de pêches durables. Même les produits d'entretien sont labellisés ! Comme l'explique parfaitement le propriétaire, Yuman est donc bien un cercle vertueux, qui part d'une agriculture saine, passe par l'implication, le bien-être et la santé des urbains, puis revient aux producteurs amoureux de leurs terres. L'idée de Yuman est donc de nourrir aussi bien le corps que l'esprit, et de véhiculer cette belle idée : manger, acte universel, quotidien et naturel, est un acte de bienveillance, pour soi, pour autrui et pour la planète, un acte simple porteur de sens, source de plaisir. Au surplus, les inspirations du restaurant vont tous azimuts (français, latino, asiatique). Le saumon rôti à la fleur de thym, riz, légumes de saison est excellent. La carte des vins (tous bio) ne compte pas pour des prunes (25 références, château Morillon à 14 €, baux-de-provence La Chapelle du château Romanin à 25 €, rosé du domaine Rouge Garance à 20 €, champagne cuvée Blanche de Bruno Michel à 45 €). Yuman est le premier restaurant parisien qui donne envie d'être responsable. Ce n'est pas rien.

***Menus** : Formule (1 plat et dessert) : 17,50 € / Menu (2 plats et dessert) : 21,50 €*
***À la carte** : Mini : 28 € / Maxi : 44 €*

70, rue du Chevaleret
75013 Paris
Tél. : +33 (0)1 73 74 44 79

Fermé dimanche et lundi soir
www.yuman-restaurant.com

Anthocyane

€

CRISTIAN CORDOVA

JEAN-PAUL DA COSTA

Gastronomique, goût de luxe, la cave se rebiffe, la tête dans les étoiles, épuré, fine équipe, service excellent

• Le directeur et propriétaire du restaurant, Jean-Paul Da Costa, a côtoyé Christophe Rohat et Alain Passard, avant de travailler au Crillon et aux Ambassadeurs, de sérieuses références qui donnent une indication précise sur le niveau du service en salle. Son nouveau chef, Cristian Cordova, fait briller, même en hiver, le soleil dans toutes les assiettes. Son savoir-faire est impeccable, et n'a rien à envier à celui de son prédécesseur, qui était pourtant passé derrière les pianos de Gordon Ramsay, Joël Robuchon et Christian Le Squer. Moins académique, les recettes d'Anthocyane sont désormais encore plus séduisantes. Le poulpe croustillant, ivre de vin rouge, poireaux et hibiscus est à la fois un grand plat d'automne, un grand plat à vin et un grand plat gourmand, dont la somme des qualités impressionne, qu'il s'agisse des jeux de texture, de la cuisson ou de la complexité du plat. Évidemment, le fait que presque tous les ingrédients soient totalement frais et bio n'est pas étranger à cette réussite. Jean-Paul Da Costa est en effet engagé, selon ses propres termes, à 400 % dans le bio dès que c'est possible. Espace restreint, service compétent, accords mets et vins érudits, prix contrôlés, fournisseurs drastiquement triés... Tout cela rappellera aux plus anciens la fameuse, et regrettée, Bigarrade. Aussi, il n'y a aucun doute, cette table sera prochainement coiffée de nombreuses toques, méritées. C'est en tout cas le seul mal que l'on souhaite à Anthocyane.

• **LES VINS** : La cave est pléthorique et affiche parmi les meilleurs producteurs bio sur des coefficients aguichants (2 en moyenne). Cela dit, ce que l'on remarque d'abord, c'est la sélection au verre qui change sans arrêt et permet de beaucoup s'amuser (entre 8 et 12 € au maximum, même pour la coupe de champagne Billecart-Salmon). Champagne cuvée Paradis d'Alfred Gratien à 142 €, corton-charlemagne de Decelle-Villa à 135 €, marsannay de Sylvain Pataille à 45 €, saint-péray Fleur de Crussol du domaine Alain Voge à 58 €, Didier Dagueneau, château de Fosse-Sèche, Olivier Pithon, domaine Gauby... Indubitablement de quoi rêver... et se désaltérer.

***Menus** : Déjeuner (2 plats et dessert et vins) : 39 € / Dégustation (3 plats et dessert/vins) : 62 €/97€*
***À la carte** : Mini : 55 € / Maxi : 110 €*

63, rue Daguerre
75014 Paris
Tél. : +33 (0)1 43 27 86 02

Fermé dimanche, lundi, et trois semaines en août
www.facebook.com/Anthocyane-169961993365865

Le Cornichon

€ MATTHIEU NADJAR

Gastronomique, façon bistrot, branché, décontracté, nostalgico-instruit, cuisines avec vue

• Lors d'une première vie, le copropriétaire du Cornichon, Franck Bellanger, travaillait dans le secteur de l'informatique. Puis, il s'est reconverti en cuisine chez Stéphane Jégo, à l'Ami Jean. Quant à Matthieu Nadjar, son chef exécutif, il a visité les tables qui comptent (Guy Savoy, Alain Dutournier, Taillevent), avant de larguer ses amarres rue Gassendi. On s'en doute, l'enthousiasme, l'envie de plaire et de faire (faire) la fête déborde des cuisines (avec vue). Or, les recettes possèdent tout plein de qualités pour ravir les gourmands, même les plus exigeants. Le ris de veau doré croustillant, gremolata, carottes, coco, cresson est exemplaire de la haute gastronomie provinciale des années 2000. L'œuf bio mollet croustillant, hareng fumé, livèche et compotée de fenouil est un parangon de la cuisine fooding capitale, qui possède un petit supplément d'âme. Ajoutons à cela que la carte regorge de vins nature/bio de copains, sélectionnés avec précaution et vendus sans surenchère (coefficients 2 à 3). Le Cornichon mérite largement sa réputation, qui le fait figurer parmi les tout meilleurs restaurants parisiens.

***Menus** : Déjeuner (2 plats et dessert) : 35 € / Dîner (2 plats et dessert) : 37 €*

34, rue Gassendi
75014 Paris
Tél. : +33 (0)1 43 20 40 19

Fermé samedi et dimanche
www.lecornichon.fr

Vitis

€ PHILIPPE DELACOURCELLE MARC DELACOURCELLE

Bistronomique, à boire et à manger, décontracté, expérimenté, ou à emporter, fort en vins

• Vitios, c'est un bistrot à vins tenu par deux épicuriens, les frères Delacourcelle, qui ont tout vu, tout connu, de la renaissance de la bistronomie parisienne à Bernard Loiseau en personne. Sur le plan de la décoration, la table est sans chichis. En revanche, les assiettes ne sont pas encore posées sur votre table qu'elles vous charment déjà par leurs délicieuses et volumineuses exhalaisons. En effet, pour avoir droit de cité à Vitis, une recette doit être gourmande et parfumée. C'est le cas du cochon de lait fondant aux épices douces, chou croquant, qui s'impose en parangon onctueux et en lige pour vins tanniques. La quenelle de brochet, sauce nantua à la citronnelle, fait revivre avec émotion, érudition, le passé pas si lointain de la Tour d'Argent et les meilleurs vins blancs bourguignons. Quant à la cave, elle est splendide, surtout en bourgogne, au verre comme en bouteille : côte-de-beaune Combe d'Ève d'Emmanuel Giboulot à 70 €, arbois de Jacques Puffeney à 35 €, vouvray pétillant du domaine Champalou à 35 €, gewurztraminer Vendanges Tardives Fronholz 2007 du domaine Ostertag à 85 €, muscadet-sèvre-et-maine Le Fief du Breil de Jo Landron à 32 €, domaine Hauvette à 59 €, chapelle-chambertin du domaine Cécile Tremblay à 280 €. Oui, vraiment, il y a ici à boire, et à manger !

***Menus** : Formule déjeuner (2 plats, vin et café) : 16,90 € / Menu-carte (2 plats et dessert) : 36 €*
***À la carte** : Mini : 45 € / Maxi : 70 €*

8, rue Falguière
75015 Paris
Tél. : +33 (0)1 42 73 07 02

Fermé dimanche
www.levitis.fr

Astrance

€€

PASCAL BARBOT

CHARLINE GRÉHAN

Très haute gastronomie, chic et choc, service excellent, Ratatouille, réservation impérative

• L'Astrance est un restaurant mouchoir de poche doté d'une mezzanine. Situé dans une rue étroite à deux pas des quais de Seine et du périphérique, il ne possède même pas la vue imprenable sur la tour Eiffel qui est tant convoitée dans le quartier. Seule distraction, le minuscule hublot percé dans la porte menant au sanctuaire de Pascal Barbot. Et pourtant, c'est ici que le monde entier veut être. Le restaurant est l'un des plus difficiles à réserver au monde. La cuisine de Pascal Barbot, basée sur la circulation des saveurs, met à l'honneur les sauces, les soupes, les liquides et les sorbets glacés (souvent associés à des plats chauds) qui ravissent les papilles et donnent le tournis. Ici, l'imagination et les légumes sont indubitablement au pouvoir. Le chef fait d'ailleurs partie des privilégiés pouvant se servir à la ferme Yamashita. Dans l'assiette, les mélanges sont détonants, agressifs, inoubliables. Pascal Barbot affectionne particulièrement les oppositions de textures, de goûts et, plus rare, d'odeurs. Soupes acides, compositions de sous-bois iodées, viande et chocolat, plats présentés en duos antagonistes mais pas irréconciliables sont, pour leur plus grand bonheur, le lot commun des clients de l'Astrance... Il n'est pas étonnant que Pascal Barbot ait servi de modèle au héros du film d'animation Ratatouille, car il est probablement le cuisinier le plus inventif et le plus inspiré de sa génération. Il est l'un des rares chefs capables d'extraire la couleur originelle d'un produit et d'en exalter la saveur pure. Les plats qu'il mitonne sont des arc-en-ciel vibrant longuement dans les palais et les mirettes. En dépit de leur complexité, toutes les assiettes possèdent un équilibre parfait les rendant aisées à déguster (les conseils prodigués par le service aideront les gourmands débutants). Pascal Barbot ose tous les mélanges, presque toutes les transgressions, sans que ces dernières ne paraissent jamais artificielles ni savantes, ceci en raison de sa rigueur hors du commun, qui le pousse à proscrire le trivial de son champ d'investigation. Le chef goûte, teste et invente sans relâche (c'est notamment à cela que servent les trois jours de fermeture hebdomadaire du restaurant) jusqu'à ce qu'il trouve des combinaisons inédites qui enflamment tous les sens. Attention, le retour à la réalité et aux plats cuisinés sera très difficile.

• **LES VINS** : La proposition au verre a encore évolué positivement en volume. Tout ce qui est chic (Romanée, Lafite, Lafon, Grange des Pères, Weinbach) apparaît sur la carte à des tarifs souvent très parisiens (coefficients quadruplant/quintuplant). Cependant, certains propriétaires demeurent épargnés par l'inflation. Ainsi, Alain Brumont (madiran), domaine du Colombier (crozes-hermitage), Jean-Paul Balland (sancerre), domaine Brana (irouleguy). Chouette sélection de nectars étrangers, notamment italiens. Très beaux accords mets et vins.

Menus *: Déjeuner (3 plats et dessert/vins) : 70 €/120 € / Menu de saison (5 plats et dessert/vins) : 150 €/203 € / Surprise (7 plats et desserts/vins) : 230 €/350 €*

4, rue Beethoven
75016 Paris
Tél. : +33 (0)1 40 50 84 40

Fermé samedi, dimanche et lundi
www.astrancerestaurant.com

ÎLE-DE-FRANCE

Étude

⌘⌘⌘ 🍷🍷🍷 €€ KEISUKE YAMAGISHI JEAN-CHARLES COLIN

♡ **Haute gastronomie, épuré, végétarien compatible, cuisine ouverte, service excellent**

• Keisuke Yamagishi est l'un des trois plus grands chefs japonais ayant jamais exercé ses talents à Paris. Il est également le seul à ne pas être correctement récompensé par la critique gastronomique. Avouons-le, cela ne rend le cuisinier que plus sympathique à nos yeux. D'autant plus que, pour ce fan inconditionnel de Chopin, la gastronomie est un conservatoire. Sur sa table, on ne trouve donc que les meilleurs produits de France, et du monde, presque tous labellisés, cuits et composés avec une infinie minutie, souvent à la perfection. Dans les assiettes, chaque ingrédient est exactement posé à l'endroit opportun. Les couverts sont adaptés à chaque recette. L'idéal de perfection recherché est si facilement atteint que cette virtuosité finit par confiner au romantisme. La roquette comme une éponge est le plus bel amuse-bouche de tout Paris. Le cromesquis de caviar, oignon de Roscoff, ail noir ressuscite, à la mode fooding, le génie d'Alain Senderens, aucun chef à part Alain Ducasse et Keisuke Yamagishi n'étant parvenu à susciter autant d'émotion avec les œufs de poisson. L'intensité et les textures de ce plat sont, sur le palais, miraculeuses. Il faut aussi visiter une cave des vins de maître. Plus de 50 références chez Jean-François Coche-Dury (dès 100 €), tout François Raveneau (dès 150 €), tout Jacques Selosse (dès 190 €), monthélie du domaine Comtes Lafon à 120 €, La Petite Côte d'Yves Cuilleron à 80 €, Les Granits de M. Chapoutier à 70 €, sauternes Paradosis du domaine de Rousset-Peyraguey à 100 €, tout le domaine de la Romanée-Conti dès 1 200 €, Les Calcinaires du domaine Gauby à 65 €... Dîner chez Étude est une expérience aussi intense que celle d'aller à l'Opéra.

***Menus** : Symphonie végétarienne (4 plats et dessert) : 45 € / Balade (4 plats et dessert/vins) : 45 €/75 € / Prélude du soir (3 plats et dessert/vins) : 49 €/89 € / Nocturne (6 plats, fromage et desserts) : 82 €/152 €*

14, rue du Bouquet-de-Longchamp
75116 Paris
Tél. : +33 (0)1 45 05 11 41

Fermé samedi midi, dimanche et lundi
www.facebook.com/etudeparis

La Grande Cascade

⌘ 🍷 €€€€ FRÉDÉRIC ROBERT PIERRE OUARDÈS

♡ **Haute gastronomie, chicissime, service de palace, romantique, fine équipe**

• Frédéric Robert pilote la Rolls-Royce des restaurants parisiens. Il faut comprendre par là que son décor d'antiquaire et sa situation privilégiée lui permettent de mériter le surnom flatteur de « joyau du bois de Boulogne ». Partir en voyage dans ce véhicule de luxe est un bonheur extraordinaire. Mais fournir l'essence pour le moteur demeure dispendieux. Toutefois, les viandes racontent toutes de formidables histoires de tendresse. Quant aux nectars de Bacchus, ils sont tous là : large sélection au verre, sancerre de Lucien Crochet à 60 €, Génération Dix-Neuf d'Alphonse Mellot à 110 €, Clos de la Coulée de Serrant à 300 €, cuvée Maria en fiefs vendéens à 75 €, domaine de la Pinte à partir de 60 €... L'attachement au bio et au local est certes ici davantage un fait incidentel que le fruit d'un engagement politique. Reste que, au final, la qualité et la biodiversité sont là. Nous ne boudons donc pas notre plaisir.

***Menus** : Menu du marché (2 plats et dessert/vins) : 89 €/109 € / Menu du jardin (3 plats et dessert) : 115 € / Petit itinéraire (3 plats, fromages et dessert/vins) : 149 €/198 € / Grand itinéraire (4 plats, fromages et desserts/vins) : 192 €/266 €*
***À la carte** : Mini : 160 € / Maxi : 300 €*

Allée de Longchamp
Bois de Boulogne
75016 Paris
Tél. : +33 (0)1 45 27 33 51

Ouvert tous les jours
www.restaurantsparisiens.com/restaurant-la-grande-cascade

Le Pré Catelan

⌘ 🍷🍷 €€€€ FRÉDÉRIC ANTON

Haute gastronomie, luxe, chic et choc, romantique, service excellent

• Chacun sait que Frédéric Anton ne tolère pas l'approximation, et qu'il aime la proximité (avec la brigade, avec les clients, avec les producteurs, etc.) Ses recettes pédagogiques sont donc une tribune pour les meilleurs fournisseurs parisiens. Par ailleurs, la plupart des plats servis au Pré Catelan sont des défis picturaux ou architecturaux. S'ils possèdent énormément de caractère, et s'ils reposent sur une technique sans faille, ils ne sont pas pour autant dépourvus d'une véritable poésie. Ainsi, Frédéric Anton parvient à atteindre l'harmonie grâce à une cuisine extrêmement sensitive (mais pas expérimentale). Il est particulièrement inspiré pour marier les arômes. Ses plats les plus réputés possèdent une grande vitalité et une douceur épatante. En cave reposent toutes les stars de la viticulture française : tout saint-julien, château Yquem en grande pompe, de superbes jurançons et des muscats grecs (entre 75 et 130 €), Alain Brumont, domaine Ogereau ou domaine de l'Écu (à moins de 70 €) ainsi que les « usual suspects » : domaine Ostertag, Philippe Charlopin, Marcel Deiss sont là… Le rêve a un prix, dont il faut parfois savoir s'acquitter pour vivre des instants magiques.

***Menus** : Déjeuner (2 plats, fromages et dessert) : 130 € / Orsay (4 plats, fromages et dessert) : 220 € / Menu du Pré (5 plats, fromages et desserts) : 280 €*
***À la carte** : Mini : 250 € / Maxi : 420 €*

Bois de Boulogne
Route de Suresnes
75016 Paris
Tél. : +33 (0)1 44 14 41 14

Fermé dimanche et lundi
www.leprecatelan.com

L'Abeille

⌘ 🍷🍷 €€€€ CHRISTOPHE MORET MATTHIAS MEYNARD

Haute gastronomie, luxe, chic, service excellent, palace

• L'Abeille est, logiquement, une alcôve, l'une des plus belles de Paris. Tissus épais, lustres monumentaux y absorbent le bruit et l'attention des clients, mais pas celle d'un service exemplaire, de très haut niveau. Si le restaurant tourne comme une magnifique petite boîte à musique, c'est parce qu'aux commandes, on ne compte que des cadors : Matthias Meynard à la sommellerie, Joseph Dessertprix à la direction et, bien sûr, Christophe Moret en cuisine. Bien aidé par ses petits camarades, ce dernier produit actuellement les meilleures recettes de sa vie. Le foie gras de canard confit, figues aux parfums de sureau, muesli, amarante, raisins est une tuerie, qui ne pèse pourtant pas bien lourd face au Saint-Pierre, ormeaux et pousses de la baie de Somme en fricassée, salsa verde, est fabuleux. Au surplus, une vraie attention est portée au label des produits et à leur provenance (le chef dévalise notamment Thierry et Élise Riant, à Carrières-sur-Seine). C'est également vrai pour la carte des vins, qui fait jour à de splendides flacons élevés en biodynamie et qui conservent des prix accessibles : champagnes Special Cuvée de Bollinger à 150 € et Femme de Champagne de Duval-Leroy à 180 €, pinot noir Clos de la Faille d'Albert Mann à 78 €, saumur L'Insolite du domaine des Roches Neuves à 65 €, chablis La Forest du domaine Vincent Dauvissat à 105 €, meursault Clos de la Barre du domaine des Comtes Lafon à 260 €, côte-rôtie du domaine Jamet à 180 €, et une trentaine de vins au verre, dans toutes les appellations… Abeille produit un buzz mérité !

***Menu** : Plaisirs de la table (3 plats, fromages et desserts/vins) : 230 €/370 €*
***À la carte** : Mini : 155 € / Maxi : 280 €*

Hôtel Shangri-La
10, avenue d'Iéna
75116 Paris
Tél. : +33 (0)1 53 67 19 90

Fermé dimanche, lundi, et le midi
www.shangri-la.com/fr/paris/shangrila/dining/restaurants/labeille

Antoine

ꕥꕥ | 🍷 | €€€ | THIBAULT SOMBARDIER | PIERRE MORIN

♡ Gastronomique, fruits de la mer, chic, romantique, fort en vins

• Le jeune Thibault Sombardier est considéré comme l'un des chefs les plus talentueux de sa génération, et pas seulement car il a côtoyé Marc Meneau, Alain Dutournier et Yannick Alléno. En plus, il officie dans une salle élégante dotée d'une grande baie vitrée avec vue sur la tour Eiffel. Les fées, où plutôt les sirènes, semblent donc s'être penchées sur son berceau. En effet, le chef est particulièrement sensible aux rapports qu'il doit entretenir avec une nature susceptible de lui fournir des produits exceptionnels. Lui-même passionné de chasse marine, il met un point d'honneur à proposer des poissons issus d'une pêche artisanale et respectueuse du milieu marin. Il n'hésite pas à acheter des pièces hors du commun (noix de Saint-Jacques de Port-en-Bessin, qu'il saisit sur coquille et accompagne d'un moelleux de pommes de terre et truffe noire râpée ; ou le tourteau de Roscoff, sabayon pistache-piment, bisque onctueuse) et à se fournir auprès des meilleurs mareyeurs de Saint-Gilles-Croix-de-Vie. La carte des vins possède une profondeur toute parisienne : une vingtaine de vins au verre à partir de 15 €, Mas d'Espanet à 65 €, Sylvie Spielmann à 65 €, Didier Dagueneau dès 180 €, Omnia à 185 €, bâtard-montrachet de Vincent Girardin à 690 €... Une table pointue, où tout est impeccablement maîtrisé, et qui fera le bonheur des serviteurs de Poséidon !

***Menus** : Déjeuner (2 plats et dessert) : 48 € / Découverte (3 plats et dessert) : 90 € / Terre-mer (5 plats et dessert) : 138 € / Expression (6 plats et desserts) : 170 €*
***À la carte** : Mini : 120 € / Maxi : 200 €*

10, avenue de New-York
75116 Paris
Tél. : +33 (0)1 40 70 19 28

Fermé dimanche et lundi
www.antoine-paris.fr

Pages

ꕥꕥ | 🍷🍷 | €€ | RYUJI TESHIMA | RYUJI TESHIMA

♡ Haute gastronomie, bœuf friendly, nippon et bon, épuré

• Pages est le restaurant du chef Ryuji Teshima, membre éminent de la nouvelle vague de ces maîtres nippons perfectionnistes (menu unique, donc), qui conçoivent la gastronomie comme un art, chaque assiette comme un tableau, et chaque menu comme un kaléidoscope de parfums ! Et, parmi cette élite, le chef n'est pas le premier venu ! Déjà, il est doublement diplômé de cuisine et de sommellerie. Ensuite, il est un « geek » des produits. Il a travaillé chez des étoilés sur pas moins de trois continents. Il connaît tous les meilleurs producteurs du monde. Et, sans surprise, il se fournit chez eux. Par exemple, tous les samedis, le chef passe chez Hugo Desnoyer. Cependant, il lui fait des infidélités sur le bœuf, préférant le simmental mâturé 60 jours de Benoît Quéru ou l'himalayaesque waygu de la ferme Osaki, qu'il est le seul en France à importer, et qu'il sert en carpaccio ! Son tartare de thon rouge de ligne, émulsion brie-œuf est incomparable. Dans un registre totalement différent (cuisine fusion contre inspiration japonaise), on peut porter le même jugement sur son médaillon de lotte saisi, sauce au tourteau et chou, qui est une épure ultime, atteignant l'équilibre parfait des saveurs. La carte des vins contient tout ce qui compte et fait parler : Comtes Lafon, M. Chapoutier, Yves Cuilleron, château Pontet-Conet, domaine Vacheron, etc., entre 14 et 18 € au verre et sur des coefficients oscillant entre le doublement et le quadruplement, ce qui n'est pas si effrayant. Fameux !

***Menus** : Déjeuner (4 plats et dessert) : 50 € / Découverte (7 plats et dessert) : 75 € / Dégustation (9 plats et desserts) : 90 €*

4, rue Auguste-Vacquerie
75116 Paris
Tél. : +33 (0)1 47 20 74 94

Fermé dimanche et lundi
www.restaurantpages.fr

Esens'All

⌘⌘⌘⌘ 🍷🍷 €€ LAURENT PICHAUREAUX

♡ Haute gastronomie, fusion, moléculaire, inventif, branché, engagé

• La cuisine moléculaire, inventive, siphonnée et bio (voire biodynamique), ça existe ! Elle est produite à Paris chez Esens'All, un laboratoire d'expériences culinaires autant qu'un restaurant. Honnêtement, le niveau est haut, que ce soit en termes de déco ou de recettes. Dès la lecture de la carte, on pense immédiatement à Christophe Pelé, Pierre Gagnaire, Pascal Barbot ou Philippe Bouissou. Les intentions sont donc bien là, même si elles ne sont pas encore totalement réalisées. Reste que e dos de cabillaud et sa nage coquelicot sur une duxelles d'enoki et d'asperges sauvages est réellement aussi beau que bon, même s'il n'atteint pas totalement les sommets himalayens visés. La carte des vins est exclusivement composée de nectars en agriculture raisonnée, biologique ou biodynamique, dont les tarifs sont particulièrement amicaux, même pour des domaines stars tels que La Janasse (dès 30 €). Le grand oublié des classements français, qui ne cesse pourtant de progresser sur la route des étoiles.

***Menus** : Six dégustations (4 plats et desserts/vins) : 65 €/90 € / Huit dégustations 6 plats et desserts/vins) : 78 €/110 €*

12, rue Dulong
75017 Paris
Tél. : +33 (0)1 42 27 66 71

Fermé dimanche, lundi, et le midi
www.esensall.com

Frédéric Simonin

⌘ 🍷 €€ FRÉDÉRIC SIMONIN

♡ Haute gastronomie, classieux, robuchonien, fort en vins

• Frédéric Simonin cuisine au plus haut niveau depuis l'âge de 17 ans. À 18 ans, il était déjà élu meilleur apprenti de Bretagne. Puis, il a débuté son parcours professionnel chez Ledoyen, est passé par le Meurice, Taillevent, le Cinq... Pas étonnant que, pour décrire les plats du premier restaurant dont il est propriétaire, on emploie des superlatifs tels que : génial, original, inspiré, méthodique, perfectionniste... Plus que de bonnes intentions et de superbes récitations, la carte offre plusieurs fulgurances, telles que la daurade, artichauts et gros calamars au basilic, émulsion de cuisson à la barigoule, qui possède une complexité et une longueur rares. La carte des vins est également un coup de maître : Jacques Copinet à 16 € au verre, château Suduiraut à 14 € au verre... Krug Grande Cuvée à 220 €, chardonnay du domaine Tissot à 47 €, condrieu Les Chaillées de l'Enfer à 135 €, Château-Grillet à 176 €, gewurztraminer Vendanges Tardives du domaine Mann à 85 €, sancerre du domaine Vacheron à 60 €, côtes-du-roussillon Les Sorcières du Clos des Fées à 61 €, Vieilles Vignes du même domaine à 89 €, Muntada du domaine Gauby à 180 €, domaine de la Grange des Pères à 144 €... La preuve que, même à Paris, la haute gastronomie peut être cordiale.

***Menus** : Déjeuner (2 plats et dessert/vins) : 52 €/77 € / Inspiration (3 plats et dessert) : 86 € / Dégustation (5 plats et dessert) : 139 €*
***À la carte** : Mini : 90 € / Maxi : 200 €*

25, rue Bayen
75017 Paris
Tél. : +33 (0)1 45 74 74 74

Fermé dimanche et lundi
www.fredericsimonin.com

ÎLE-DE-FRANCE

Les Grandes Bouches

€ — CAROLINE MONCEL ET GAUTHIER MONCEL

♡ Bistronomique, parigot, engagé, réinventé, le bistrot est stone

• Les Grandes Bouches, ce n'est pas uniquement un film et une pièce de théâtre à succès (les propriétaires sont d'anciens cantiniers itinérants pour le cinéma), c'est aussi un sympathique restaurant, tenu par la famille Moncel. Les recettes élaborées ici sont réalisées à partir de produits de saison, issus en priorité d'une agriculture raisonnée ou biologique, et dans le respect des espèces sauvages protégées. Les cuissons sont exécutées avec finesse et précision... Il y a beaucoup d'audace et de fantaisie dans plusieurs plats. La raviole aux champignons et escargot appelle avec force les meilleurs vins blancs de Bourgogne. Les patagos de l'île d'Yeu à l'émulsion de cèpes et persil ne départirait pas sur un coin de table étoilé. Les légumes signés Joël Thiébault anamorphosent plusieurs assiettes. Et il ne faut pas oublier le somptueux plateau de fromages, l'un des plus beaux de la capitale. La carte des vins, à tarifs sages (coefficients en dessous du triplement), n'est pas frileuse ; mieux, elle se révèle astucieuse : Dominique Belluard (Savoie), Dominique Piron (Beaujolais), Jean-Claude Rateau (Beaune), Pascal Doquet (Champagne), domaine de Ravanès (Languedoc), domaine Pignier (Jura)... Les Grandes Bouches est un restaurant qui donne envie de tout dévorer, de tout goûter, des cuisines jusqu'à la cave.

***Menus** : Déjeuner (2 plats et dessert) : 28/32 € / Dîner (2 plats et dessert) : 43 €*
***À la carte** : Mini : 60 € / Maxi : 100 €*

78, rue de Lévis
75017 Paris
Tél. : +33 (0)1 43 80 40 36

Fermé samedi midi, dimanche et lundi
www.lesgrandesbouches.com

Michel Rostang

€€€ — NICOLAS BEAUMANN

♡ Haute gastronomie, truffes, sauces, romantique, institution, tradition, service excellent

• Nicolas Beaumann dirige désormais les cuisines du navire amiral de la famille Rostang. Mais que les habitués se rassurent, le nouveau chef est très attaché aux jus longs et aux truffes fraîches, qui demeurent les emblématiques marques de fabrique de la mythique Maison. Certes, petit à petit, le chef repense les plats du restaurant, en respectant parfaitement le grand répertoire, mais en faisant évoluer naturellement les assiettes selon la saison et avec virtuosité. Toutefois, tout ne change pas. On offre toujours aux dames un crochet pour tenir leur sac, toutes les sauces sont servies au guéridon, et le gratin dauphinois, princièrement apprêté, domine encore la France de la tête et des épaules. Quant au foie gras, carottes déglacées, panais et mandarine confite, il renvoie carrément à la grande époque de Lucas Carton, la viande, la graisse et les arômes de caramel du plat dansant un tango argentin sur les palais des gourmets ! La cave est sans fond. On n'y compte plus le nombre de flacons mythiques et ancestraux, parfois servis au verre (château d'Yquem 1991 à 39 €, château Branaire-Ducru 2004 à 18 €) : brut nature zéro dosage de Drappier à 100 €, Les Chaillées de l'Enfer du domaine Georges Vernay à 145 €, lirac blanc La Reine des Bois du domaine de la Mordorée à 49 €, château Rayas dès 195 €, chablis premier cru Montée de Tonnerre de François Raveneau à 105 €, bourgogne d'Anne Gros à 60 €, la tâche dès 1800 €, Cros Parantoux d'Henri Jayer, château la Tour blanche 1959 à 545 €... Les pommes de terre, les champignons et la tradition à Paris, c'est ici ! Très grand standing, la gentillesse en prime !

***Menus** : Déjeuner (2 plats et dessert) : 90 € / Transmission (5 plats et dessert) : 185 € / Transmission de la dégustation : 225 €*
***À la carte** : Mini : 150 € / Maxi : 330 €*

20, rue Rennequin
75017 Paris
Tél. : +33 (0)1 47 63 40 77

Fermé samedi midi, dimanche, et lundi midi, ainsi qu'en août
www.maisonrostang.com/michelrostang-

Papillon

⌘ 🍷 € CHRISTOPHE SAINTAGNE

♡ Haute gastronomie, cool, grand de demain, nature, complet et sans complexe

• Papillon est un hommage à Steve McQueen, le bagnard qui a réussi l'évasion la plus spectaculaire de l'histoire du cinéma. Le parcours de ce héros mythique raconte un peu (toute proportion gardée) l'histoire de Christophe Saintagne, qui s'est échappé des cuisines dorées et triplement étoilées du Meurice, pour réaliser son rêve. Assis à la table de Papillon, on comprend vite, en goûtant les Saint-Jacques à cru, les champignons de Paris, la poutargue ou le cochon fermier en promenade à Utah Beach (un terre-mer exceptionnel), que les ambitions du chef sont élevées et sa réputation flatteuse non usurpée. Ayant fait sien le concept « nature » imaginé par Alain Ducasse, il joue de la radicalité des goûts pour mettre en valeur des matières premières d'une rare qualité et des contrastes impressionnant longuement le palais. La cave est bien pensée autour de producteurs bio et/ou en vogue, dont les flacons sont vendus à tarif sage (pour Paris). Un restaurant qui a le vent en poupe, et qui est porté sur les ailes d'un... ange !

Menus *: Formule (1 plat et dessert) : 28 € / Menu déjeuner (2 plats et dessert) : 36 € / Papillon (3 plats, fromages et dessert) : 75 €*
À la carte *: Mini : 55 € / Maxi : 110 €*

8, rue Meissonier
75017 Paris
Tél. : +33 (0)1 56 79 81 88

Fermé samedi et dimanche
www.papillonparis.fr

Umi

⌘⌘⌘ 🍷 € HIROKI KURODA

♡ Bistronomique, miam-miam, à boire, bio-bio, classe et cool

• Umi est le premier restaurant de sushi affilié pêche durable et bio de Paris. Hiroki Kuroda y cuisine des poissons délicieux et rares (anguille caramélisée, thon extra-gras, oursin) et s'amuse à détourner la tradition nippone avec des sushis de canard au citron de Menton. Autant dire qu'ici, on mange bien, et sainement. Mais ce que l'on adore particulièrement, presque autant que la grande variété et la fraîcheur exceptionnelle des poissons, c'est le goût incomparable des « boulettes » de riz vinaigré, pas trop serrées, idéalement servies à température ambiante. En plus, le restaurant est doté d'une solide cave, plutôt bio, où l'on peut boire au verre dès 6 € et à la bouteille (domaines Gripa, Vacheron, Sauzet) sur des coefficients juste triplant. C'est assez tripant. Et cela permet de découvrir, vraiment, l'art séculaire des authentiques sushis nippons.

Menus *: Umi : 38 € / Autres menus (en fonction du nombre de sushis et de plats) : 21 à 65 €*
À la carte *: Mini : 25 € / Maxi : 90 €*

119 bis, rue Cardinet
75017 Paris
Tél. : +33 (0)1 56 68 02 04

Fermé dimanche et lundi
www.umi.restaurant

Le Coq Rico

⌘ €€ **ANTOINE WESTERMANN (SUPERVISION)**

♡ Gastronomique, privatisable, volaille, bon jaja, classieux, tradi

• Antoine Westermann fut le grand restaurateur alsacien, avant de passer le flambeau à son fils et d'aller vivre des aventures personnelles et parisiennes. Au Coq Rico, il fait partager son amour inconditionnel pour la volaille, notamment sauvage. Et force est de constater que le chef parvient à faire rentrer avec le sourire dans cet univers complexe, et beaucoup plus saisonnier qu'il n'y paraît (l'oie en novembre-décembre, exclusivement). Ici, les œufs bio et parfaits, le poulet de Challans et la canette des Dombes ont nos préférences. La cave est richement et classiquement construite autour des meilleurs producteurs français à tarifs logiques (coefficients 4, rien à moins de 50 €). Les amateurs de chairs blanches seront ravis.

***À la carte** : Mini : 50 € / Maxi : 120 €*

98, rue Lepic
75018 Paris
Tél. : +33 (0)1 42 59 82 89

Ouvert tous les jours
www.lecoqrico.com

Hope Café

⌘⌘ € **RESPONSABLES FRANCK JOUANNE ET PABLO DUGAS**

♡ Cantine-chic, locabio, végétarien friendly, cool, Montmartre

• Le Hope Café mérite son appellation de restaurant biologique. Certes, les planches de skate qui décorent l'établissement n'ont finalement pas grand rapport avec le concept gastronomique. Elles évoquent le passé de baroudeur de l'un des copropriétaires, Franck Jouanne. Avec son compère Pablo Dugas, il a choisi les meilleurs fournisseurs bio de Paris et de Rungis pour constituer des assiettes détox et/ou végétariennes qui font le bonheur des habitants du 18e arrondissement. En plus, les portions sont vraiment généreuses, et les plats les plus fameux, plébiscités par les habitués, sont souvent diététiques, mais pas systématiquement : burger veggie, salade César, mont d'or rôti au miel... Chaises hautes pour enfants, Wi-Fi pour working girls, brunch bio-bio le dimanche. Du travail d'orfèvre dans une ambiance relax, où personne n'est oublié. Tout le monde est bienvenu et peut s'amuser.

***À la carte** : Mini : 30 € / Maxi : 50 €*

64, rue Lamarck
75018 Paris
Tél. : +33 (0)1 46 06 54 40

Fermé dimanche et lundi
www.hope-cafe.com

Les Perchés du chai

⌘ 🍷 € CYRIL RIGON

♡ Bistrot à vins, bon jaja, décontracté

• Les Perchés du chai est un bar à vins moderne, on s'en doute. Pour citer uniquement quelques-unes des jolies cuvées à la mode et bio-bio que l'on retrouve notées avec précaution sur l'ardoise, nous retenons : Rouge Garance, Les Potiers, Encore, Ollieux Romanis rosé, La Dernière Goutte, Les Tuiles Bleues et Les Se-ines d'Or, qui passent tous, sans exception, sous la barre des 25 € (le champagne Charles Legend vaut, quant à lui, 60 €). Ce que l'on sait moins au sujet de l'établissement, c'est qu'il est flambant neuf. Le zinc étincelant provenant des Étains de Lyon fait d'ailleurs forte impression. À table ou au bar, on sert avec élégance et courtoisie, à un niveau beaucoup plus haut que celui d'un bistrot, des petits plats de qualité taillés sur mesure pour plaire à Bacchus : œuf parfait, mousseline de choux-fleurs et poutargue (pour les beaujolais) ; fines ravioles de tourteau en pâtes chinoises plongées dans un bouillon thaï à la citronnelle (pour les vins blancs nature), faux-filet de bœuf Black Angus (22 €) pour les vins biodynamiques de la vallée du Rhône, ou mini-burgers de bœuf wagyu au comté pour les amateurs de fioles sudistes. Ajoutons à cela quelques tapas aux bons goûts ibériques, les désormais fameux jus de fruits de Jean Milliat (7 €), ainsi que la gouaille légendaire des propriétaires, qui n'ont pas leur langue dans la poche. Conclusion, les Perchés du chai, c'est la bonne pioche pour dîner dans le 18e arrondissement.

***À la carte** : Mini : 35 € / Maxi : 65 €*

6, rue Lamarck
75018 Paris
Tél. : +33 (0)1 46 06 18 25

Fermé samedi midi et dimanche
www.facebook.com/lesperchesduchai

Soul Kitchen

⌘⌘⌘ 🍷 € SOPHIE ANCEL

♡ Cantine bio, végétarien compatible, sans gluten compatible, décontracté, briques apparentes

• Soul Kitchen, c'est d'abord un film, une comédie sociale qui décrit le quotidien d'un petit restaurant où l'on mange dans une ambiance chaleureuse en dépit de difficultés quotidiennes. Désormais, Soul Kitchen, c'est également une cantine bio-bio et branchée, voire même connectée (on peut y venir avec son ordinateur et/ou son bébé), et qui fait fureur dans le 18e arrondissement. On retrouve un peu de l'esprit du film dans le restaurant (le pathos en moins). Ici, les propriétaires, Anaïs Woirou, Isabelle et Sophie Ancel, mitonnent une cuisine du soleil, qui regarde vers les horizons méditerranéens. Le mijoté de porc aux olives et tomates au couscous de légumes avec compotée d'oignons et abricots accroche le palais comme une chanson andalouse ronronne aux oreilles. Le bol thaï (riz, citronnelle, crudités marinées et en salade, et grosse boulette de bœuf au galanga) fait voyager et rassasie. En effet, ici, on n'a pas peur des portions généreuses. Petite carte des vins bio bien sympathique, qui se sert aussi au verre. Au surplus, tous les tarifs du restaurant donnent, eux aussi, le sourire. On comprend aisément pourquoi cet établissement ne désemplit pas et compte de vrais fans (pas uniquement sur Facebook) dans toute la ville.

***Menu** : Formule (1 plat et dessert) : 13,90 €*
***À la carte** : Mini : 25 € / Maxi : 40 €*

33, rue Lamarck
75018 Paris
Tél. : +33 (0)1 71 37 99 95

Fermé samedi, dimanche, et le soir
www.soulkitchenparis.fr

ÎLE-DE-FRANCE

Mensae

⌘ 🍷 € **JUN-SIK CHO**

♡ Bistronomique, sans gluten, vegan compatible, petits déjeuners, ou à emporter

• Depuis deux ans, Mansae est l'une des adresses bistronomiques les plus courues de Paris. Il y a deux raisons à cela : Thibault Sombardier et Kevin d'Andréa ! Les deux gaillards qui œuvraient là pouvaient chacun afficher une finale de « Top Chef » sur leur C.V. Récemment, le restaurant a été vendu à Jun-sik Cho, un autre chantre de la cuisine bistrotière de Paname. Et le succès ne se dément pas. Les foodistas continuent de venir boire de bons vins bio et déjeuner au fin fond du 19e arrondissement de plats très bien troussés, qui ont gagné en épaisseur. En effet, les recettes très généreuses sont baignées d'influences basques du meilleur effet. Les tartares ont pris de la hauteur. Et les tarifs n'ont toujours pas connu d'inflation. Une table partie pour durer.

***Menus** : Déjeuner (2 plats et dessert) : 20 € / Menu (2 plats et dessert) : 36 €*
***À la carte** : Mini : 50 € / Maxi : 75 €*

23, rue Melingue
75019 Paris
Tél. : +33 (0)1 53 19 80 98

Fermé dimanche et lundi
www.mensae-restaurant.com

Le Baratin

⌘ 🍷🍷 € **RAQUEL CARENA** **PHILIPPE PINOTEAU**

♡ Gastronomique, façon bistrot, fou dingue, bio-bio

• Le Baratin, et sa chef, Raquel Carena, ont fait beaucoup de mal à la gastronomie parisienne, en enchaînant avec une régularité de métronome, depuis quelques dizaines d'années, à moins de 30 €, des plats d'un niveau souvent inaccessible pour des restaurants étoilés. Ce genre de génie et d'intuition est à l'origine du raz-de-marée bistronomique. Pourtant, avouons-le, les établissements se revendiquant du mouvement ne proposent presque jamais d'assiettes à la hauteur de celles du Baratin. Le gigot d'agneau rosé et caramélisé est carrément une tuerie. La divine salade d'oreille de cochon aux gros haricots blancs, avec sa jolie vinaigrette au basilic, n'a aucun équivalent à Paname ! Alors, certes, les fulgurances argentino-françaises envoyées par le Baratin ne valent quand même pas le feuilleté de saumon de l'Auberge de l'Ill, mais elles demeurent infiniment précieuses. La carte des vins du patron-sommelier ne triche pas. Le bio, le sincère, le viscéral y sont rois : Philippe Bornard (7 € au verre), Sylvie Spielmann (dès 45 €). Réservation impérative. Pour qui aime les abats et les bouillons. Peut-être le meilleur bistrot du monde, sans baratin !

***Menu** : Déjeuner (2 plats et dessert) : 19 €*
***À la carte** : Mini : 35 € / Maxi : 60 €*

3, rue Jouye-Rouve
75020 Paris
Tél. : +33 (0)1 43 49 39 70

Fermé samedi midi, dimanche et lundi
www.facebook.com/pages/Le-Baratin/118462868221588

L'Esquisse

ꕥꕥꕥꕥ | 🍷 | €€ | LIONEL SERET | 🍇

♡ Gastronomique, all inclusive, charme, sur réservation

• Propriétaire du plus bel hôtel de Provins, Aux Vieux Remparts, la famille Roy voulait logiquement également accueillir le meilleur restaurant de la cité dans ses murs. En choisissant Lionel Seret comme chef, elle ne s'est pas trompée. Régional de l'étape, le cuisinier était déjà apprenti à Provins en 1994. Fort de cette expérience inestimable, Lionel Seret est devenu l'un des plus grands connaisseurs des terroirs seine-et-marnais, qu'il défend avec brio dans tous les recoins de sa carte, où l'engagement est omniprésent, du pain bio jusqu'aux céréales labellisées, tous les produits sont traçables et tracés. Mieux, les noix de Saint-Jacques d'Erquy, shiitakes en ravioles ouvertes, crème à la rose de Provins, germes de lentilles bio de Sourdun est une recette phénoménale, un écrin sensationnel pour les vins blancs, une réinvention du duo suave-fondant qui mériterait d'allumer plusieurs étoiles sur l'enseigne du restaurant. L'anguille fumée et laquée à la bière de brie Rabourdin de Courpalay, fine purée de choux-fleurs, graines de courge (bio), tamarillo et balsamique (bio) touche aussi au sublime. La carte des vins est courte, mais instruite et loyale : champagne Amour de Deutz à 160 €, pouilly-fuissé du château de Vergisson à 55 €, saint-joseph Deschants de M. Chapoutier à 52 €, muscat-de-rivesaltes du domaine Cazes à 46 €... Vous l'aurez compris, l'Esquisse vaut beaucoup mieux que sa cote. Il est temps d'en profiter.

Menus *: Menu du marché (2 plats et dessert) : 48 € / Esquisse (3 plats et dessert) : 75 €/110 € / Signature (4 plats et dessert) : 89 €/135 €*
À la carte *: Mini : 85 € / Maxi : 130 €*

3, rue Couverte
77160 Provins
Tél. : +33 (0)1 64 08 94 00

Fermé lundi, mardi, mercredi et jeudi
www.auxvieuxremparts.com/fr/restaurant-et-lounge-bar/restaurant-l-esquisse.html

La Table du 11

ꕥꕥ | 🍷 | €€ | JEAN-BAPTISTE LAVERGNE-MORAZZANI | 🍇

♡ Gastronomique, new wave, soigné, grand de demain, néo-bourgeois avec miroirs

• Indubitablement, Jean-Baptiste Lavergne-Morazzani possède en lui les germes du jeune talent appelé à un avenir doré. Il détient tous les codes du petit génie créatif, qui cuisine comme d'autres dessinent, avec un naturel déconcertant et le geste parfait, l'intuition maligne, qui rendent tout aisé. En plus, il possède l'intelligence (l'installation à Versailles et la carrière débutée auprès de Simone Zanoni) et l'appétit (il est toujours à la recherche de nouveaux produits, d'idées plus neuves que neuves). Alors oui, encore, on pense à Pascal Barbot et à Christophe Pelé. Et, la courgette, haricots verts et chèvre poivré, qui convoque carrément le printemps sur le palais, nous donne raison. Le plat trouve des équilibres insensés, et confirme que cette filiation est logique et méritée. La volaille de chez Arnaud Tauzin, asperges blanches bio, champignons cuits au porto, comté est le plat le moins coloré de la carte. Pourtant, indubitablement, il s'agit aussi du plus gourmand. C'est une friandise de venaison, que l'on dévore aussi radicalement qu'un dessert. La carte des vins est encore en construction, mais on y trouve déjà pas mal de verres (dès 7 €) et des vins pointus (Mas du Novi, château la Louvière, Philippe Portier). Jean-Baptiste Lavergne-Morazzani fait partie de cette jeune élite qui donne à penser que la gastronomie française ne s'est jamais aussi bien portée.

Menus *: Déjeuner (2 plats et dessert) : 44 € / Avec le temps au déjeuner (3 plats, fromage et dessert) : 55 € / Menu du soir (3 plats et desserts) : 65 € / Dégustation (4 plats, fromage et desserts) : 85 €*

La Cour des senteurs
8, rue de la Chancellerie
78000 Versailles
Tél. : +33 (0)9 83 34 76 00

Fermé dimanche et lundi
www.latabledu11.com

Normandie

9 TABLES ATTENTIVES • DONT 3 COUPS DE CŒUR

Le Baligan

⌘ € **FRANÇOIS TEISSONNIÈRE**

♡ Gastronomique, repaire de Neptune, façon bistrot, bon jaja

• « Baligan » signifie poulpe en patois normand. Le ton est donc donné dès la lecture de l'enseigne : ce restaurant, c'est le repaire de Neptune ! La carte de l'établissement, c'est la criée des ports de Dives-sur-Mer et d'Ouistreham, en très léger différé. Évidemment, François Teissonnière est le maître de la bouillabaisse cabourgeaise et du boni'au du pêcheur (une matelote fameuse). Toutes ses compositions mettent en scène, et en valeur, les plus beaux produits de la Manche, et méritent nos plus sincères félicitations. Toutefois, on ne va pas se mentir, on vient surtout ici pour dévorer un menu déjeuner presque donné en regard de sa qualité ; ou l'un des plus fameux menus tout homard. Le cappuccino de homard breton possède une signature immortelle. Le burger de homard n'ensevelit pas le crustacé dans un cercueil douillé, mais le pose au contraire sur un trône où même son iode est en majesté. Le pât'homard est un très grand plat à vin blanc. Cela tombe à pic. En effet, le restaurant est équipé d'un système Enomatic permettant le service de plus de 25 références au verre : domaine de Cigalus à 11 €, châteauneuf-du-pape de Beaurenard blanc à 9 €, cheverny d'Emmanuel Delaille à 5 €, pouilly-fumé de Michel Bailly à 7 €. Et la cave recèle de splendides flacons : bourgogne aligoté de Joseph Drouhin à 26 €, chablis Grand Régnard à 45 €, menetou-salon du domaine Pellé à 30 €. On ne s'ennuie jamais au Baligan.

***Menus** : Déjeuner (2 plats et dessert) : 18,50 € / Grand large (2 plats et dessert) : 31,50 € / L'Assiette de fruits de mer : 34,90 € / Saint-Jacques (2 plats et dessert) : 42 € / Homard (2 plats et dessert) : 58 €*
***À la carte** : Mini : 35 € / Maxi : 100 €*

8, avenue Alfred-Piat
14390 Cabourg
Tél. : +33 (0)2 31 24 10 92

Ouvert tous les jours
www.lebaligan.fr

Initial

⌘⌘⌘ € **YOHANN LEMMONIER** **YVAN MICHAUD**

♡ Gastronomique, charme, engagé, engageant, design, fort en vins

• Les prénoms de Yohann Lemmonier et Yvan Michaud commencent par la même initiale. Comme quoi, la naissance d'un grand restaurant, ça ne tient pas à grand-chose. Confortablement installés dans le centre de Caen, dans un décor qui respire la jeunesse et l'envie, le chef (Yohann) et le sommelier (Yvan) produisent des merveilles. Le chef élabore ses plats à l'instinct, mais strictement en fonction des produits des marchés de Caen et des livraisons de fournisseurs locaux, parmi lesquels la ferme du Prépetit, qui cultive tous ses légumes en biodynamie ; et les pêcheurs à la démarche responsable et durable de Port-en-Bessin. Sur les tables, évidemment, c'est menu unique, et stratégique. Le foie gras de la ferme du Butel est spécial, vraiment fondant. Le lieu jaune, épinard, poudre de beurre dépasse les idées fooding de la tête et des épaules. Le cidre, caramel, et sarrasin, c'est la bistronomie normande... avec l'électricité ! Et, en cave, Francis Boulard (champagne), Dard et Ribo (Rhône), Jo Landron (Muscadet), Grange des Pères (Languedoc), Philippe Pacalet (Bourgogne), Elian Da Ros (Sud-Ouest) sont vendus sur des coefficients à peine doublant... Une chose est sure, Initial s'écrit sans faute !

***Menus** : Formule (1 plat et dessert) : 23 € / Menu (2 plats et dessert) : 28 € / Menu affaire (3 plats et dessert/vins) : 47 €/76 € / Dîner (2 plats et desserts/vins) : 40 €/71 € / Découverte (4 plats et desserts/vins) : 55 €/94 € / Dégustation (6 plats et desserts/vins) : 70 €/125 €*

24, rue Saint-Manvieu
14000 Caen
Tél. : +33 (0)2 50 53 69 86

Fermé dimanche et lundi
www.initial-restaurant.com

La Salamandre

⌘⌘⌘ 🍷🍷🍷 €

♡ Brasserie bio-chic, banquette, bois, avec lentilles et foie gras

• À l'intérieur du bâtiment imposant qu'est le manoir de la Salamandre, tout le monde sait qu'il y a une fameuse brasserie. En revanche, il est moins connu que, dans ce cadre exceptionnel, sis à 50 m de la plage, sous ces poutres séculaires, sur ces tables patinées, est pratiquée une gastronomie bienveillante, normande et totalement bio ! En effet, tous les produits sont travaillés maison et sont issus de l'agriculture biologique et de la pêche côtière. Ce parti pris donne aux recettes de grand-mère, qui vont droit à l'essentiel, de très joyeux accents, authentiquement normands. Le foie gras, les lentilles ou le magret de canard aux baies roses, sont d'ailleurs délicieux. Toutefois, c'est vraiment pour la pêche du jour – des morues d'anthologie et des plateaux de superbes fruits de mer – qu'il faut faire halte ici. La carte des vins couvre toute la France et n'est composée que de nectars issus de l'agriculture biologique, à partir de 29 €. Même le cidre est bio ! Avec les vertigineuses falaises, voilà l'autre incontournable d'Étretat.

***Menus** : Formule (1 plat et dessert) : 19 € / Menu (2 plats et dessert) : 32 €*
***À la carte** : Mini : 12 € / Maxi : 25 €*

4, boulevard du Président-René-Coty
76790 Étretat
Tél. : +33 (0)2 35 27 17 07

Ouvert tous les jours
www.manoirdelasalamandreetretat.com

Le Jardin des plumes

⌘ 🍷🍷🍷 € ÉRIC GUÉRIN CYRIL CARRÉ

♡ Gastronomique, chic, jardin, calme, moderne

• Éric Guérin était le petit génie qui officiait à la Mare aux oiseaux, un restaurant perdu dans les marais de la Brière. Il n'a rien perdu de son talent, et il dirige désormais une grande maison de maître en Normandie. Changement d'ambiance et de standing, donc. Cependant, la poitrine de veau en deux cuissons, confiture de boudin noir et bouillon de champignons au cidre ; ou le gruyère d'alpage, sashimi de thon rouge, poireau et moutarde ont tout gardé de leur inspiration, de leur souffle, de leur modernité, qui font presque intégralement partie de leur saveur. Et Olivier Guérin va encore plus loin. Son menu dégustation est désormais réalisé en collaboration avec l'artiste peintre Olivier Masmonteil, non pas pour faire bêtement référence à une œuvre ou à un artiste en particulier, mais pour mettre en scène de la manière la plus pertinente le courant culinaire que le chef a contribué à créer : l'impressionnisme à travers la cuisine. Éric Guérin joue donc sur la lumière, les couleurs, les textures, les contenants, pour emmener ses clients dans de merveilleux voyages immobiles et culturels. La carte des vins, sous l'impulsion de l'excellent Cyril Carré, peut elle aussi transporter très loin : saint-bris de Clotilde Davene en Bourgogne à 36 €, domaine La Madura dès 34 €, bourgueil Les Galichets du domaine Breton à 32 €, alsace grand cru Altenberg-de-Bergheim du domaine Marcel Deiss à 85 €, IGP Aude Les trois p'tits C du vignoble du Loup blanc à 38 €, alsace sylvaner Vieilles Vignes du domaine Barmès-Buecher à 49 €, bâtard-montrachet de Louis Latour à 295 €, châteauneuf-du-pape du domaine de Beaurenard à 70 €, muscadet-sèvre-et-maine Excelsior du Clos des Noëlles du domaine Pierre Luneau-Papin à 39 €… Toujours grand !

***Menus** : Déjeuner (2 plats et dessert) : 35 € / À la plume (2 plats et dessert) : 48 € / Dégustation (5 plats et desserts) : 95 €*
***À la carte** : Mini : 65 € / Maxi : 120 €*

1, rue du Milieu
27620 Giverny
Tél. : +33 (0)2 32 54 26 35

Fermé lundi et mardi
www.jardindesplumes.fr

SaQuaNa

€€€

ALEXANDRE BOURDAS

Haute gastronomie, végétarien compatible, à fond sur le poisson, charme, philanthropie, excellent service

• Saveurs Qualité Nature. Le sigle adopté par Alexandre Bourdas résume bien sa philosophie de cuisinier, celle d'un voyageur humaniste, curieux de tout, volontaire, désireux d'admirer et de produire de la beauté et de la vie, partout, tout le temps. Reste que, en dépit de toute la bonté dont il sait faire preuve, le chef nous a récemment gratifié d'une petite frayeur. Il a fermé son restaurant, et n'a plus donné de nouvelles ! Puis, il a réalisé des travaux. Enfin, les portes de l'établissement se sont ouvertes à nouveau. Ouf... Ici, tout n'est qu'épure et conçu pour mettre en valeur et en relief tout autant les convives que les recettes d'Alexandre. La brigade de salle, menée par son épouse, ne fanfaronne pas. Elle se contente d'accompagner, parfaitement, les clients dans leurs pérégrinations culinaires. Chez SaQuaNa, on goûte à des plats d'une grande modernité, qui mélangent des charmes et des fumets du monde entier. Pourtant, en dépit de leurs nombreuses qualités et de leur propension à nous faire voyager en première classe en Asie, au Japon en particulier, elles se laissent toutes déchiffrer avec beaucoup de simplicité. Dans ce décor provincial de carte postale qu'est Honfleur, le chef produit donc une authentique gastronomie du luxe et de la philanthropie, où aucun client n'est oublié. Le céleri rave juste cuit aux algues est absolument magnifique. Cette imitation de la soupe de pâte tokyoïte, qui contient du bœuf presque cru aromatisé au gingembre, révèle une exceptionnelle subtilité. Le plat est soyeux, malin, irréprochable. Cela dit, ici, il faut manger des produits de la mer, tous divins. Le chef est en effet désormais branché en ligne directe avec Neptune, et réalise une gastronomie particulièrement maritime. Pour ce faire, il demande à ses fournisseurs de pêcher de manière raisonnée, durable et artisanale. Cela permet au simple cabillaud nacré, cuit très lentement à basse température, d'être délicieux. La palourde, crème de jeunes poireaux, huître au yuzu, lime et piment mexicain, croûte de cacahuète est une fantastique mosaïque, une construction babylonienne, guérardienne, un chef-d'œuvre. Valeur identique pour le poulet grillé fermier, avec lequel le cumin, le paprika, le sucre de vanille et le gingembre agissent comme des philtres magiques. Whaou !

• **LES VINS** : Carte bien construite qui indique de manière plutôt fine la typicité de chaque vin et des accords judicieux. Sélection au verre de 12 références, dont Maydie du château d'Aydie à 11 €, côtes-du-roussillon Le Sarda du domaine Sarda-Malet à 12 €, arbois Les Bruyères de Bénédicte et Stéphane Tissot à 10 €. Champagnes Louis Roederer à 300 €, Billecart-Salmon à 90 €, brut rosé de Michel Jeunet à 80 €, marsannay du domaine Olivier Guyot à 60 €, montlouis-sur-loire Rémus du domaine de la Taille aux Loups à 49 €, sylvaner du domaine Ostertag à 35 €, riesling Frédéric Émile de Trimbach à 90 €, puligny-montrachet d'Alex Gambal à 79 €, côtes-du-rhône Coudoulet de Beaucastel du domaine Perrin à 43 €, chambolle-musigny premier cru Aux Beaux Bruns du domaine Denis Mortet, gevrey-chambertin premier cru Lavaux Saint-Jacques du domaine Denis Mortet, vacqueyras du domaine Roucas Toumba, hermitage du domaine Jean-Louis Chave, Clos Uroulat à 55 €, bandol du domaine de Terrebrune à 49 €, côtes-du-marmandais Chante Coucou d'Elian Da Ros à 45 €, château de Beaucastel à 124 €, château d'Yquem 600 €, château Pétrus à 3 000 €, chablis grand cru Valmur du domaine François Raveneau à 160 €, pouilly-fumé Silex de Didier Dagueneau à 250 €, la tâche à 900 €, riesling Clos Sainte Hune de Trimbach à 200 €, domaine de la Grange des Pères à 165 €...

***Menus** : Rouge Cerise (3 plats, fromages et dessert) : 90 € / Vert Olive (6 plats, fromages et desserts) : 130 €*

22, place Hamelin
14600 Honfleur
Tél. : +33 (0)2 31 89 40 80

Fermé lundi, mardi et mercredi
www.alexandre-bourdas.com

NORMANDIE

Jean-Luc Tartarin

€€

JEAN-LUC TARTARIN

Haute gastronomique, chic et choc, excellent service, fort en vins, happy few

• Jean-Luc Tartarin aime la lumière, quand elle rebondit sur les volumes de ses assiettes ou sur ceux de sa salle, très moderne, découpée en deux alcôves, jonchée de tapis marron et noirs striés, ornée de stores vénitiens en bois de lattes, et dont les coursives zébrées sont habillées de motifs Art déco. Le chef s'enivre également des oppositions classiques, noir et blanc en matière de couleurs, sucré et salé sur le palais. En bouche, il recherche la persistance. Ses compositions sont de véritables blocs d'intensité, des paysages gourmands pleins de reliefs, épais et radieux. La cuisine selon Jean-Luc Tartarin est salée, à la japonaise, ce qui fait ressortir les qualités et la sève des produits (souvent locaux et bio, toutes les pêches sont responsables), tout en soulignant l'aspect marin, voire portuaire, de ces derniers. D'autre part, en ce moment, les investigations et toutes les attentions du chef sont portées vers les chairs. Ainsi, dans les plats ne siège presque aucun légume, à l'exception de champignons, si ce n'est sous forme de mousse ou d'émulsion. En revanche, les sauces sont omniprésentes, mais elles ne jouent pas le rôle de simples ornements, elles baignent tout le plat, l'élément liquide portant les matières premières comme en apesanteur. À l'époque du tout végétal, on peut taxer les partis pris de Jean-Luc Tartarin d'anticonformistes, ce qui contribue sans doute aussi à leurs charmes. Dans les assiettes, tous les paris sont réussis. Sur 12 plats, il n'y a que des régalades et des fulgurances. Ainsi, l'œuf dans lequel est enfermée de la bisque d'encre de seiche est un trompe-l'œil fabuleux, dont on ne va pas vous gâcher la surprise de la découverte, mais qui séduit bien au-delà de son seul aspect visuel. L'oursin, coque, langoustine, dans son jus de café, est idéalement orné. Il s'agit du meilleur oursin que nous ayons goûté cette année. Les tannins du café et le sel de l'émulsion contribuent à transporter longuement les saveurs d'iode sur le palais. L'oursin, d'habitude plutôt féminin, est anamorphosé en parangon de virilité. À ce titre, le plateau de fromages de maître Olivier fait également honneur au rang du restaurant. Les affinages ne trichent pas et sauront convaincre les amateurs les plus exigeants, ce qui est remarquable à une époque où cet accessoire des menus est souvent négligé. La gastronomie selon Jean-Luc Tartarin possède donc un vrai caractère, elle est gorgée de vie et d'envie, elle est réellement vibrante, personnelle, sans ersatz ni copie. Vive les versions originales.

• **LES VINS** : Onze références de vins au verre (généreusement servis) permettent de tenter les accords idéaux entre 8 € et 15 €. Tous les meilleurs producteurs français sont au garde-à-vous. Les coefficients appliqués sur chaque bouteille tournent autour de 4 à 5. Haut-médoc 2005 du château Sociando-Mallet, médoc 2003 du château de Conque, haut-médoc du Moulin de la Lagune, champagne Spécial Club de Pierre Gimonnet et Fils, chablis premier cru Montée de Tonnerre du domaine François Raveneau, meursault Charmes du domaine Moret-Nominet, savigny-lès-beaune Champ Chevrey du domaine Tollot-Beau, condrieu Château-Grillet 2005 de Neyret-Gachet, saint-joseph du domaine Faury, lirac cuvée de la Reine des Bois du domaine de la Mordorée, châteauneuf-du-pape du domaine de la Janasse, bandol La Lecque du domaine de la Chrétienne, alsace grand cru A360P du domaine Ostertag, Morta Maio d'Antoine Arena... Choix exigeants, prix en conséquence.

Menus *: Déjeuner (1 plat et dessert) : 40 € / Saveurs du mois (3 plats et dessert) : 69 € / Dégustation (5 plats, fromages et desserts) : 105 € / La table est une fête (9 plats, fromages et desserts) : 178 €*
À la carte *: Mini : 110 € / Maxi : 190 €*

73, avenue Foch
76600 Le Havre
Tél. : +33 (0)2 35 45 46 20

Fermé dimanche et lundi
www.jeanluc-tartarin.com

NORMANDIE

Gill

⌘ €€ GILL TOURNADRE

Très haute gastronomie, camembert, épuré, juste, vrai

• Gill Tournadre est un acteur majeur de la guerre des étoiles version gastronomique. Ses assiettes sont comme ciselées à l'or fin. Sa brigade de salle répond à toutes les attentes, comme si elle s'adressait à la reine d'Angleterre, à chaque table. Toutes ses recettes sont d'une complexité et d'une pureté confondantes. Bien sûr, le terroir normand est au centre des préoccupations du restaurant. Toutefois, cela n'empêche pas le chef d'être créatif, habile, de prendre des paris risqués, cultivés ! Les cuissons de la plupart des plats demeurent courtes, afin que les couleurs des mets soient saisissantes et les arômes graves. En atteste le bar le plus japonais que l'on ait jamais mangé en France. Le pigeon à la rouennaise, cuisses confites et laquées, fois gras poêlé, raviolis aux herbes est identique : asiatique dans l'esprit, monumental sur le palais ! Côté cave : sancerre Le Chêne Marchand de Lucien Crochet à 52 €, Blanc Fumé de Pouilly de Didier Dagueneau à 100 €, Clos de la Bergerie à 74 €, hermitage Chante-Alouette de M. Chapoutier à 96 €, chablis premier cru Montée de Tonnerre du domaine François Raveneau à 105 €, rivesaltes de M. Chapoutier à 38 €... On ne s'ennuie jamais chez Gill, aucun gourmet n'est en mesure de lui résister.

Menus *: Déjeuner d'affaires (2 plats et dessert) : 40 € / Saveur du Temps (3 plats, fromages et dessert) : 75 € / Dégustation (5 plats, fromages et desserts) : 105 €*
À la carte *: Mini : 85 € / Maxi : 180 €*

9, quai de la Bourse
76000 Rouen
Tél. : +33 (0)2 35 71 16 14

Fermé dimanche et lundi
www.gill.fr

L'Odas

⌘ €€ OLIVIER DA SILVA

Gastronomique, cuisine vitrée avec vue, jeune talent, végétalo-compatible

• L'Odas... Déjà, le jeu de mots est délicieux. Et il est vrai que tous les plats mitonnés par Olivier Da Silva le sont également. Ici, on propose un menu unique, qui change tous les jours en fonction des produits du marché, et de l'inspiration du chef trublion. La formule est bien connue des jeunes cuistots parisiens de la nouvelle génération. Olivier Da Silva l'exporte avec succès à Rouen. Pour un chef vivant au gré des saisons, trouver un plat signature est toujours délicat. Toutefois, le foie gras, copeaux de bœuf fumé, whisky japonais remplit parfaitement cette fonction. L'alcool imprègne les graisses pour les rendre explosives, et le jeu de texture est somptueux. Plus généralement, les cuissons et les assaisonnements pratiqués par le chef (Saint-Jacques et homard sont délicieux) sont plus que parfaits. La carte des vins est celle d'une jeune maison, instruite et sage, qui ne grille pas les étapes (coefficients inférieurs à 3). Un grand talent, déjà engagé et engageant !

Menus *: En coup de vent (1 plat et dessert) : 29 € / Prendre son temps (3 plats et dessert) : 49 € / Bien prendre son temps (5 plats et dessert) : 69 €*
À la carte *: Mini : 75 € / Maxi : 130 €*

4, passage Maurice-Lenfant
76000 Rouen
Tél. : +33 (0)2 35 73 83 24

Fermé dimanche soir et lundi
www.lodas.fr

L'Achillée

€€

SYLVAIN RELEVANT

Gastronomique, charme, normand typique, engagé

• C'est à Londres, lorsqu'ils travaillaient tous deux pour Hélène Darroze, que Marie Hue (pâtissière) et Sylvain Relevant (chef) se sont rencontrés, pour ne plus se quitter. Évidemment, leur grande complicité se retrouve dans les délicieux menus qu'ils composent ensemble, et qui possèdent une cohérence rare (il faut vraiment les préférer à la carte, si l'on souhaite saisir toute l'envergure du talent des deux jeunes gens). Anciens globe-trotters (ils ont traversé toute l'Europe, de l'Angleterre à la Russie), ils se sont parfaitement adaptés à la douillette Normandie. Leur maison est typique du style régional, avec poutres, colombages, fenêtres à petits carreaux. Par ailleurs, Sylvain Relevant a apprivoisé tous les meilleurs producteurs locaux. La région est devenue pour le couple une véritable source d'inspiration. Les ingrédients entrant dans la composition des recettes sont magnifiques, de saison et majoritairement bio (environ 60 % de la carte). Le magret de canard au saté, patate douce au foie gras, jus aux épices douces, fait dans le fooding, la mondialisation, et tape fort, juste ! Le saumon Label rouge servi mi-cuit, laitue et ananas rôti, bouillon gingembre-citronnelle possède un esprit, une épure et une qualité de goût purement japonaises, c'est-à-dire remarquables. Les desserts sont du même niveau. Le potimarron, curcuma frais et orange fait sensation. C'est une mignardise de tempérament, légère, mais pourtant dotée d'une impressionnante constitution. Bien sûr, le chef est connu comme le loup blanc du côté du port de Trouville, où il cherche les meilleurs poissons pour composer ses associations terre-mer. Enfin, le restaurant est membre de l'association Bon pour le climat, qui regroupe des professionnels de l'hôtellerie et de la restauration engagés contre le dérèglement climatique. C'est évident, logique, l'avenir appartient à l'Achillée, établissement qui, comme la petite fleur éponyme à laquelle il doit son nom, ne devrait pas cesser de s'épanouir. En tout cas, pour l'instant, même en cherchant bien, on ne trouve aucun défaut au restaurant.

• **LES VINS** : La cave est jeune, pleine de vie et d'envie. Et, comme les propriétaires, elle est instruite et engagée (du vin au verre en passant par la formule en accord parfait jusqu'à la demi-bouteille). Chinon Les Graves du domaine Lambert à 7 €, sancerre blanc L'Authentique du domaine Thomas Labaille à 6 €, sancerre Caillottes de François Cotat à 56 €, condrieu Pagus Luminis de Louis Chèze à 74 €, montagny premier cru Vieilles Vignes 2012 du domaine Berthenet à 41 €, corbières cuvée Prestige du château Ollieux Romanis à 45 €, côtes-du-jura Grusse en Bil at du domaine Jean-François Ganevat à 56 €, Le Clos du Clos Rougeard à 115 €, graves du château de Callac à 28 €, pauillac du château La Fleur Peyrabon à 80 €, crozes-hermitage L du domaine Laurent Combier à 45 €, auxquels peuvent s'ajouter quelques cidres et calvados. Déjà grande, et ce n'est qu'un début.

***Menus** : Découvrir (1 plat et dessert) : 25 € / Intriguer (2 plats et dessert/vins) : 35 €/58 € / Séduire (3 plats, fromages et dessert/vins) : 52 €/82 €*
***À la carte** : Mini : 65 € / Maxi : 130 €*

90, rue Louvel-et-Brière
14800 Touques
Tél. : +33 (0)2 31 87 41 08

Fermé mercredi, jeudi et dimanche soir, sauf en haute saison
www.lachillee.com

Nouvelle-Aquitaine

22 TABLES ATTENTIVES • DONT 1 COUP DE CŒUR

La Ferme Ostalapia

⌘ 🍷🍷 €€ 🍇 **RESPONSABLE CHRISTIAN DUPLAISSY**

♡ Gastronomie basque, au pied des vignes, typique, arrosé

• Si l'on cherche une auberge typiquement basque, il est difficile de trouver mieux que la Ferme Ostalapia. On y mange et on y est accueilli de manière truculente, avec l'accent. Toutes les spécialités des Landes et du grand Sud-Ouest ont les honneurs de la carte. Les meilleurs maraîchers et producteurs locaux sont au garde-à-vous sur la table, et parfois même au bar ! On apprécie particulièrement le ris de veau sous la mère, cèpes, et les palombes rôties. Pour accompagner ces agapes, la carte des vins fait le tour intégral de la région sans oublier personne, de Brana à Brumont, dès 18 €, et sur des coefficients à peine doublant. L'art de vivre du Sud-Ouest, façon spectacle !

***À la carte** : Mini : 40 € / Maxi : 80 €*

2621, chemin d'Ostalapia
64210 Ahetze
Tél. : +33 (0)5 59 54 73 79

Fermé mardi et mercredi
www.ostalapia.fr

La Cuisine de Johanna

⌘⌘⌘⌘ 🍷 € **JOHANNA VION** 🍇

♡ Cantinomique, végo resto, doggy bag bio, comme à la maison, ou à emporter

• La Cuisine de Johanna propose une restauration végétarienne réalisée à base de produits frais et exclusivement issus de l'agriculture biologique. Chaque jour, Johanna compose un buffet qui peut être consommé sur place, au poids (20 € par kilo environ) et en libre-service. Les personnes soucieuses de manger sans gluten, sans lactose et/ou sans œuf trouveront également ici des propositions adéquates ! Par ailleurs, les spécialités de Johanna sont les salades et les desserts. On peut donc déguster ici d'excellents muffins, cheesecakes et crèmes au chocolat dont on aimerait bien faire son quotidien. Tout est éco-conçu, biodégradable (jusqu'aux couverts), raisonné et raisonnable... La sélection de vins est bio, mais très courte. Bordeaux aussi possède son ambassade vegan !

***Menu** : Formule complète : 15 € env.*

44, cours Anatole-France
33000 Bordeaux
Tél. : +33 (0)5 56 35 81 03

Fermé samedi, dimanche, et le soir
www.lacuisinedejohanna.com

Le Pressoir d'argent

⌘ 🍷🍷 €€€€ GILAD PELED

♡ Haute gastronomie, luxe, chic, en vue, excellent service

• Comme en atteste cette nouvelle franchise, Gordon Ramsay est à l'aise avec l'hyper luxe. Niché au cœur du Grand Hôtel de Bordeaux, ce restaurant dirigé par le chef Gilad Peled fait dans la tradition de première classe. Tous les ingrédients affichent fièrement leur pedigree. Le service est extrêmement présent, très motivé, particulièrement instruit, digne de sa grande maison. Le bœuf de Bazas en fin tartare et crème d'huître, caviar d'Aquitaine et pousse d'oxalis fait jour à des contrastes terre-mer qui fonctionnent divinement, notamment grâce aux câpres. Les desserts sont encore meilleurs. La combinaison ananas, noisettes, citron vert, marjolaine et estragon est une extase, une caresse qui entraîne du Piémont jusqu'aux îles lointaines des Caraïbes. La carte des vins affiche 600 références tout en noblesse, particulièrement centrées sur la région, avec des coefficients logiques (le triplement est de rigueur). Un restaurant de luxe, dans un hôtel de luxe, des mets d'excellence accompagnés des plus grands vins... Décidément, Gordon Ramsay à le goût des (très) belles et des (très) bonnes choses.

***Menu** : Dégustation (4 plats et desserts) : 175 €*
***À la carte** : Mini : 150 € / Maxi : 300 €*

2-5, place de la Comédie
33000 Bordeaux
Tél. : +33 (0)5 57 30 43 04

Fermé dimanche, lundi, et le midi
www.bordeaux.intercontinental.com/le-pressoir-dargent-gordon-ramsay

Rest'O

⌘⌘⌘⌘ 🍷🍷 € SLIMANE HAMADACHE ET HAKANE HAMADACHE

♡ Bistronomique, engagé, écolo, végétalien, végétarien, responsable, fusion, rapport qualité/prix

• Rest'O pratique à chaque service le menu plat unique. C'est la condition sine qua non pour permettre à Slimane et Hakane Hamadache de produire des recettes végétaliennes, végétariennes, 100 % bio, majoritairement sans gluten, à base de produits souvent exceptionnels, et à des tarifs défiant toute concurrence. Par ailleurs, le chef est totalement azimuté, c'est ce qui fait sa renommée, jusqu'en Amérique (ce n'est pas une blague, le chef a des adeptes de l'autre côté de l'Atlantique). Par exemple, il construit chacun de ses plats avec une méticulosité digne d'un restaurant étoilé, pour que la vue profite de ses talents autant que le palais. Disons-le carrément, on n'a jamais vu caviar d'aubergines ni salade aussi bien présentés. Les lasagnes maison font également sensation, et tous les alcools, même les vins, sont bio ! Les desserts et la tarte zoukki sont à fondre. Rest'O est une anomalie, un défi au rapport qualité/prix, l'organique chic sans être choc. Bravo.

***Menus** : Plat unique du midi : 15,50 € / Plat unique du soir : 25 €*

16, quai de Bacalan
33300 Bordeaux
Tél. : +33 (0)9 52 36 71 38

Fermé dimanche, lundi, mercredi soir, jeudi soir, et samedi midi
www.lerest-o.fr

Hostellerie de Plaisance

€€ RONAN KERVARREC

Haute gastronomie, luxe, chic, romantique, médiéval, dans les vignes

• En engageant Ronan Kervarrec, l'Hostellerie de Plaisance et les époux Perse ont réalisé le plus judicieux transfert de l'année gastronomique 2016. Inconnu du grand public, ce chef, qui a sauvé du déclassement le mythique restaurant la Chèvre d'or, est un génie. C'est dit ! Ce Breton au caractère bien trempé propose une cuisine facile à lire et à identifier, axée notamment sur l'océan, avec un supplément d'iode, d'algues et d'amertume. Cette gastronomie locale, franche et honnête n'en possède pas moins un niveau exceptionnellement élevé. Vous pourrez en effet faire le tour du monde avant de manger des ris de veau ou du bœuf qui soient meilleurs que ceux cuisinés par Ronan Kervarrec qui, outre son talent et son appétence pour les goûts forts et la mâche, met un point d'honneur à aller chercher les bons et les beaux produits directement à la source, chez les producteurs. Son carnet d'adresses est ainsi aussi impressionnant que la carte des vins du restaurant, ou tout bordeaux parade sur des coefficients élevés (mais les formules au verre sont intéressantes). Saint-Émilion vise trois étoiles, c'est indubitable !

***Menus** : Découverte (2 plats et dessert et vins) : 68 € / Plaisance (5 plats, fromages et desserts/vins) : 130 €/227 € / Carte blanche (6 plats, fromages et desserts/vins) : 170 €/267 €*
***À la carte** : Mini : 130 € / Maxi : 220 €*

5, place du Clocher
33330 Saint-Émilion
Tél. : +33 (0)5 57 55 07 55

Fermé dimanche et lundi
www.hostelleriedeplaisance.com

La Grand'Vigne

€€€ NICOLAS MASSE AURÉLIEN FAROUIL

Haute gastronomie, luxe, grand cru classé, romantique, détox, excellent service

• À l'intérieur des sources de Caudalie, le sanctuaire bio, détente et détox de Florence et Daniel Cathiard, se trouve un exceptionnel restaurant, probablement le meilleur et le plus beau de tout Bordeaux. L'établissement où officie Nicolas Masse est sis dans une ancienne orangerie inspirée des serres d'ornement du XVIIIe siècle. Par ailleurs, le chef a tissé des liens étroits avec les plus respectés parmi les artisans des Graves, qui lui apportent en direct le fruit de leurs pêches en petits bateaux, de leurs élevages et de leurs jardins. Cela serait déjà suffisant pour mériter toute notre attention. Toutefois, ce qui est particulièrement exceptionnel à la Grand'Vigne, c'est que les recettes du chef sont, à l'instar de la salle à manger, baignées de lumière. La promenade au potager, tarte aux premiers petits pois de printemps, oignons nouveaux et ail confit est à la hauteur des plus belles inspirations d'Alain Passard et de Marc Veyrat. Le bar de ligne de la Cotinière, morillons, fumet fumé et livèche illumine les visages des gourmets qui le dévorent. Ses exhalaisons agissent comme un philtre d'amour sur les papilles. Et que dire de la cave : une vingtaine de références au verre entre 15 € et 90 € (château d'Yquem), champagne Substance de Jacques Selosse à 395 €, tout Smith Haut Lafitte à prix caviste (entre 130 et 290 €), château Haut-Bailly à 180 €, château Clerc-Milon à 125 €, château Margaux à 790 €, Château-Grillet à 295 €, Jean-Louis Chave à 410 €, La Chapelle de Paul Jaboulet Aîné à 130 €, saumur Arcane du château de Fosse-Sèche à 60 €, vouvray Le Mont du domaine Huet à 50 €, Les Calcinaires du domaine Gauby à 70 €, riesling grand cru Muenchberg du domaine Ostertag à 85 €... Fabuleux !

***Menus** : Expression d'un terroir (2 plats et dessert) : 95 € / De l'océan à la vigne en cinq étapes (4 plats et dessert) : 130 € / De l'océan à la vigne en sept étapes (5 plats et desserts) : 170 €*
***À la carte** : Mini : 115 € / Maxi : 230 €*

Chemin de Smith Haut Lafitte
33650 Bordeaux-Martillac
Tél. : +33 (0)5 57 83 83 83

Fermé lundi, mardi, et le midi de mercredi à vendredi
www.sources-caudalie.com

Le Saint-James

⌘⌘ | 🍷🍷 | €€ | NICOLAS MAGIE

♡ Haute gastronomie, végétarien compatible, chic, avec vue sur la ville, romantique

• Le Saint-James, c'est d'abord un établissement sublime conçu par Jean Nouvel, et qui offre la plus belle vue sur Bordeaux. Ensuite, c'est un peu, beaucoup, de Magie. Certes, le jeu de mots réalisé avec le patronyme du chef, Nicolas, est sans frais. Mais force est de constater que cet enfant du pays, gourmand et curieux, a fait plus qu'assurer la succession de Michel Portos. Réellement, on n'a jamais aussi bien mangé à Bouliac. La carte est courte, car elle repose exclusivement sur un approvisionnement à la source auprès de producteurs de Nouvelle-Aquitaine. Pourtant, sur cette base, le chef parvient à faire voyager tout autour du monde, notamment en Asie, ce qui est déjà miraculeux. Les jeux de textures et les contrastes de goûts sont formidablement maîtrisés. En fait, lorsque l'on goûte au canard croisé de chez monsieur Duplantier en deux services – cuisse confite façon pot-au-feu, rave grillé et voile de truffe melanosporum, royal d'abats, puis filet rôti sur le coffre parfumé à l'orange amère, carmine et mandarine, potimarron au naturel –, on est ébloui par l'élégance absolue de chaque assiette. Les cuissons, sublimes, exhaussent le moindre suc de chaque ingrédient. Carte des vins de grande maison : Joseph Drouhin, François Raveneau, Méo-Camuzet et Henri Boillot dès 120 €, Clos des Papes blanc dès 100 €, jurançon sec Marie du Clos Uroulat à 35 €, alsace grand cru Altenberg-de-Bergheim de Marcel Deiss à 90 €, et beaucoup de vins de Bordeaux. Oui, disons-le, répétons-le, il y a de la magie à l'œuvre dans ce restaurant !

***Menus** : Le Tour de Magie (2 plats et dessert/vins) : 45 €/60 € / Végétal (2 plats, fromage et dessert/vins) : 75 €/145 € / Découverte (3 plats, fromage et dessert/vins) : 75 €/145 € / Inspiration (4 plats, fromage et dessert/ vins) : 110 €/180 € / Plaisir (5 plats, fromages et desserts/vins) : 150 €/220 €*
***À la carte** : Mini : 110 € / Maxi : 190 €*

3, place Camille-Hostein
33270 Bouliac
Tél. : +33 (0)5 57 97 06 00

Fermé dimanche, lundi, et mardi midi
www.saintjames-bouliac.com

Le Moulin du roc

⌘ | 🍷🍷 | €€ | ALAIN GARDILLOU | FABIEN BRUGUERA

♡ Gastronomique, chic, romantique, sudiste, fort en vins

• Le Moulin du roc est l'une des plus vieilles tables étoilées de France, depuis 1979. Aussi, on ne s'étonnera pas que la Maison soit délicieusement rétro et que les routines y soient un peu victimes de pesanteur. Toutefois, sous l'impulsion d'un nouveau sommelier et du fils Gardillou, l'établissement a redonné un coup de fouet à sa carte généreuse et très respectueuse des produits du Périgord : foie gras, truffe, canard sous toutes ses formes et un exceptionnel bœuf de Coutancie, qui sont accompagnés d'herbes, de fleurs et de légumes locaux très parfumés. Constitué avec amour depuis trente ans, la cave est logiquement classique, et sans fond (on y trouve à Bordeaux et en Bourgogne des bouteilles de plus de 20 ans). Logiquement, les meilleurs ambassadeurs de la région (et d'ailleurs) sont présents : Jocelyne Pécou, François-Xavier de Saint Exupéry, Hugh Ryman, Pol Roger, Lucien Crochet, château de Beaucastel, etc. Un petit moulin qui tourne bien rond !

***Menus** : Menu du déjeuner (2 plats et dessert) : 42 € / Menu de saison (4 plats et dessert) : 75 € / Dégustation (6 plats et desserts) : 120 €*
***À la carte** : Mini : 70 € / Maxi : 140 €*

24530 Champagnac-de-Belair
Tél. : +33 (0)5 53 02 86 00

Fermé mardi, et le midi sauf dimanche
www.moulinduroc.com

Les Prés d'Eugénie

ꕥꕥꕥ 🍷 €€€€ MICHEL GUÉRARD AND CO.

♡ **Très haute gastronomie, hyper luxe, super chic, détox, romantique, calme**

• Il faut se rendre à Eugénie-les-Bains, comme d'autres vont à Lourdes, pour goûter au miracle gastronomique perpétué depuis près de quarante ans par l'inventeur de la cuisine détox et minceur, le seul, l'unique : Michel Guérard ! Inventeur de la Nouvelle Cuisine dans un « tripot » de la banlieue parisienne, le cacique a tout vu, tout connu, et conserve jalousement sur sa carte au moins deux des trois plus belles recettes de France. Le homard ivre (qui meurt « heureux » en se baignant dans un alcool de qualité avant d'être cuit) empile les voluptés : libre, limpide, léger, allègre, aérien, ample, serein, soyeux, suave... Dieu est-il gascon demeure la plus belle assiette jamais produite en France. Quant à l'oreiller moelleux de mousserons et de girolles aux asperges, il ressemble de prime abord à une « simple » soupe à laquelle le légume vert apporte de la couleur. Mais ce petit détail est décisif, il équilibre parfaitement l'apparence, le goût et la texture du plat, qui persiste infiniment sur le palais et dans la mémoire. La cave est bien remplie, notamment de vieux millésimes et de flacons sudistes : premiers vins du château du Cèdre dès 55 €, tursan Baron de Bachen à 49 €, Clos de l'Écho dès 59 €, tout domaine Ostertag à partir de 70 €, château Montus dès 55 €... On ne déplore aucune impasse en Corbières, dans le Minervois, à Faugères et dans le Languedoc... Les Prés d'Eugénie, c'est l'endroit ou Bouddha pourrait atteindre le nirvana, à condition que le luxe des lieux ne lui fasse pas tourner la tête.

***Menus** : Terroir sublime (2 plats, dessert et vins) : 130 € / Jour de fête (3 plats et dessert) : 195 € / Palais enchanté (4 plats et dessert) : 245 €*
***À la carte** : Mini : 165 € / Maxi : 260 €*

334, rue René-Vielle
40320 Eugénie-les-Bains
Tél. : +33 (0)5 58 05 06 07

Fermé lundi, et le midi sauf samedi et dimanche
www.michelguerard.com

Christopher Coutanceau

ꕥꕥꕥ 🍷 €€ CHRISTOPHER COUTANCEAU

♡ **Haute gastronomie, avec vue sur la plage, chic et choc, romantique**

• Christopher Coutanceau est un discret. Il ne parade pas en salle. Il n'affiche pas partout qu'il a étudié auprès de Jean Bardet, de Michel Guérard et de Ferran Adrià. Il poursuit avec conviction les routines de la Maison, où rien n'est sous-traité, où tous les poissons et les crustacés sont préparés sur place, pour qu'ils conservent leur tempérament. Christopher Coutanceau est notamment très engagé dans la défense des espèces marines et contre la surpêche. Par ailleurs, il ancre sa gastronomie dans le terroir local, qu'il enrichit dans de grandes assiettes « buffet » où l'on rencontre avec plaisir des gelées fleuries, des sorbets de roquette délicieux, des émulsions d'algues qui ne jouent pas les stars, mais servent simplement à mouiller un ingrédient vedette, à l'ancienne. Évidemment, la carte des vins est celle d'une grande maison, non dénuée de gentillesse : Sablet du domaine Santa Duc à 50 €, corbières du domaine de la Cendrillon à 65 €, riesling cuvée Frédéric Émile 1997 de Trimbach à 145 €, gevrey-chambertin Clos des Chezeaux du domaine Denis Berthaut à 115 €, savennières-roche-aux-moines de Claude Papin à 80 €... Le restaurant a le vent en poupe : cap au large et droit devant.

***Menus** : Saveur (2 plats et desserts) : 70 € / Dégustation (3 plats et desserts) : 140 €*
***À la carte** : Mini : 130 € / Maxi : 260 €*

Plage de la Concurrence
17000 La Rochelle
Tél. : +33 (0)5 46 41 48 19

Fermé dimanche et lundi
www.coutanceaularochelle.com

NOUVELLE-AQUITAINE

Les Orangeries

€

DAVID ROYER

Gastronomique, végétalo-compatible, avec jardin... potager, très engagé, charme et caractère, excellent service

• Les Orangeries, c'est d'abord le premier hôtel de France titulaire de l'Écolabel européen. Cela assoit les valeurs et la profondeur de l'engagement de la Maison, qui est, en outre, détentrice du très exigeant label HQE (Haute Qualité environnementale). Évidemment, le même état d'esprit gouverne dans les cuisines de David Royer. Sur ses pianos ne passent que des ingrédients ultra-locaux. En effet, la plupart des légumes utilisés dans les recettes, proviennent de l'un des trois grands potagers (tous authentifiés Écocert) situés dans l'enceinte même de l'établissement. Les autres primeurs sont achetés à Montmorillon chez Jard'Insolite (certifié bio). Bien sûr, avec des approvisionnements d'un tel niveau, David Royer réalise de fameux menus végétariens (qui détiennent le label européen Eurofeuille, comme de nombreux plats à la carte). Cependant, le chef reconnaît être, à titre personnel, un carnassier passionné. Aussi, viandes et fromages bénéficient de tout son amour et de toute sa vigilance. Ces derniers proviennent de l'exceptionnelle ferme de la Fayaudrie (labellisée bio), sise à moins d'un kilomètre du restaurant et qui travaille pour le chef sur mesure ! Même les fleurs employées par David Royer pour exécuter ses préparations sont certifiées par le Jardin des possibles (bio). Honnêtement, il est inconcevable de mettre en scène une gastronomie plus saine et plus traçable ! Au surplus, les Orangeries sont titulaires du label gouvernemental qui garantit le « fait maison » (les produits sont exclusivement transformés sur place, sans emploi de préparations toutes faites). La consommation d'eau est raisonnée (l'eau de pluie est recyclée pour emploi dans les toilettes). Les produits d'entretien sont écologiques. La consommation d'énergie est maîtrisée (chauffe-eau solaire, patio bioclimatique, cheminée récupératrice de chaleur). Les déchets sont réduits en compost. Et, cerise sur le gâteau (déjà vraiment imposant, convenons-en), les poissons proviennent exclusivement de pêches durables et de saison, recommandées par le label Mr. Goodfish ! Vous vous en doutez, ce luxe somptuaire d'attention donne des résultats spectaculaires dans les assiettes. Le magret de canard de chez Mitteault, onctueux de potiron et patates douces, déclinaison de légumes d'automne fait carrément sensation, tout en rondeur et en contrastes. Le saumon fumé à chaud par nos soins, petits légumes croquants, crème acidulée et fleurs du Jardin des possibles est délicieux. Il porte des embruns océaniques et printaniers, accueille avec amitié les vins les plus francs. Évidemment, la sélection des thés et des cafés est bio et équitable. Enfin, le très beau plateau de fromages, bio et superbement affinés, mérite lui aussi mention ! Amour du goût, passion pour la cuisine, envie de partager, de servir et de faire plaisir... En quatre mots, « le bien-être, durablement ! »

• **LES VINS** : Dans la cave reposent exclusivement des nectars nature, souvent bio et locaux. La sommellerie a l'honnêteté de préciser que ces flacons « sans soufre » sont des produits vivants, délicats, parfois capricieux, et ne sont pas toujours de grands vins au sens le plus démocratisé du terme, mais qu'ils contiennent, comme nul autre, l'empreinte de leur terre, et la signature du vigneron.

***Menus** : Déjeuner (2 plats et dessert) : 35 € / Dîner (2 plats, fromages et dessert) : 40 € / Végétarien (2 plats et dessert) : 32 € / Découverte (3 plats et dessert) : 49 € / Dégustation (4 plats, fromages et desserts) : 69 €*
***À la carte** : Mini : 45 € / Maxi : 75 €*

12, avenue du Docteur-Dupont
86320 Lussac-les-Châteaux
Tél. : +33 (0)5 49 84 07 07

Fermé samedi midi, dimanche soir et lundi en basse saison, et ouvert tous les jours dès le printemps
www.lesorangeries.fr

Les Clefs d'argent

⌘ 🍷🍷🍷 €€ CHRISTOPHE DUPOUY ROMAIN MICHEL-PROST

♡ Gastronomique, classieux, classique, raffiné, attachant, fort en vins, rapport qualité/prix

• Les Clefs d'argent est incontestablement la meilleure table de la région montoise. Christophe Dupouy y pratique une cuisine d'auteur inspirée et vraiment généreuse, jusque dans ses tarifs. Le canon d'agneau de lait des Pyrénées rôti et jus de piquillos vaut à lui seul le détour. Dans les assiettes, les morceaux de truffes sont si gros que l'on peut les couper au couteau. Bref, les recettes intelligentes, architecturales et gourmandes servies ici donnent vraiment le sourire. D'autant plus que le service du vin est au diapason. Il vous propose même d'emporter vos bouteilles entamées en y faisant le vide. Cela dit, on n'a généralement pas de mal à finir les savennières du domaine aux Moines, les sancerres d'Henri Bourgeois, les pouillys du domaine Dagueneau (dès 85 € !) ou les chateauneuf-du-pape du domaine de Beaurenard. La grande restauration, clefs en main !

***Menus** : Initiation (2 plat et dessert) : 60 € / Inspiration (4 plats, fromages et dessert/vins) : 80 €/95 € / Perfectionnement (6 plats, fromages et desserts/vins) : 94 €/115 €*
***À la carte** : Mini : 75 € / Maxi : 110 €*

333, avenue des Martyrs-de-la-Résistance
40000 Mont-de-Marsan
Tél. : +33 (0)5 58 06 16 45

Fermé dimanche et lundi
www.clefs-dargent.com

Le Relais du château

⌘⌘⌘ 🍷 € LOÏC HOTOT SOPHIE HOTOT

♡ Gastronomique de campagne, économique, relaxant, doggy bag, rapport qualité/prix

• Loïc Hotot aime la nature et ses produits, et déteste le gâchis. C'est pour cette raison qu'il n'a pas hésité à se plier aux sacrifices exigés par les organismes certificateurs pour obtenir le label AB, qui orne fièrement plusieurs menus et plats de sa carte. Si son établissement ne paie pas de mine, le poulet fermier de chez monsieur Roy, accompagné des légumes bio du jardin des Ormeaux, mérite bien que l'on fasse un bout de chemin pour le goûter. Comparé aux seuls prix des matières premières cuisinées, le Relais du château peut se targuer d'être l'un des meilleurs rapports qualité/prix français en matière de restauration. Et, si le poivre est bio et les produits régionaux, c'est aussi le cas des vins. Les nectars du domaine des Terres Blanches (à Oiron) sont en dehors des radars mais, pour moins de 20 €, ils redonnent leurs lettres de noblesse au gamay, aussi sûrement que les meilleurs crus de moulin-à-vent. Une Maison où chaque proposition respire l'intelligence et le bon goût, ce n'est pas si fréquent !

***Menus** : Formule déjeuner (1 plat, dessert, café) : 15 € / Étape : (2 plats et dessert) : 19,50 € / Terroir (2 plats et dessert) : 29 €*
***À la carte** : Mini : 30 € / Maxi : 60 €*

17, place des Marronniers
79100 Oiron
Tél. : +33 (0)5 49 96 54 96

Fermé vendredi, dimanche soir, et lundi midi
www.hotel-relais-chateau.fr

Les Amants du marché

ꕥꕥꕥ 🍷 €

♡ **Bistronomique, végétarien, très engagé, demi-portion = demi-tarif, ou à emporter**

• Les Amants du marché est sis face au marché biologique du Foirail à Pau. Cela n'enlève rien à son mérite, mais, dans ces conditions, on comprend qu'il soit en mesure de proposer de formidables voyages gastronomiques... végétariens et bio. En effet, tous les ingrédients posés sur les assiettes sont bio. La volonté de la propriétaire, Hilary Carlyn, n'est pas seulement de bien nourrir, son engagement va au-delà. Certes, avec son chef, elle est très attachée à des valeurs d'exigence, de créativité, de respect et de plaisir. Mais elle désire également que les produits consommés à sa table soient totalement respectueux de l'environnement et du vivant. Ici, la priorité est donc donnée aux fournisseurs locaux, et les produits d'importation comme le café, le thé ou le cacao sont tous issus du commerce équitable. Toutes les recettes les plus simples (polenta, houmous, pâté de lentilles, feuilles de brick aux mille légumes...) bénéficient de beaucoup d'attention et se révèlent vraiment savoureuses, dépaysantes, gourmandes. La carte des vins est courte, mais les bouteilles sont elles aussi bio et vendues à prix d'amis. Un restaurant où il fait bon manger, et vivre.

Menus *: Formule (1 plat et dessert) : 18 € / Menu (2 plats et dessert) : 22 €*
À la carte *: Mini : 25 € / Maxi : 40 €*

1, rue Bourbaki
64000 Pau
Tél. : +33 (0)5 59 02 75 51

Fermé dimanche et lundi
www.lesamantsdumarche.fr

Izba

ꕥꕥꕥ 🍷 € **DARIA SOBOWIEC**

♡ **Bistronomique, très engagé, décontracté, familial, végétarien, âme russe**

• A priori, on n'imagine pas un restaurant envoyant avec habileté des spécialités russes et végétariennes. C'est parce que l'on a oublié que cette tradition gastronomique, sans viande, vient de l'Est. Ici, aux bons soins de Daria Sobowiec, on peut donc dîner de délicieuses, et vraiment bien envoyées, recettes végétariennes slaves. Son très métissé bourguignon de seitan, son tartare d'algues ou même son tiramisu aux fraises et monbazillac valent honnêtement citation. Au surplus, la chef a fait le choix total, sans concession, du tout bio (et du tout bon). Elle propose également des plats sans gluten et végétaliens. Enfin, les producteurs certifiés de Daria Sobowiec sont, pour certains, bien connus dans le microcosme de la haute gastronomie (La Grange du Bost, Laurent Cattoire pour le pain, la ferme biologique de Didier Morvan, les vins de Fabien Boisard, etc.) *Za vashe zdorovie* (à votre santé) !

Menus *: Formule (1 plat et dessert) : 14 € / Menu (2 plats et dessert) : 17 €*
À la carte *: Mini : 23 € / Maxi : 34 €*

11, cours Fénelon
24000 Périgueux
Tél. : +33 (0)5 53 09 37 51

Fermé dimanche et lundi, ainsi que le soir de mardi à jeudi
www.restaurant-izba.com

Le Bonheur est dans le thé

⌘⌘ 🍷 € **LOUIS BALIN**

♡ Cantinomique, restaurant-salon de thé, tout compatible, animations, ou à emporter

• Le Bonheur est dans le thé est un restaurant-salon de thé (le samedi après-midi) qui propose des animations (le vendredi soir), un brunch (le samedi midi), des plats concoctés à base de produits essentiellement locaux et/ou bio, ainsi que des recettes végétaliennes ou sans gluten ou sans lait, à la demande. C'est déjà bien. Mais, en plus, Céline Delage et son chef cuisinier, Louis Balin, jeune titulaire du diplôme convoité de maître-restaurateur, anime l'établissement à la manière d'un lieu de vie éthique (exposition, animations, concerts, bibliothèque sur place, jeux à disposition...) Évidemment, en cuisine, tout est intégralement transformé sur place, chaque jour. Les produits industriels sont proscrits, tout comme les surgelés et les préparations sous-vide. La carte des vins (bio du domaine Ampelidae, dès 25 €) et celle des thés sont elles aussi très engagées. Mais le plus important (avec les généreuses portions), c'est que la plupart des plats, tels que le pavé de bœuf limousin, sauce au poivre, salade de crudités de saison, noix, raisin de Corinthe, graines germées ; et le saumon de fontaine, sauce au beurre blanc font, sous leurs airs de ne pas y toucher, beaucoup mieux que l'ordinaire. Alors, il est où le bonheur, il est où ?

***Menus** : Formule végétarienne (1 plat et dessert) : 12 € / Formule (1 plat et dessert) : 14 € / Brunch : 25 €*
***À la carte** : Mini : 25 € / Maxi : 35 €*

7, rue Carnot
86000 Poitiers
Tél. : +33 (0)5 49 41 44 48

Fermé dimanche, lundi, et le soir de mardi à jeudi
www.lebonheurestdanslethe.fr

Ostalamer

⌘ 🍷 €€

♡ Bistronomique, hangar chic, Neptune, face à la mer, les pieds dans l'eau

• Entre Guéthary et Saint-Jean-de-Luz, sur la plage de Lafitenia, le restaurant Ostalamer invite à déguster ses fameuses spécialités de poissons et de crustacés, que l'on ne peut pas imaginer plus frais. Bien sûr, les terrasses qui offrent une vue merveilleuse sur les bords de la Côte basque contribuent aussi beaucoup au charme de cet ancien hangar aménagé en cantine de copains (au nombre desquels plusieurs stars quand même, comme Frédéric Beigbeder). En cuisine, les équipes de Christian Duplaissy (patron de l'Ostalapia), envoient les classiques avec rigueur et précision : huîtres de pleine mer, ravioles de xanguro (crabe farci), tempura de langoustines, chipirons... Mais, chez Ostalamer, on peut aussi se régaler avec d'inattendus pieds de cochon ou du homard entier agrémenté de jambon ibérique. La cave ressemble à la table : simple et goûteuse. Elle fait la part belle aux petits vins de propriétaires. Autant un restaurant qu'un pur décor de cinéma.

***À la carte** : Mini : 45 € / Maxi : 70 €*

160, route des Plages
64500 Saint-Jean-de-Luz
Tél. : +33 (0)5 59 85 84 71

Fermé lundi
www.ostalamer.com

NOUVELLE-AQUITAINE

L'Auberge basque

€ CÉDRIC BÉCHADE

Gastronomique, avec vue, chic et décontracté

• Cédric Béchade (qui fut le premier chef à publiquement regretter d'avoir obtenu une étoile Michelin, sans la perdre) a côtoyé les plus grands : Alain Ducasse et Jean-François Piège. Or, sans connaître son parcours, on peut deviner rien qu'en lisant la carte de son restaurant qu'il a côtoyé de tels champions. La majorité des produits parcourent moins de 200 km pour parvenir dans les assiettes. Chaque ingrédient est choisi avec soin : truite de Banka, bonite de Saint-Jean-de-Luz, cochon Ibaïona... Du sol au plafond, tout est contemporain, épuré, chic et décontracté. Même le pain bio est l'objet de mille soins. Cela explique que la jolie crevette bio, lait de coco, graines de sésame, velouté d'avocat, salade de mangue ; ou que le merlu de ligne, gelée de menthe, crème d'artichaut, bouillon d'artichaut, tapenade fassent sensation. Leurs cuissons sont parfaites et les deux assiettes jouent à fond, et à la perfection, sur le registre de la tendresse et de la persistance en bouche. Au surplus, la cave est belle. Et la vie à Saint-Pée-sur-Nivelle, aussi.

***Menus** : Tradition (2 plats et dessert/vins) : 38 €/50 € / Bien-être (3 plats et dessert/vins) : 75 €/113 € / Souvenir (5 plats et desserts/vins) : 94 €/152 €*
***À la carte** : Mini : 70 € / Maxi : 150 €*

D 307
Vieille Route de Saint-Pée
64310 Saint-Pée-sur-Nivelle
Tél. : +33 (0)5 59 51 70 00

Fermé dimanche soir, lundi, et mardi midi
www.aubergebasque.com

Carottes et Gingembre

€ DINA ZERBIB

Cantine nature, ambiance alsacienne, engagé, végétarien, végétalien, sans gluten

• Chez Carottes et Gingembre, on goûte une cuisine mondialisée, végétarienne, locale et bio. Sur la carte, les plats végétaliens et sans gluten tiennent le haut du pavé. Caviar d'aubergine et pain grillé (végétalien) ; calzone aux petits légumes accompagné de salade verte ; clafoutis de poires à la cannelle (végétarien)... C'est simple, fait maison, vraiment bon, et on peut arroser tout ça avec des vins bio en provenance directe du domaine André, du domaine Cazulet ou du château Chante Alouette, qui sont tous sis dans le département. À noter également, le pain d'épice et les excellents miels qui éclairent plusieurs desserts. Un lieu où manger sain et engagé, la détox de tous les jours à la portée de tous.

***Menus** : Formule 1 (1 plat et dessert) : 15 € / Menu (2 plats et dessert) : 20 €*

36, rue des Bancs
17400 Saint-Jean-d'Angély
Tél. : +33 (0)5 46 33 90 57

Fermé dimanche, et le soir de lundi à jeudi
www.carottesgingembre.fr

Auberge de Saint-Julien-aux-Bois

€ DORIS COPPENRATH

Gastronomique, engagé, inventif, végétarien compatible, charme, rapport qualité/prix

• L'Auberge de Saint-Julien-aux-Bois, c'est la France profonde qui s'assume, qui étonne, qui détonne. Depuis vingt ans, Doris Coppenrath et Roland Pilger y accueillent des clients (désormais des habitués) ravis et comblés. Cela tient évidemment au talent de la chef de cuisine, qui revisite avec une grande inventivité, et beaucoup de majesté, les recettes de son pays. D'ailleurs, elle ne travaille qu'avec des artisans du département, qui sont souvent bio (les fruits et légumes de Lydie Besse ; les pommes, le vinaigre et les légumes de Martijn van Lith ; les farines de Colin Joga ; les poissons de la pisciculture de Romanange, etc.) Pour les gastronomades, il vaut venir ici déguster le meilleur repas « médiéval » de France, réalisé en coopération avec l'écomusée Les Fermes médiévales de la Xaintrie. On peut y manger des recettes d'anthologie, telles que : le héricot de mouton aux pois ; ou la flaugnarde de nèfles aux pommes, qui sont historiques et délicieux. Sinon, bien sûr, on peut également se régaler de propositions façon « Nouvelle Cuisine locale » : escalopes de foie gras de canard poêlées et chutney de chou rouge ; ou truite de ligne aux épices tandoori, qui feraient se pâmer les foodistas parisiennes. Petite cave bio. Une maison à nulle autre pareille, qui cultive autant l'amitié, la ruralité et la gentillesse que l'excellence.

***Menus** : Menu du jour (2 plats et dessert) : 18 € / Menu médiéval (2 plats et dessert) : 23 € / Menu de l'Auberge (2 plats et desserts) : 24 € / Menu gastronomique (2 plats, fromages et dessert) : 32 €*
***À la carte** : Mini : 30 € / Maxi : 55 €*

1, route des Pierres-Blanches
19220 Saint-Julien-aux-Bois
Tél. : +33 (0)5 55 28 41 94

Fermé vendredi, samedi midi, dimanche soir
www.auberge-saint-julien.com

La Coccinelle

€ FRANÇOISE RHEIN

Bistronomique de luxe, engagé, terrasse, tout fait maison, ou à emporter

• Françoise et Bertrand Rhein sont des adeptes de la biodiversité depuis une époque où le mot n'existait même pas encore dans les dictionnaires. Françoise était une nutritionniste engagée et Bertrand était gérant de l'une des premières coopératives entièrement bio, il y a plus de trente ans. Évidemment, l'homme connaît toujours les meilleurs réseaux d'approvisionnement. Dans son restaurant, les produits sont donc très bons et bio, frais. Par ailleurs, le couple privilégie les circuits courts en lien avec les producteurs régionaux, ou le commerce équitable dans les autres cas. En cuisine, Françoise envoie des recettes inspirées, généreuses et assez inventives (même si sa spécialité demeure les tartes) qui sont en totale adéquation avec la salle : confortable, élégante, aménagée avec beaucoup de goût et de sobriété. La terrasse et la carte des vins (château Canet, champagne Fleury vendu à prix presque coûtant, moins de 40 €) invitent à la réalisation de repas festifs et animés. Le bon plan de l'île !

***Menus** : La Coccinelle (2 plats et dessert) : 26 € / Gourmand (2 plats, fromage et dessert) : 29 €*
***À la carte** : Mini : 36 € / Maxi : 60 €*

16 bis, avenue du Général-de-Gaulle
17410 Saint-Martin-de-Ré
Tél. : +33 (0)5 46 66 41 82

Fermé dimanche, lundi, mardi soir et mercredi soir
www.lacoccinelle.eu

Autrement

ꕥꕥꕥ 🍷🍷 €

♡ Bistronomique, engagé, frais, convivial, façon bistrot, ou à emporter

• Autrement offre tous les jours une cuisine à 100 %. 100 % fraîche, 100 % de saison, 100 % maison et 100 % bio ! Les viandes sont issues d'élevages bio et locaux. Toute la carte des vins, y compris les apéritifs, provient de la culture bio. Cette quantité phénoménale d'engagements se retrouve logiquement dans les assiettes. La crème brûlée au parmesan, tomates séchées et basilic est très au-dessus de la production quotidienne d'un estaminet de province. Les noix de Saint-Jacques rôties, crème de panais et beurre de ciboulette constituent un excellent plat hivernal, qui rend vraiment hommage à son ingrédient principal, ce qui n'est pas rien. En plus, nous vous signalons qu'Autrement fait partie d'un complexe imaginé par Bruno Barrier, sous l'enseigne du réseau Biomonde, et que l'on peut donc à proximité faire ses emplettes labellisées : produits alimentaires, vestimentaires, cosmétiques, et même un centre esthétique avec Spa. Vivre autrement, c'est souvent mieux, non ?

***Menus** : Formule (1 plat et dessert) : 14 € / Menu (2 plats et dessert) : 19 €*
***À la carte** : Mini : 30 € / Maxi : 46 €*

7, boulevard de la Prade
19200 Ussel
Tél. : +33 (0)5 55 94 40 65

Ouvert tous les jours
www.autrement-ussel.com

Occitanie

25 TABLES ATTENTIVES • DONT 3 COUPS DE CŒUR

Chez Camillou

⌘⌘⌘ 🍷 € **CYRIL ATTRAZIC** 🍇

♡ Gastronomique, sans lampe mais lumineux, chic, romantique

• Implanté en Lozère depuis quatre générations, le restaurant Chez Camillou a pris son envol avec l'arrivée de Cyril Attrazic (Alain Ducasse, Michel Bras) derrière les pianos. En salle, l'ingénieux et invisible système intégrant à la fois diffusion lumineuse, diffusion musicale et absorption acoustique pourrait servir d'exemple à de nombreux restaurateurs. Toutefois, ce qui plaît vraiment chez Camillou, c'est cette obsession prégnante du chef de mettre le paysage dans l'assiette. Animé par la passion de ses terres et de ses produits, Cyril Attrazic met tout en œuvre pour que ces derniers convoquent à table toutes les puissantes émotions qu'est capable de faire naître son Aubrac natal. Un plat comme les nouilles de céleri-rave, champignons du massif, jus à l'huile de truffe y parvient d'ailleurs au-delà de toutes espérances. Cette assiette, la plus réussie de la carte, vaudrait largement plusieurs étoiles sous d'autres latitudes. La nature y exulte à chaque bouchée avec une persistance et un volume insensés. Est-il besoin de préciser que le service et la carte des vins sont loyaux ? Un nom canaillou, pour un restaurant vraiment grand.

***Menus** : Menu du jour (2 plats et dessert) : 38 € / Chemins d'Aubrac (2 plats, fromages et dessert) : 58 € / Traversée de l'Aubrac (3 plats, fromages et dessert) : 78 € / Sentiers d'Aubrac (5 plats, fromages et dessert) : 110 €*
***À la carte** : Mini : 90 € / Maxi : 180 €*

10, route du Languedoc
48130 Aumont-Aubrac
Tél. : +33 (0)4 66 42 86 14

Fermé lundi, mardi et mercredi
www.camillou.com

Restaurant du Vieux Pont

⌘ 🍷🍷 € **NICOLE FAGEGALTIER ET BRUNO ROUQUIER** 🍇 **GILLES HÉLIEZ**

♡ Gastronomique, médiéval, raffiné, romantique, la tête dans les étoiles

• Situé au cœur du village médiéval de Belcastel, le restaurant du Vieux Pont est depuis longtemps l'un des phares gastronomiques de l'Aveyron. Toutefois, la table n'est figée ni dans le formalisme ni dans les conventions. Au contraire, à deux mains au piano, Nicole Fagegaltier et Bruno Rouquier font partager dans chaque assiette leur fameuse complicité en proposant des recettes à la fois classiques, et réellement audacieuses, qui réinventent le terroir local et les produits extra-frais, en mariant rusticité et raffinement, authenticité et poésie. La cave est au diapason (domaine Plageoles, cuvée spéciale R.G. du domaine de Durban, domaine de la Mordorée, châteauneuf-du-pape 2005 du domaine de Beaurenard, etc.) Un Vieux Pont, mais parti pour durer encore très longtemps !

***Menus** : Découverte et Saveurs (2 plats et desserts/vins) : 33 €/51 € / Découverte et Gourmandise (2 plats, fromages et dessert/vins) : 53 €/77 € / Découverte et Gourmandise (3 plats, fromages et dessert/vins) : 64 €/96 € / Découverte et Plaisir (4 plats, fromages et desserts/vins) : 87 €/129 €*
***À la carte** : Mini : 70 € / Maxi : 140 €*

12390 Belcastel
Tél. : +33 (0)5 65 64 52 29

Fermé dimanche soir, lundi, et mardi midi
www.restaurant-belcastel.com

Le Chameau ivre

⌘ 🍷🍷🍷 € RESPONSABLE PHILIPPE CATUSSE

♡ Boire à manger, tapas, coloré, la classe en terrasse, ou à emporter, annexe de Bacchus

• Il y a de tout au Chameau ivre : du jazz, du cabaret, le passage en guest star des plus grands chefs français (Jean-Luc Tartarin, Troisgros...) et une cave sans fond, où tout le meilleur du Sud, mais pas seulement, est présent (Elian Da Ros, domaine l'Arjolle, château des Estanilles, domaine Reine Juliette, champagne brut nature de Drappier, rouge et blanc du domaine de la Grange des Pères, domaine de la Mordorée, domaine des Roches Neuves, domaine Alain Chabanon, domaine de Trevallon – 95 € –, très grande sélection de vins au verre...) Bien sûr, les tapas du soir et les fromages très affinés ne sont que de délicieux expédients/prétextes pour ouvrir l'une des 1 000 références de la carte des vins. Reste que les charcuteries locales, les légumes bio et les côtes de taureau possèdent réellement la hauteur pour côtoyer les plus grandes bouteilles. Avec l'équipe de rugby, voici l'autre institution qui fait briller Béziers.

***Menus** : Formule (1 plat et dessert) : 17 € / Menu (2 plats, fromages et dessert) : 29 €*
***À la carte** : Mini : 30 € / Maxi : 70 €*

15, place Jean-Jaurès
34500 Béziers
Tél. : +33 (0)4 67 80 20 20

Fermé dimanche et lundi
www.facebook.com/LeChameauIvre

L'Octopus

⌘ 🍷🍷🍷 € FABIEN LEFEBVRE RACHEL LEFEBVRE

♡ Gastronomique, Sud-Ouest friendly, bon jaja, star wars

• L'Octopus, c'est d'abord une équipe de choc, Fabien et Rachel Lefebvre. L'un en cuisine (meilleur ouvrier de France), l'autre en salle et à la sommellerie. Deux talents complémentaires et à l'unisson pour réaliser des accords mets et vins d'anthologie. Car, à l'Octopus, Bacchus est l'allié de chaque assiette. Les produits régionaux farouchement sélectionnés, souvent bio, permettent au chef de dresser des assiettes fringantes, actuelles, créatives et vivantes. Les Saint-Jacques dorées, anguille fumée, salsifis, sucs d'oignons doux, ou l'agneau de l'Aveyron doré sur l'os, houmous, carottes épicées, panisse possèdent une suavité et une douceur merveilleuses qui, loin d'anesthésier le palais, l'emberlificotent, l'attendrissent, le rendent amoureux à la limite de la dépendance. La sélection des vins, majoritairement bio, et même biodynamiques, est particulièrement forte dans le Languedoc et le Roussillon. Il y a une vraie ouverture sur les domaines de jeunes vignerons engagés dans la (re)naissance de leurs terroirs. Une table remarquable, et remarquée.

***Menus** : Formule (1 plat et dessert et vin) : 25 € / Déjeuner (2 plats et dessert et vin) : 33 € / Mini-confiance (3 plats et dessert) : 55 € / Confiance (5 plats et dessert) : 70 € / Super-confiance (5 plats, fromage et desserts) : 90 €*
***À la carte** : Mini : 55 € / Maxi : 130 €*

12, rue Boieldieu
34500 Béziers
Tél. : +33 (0)4 67 49 90 00

Fermé dimanche et lundi
www.restaurant-octopus.com

La Maison de Petit Pierre

⌘ € PIERRE AUGÉ

Bistronomique, chic, bodega, entre amis ou romantique

• Pierre Augé est l'un des finalistes les plus célèbres de l'émission « Top Chef ». On sait moins que le cuisinier débonnaire est aussi un érudit, qui a servi sous Éric Fréchon, Yves Camdeborde, mais aussi chez Taillevent et au Pré Catelan. Dans son restaurant, c'est cependant la chaleur qui accueille en premier le client, lequel déjeune dans un patio à l'espagnol ou face aux vieux fourneaux chinés chez un antiquaire. Quant à la technique, impeccable, épurée, elle s'impose sans forcer dans les assiettes composées des meilleurs produits régionaux, et de saison, exclusivement. La baudroie pochée, quinoa carottes est formidable. La glace à la moutarde à l'ancienne pralinée est une très chouette idée, qui résonne, voire raisonne, favorablement avec un grand cru de chocolat ou de Maury. À ce titre, la cave est très bien construite, on y trouve de tout, même les vins voisins des Terres d'Armelle. Voici une bonne raison pour traîner à Béziers.

***Menus** : Formule (1 plat et dessert) : 15 € / Menu (2 plats et dessert et un verre de vin) : 23 € / Surprise (3 plats et dessert) : 40 € / Carte blanche (5 plats et dessert) : 70 €*

22, avenue Pierre-Verdier
34500 Béziers
Tél. : +33 (0)4 67 30 91 85

Fermé dimanche, et le soir lundi, mardi et mercredi
www.lamaisondepetitpierre.fr

Le Belvédère

⌘⌘⌘ € GUILLAUME VIALA CHRISTINE VIALA

Gastronomique, décontracté, inventif, herboriste, végétalo-compatible, excellent service

• Le parcours de Guillaume Viala, qui rêvait d'explorer les fonds marins à bord de la *Calypso*, a connu des rebondissements inattendus. Cependant, c'est toujours la passion, l'intuition, l'émotion qui ont guidé les pas du chef... Dans chacune de ses recettes, chacun de ses gestes, se perçoit l'amour d'un territoire, de l'authentique, du bon et du bien-manger. Guillaume Viala appartient à cette catégorie d'herboristes qui va cueillir dans son immense jardin – une polyculture paysanne ancestrale – et les forêts alentour la quintessence et la vérité de son pays. Les « nouilles » de courge butternut au jambon de coche, bouillon aux champignons sauvages séchés, truffes noires d'ici valent tous les parfums du monde. Le gourg d'Enfer : « trou » de cacao garni de chocolat intense, crème glacée à l'amandon de pruneau, potimarron-vanille fait sien à la fois le palais des gourmets et la géographie du restaurant. Et figurez-vous que tous les plats que nous venons de décrire sont servis dans le menu du déjeuner ! Dans la cave figurent essentiellement des vins de vignerons passionnés et passionnants. La carte est donc une récitation instruite des meilleurs guides du genre. Il y a du jeune Michel Bras chez Guillaume Viala. Maintenant que vous êtes informés, c'est simple, il vous suffit de décrocher votre téléphone !

***Menus** : Pays et racines (2 plats et dessert) : 38 € / Nature (3 plats, fromages et dessert) : 63 € / Expressions (5 plats, fromages et desserts) : 95 €*

11, route du Maquis-Jean-Pierre
12340 Bozouls
Tél. : +33 (0)5 65 44 92 66

Fermé dimanche soir, lundi, et mardi midi
www.belvedere-bozouls.com

La Barbacane

⌘ 🍷 € JÉRÔME RYON BAPTISTE ROSS-BONNEAU

♡ Gastronomique, médiéval chic, piano bar, romantique, palace

• Dominant Carcassonne, l'Hôtel de la Cité est une véritable demeure de princes, encore embellie par une récente rénovation. À l'intérieur de l'hôtel, plusieurs époques cohabitent pacifiquement. Tous les meubles anciens sont authentiques. Le marbre est clinquant. Les boiseries sont chaudes et nobles (merisier, acajou). Le jardin est suspendu... Dans ce décor de conte de fées, Jérôme Ryon (prix Taittinger 2005 et ancien second de Marc Veyrat) emmène les gourmets faire le grand tour de la Nouvelle Cuisine grâce à des verrines, des cuillères, des émulsions et de grosses pièces justement saisies, servies sur des assiettes idéalement tièdes. Beaucoup de plats arrivent sur la table sous cloche, pas seulement pour le décorum, mais pour conserver des fumets particulièrement envoûtants qui se dégagent d'herbes folles, naturelles, poêlées ou infusées, et qui répondent eux aussi aux bouquets des vins sortant d'une cave gigantesque (Grande Cuvée Renaissance de Sieur d'Arques à 60 €, La Grande Dame 1996 à 230 €, La Grande Année de Bollinger à 160 €, chardonnay Autan de Toques et Clochers à 45 €, cuvée Marie-Claude du château Tour Boisée à 45 €, château Ollieux Romanis dès 40 €, coteaux-du-languedoc Tête de Bélier du château Puech-Haut dès 70 €). Difficile de ne pas tomber sous le charme.

***Menus** : Déjeuner (2 plats et dessert, vin, eau et café) : 39 € / Menu de saison (3 plats, fromages et desserts) : 130 € / Plaisir et découverte (4 plats, fromages et desserts) : 150 €*
***À la carte** : Mini : 75 € / Maxi : 190 €*

Hôtel de la Cité
Place de l'Église
11000 Carcassonne
Tél. : +33 (0)4 68 71 98 71

Fermé mardi et mercredi
www.cite-hotels.com/ hotels/hotel-de-la-cite/ restaurant-la-barbacane

Le Parc

⌘ 🍷🍷 €€ FRANCK PUTELAT THOMAS RIEU

♡ Très haute gastronomie, rapport qualité/prix, annexe de Bacchus, classieux

• Le Parc est une magnifique attraction. Les sommeliers y jonglent désormais avec des références du monde entier. Les tarifs sont parfaitement maîtrisés. Les formules sont légion tout en demeurant lisibles. Rapidement, chaque convive a la satisfaction de se savoir assis à la table d'un maestro, sans avoir à subir la pression d'un décorum ou de rituels pétrifiants. Le grand répertoire, tout comme l'esprit fooding – sexy, exquis et branché –, cohabitent donc à Carcassonne avec un sens inédit de l'harmonie et de la bienveillance. Et la carte des vins fait rêver, même dans le Jura : chardonnay et vin jaune du domaine Rolet, respectivement 34 € et 69 €. Le reste est pur travail de sommelier : Petit Jules du domaine Serres-Mazard à 43 €, D18 du domaine Olivier Pithon à 87 €, Soleil du midi du domaine Ombre et Soleil à 42 €, château l'Hospitalitas à 70 €, château Puech-Haut à 72 €, le meilleur du domaine Dauvissat dès 80 €... Désormais, il y a bien lutte pour le titre de meilleur restaurant du Sud-Ouest !

***Menus** : Déjeuner À Faire (2 plats, dessert, café et vin) : 47 € / Classique... Fiction... (3 plats, fromages et desserts) : 80 € / Action... Réaction... (6 plats, fromages et desserts/vins) : 160 €/225 €*
***À la carte** : Mini : 100 € / Maxi : 200 €*

80, chemin des Anglais
11000 Carcassonne
Tél. : +33 (0)4 68 71 80 80

Fermé lundi et dimanche
www.franck-putelat.com

COUP DE CŒUR DU JURY

L'Auberge du Vieux Puits

€€€

GILLES GOUJON

Très haute gastronomie, chic et choc, excellent service, la campagne ça vous gagne, isolé

• Pour trouver l'Auberge du Vieux Puits, il faut s'enfoncer profondément au cœur des Corbières, à l'aide d'un GPS. Le trajet n'est pas aisé. Mais, une fois arrivé, c'est le bonheur assuré. Pourtant, Fontjoncouse est un village fantôme. La plupart des rues ne portent pas de nom. Hormis la fameuse auberge, il n'y a qu'un seul autre commerce (le miel bio de Pascal Bringuier) ouvert dans le village. À perte de vue, tout n'est que champs florissants, ou vignes ancestrales ! C'est donc à partir de ce bastion reculé, immaculé, que Gilles Goujon a choisi de faire rayonner l'Aude à travers le monde. Il n'existe pas, en France, de plus fervent défenseur de son terroir. Avant le chef, l'Auberge du Vieux Puits était un simple bistrot triplement faillitaire, une vague dalle de béton de cantine scolaire. Gilles Goujon s'est pourtant installé ici avec la volonté de faire connaître, et revivre, un territoire riche de mille parfums mystérieux, de mille histoires secrètes. Le vieux puits sis à l'intérieur du salon du restaurant donne toujours le vertige, mais moins que la somme de travail et de conviction qu'il fut nécessaire d'investir pour faire éclater le génie de vignerons et d'agriculteurs occitans aux quatre coins de l'Hexagone. Dire que l'Aude gourmande serait toujours une friche sans Gilles Goujon est probablement un tantinet exagéré. Pourtant, personne n'est en mesure d'évaluer l'influence décisive que le chef a eue sur le patrimoine culinaire de sa région depuis quinze ans, car cette dernière est absolument colossale. Le MOF (meilleur ouvrier de France) a montré la voie, il a suscité l'espoir, et un nombre incalculable de vocations. Ses recettes s'affranchissent du faste et de l'apparat des tables triplement étoilées pour plonger au cœur du terroir et en extraire la divine quintessence. Partout, les ors de la haute gastronomie s'accommodent mal de rituels locaux séculairement établis, sauf ici. Sur la table du maestro, les recettes prennent le risque d'être mémorielles, étonnantes, détonantes. Bien sûr, on vient ici pour goûter au mythique œuf (gâté) pourri de truffe, et aux mélanges d'épices et d'herbes, secs et fleuris, qui embellissent la plupart des assiettes. Les purées bariolées sont onctueuses. Les chairs préfèrent la tendresse à la graisse et le bronzage à la saisie. Enfin, la chlorophylle, la cardamome et même l'encre rendent incisifs des plats qui, en souvenir des voyages du chef à Marrakech, ne manquent jamais de piments. Gilles Goujon a depuis longtemps revêtu des habits de sorcier et de thaumaturge. Ceux-ci lui siéent toujours comme un gant !

• **LES VINS** : La cave fut la plus belle ambassadrice des Corbières et du Languedoc-Roussillon, et elle le demeure toujours. À l'image du chef, la carte des vins déborde de merveilles et de gentillesse. Minervois À Marie-Claude du château Tour Boisée à 50 €, domaine La Tour Pénedesses dès 55 €, vin de France cuvée Soleil de Midi du domaine Ombre et Soleil à 52 €, château de Beaucastel à partir de 125 €, les meilleurs chablis de Vincent Dauvissat dès 170 €, le château La Négly remonte à 2001 à partir de 60 €. Les domaines Les Mille Vignes, Cauhapé, le Clos des Fées, le domaine Henry, le château Haut-Gléon, le corbières Orchidée du domaine Serres-Mazard, le château de Lastours, Gérard Bertrand, l'Abbaye de Fontfroide, le domaine Villepeyroux, le château de Villelongue ou les maurys du domaine Pouderoux ne triplent même pas les tarifs de leurs caveaux respectifs. Et, dans les autres régions, toutes les stars sont là. Les très grands restaurants où l'on peut boire se comptent sur les doigts de la main. L'Auberge du Vieux Puits en fait partie.

***Menus** : Bienvenue au pays (2 plats et dessert) : 115 € / Quelques pas dans la garrigue (3 plats, fromages et dessert) : 175 € / Air de fêtes en Corbières (4 plats, fromages et desserts) : 205 €*
***À la carte** : Mini : 150 € / Maxi : 260 €*

5, avenue Saint-Victor
11360 Fontjoncouse
Tél. : +33 (0)4 68 44 07 37

Fermé dimanche soir, lundi et mardi
www.aubergeduvieuxpuits.fr

Vigne en foule

⌘ 🍷🍷🍷 € **RESPONSABLE JULIEN BOURDARIÈS**

♡ Bistronomique, miam-miam à boire, bio-bio, classe et cool, fort en vins

• Vigne en foule est un bistrot à manger. Il y en a d'autres. La particularité de celui-ci est qu'il a été imaginé par quatre parmi les meilleurs vignerons de France (Robert Plageoles, Laurent Cazottes, Michel Issaly, Patrice Lescarret), qui ont engagé un grand cuisinier : Julien Bourdariès. Évidemment, ce dernier met tout en œuvre pour valoriser les vins de ses patrons et toutes les dives bouteilles de leurs copains vignerons (coefficients doublant, La Lune de Mark Angéli à 41 €). Un plat comme le veau de pays, purée de pommes et de carottes, jus de pedro-ximénez atteint ce but avec une époustouflante aisance. Les charcuteries sont également, et logiquement, au niveau attendu. La prune « médicalisée » à la goutte de Laurent Cazottes est une mignardise fameuse, puissante, qui permet également de boire de très vieux vins doux ou mutés du Sud-Ouest, le dessert pouvant résister aux exhalaisons les plus capiteuses. Comme un petit air d'ivresse et de liberté.

***Menus** : Formule (1 plat et dessert) : 14 € / Menu du chef (2 plats et dessert) : 29 € / Menu bistrot (2 plats et dessert) : 46 €*
***À la carte** : Mini : 30 € / Maxi : 60 €*

80, place de la Libération
81600 Gaillac
Tél. : +33 (0)5 63 41 79 08

Fermé dimanche et lundi
www.vigneenfoule.fr

Alexandre

⌘ 🍷🍷 €€ **MICHEL KAYSER**

♡ Haute gastronomie, chic, feutré, jardin, terrasse, isolé

• Michel Kayser est l'un des plus grands chefs du sud de la France. Pourtant, il a fait ses armes tout au nord de l'Hexagone, à Forbach, dans l'une des villes les moins riches et les plus fraîches de France. Aujourd'hui, il emmène en voyage au travers d'une cuisine savante, enracinée sudiste, où il sublime les produits du terroir en les intégrant dans des recettes où on ne les attendait pas, sans jamais les dénaturer. Michel Kayser est un parangon en matière de circulation de saveurs. Le canard des Landes juste rôti avec dés d'asperges, jus de tomate réduit produit de superbes exhalaisons. Les tomates volent partiellement la vedette au palmipède. Enfin, le chariot des desserts réussit l'exploit d'être régressif, daté et moderne à la fois. La carte des vins est forte dans toutes les régions, même si l'Alsace, la Savoie et le Jura jouent les outsiders : Roc d'Anglade à 130 €, costières-de-nîmes Lou Coucardié de Michel Gassier à 60 €, et La Bolida 2007 du château d'Or et de Gueules à 65 €, coteaux-du-languedoc Prestigi du Mas du Novi à 50 €, et Quetton Saint Georges du château de l'Engarran à 65 €, châteauneuf-du-pape Boisrenard du domaine de Beaurenard à 110 €, gigondas Le Lieu Dit du domaine des Bosquets à 60 €... Savoir-faire et tradition ont du bon !

***Menus** : Le Temps d'un aparté (2 plats et dessert) : 52 € / Nature sublimée (2 plats et dessert/vins) : 82 €/110 € / Traverses d'émotions (3 plats, fromages et dessert/vins) : 118 €/152 € / Quintessence de saison (5 plats, fromages et dessert/vins) : 178 €/230 €*
***À la carte** : Mini : 130 € / Maxi : 200 €*

2, rue Xavier-Tronc
30128 Garons
Tél. : +33 (0)4 66 70 08 99

Fermé lundi et mardi
www.michelkayser.com

COUP DE CŒUR DU JURY

Maison Bras

€€€€

SÉBASTIEN BRAS

♡ **Très haute gastronomie, végétalo-compatible, très chic, et choc, romantique, avec vue, épure, nature**

• Aujourd'hui, la « Niac » est revenue, elle est partout. Sébastien continue l'extraordinaire marche en avant débutée il y a plus de trente ans par son père, Michel, à une époque où l'Aubrac était considérée comme une région en voie de désertification, à l'instar du Tibet. Pour Sébastien et Véronique (en salle), l'Aubrac est toujours terre d'inspiration ; sa nature, source de création ; le respect des hommes et des femmes, une attention de tous les jours. Dire que l'Aubrac est le ciment de la Maison Bras est encore un euphémisme. Cette nature, Sébastien aime la faire goûter par le menu. Pas question pour autant d'en cultiver une image surannée et rustique, mais plutôt une vision contemporaine, éclairée, en respectant les produits pour rendre au pays ce qu'il a donné. Pour ce faire, la famille Bras favorise les filières locales d'excellence. Elle travaille exclusivement avec les amoureux du beau et du bon des environs, pour ressusciter des traditions, des goûts puissants, des savoir-faire qui s'apprêtaient à disparaître et resurgissent aujourd'hui dans le creux des assiettes. Alors oui, bien sûr, le restaurant de Sébastien Bras est toujours, littéralement, un sommet. Le Gargouillou mérite amplement sa majuscule. C'est un plat magma, de légumes ardents, un mikado de textures et d'odeurs enivrantes. Le fenouil émincé, concassé avec un velouté de laitue, ou les girolles, petite sauce aux noisettes, pimprenelle est une recette totalement naturelle, incroyablement persistante. L'agneau AAA – que Papa a contribué à faire découvrir à toute la France – ou le carré de brebis rôti au charbon de bois, pe-tsaï pourpre de la vallée, vert lacto-fermenté, girolles d'ici et touche d'agrumes confits sont des plats de haute précision, qui empilent les superlatifs et les parfums. À Laguiole, depuis trente ans, on écrit au présent l'histoire de la haute gastronomie de demain. Au surplus, Sébastien Bras continue de produire de la sorcellerie avec le chocolat (le fondant, c'est aussi Papa). Un Olympe, une parenthèse hors du temps !

• **LES VINS** : La carte du restaurant ne fait ni impasse ni cadeau. Les verticales les plus chic sont dans toutes les régions. Heureusement, la sommellerie ménage quelques bonnes affaires pour les clients les plus instruits : très étonnant mâcon-villages Botrytis du domaine de la Bongran, vins de Catherine et Pierre Breton ou le Clos Mathis à moins de 75 €, alsace grand cru Schlossberg à 59 €, château Doisy-Daëne à moins de 100 €, château de Beaucastel à partir 95 €, chablis de Laurent Tribut dès 55 €, chardonnay de Jean-François Coche-Dury à 75 €, mâcon-buissières du domaine Les Héritiers du Comte Lafon à 69 €, saint-peray de Bernard Gripa à 55 €... et le Sud-Ouest à tarifs sympathiques. Belle sélection étrangère. Une cave de grande maison, mais qui n'est pas un coffre-fort. Il y est sciemment aménagé plusieurs ouvertures...

***Menus** : Aubrac (4 plats, fromages, desserts) : 143 € / Légumes (6 plats, desserts) : 175 € / Balade (5 plats, fromages, desserts) : 227 €*
***À la carte** : Mini : 150 € / Maxi : 270 €*

Route de l'Aubrac
12210 Laguiole
Tél. : +33 (0)5 65 51 18 20

Fermé lundi, mardi, et mercredi midi ; lundi seulement en juillet et août
www.bras.fr

Auberge du Cellier

€ PIERRE LOUIS MARIN

Gastronomique, blanc-bleu, charme, engagé et engageant, excellent service, rapport qualité/prix, bon jaja

• Pierre Louis Marin est un chef encore jeune et beau, mais c'est aussi un taiseux. Allergique aux réseaux sociaux et aux modes gastronomiques éphémères, il ne sort de son restaurant que pour aller visiter ses fournisseurs (et partir en vacances). Perché au sommet d'un angle de rue d'un petit village vigneron, on peut dire que le chef possède déjà de fort belles visions. Il l'affirme lui-même, il n'aime pas les recettes gastronomades, ni les techniques avant-gardistes. Il abhorre les dressages en trois dimensions, qui font perdre de la densité de goût. Pierre Louis Marin met la technique au service du produit, pas l'inverse. Bien sûr, il y a une raison à cela. Les meilleurs artisans de la région lui réservent des merveilles (les fromages de Georges Bernadas, le veau charolais bio de Jean-Pierre Tixador à Sournia, la pisciculture bio de la Fajolle, les œufs bio de Cal Gafet à Sainte-Léocadie, le safran de Rodès bio). Le foie gras mi-cuit maison, betteraves du pays, agrumes du mas Bachès, tuile de pain de campagne, démontre une érudition hors pair et un classicisme délicieux. Le dos de cabillaud, demi-sel, navets et topinambours, jus aux olives noires est un manuel sur les cuissons. Chaque ingrédient y est proposé à la température parfaite, celle qui permet de conserver les sucs et de dégager les parfums les plus nets. Le menu Affaire est sans doute le meilleur rapport qualité/prix de France. La cave est dans le même esprit : grands flacons au juste prix. La Maison vend du rêve, et tout le monde est invité. Félicitations.

***Menus** : Affaire (2 plats et dessert) : 19 € / Sant Jaume (2 plats et dessert/vins) : 36 €/52 € / Font de la Maine (3 plats et dessert/vins) : 58 €/79 € / Menja i calla (4 plats et desserts/vins) : 73 €/100 €*
***À la carte** : Mini : 60 € / Maxi : 100 €*

1, rue de Sainte-Eugénie
66720 Montner
Tél. : +33 (0)4 68 29 09 78

Fermé mardi et mercredi
www.aubergeducellier.com

L'Artichaut

€ SÉBASTIEN PERRIER

Gastronomique, engageant, décontracté, simple mais sophistiqué

• Sébastien Perrier aime se définir comme artisan cuisinier. Après avoir été formé dans les plus grandes brasseries parisiennes, il s'est installé à Montpellier, où il a enfin pu laisser place à toute sa créativité et à tout son savoir-faire. Le chef fait preuve d'une grande abnégation pour chercher et trouver des produits d'une grande authenticité, et d'une qualité équivalente. Ici, tous les mets sont traçables, tout est transformé dans les cuisines, les techniques de cuisson sont respectueuses des produits et de l'environnement... Alors, certes, le cadre n'est pas très chic, mais il faut goûter à la poitrine de canard cuite à basse température, poivre « Sancho et Sichuan », façon sweet et sour, fine purée de haricots tarbais légèrement moutardés, jus tranché, pour se convaincre en une seule bouchée que le chef n'a pas usurpé sa réputation de jeune talent en pleine ascension. Cave maligne : Thierry Germain, Mas Cal Demoura, Alain Chabanon, Fond'èche, Gauby... à moins de 50 €. D'habitude, ce genre de trublion opère à Paris. Montpellier a bien de la chance.

***Menus** : Formule (1 plats et dessert) : 27 € / Menu (2 plats et dessert) : 32 € / Menu complet (2 plats, fromages et dessert) : 37 €*
***À la carte** : Mini : 45 € / Maxi : 70 €*

15 bis, rue Saint-Firmin
34000 Montpellier
Tél. : +33 (0)4 67 67 91 86

Fermé dimanche et lundi
www.artichaut-restaurant.com

L'Art de vivre – Château l'Hospitalet

⌘⌘ 🍷🍷 € LAURENT CHABERT

♡ Gastronomique, engagé, grand de demain, jazzy, avec vue sur les vignes, fort en vins

• L'Art de vivre est le restaurant du fameux château l'Hospitalet. On ne s'étonne donc pas qu'il soit doté d'une verrerie totalement exceptionnelle, que pourraient lui envier presque tous les restaurants triplement étoilés, car elle est faite sur mesure pour les meilleurs crus. Or, ce n'est pas un gadget. En effet, la cave est l'une des plus amicales de France. La plupart des vins du propriétaire y sont vendus à prix coûtant au verre (pour un forfait de 19 €, le système Enomatic donne accès à volonté à 24 références, ce qui est unique) ; comme en bouteille (Grand Vin du château l'Hospitalet à 35 €, château Laville Bertrou à 30 €, Clos d'Ora 190 €, domaine de Cigalus à 40 €, Aigle Royal à 75 €, Viala à 75 €...) Reste que, même si Bacchus est ici en odeur de sainteté, ce qui impressionne vraiment, ce sont les belles recettes « bio, nature, terroir » de Laurent Chabert (ancien de chez Jean-Luc Rabanel), desquelles jaillissent une envie et une méticulosité mieux qu'appétissantes, excitantes ! Le croustillant de pigeon « Rossini » farci aux jeunes pousses d'épinard bio et roquette, crémeux de petits pois, jus de carcasses est un monumental plat à vin, plus onctueux que la plupart des desserts. Le pressé de foie gras et filet de bar fumé, variation autour de la betterave est une proposition fameuse, qu'aucun gourmet ne peut oublier. Ses textures font fondre, ses salaisons sont stimulantes, l'hommage rendu au légume, qui n'est pas qu'un simple lige, est franchement émouvant. L'avenir appartient à l'Art de vivre.

***Menus** : Menu du marché (2 plats et dessert) : 27 € / Découverte (2 plats et dessert) : 35 € / L'Art de Vivre (4 plats et dessert/vins) : 59 €/84 € / Tentation (5 plats, fromages et dessert/vins) : 79 €/114 €*
***À la carte** : Mini : 50 € / Maxi : 120 €*

Château l'Hospitalet
Route de Narbonne-Plage
11100 Narbonne
Tél. : +33 (0)4 28 31 68 98

Fermé samedi midi, dimanche et lundi ; ouvert tous les jours en juillet et août
www.restaurant-art-de-vivre.com

La Table Saint-Crescent

⌘ 🍷 € LIONEL GIRAUD

♡ Gastronomique, moderne, zone indus, érudit, fou dingue, excellent service

• La Table Saint-Crescent est l'autre grand restaurant français situé dans une zone industrielle. C'est dire le talent du chef pour attirer la fine fleur des gastronomes de la région dans ses murs. Lionel Giraud est auréolé d'une réputation flatteuse et méritée. Il a longtemps été le parangon du fooding, et de la grande nouvelle Nouvelle Cuisine de province, concoctée à base de petits plats et de vins hyper pointus. Aujourd'hui, les propositions du chef se sont assagies pour le meilleur. Il suffit de goûter à la poitrine de capelin « âge de pierre » aux senteurs de la Clape, jeunes panais grillés au lard de Colonnata, couenne soufflée, qui ressemble à des propositions de Thierry Marx époque bordelaise, pour se convaincre que le chef a atteint une sorte de plénitude, un état de sérénité entre créativité et signature. Pourtant, on le sent clairement, Lionel Giraud possède encore une vraie marge de progression. La question n'est pas de savoir s'il décrochera une seconde étoile, mais quand il donnera l'impulsion pour y parvenir. Le service est particulièrement dévoué, totalement instruit au sujet de chaque routine de la Maison. La carte des vins est très forte localement, de la Petite Sibérie, en passant par Gérard Bertrand ou les meilleurs saint-chinian. Indubitablement, le grand restaurant narbonnais !

***Menus** : Déjeuner (2 plats et dessert et café) : 35 € / Impromptu (2 plats et dessert) : 60 € / Convivial (3 plats, fromages et dessert) : 77 € / Confiance (4 plats, fromages et dessert) : 90 €*
***À la carte** : Mini : 75 € / Maxi : 150 €*

68, avenue du Général-Leclerc
11100 Narbonne
Tél. : +33 (0)4 68 41 37 37

Fermé dimanche soir, lundi et mardi
www.la-table-saint-crescent.com

Jérôme Nutile – Le Mas de Boudan

⌘ €€ **JÉRÔME NUTILE**

♡ **Haute gastronomie, végétalo-compatible, terrasse, voûté chic, romantique, fort en vins**

• Natif d'Alès, Jérôme Nutile est un pur produit de l'école hôtelière de Nîmes, peut-être le meilleur. Il a fait ses gammes au Chabichou (deux étoiles), avant de partir autour du monde, et de revenir en France comme sous-chef chez Georges Blanc (trois macarons Michelin). Puis, il a décroché deux étoiles pour l'Hostellerie Le Castellas et obtenu haut la main le diplôme de meilleur ouvrier de France ! Arrivé là, le chef aurait légitimement pu être blasé. Mais non. Il a voulu réaliser son rêve secret : s'établir à son compte, dans la ville de ses débuts, pour y envoyer des pavés de sandre de Saône-et-Loire simplement meunière, garniture hivernale, jus à la graine de moutarde ; ou des cristallines sphériques de potimarron, agrumes de chez Bachès aux éclats de marrons confits : d'anthologie, imparables, surprenants. Et, pour accompagner ces délicieux plats, le chef a poussé la perfection jusqu'à construire une cave, elle aussi, idéale : champagne Initial de Jacques Selosse à 170 €, pinot noir brut nature de Drappier à 80 €, IGP Vaucluse Aliot du domaine du Chêne Bleu à 98 €, château Rayas à 280 €, coteaux-du-languedoc Oro du domaine Peyre Rose à 125 €, limoux Domaine de Borde-Longue de Jean-Louis Denois à 42 €, montlouis-sur-loire Rémus Plus du domaine de la Taille aux Loups à 60 €... Il est toujours émouvant de partager le rêve d'un champion !

***Menus** : Menu du marché (2 plats et dessert/vins/café/eaux) : 45 €/63 € / Terroir et Tradition (2 plats et dessert) : 64 € / Entre terre et mer (3 plats, fromages et dessert) : 91 € / Saveurs gourmandes (4 plats, fromages et dessert) : 115 € / À la découverte de Jérôme Nutile (6 plats, fromages et dessert) : 165 €*
***À la carte** : Mini : 125 € / Maxi : 200 €*

351, chemin bas du Mas de Boudan
30000 Nîmes
Tél. : +33 (0)4 66 40 65 65

Fermé mardi et mercredi
www.jerome-nutile.com/fr/restaurant-gastronomique.html

En pleine nature

⌘⌘⌘ € **SYLVAIN JOFFRE**

♡ **Haute gastronomie, grand de demain, locavore, boulangerie, miam-miam**

• Il existe très peu de restaurants étoilés dont tous les produits, toutes les recettes, sont traçables. C'est le cas d'En pleine nature. En effet, le chef, Sylvain Joffre, préfère travailler avec des producteurs/amis triés sur le volet pour assurer la qualité de ses matières premières, plutôt que de miser sur l'offre du marché des environs, parfois aléatoire. Pour ces mêmes raisons, il a également décidé de fabriquer lui-même son pain, en sélectionnant personnellement les meilleures farines bio. Et, désormais, il vend cette production confidentielle dans une jolie boulangerie attenante à son restaurant. Et sinon ? L'épaule d'agneau confite, purée d'aubergines blanches et réduction de tomates vaut largement son macaron. Et pourtant, tous les délicieux desserts du chef sont encore plus passionnants. D'autant qu'il est possible de les accompagner avec de superbes nectars liquoreux et des vins nature locaux (même si la cave est également ouverte sur les autres régions de France) : Grain Noir du moulin de Montlauzin, Drop rosé du domaine de la Tucayne, Matthieu Dumarcher, etc. Le bien-manger et le bien-vivre.

***Menus** : Balade (2 plats et dessert) : 30 € / Menu (3 plats et dessert) : 43 € / Menu en quatre temps (2 plats, fromages et dessert/vins) : 50 €/69,50 € / Menu en cinq temps (3 plats, fromages et dessert/vins) : 65 €/90 € / Menu en six temps (4 plats, fromages et dessert/vins) : 76 €/101 €*

6, place de la Mairie
31130 Quint-Fonsegrives
Tél. : +33 (0)5 61 45 42 12

Fermé samedi, dimanche et lundi
www.en-pleine-nature.com

L'Huître et la Vigne

⌘⌘⌘ | 🍷 | € | ANNE-SOPHIE BODSON

♡ **Bar à vins, bar à huîtres, terre-mer, dans les vignes, terrasse, ou à emporter, réservation impérative, pas de carte bleue**

• Anne-Sophie Bodson a longtemps était une ostréicultrice/conchylicultrice réputée dans la région de Sète. Puis, grande adoratrice de Bacchus, elle décide d'acheter un petit mazet perdu au milieu des vignes pour y faire son vin, et le partager. Ainsi, un petit restaurant sous tonnelle voit-il le jour. Bien sûr, on peut y goûter à prix coûtant tous les nectars bio du domaine du Père Benoît, comme la cuvée Gavroche à 10 €, faisant sensation avec le homard (qu'il faut commander au moins 48 heures à l'avance). L'été, en terrasse au milieu des vignes, l'hiver au coin du feu, on peut donc déguster sous forme de plateaux et de tapas des coquillages extra-frais, de délicieuses verrines maison et des huîtres d'anthologie. Tous les accessoires de l'assiette sont bio (ainsi que la plupart des vins reposant en cave) et les crustacés proviennent d'élevages raisonnables et labellisés. Jouer la carte terre-mer à Saint-Hilaire-d'Ozilhan, il fallait oser. Pari réussi !

***À la carte** : Mini : 20 € / Maxi : 60 €*

1, route de Saint-Hilaire
Peyre Plantade - Route départementale 792
30210 Saint-Hilaire-d'Ozilhan
Tél. : +33 (0)6 08 05 63 57

Fermé le midi sauf de vendredi à dimanche ; en été, ouvert exclusivement le soir ; en hiver, sur réservation.
www.lhuitreetlavigne.com

Le Gindreau

⌘ | 🍷🍷 | €€ | PASCAL BARDET

♡ **Haute gastronomie, romantique, authentique, truffier**

• Pascal Barbet fut longtemps un cacique de la maison Ducasse, où il exerça notamment les fonctions de chef au Louis XV, à l'époque où ce restaurant était le meilleur de France. Aujourd'hui revenu dans son Lot natal, il n'a pas abaissé d'un iota le niveau de ses exigences. Il a toujours le sens de la rigueur chevillé au cœur, et des connaissances gastronomiques encyclopédiques. Mais, disons-le carrément, sur ses terres natales, il a gagné en confiance et a retrouvé le sens du terroir et du produit. N'en faisons pas un secret plus longtemps, c'est ici que l'on mange les meilleures recettes à base de truffes. Les macaronis fourrés de foie gras et truffes noires, champignons de cave au vin du Jura, gratinés au comté valent largement trois étoiles ! Et les gourmets ne se remettent jamais vraiment de la dégustation du sauté gourmand noir de truffes, ris de veau de lait, jus goûteux, qui est la meilleure publicité dont puissent rêver les producteurs d'artichauts français. Vous l'avez compris, ici, la gastronomie est un métissage qui plonge ses racines dans la Nouvelle Cuisine érudite et un Sud-Ouest magique, qui n'est qu'odeurs, saveurs, grande tradition revisitée avec acuité, gros bouillons d'antan et consommés épais. La carte des vins affiche 250 références, qui n'oublient aucun vignoble, mais se montrent particulièrement fortes localement, dès 29 €. L'Occitanie est en train de muscler son jeu gastronomique.

***Menus** : Gourmand (2 plats et dessert) : 42 € / Petite faim (3 plats, fromages et dessert) : 109 € / Apothéose (4 plats, fromages et dessert) : 127 €*

Le Bourg
46150 Saint-Médard
Tél. : +33 (0)5 65 36 22 27

Fermé lundi et mardi
www.legindreau.com

La Belle Verte

€ **CHARLES MAJDALANI**

Cantine-bio, très engagé, végétalien compatible, ou à emporter

• La Belle Verte, c'est la très jolie adresse végétarienne de Toulouse. Charles Majdalani, Delphine Rodrigues et Pablo Singer ont un objectif : ils veulent contribuer à ce que l'agriculture biologique cesse d'être l'exception pour redevenir la règle. Aussi, dans ce restaurant, tout est labellisé bio, même si le rêve des propriétaires est que cette qualification devienne obsolète. Bien sûr, dans les assiettes, les saisons et les circuits courts sont les seuls ayant droit de cité. La carte des vins, elle aussi, est très engagée. Tous les flacons sont certifiés (entre 15 et 49 €) mais, plus rares, ils sont tous végétaliens, c'est-à-dire que leur collage est réalisé en l'absence de toute substance animale. Et les recettes ? Du traditionnel, mais exécuté avec beaucoup de soin et autant de goût : pana cotta de betterave à la ciboulette ; muffins aux tomates confites et crème d'artichaut ; salade de bœuf mariné... Thés certifiés issus du commerce équitable, locaux éco-conçus, produits d'entretien bio. Un engagement total, et rafraîchissant, jusque dans les assiettes.

***Menus** : Formule du midi (1 plat et dessert) : 19,50 € / Menu du midi (2 plats et dessert) : 22,90 € / Formule du soir (1 plat et dessert) : 25,90 € / Menu du soir (2 plats et dessert) : 28,50 € / Brunch : 22,90 €*

50, rue d'Aubuisson
31000 Toulouse
Tél. : +33 (0)5 61 62 73 42

Fermé samedi, et le soir de dimanche à mercredi
www.labellevertebio.com

L'Anartiste

€ **BRUNO SALVIAC**

Bistrot très engagé, culture, politique, gastronomie

• Bruno Salviac est diplômé en histoire de l'art, avec une spécialisation en art contemporain. Après ses études, il a donc logiquement voulu tisser du lien, en direct, au corps à cœur. Il est donc devenu cuisinier. Mais son restaurant est une singularité. C'est un lieu de nourritures, terrestres et spirituelles, de partage, d'échange et de discussion. L'établissement se veut lieu de résistance contre tout ce qui est nauséabond et toxique, de la pensée aux aliments. Il n'y a donc pas d'esbroufe dans les assiettes du restaurant, ni dans ses verres (cave bio). On y trouve seulement de la nature bio, locale, issue de circuits courts et équitables. Alors, certes, le parmentier de pommes de terre ; la bruschetta de chorizo et fromage de brebis frais, le carpaccio d'oranges et salade ne révolutionnent pas la gastronomie selon Escoffier. Mais, au vu des tarifs de l'établissement, on peut quand même affirmer qu'il s'agit d'excellents rapports qualité/prix. Le changement, ça débute ainsi.

***Menu** : Formule (1 plat, dessert et café) : 13,50 €*

13, rue des Couteliers
31000 Toulouse
Tél. : +33 (0)5 34 41 28 55

Fermé mardi et mercredi
www.lanartiste.org

Michel Sarran

€€

MICHEL SARRAN

PIERRE COLIN

Haute gastronomie, charme, Top Chef, technique, bienveillant, excellent service

• Dans son restaurant, l'amateur de rugby Michel Sarran a depuis longtemps resserré les lignes. Si l'ambiance est décontractée, conviviale, cultivée, toutes les partitions, en salle comme en cuisine, sont parfaitement réglées, pour mettre le chef starifié et surbooké dans les meilleures conditions pour jouer ses délicieuses partitions intimes, comme la désormais mythique soupe tiède au foie gras et à l'huître Belon. Toutes les recettes démontrent une totale complétude, un degré de précision ahurissant. Tous les écheveaux de saveurs tiennent bien droit. La cohérence de chaque menu est totale, aucune assiette ne manque plus de lustre, ni de proéminence. Elles conservent toute leur authenticité, et leur caractère cosmopolite (du Gers au Maroc) n'empêche en rien le fait qu'elles soient exclusivement l'expression de Michel Sarran, qui s'impose en créateur enthousiaste. Évidemment, le chef aime les beaux produits, aussi bio et locaux que possible. Il est à ce titre engagé dans plusieurs combats pour améliorer le taux de produits labellisés dans la restauration collective, écolière et hospitalière, notamment. Reste que, le chef demeure avant tout un occitan passionné, fou dingue du Gers, de ses fromages et de ses truffes, dont il est l'un des chantres absolus. Michel Sarran est également un apôtre de la régularité. Tout au long du repas, le rayonnement de chaque plat est d'égale intensité, il n'y a que des sommets. Mais c'est le yaourt fermier à la truffe du Périgord, tartine et confit de porto, qui nous paraît illustrer au mieux les idées machiavéliques de Michel Sarran. Les exhalaisons de truffes blanches vaporisées en spray sont immédiatement perceptibles. Elles répondent au noble champignon qui, dans l'assiette, combat le céleri et le persil. Une recette entre ombre et soleil qui, inéluctablement, avec impertinence, permet mieux encore qu'une purée, un risotto ou un gibier, de découvrir tous les talents du plus précieux des champignons. L'agneau Allaiton de l'Aveyron est un autre plat audacieux, qui rapproche le Japon et la Méditerranée. La préparation tient carrément du kebab, parfumé à la fleur d'oranger, servi avec un thé vert froid qui nettoie le palais des fragrances de moutarde au wasabi... D'une certaine manière, la cuisine surcomposée de Michel Sarran ressemble à celle de Michel Guérard. Le chef est une star. Et c'est mérité, depuis au moins dix ans !

• **LES VINS** : Les formules au verre trouvent des accords formidables pour des tarifs amicaux. La carte est très instruite dans le Sud : côtes-du-marmandais Coucou Blanc du domaine Elian Da Ros à 45 €, jurançon sec cuvée Marie du Clos Uroulat à 39 €, domaine de Souch dès 45 €, domaine d'Escausses à 30 €, vins de Robert Plageoles, domaine Sarda-Malet à partir de 40 €. Mais les autres régions sont également fournies. Gewurtztraminer Laurence 2001 du domaine Weinbach et saint-péray La Belle de Mai de Jean-Luc Colombo à 65 €, muscat de Trimbach à 39 €, condrieu Les Chaillées de l'Enfer du domaine Georges Vernay à 105 €, viognier du domaine Gramenon à 56 €, languedoc La Falaise du château de la Négly à 45 €. En Bourgogne, on trouve Bernard Darviot, Joseph Drouhin, domaine Marquis d'Angerville. En Loire, il y a Nicolas Joly, domaine des Baumard... Magnifique collection de vins liquoreux dans toutes les régions dès 39 € (Les Vendanges Dorées du domaine d'Escausses, Beaumes de Venise du domaine des Bernardins). À Bordeaux, château de Fieuzal dès 85 €, château Calon-Ségur ou château Pontet-Canet à 190 €, château Mouton Rothschild dès 600 €. Une cave assise sur de solides fondations et reposant sur un service empathique et bienveillant.

***Menus** : Capitole (2 plats, dessert, vins et café) : 55 € / Saveurs (3 plats, fromages et dessert) : 100 € / Surprise (4 plats, fromages et desserts/vins) : 132 €/190 €*
***À la carte** : Mini : 105 € / Maxi : 210 €*

21, boulevard Armand-Duportal
31000 Toulouse
Tél. : +33 (0)5 61 12 32 32

Fermé samedi, dimanche et mercredi midi
www.michel-sarran.com

Amphitryon

⌘ 🍷 € YANNICK DELPECH

♡ Gastronomique, fou dingue, aéroporté, inventif, chic et choc

• Yannick Delpech a été le plus jeune chef français jamais étoilé. Sa formule déjeuner, presque donnée, demeure l'une des meilleures affaires de France. Or, à l'Amphitryon, nul besoin d'être un habitué pour s'apercevoir que les formules sont calibrées au gramme près. Yannick Delpech demeure le chantre d'une gastronomie « douce » (où l'on dévore quand même des bonbons de foie gras mi-cuit à la mangue fraîche), plus sucrée que salée, apprêtée, organisée pour relever et révéler toutes les saveurs. Ainsi, l'amertume, l'acidité et/ou les épices exhaussent chaque plat. Le bar, huile d'olive, crème de morue et caviar d'Aquitaine est toujours merveilleux (ce plat est d'ailleurs devenu un classique de l'établissement). Longuement iodée et persistante, cette composition parvient à rester aussi soyeuse qu'un pétale de rose. Carte des vins de grande maison, qui joue les équilibristes entre des coefficients sévères (5), des étiquettes racées (verticale vertigineuse de Mouton Rothschild jusqu'en 1978) et des coefficients aimables (triplant) dans la région (Mas des Combes, cuvée des Conti du château Tour des Gendres à 32 €, domaine de Mont d'Hortes à moins de 45 €). Yannick Delpech n'en fait qu'à sa tête. Ça lui réussit plutôt bien.

***Menus** : Le Midi (2 plats et dessert/vins) : 38 €/54,50 € / Menu (2 plats et dessert) : 79 € / Par amour du goût (3 plats et dessert) : 96 € / Petite dégustation (4 plats et desserts/vins) : 136 €/184 € / Grande dégustation (5 plats et desserts/vins) : 165 €/221 €*
***À la carte** : Mini : 150 € / Maxi : 250 €*

28, chemin de Gramont
31770 Colomiers
Tél. : +33 (0)5 61 15 55 55

Ouvert tous les jours
www.lamphitryon.com

Naturabsolu

⌘⌘⌘⌘ 🍷🍷 € ALEXANDRA ALLALI ET SAÏD ALLALI

♡ Mini cave à manger, vegan-bio, bon jaja, engagé, écolo, blanc de blancs

• Dîner chez Naturabsolu, c'est la garantie de goûter à une gastronomie franco-maghrébine totalement saine, bio, et délicieusement métissée. Naturellement, les produits et les recettes sont de saison et le fameux caviar d'aubergines est fait maison. Si les assiettes apparaissent de prime abord généreuses et ménagères, elles révèlent rapidement beaucoup d'imagination. Les sauces au lait de coco attendrissent idéalement les poissons. Les spaghettis à la purée de noisettes et tomates séchées font voyager et se révèlent un grand plat pour vins blancs très secs. Ce sont les nectars biodynamiques, vendus sur table à prix coûtant, qui ont réconcilié les propriétaires avec Bacchus. On peut donc boire ici dès 4 € au verre, et repartir avec un carton de la bouteille que l'on aura appréciée (pour l'instant, seulement dix références, qui changent régulièrement). Manger sain n'a pas de prix. Mais quand c'est bon et qu'en plus les tarifs sont modérés, il ne faut surtout pas se priver.

***À la carte** : Mini : 20 € / Maxi : 35 €*

10, place Saint-Marc
30400 Villeneuve-lès-Avignon
Tél. : +33 (0)9 50 76 05 97

Fermé dimanche et mercredi midi
www.facebook.com/NourritureVivante

Pays de la Loire

14 TABLES ATTENTIVES • DONT 2 COUPS DE CŒUR

Osé

ꕤꕤꕤ 🍷 € THOMAS LORIEUX

♡ Bistronomique, cosy-chic, expo, chargé, cuisine ouverte

• Catherine Pasquet, ex-enseignante en français, épaulée par son chef, Thomas Lorieux, a fait le pari d'une cuisine axée sur le bio (la plupart des aliments proviennent de la Biocoop d'Angers) et les artisans locaux (y compris pour le mobilier de l'établissement). Les murs sont souvent décorés par des œuvres d'artistes (locaux eux aussi), ce qui ne gâche rien à cette ambiance cosy-chic, conçue pour bien manger, calmement, et prendre son temps. Et, il est vrai que la dégustation des tartares de légumes, perles et mozzarella sur carpaccio de betteraves rouges bio de chez Vincent Nédélec à la Ménitré n'invitent pas à la précipitation, mais à la béatitude. De la même manière, le terre-mer présenté par la lotte rôtie bardée de lard, taboulé de semoule de blé et boulgour aux fruits secs, oignons rouges et coriandre, sauce curcuma-coco, zeste de vanille est plus que joliment envoyé; c'est un plat qui possède un potentiel étoilé, même si son architecture pourrait être plus travaillée. Assiettes intelligentes, gourmandes et saines. Il faut oser Osé!

***Menus** : Formule (1 plat et dessert) : 15 € / Menu (2 plats et dessert) : 20 € / Brunch : 24 €*
***À la carte** : Mini : 30 € / Maxi : 45 €*

19, rue Toussaint
49000 Angers
Tél. : +33 (0)2 41 31 45 63

Fermé dimanche, et le soir sauf jeudi et vendredi

Une île

ꕤꕤ 🍷🍷 € GÉRARD BOSSÉ 🍇

♡ Gastronomique, engagé, la tradition ça a du bon, et la modernité aussi

• Gérard Bossé... Comment décrire un cuisinier d'une telle envergure? Le comparer à Marc Haeberlin, ce serait trop, et il en rougirait sûrement. Dire autre chose serait insuffisant. Alors, nous allons le citer, et vous allez comprendre pourquoi nous l'aimons. Voilà ce qu'a dit le cacique, il y a dix ans, à l'un des meilleurs pêcheurs à la ligne sur la Loire : « Écoute, je suis embêté, tes prix sont trop bas. Je vais te payer ton poisson plus cher, car je veux que tu puisses en vivre. Sinon, tu vas mettre la clef sous la porte, et moi après toi, car je n'aurai plus d'aussi bons poissons. » Par ailleurs, voilà ce que le chef déclara sur France Info : « Bien sûr, j'ai mes filières locales d'exception. J'adore le bio de la région et je veux dans mes cuisines les meilleurs produits. Pour autant, je suis défiant envers les apôtres du tout "locavore". Ce sont souvent des réactionnaires déguisés. Ils ont tellement peu de connaissances qu'ils ne savent pas qu'ils appartiennent à une culture mondiale. Les pommes de terre viennent des Andes, comme les tomates. La cuisine n'est qu'un immense métissage. Avant de faire des études de cuisine, il faudrait faire des études d'histoire. Je travaille avec des épices, parfois même avec du safran cultivé en Maine-et-Loire. On peut être local et mondial à la fois. Tous les produits sont les bienvenus dans ma cuisine. Tous! Sauf les adjuvants, les "E" quelque chose... Les produits artificiels, l'intolérance et le racisme ne peuvent pas rentrer chez moi. » Bon, après, on peut rajouter qu'Une île possède une très belle cave et que Gérard Bossé est un très grand cuisinier. Mais on espère que ce n'est même plus nécessaire, et que vous allez très vite lui rendre visite.

***Menus** : Déjeuner (2 plats et dessert) : 38 € / Menu du moment (2 plats et dessert) : 55 € / Dégustation (3 plats et dessert) : 85 € / Tout mer (5 plats et dessert) : 88 €*

9, rue Max-Richard
49100 Angers
Tél. : +33 (0)2 41 19 14 48

Fermé dimanche et lundi
www.une-ile.fr

Manoir de la Boulaie

€€

LAURENT SAUDEAU

♡ **Haute gastronomie, locavore-épicé, chic, excellent service, romantique, fort en vins**

• C'est évident, le restaurant de Laurent Saudeau, situé dans la lointaine banlieue nantaise, jouit d'une situation privilégiée. La vaste demeure bourgeoise, décorée façon Relais & Châteaux, campe au cœur d'un grand parc, devant un étang bien entretenu au bord duquel viennent se rafraîchir, en troupe, oiseaux et écureuils. Les animaux ne s'y trompent pas. Ils reconnaissent en Laurent Saudeau l'ambassadeur revendiqué de la région. Dans ses assiettes, l'ingrédient principal est toujours local. Les poissons et les coquillages, issus de pêches responsables, viennent des côtes. Au surplus, le chef continue de rendre régulièrement visite à ses fournisseurs, pour tisser des liens privilégiés et garder un contact humain, vecteur d'alchimie et d'empathie. Aussi, on ne s'étonne pas de trouver sur sa table les meilleures matières premières de producteurs pourtant particulièrement sollicités : pigeons de Mesquer de Rémy Anézo, les tomates de Philippe Mechinaud, les canards de Challans de Liliane Burgaud, les rougets du Croisic... On s'en doute, assises sur les bases précitées, les recettes du chef sont bien doctes. Elles fourmillent de renvois à tous les répertoires, mais sans être schématiques. Laurent Saudeau a digéré ses références, reconnu ses modèles (Olivier Roellinger et son travail sur les épices, notamment). Pourtant, son appétit de démonstration ne prend jamais l'ascendant sur ses aspirations personnelles. Lorsqu'il s'agit de doser les arômes pour exhausser le goût de grosses pièces ou d'amuse-bouches en verrines, le chef ne se trompe jamais. Si l'anis étoilé et le soja sont grimés pour accompagner les matières premières les plus diverses, le parmesan, le topinambour et la noisette font également sensation à petite dose pour dynamiser une raviole de bœuf ou enivrer un pied de cochon absolument excellent. Les cuissons de Laurent Saudeau sont également imparables. Évidemment, dans ces conditions, on se doute que le foie gras poêlé, ingrédient qui affectionne les fragrances les plus folles, soit un des plats incontournables du restaurant. Alors, oui, Laurent Sudeau est autant décisif avec l'accessoire qu'avec l'essentiel. Ses desserts au chocolat pour demoiselles sont adorables, et toutes ses viandes cuites en cocotte avec des aromates et des épices évoquent les plus grandes tables du monde. Une authentique gastronomie de la gentillesse et de la jubilation, qui évoque sans cesse la nature, et l'anoblit sans jamais la dénaturer.

• **LES VINS** : La carte des vins est très sérieuse, forte en région, axée sur les meilleurs rapports qualité/prix français, ce dont personne ne se plaindra. Au verre, coteaux-du-layon Clos de la Soucherie du château Pierre-Bise à 11 €. Champagnes Veuve Clicquot Ponsardin à 79 €, Krug à 350 €. La Loire est aguichante. Muscadet-sèvre-et-maine Amphibolite de Joseph Landron à 37 €, tous les vins de Luneau Papin, Clos de la Coulée de Serrant à 180 €, savennières La Jalousie du domaine du Closel à 55 €. Montlouis de François Chidaine à partir de 55 €, coteaux-du-layon du domaine Ogereau à 45 €. Dans le reste de la France, on trouve : pessac-léognan 1998 du château de Fieuzal à 145 €, graves Clos Floridène de Denis Dubourdieu à 70 €, saint-Julien du château Léoville Las Cases dès 155 €, tous les vins du domaine Faiveley (chablis à partir de 70 €), Thévenet dès 60 €, crozes-hermitage du domaine Alain Graillot à 69 €, tous les vins de Brumont dès 55 €... Une cinquantaine de références de vins en demi-bouteilles (dès 30 €). Service attentif.

Menus : *Les Aventuriers du goût (2 plats, fromage ou dessert) : 59 € / Parfums et saveurs (4 plats et desserts) : 85 € / Invitation au voyage (6 plats et dessert) : 148 €*
À la carte : *Mini : 110 € / Maxi : 180 €*

33, rue de la Chapelle-Saint-Martin
44115 Haute-Goulaine
Tél. : +33 (0)2 40 06 15 91

Fermé dimanche soir, lundi et mardi
www.manoir-de-la-boulaie.fr

Anne de Bretagne

€€

MATHIEU GUIBERT ET PHILIPPE VÉTELÉ

MICHÈLE VÉTELÉ

Haute gastronomie, chicissime, service de palace, romantique, face à la mer, annexe de Bacchus

• Dire que la situation d'Anne de Bretagne est privilégiée est encore un euphémisme. L'établissement plonge carrément dans l'Atlantique. Cela dit, quand on affiche sur son enseigne six étoiles (quatre pour l'hôtel et deux pour le restaurant), il est logique que l'on possède des atouts majeurs dans son jeu. Philippe Vételé, désormais accompagné par Mathieu Guibert, est l'un des rares vrais autodidactes à exercer son métier à ce niveau d'excellence. Initialement cantonné par son oncle au service en salle, il n'a jamais eu de maître lorsqu'il a repris l'hôtel-restaurant de ses parents. Il a alors forgé son style, très local, très marin, épuré, tourné vers la sublimation de produits d'exception, jusqu'à atteindre au fil des ans un zénith n'appartenant qu'à lui. Sous ce décor de bois blond et beige extrêmement spacieux, ouvert et chaleureux, on goûte à des recettes qui prennent leurs aises. L'anguille et sa sauce au vin et aux champignons, alanguie sur un biscuit très tendre et pourtant craquant, est traditionnelle, mais précisément exécutée. L'huître en quatre façons est un plat beaucoup plus rare, et pas moins délicieux. Il réalise une boucle gourmande. On commence par un sorbet, puis on savoure une gelée à l'algue, un jus façon viande et curry, pour terminer par une glace. Le fameux mollusque n'a jamais été autant gâté. Enfin, le demi-homard, rôti à l'ail, cerfeuil, huile de truffe, émulsion fève de tonka et girolles fait totalement honneur à son rang et à sa stature emblématique. Ici, les plats sont persistants, tramés d'iode, d'acide, composés à partir de poissons pêchés à la ligne ou de manière durable, dont les chairs, qui n'ont jamais connu la glace, possèdent une épaisseur et une tendresse sidérantes. Toutes ces recettes emmènent les gourmets vraiment loin, vers le grand bon et le grand large !

• **LES VINS** : Michèle Vételé règne sur l'une des plus épatantes caves de France, tant au niveau de la variété des références, que des tarifs. La famille est appliquée au point d'être devenue propriétaire de vignes de Fié Gris, un cépage en voie de disparition, qui est pourtant stupéfiant. Champagnes cuvée 732 de Jacquesson à 85 €, blanc de blancs de Billecart-Salmon à 98 €, cuvée Celebris de Gosset à 180 €, muscadet-sèvre-et-maine Expression de Granite du domaine de l'Écu à 55 €, Clisson de Gilles Luneau à 49 €, Fié Gris de Michèle Vételé à 38 €, Clos de la Coulée de Serrant 2005 à 130 €, anjou Coteau des Treilles du domaine Pithon-Paillé à 59 €, rieslings Muenchberg du domaine dès 75 €, Fronholz du même domaine à 63 €, Rangen de Thann du domaine Zind-Humbrecht à 90 €, chablis premier cru La Forest 2003 de Vincent Dauvissat à 68 € et Montée de Tonnerre du domaine François Raveneau à 85 €, saint-aubin premier cru de Marc Collin et Fils à 68 €, Les Perrières de Jean-François Coche-Dury à 165 €, condrieu Les Chaillées de l'Enfer du domaine Georges Vernay à 85 €, bourgueil La Petite Cave de Yannick Amirault à 45 €, pomerol 2004 du château la Conseillante à 140 €, belle verticale du château Sociando-Mallet dès 75 €, château Ducru-Beaucaillou à 115 €, rasteau du domaine Gourt de Mautens dès 85 €, château Rayas à 145 €, cornas Billes Noires du domaine du Coulet à 90 €, La Chapelle de Paul Jaboulet Aîné dès 145 €, Première Trie du domaine Huet à 75 €, domaine du Clos Naudin à 59 €, château Doisy-Daëne dès 75 €, château d'Yquem à partir de 300 €, jurançon Noblesse du Temps 1999 du domaine Cauhapé à 65 €. Superbe carte des liquoreux. Waouh !

Menus *: Menu du marché (1/2 plats et dessert) : 39 €/49 € / Intemporel (2 plats et dessert) : 77 € / Bacchus (3 plats et dessert/vins) : 115 €/170 € / Découverte de la mer (5/6 plats et dessert) : 155 €*
À la carte *: Mini : 100 € / Maxi : 190 €*

Port de la Gravette
44770 La Plaine-sur-Mer
Tél. : +33 (0)2 40 21 54 72

Fermé dimanche soir, lundi et mardi
www.annedebretagne.com

Hôtel Royal Barrière – Le Ponton

⌘ € MIKAEL AMISSE

♡ **Brasserie chic, avec vue sur l'océan, coquillages et crustacés, un homme et une femme**

• Le Ponton, c'est l'archétype du restaurant chic, avec vue sur l'océan. Le service y est bien habillé, on y vient autant pour s'y faire voir que pour manger, et on y prend plein de selfies pour faire mourir d'envie les amis. Reste que l'établissement est vraiment agréable, la plage magnifique et que tous les poissons, crustacés et plateaux de fruits de mer possèdent une rare fraîcheur et une exceptionnelle variété, ce qui est d'autant plus notable que tous les produits de la mer proviennent de pêches durables et/ou de ligne. Cela permet de profiter encore plus d'une cuisine de brasserie classique et goûteuse. La spécialité du chef – les poissons rôtis au thym frais – est particulièrement convaincante ; la carte des vins l'est un peu moins, mais se trouve en voie d'amélioration. On a tous droit à un petit instant palace !

***À la carte** : Mini : 35 € / Maxi : 70 €*

6, avenue Pierre-Loti
44500 La Baule
Tél. : +33 (0)2 40 11 48 48

Ouvert tous les jours
www.hotelsbarriere.com/fr/la-baule/le-royal/restaurants-et-bars/le-ponton.html

Le Brin d'appétit

⌘⌘⌘ € LYDIE LIMOUSIN ET JOCELYNE LIMOUSIN

♡ **Cantine, très engagé, décontracté, culturel, végétalo-compatible, ou à emporter**

• Déjà, ce qui séduit au Brin d'appétit, c'est que le restaurant jouxte le Grand R, la scène nationale de la Roche-sur-Yon, ce qui en fait un lieu très prisé les soirs de spectacle, occasions pour lesquelles l'établissement est spécialement ouvert. Et tout le monde, y compris les stars venant grignoter avant leur représentation, se réjouit de goûter à cette gastronomie rapide et totalement saine, composée exclusivement d'ingrédients labellisés bio qui, au surplus, portent fièrement le drapeau de producteurs vendéens, auprès desquels les propriétaires s'approvisionnent en direct. On s'en doute, au Brin d'appétit, on s'amuse, et on ne boit pas triste. La carte des vins affiche elle aussi sa culture et son amour de la région et de la biodynamie. C'est irréfutable, les sœurs Limousin, anciennement secrétaire médicale pour l'une et coiffeuse pour l'autre, ont particulièrement bien réussi leur reconversion.

***Menus** : Formule (1 plat et dessert) : 15 € / Menu (2 plats et dessert) : 17 € / Soir de spectacle (1 plat) : 12,50 €*
***À la carte** : Mini : 20 € / Maxi : 30 €*

Esplanade Jeannie-Mazurelle
Rue Pierre-Bérégovoy
85000 La Roche-sur-Yon
Tél. : +33 (0)2 51 41 42 88

Fermé dimanche, lundi, et le soir (sauf les soirs de spectacle au Grand R)
www.facebook.com/lebrindappetit

Les Cols verts

€ FABRICE SCHILLIGER

Bistronomique, calme, traditionnel

• Les Cols verts, c'est d'abord un hôtel familial (titulaire de l'Écolabel européen) typique de la Tranche-sur-Mer, c'est-à-dire très accueillant et confortable, dédié à la détente, en plein cœur du parc naturel régional du Marais poitevin. L'établissement est presque une institution. Ce que l'on sait moins, c'est qu'il dispose d'un restaurant, titulaire du label national « Fait maison », et dirigé par Fabrice Schilliger, qui propose des recettes typiquement vendéennes, non dépourvues d'envergure. Ces dernières sont réalisées dans un esprit locavore et bio, de manière que soit donnée au client une nourriture saine. Or, force est de constater que l'on ferait des folies des huîtres de la Guittière ; de l'émincé de haddock, crème de poireaux et œuf pochés ; ou du filet mignon de porc fermier, crème de cèpes et flan aux courgettes. Les bons rapports qualité/prix se retrouvent également sur la carte des vins, orientée Ouest, dès 19 €. Une belle maison, traditionnelle et reposante.

***Menus** : Formule (1 plat et dessert) : 22 € / Menu (2 plats et dessert) : 27 €*
***À la carte** : Mini : 35 € / Maxi : 50 €*

48, rue de Verdun
85360 La Tranche-sur-Mer
Tél. : +33 (0)2 51 27 49 30

Fermé le midi sauf le week-end
www.hotelcolsverts.com/restauration

La Cantine de Livresse

€ SOPHIE TOUZÉ

Café-librairie, végétarien, très engagé, bio, local, maison

• Sophie Touzé est d'abord diététicienne diplômée, avant d'être cuisinière. Toutefois, cela fait plus de quinze ans qu'elle exerce ses talents derrière les fourneaux. Adossées à la librairie éponyme, ses cuisines produisent des recettes détox, particulièrement saines. À ce titre, les noms de tous les fournisseurs du restaurant sont indiqués sur les sets de table du restaurant (Les Jardins de la Vallée, Alain Etoubleau, Humeau Perdrieau...) On ne peut pas être plus clair et plus transparent. Dans les assiettes, les lentilles bio en salade, la tarte à la courgette, les caviars d'aubergine et les crumbles tiennent le haut du pavé, sans prétention, mais avec un vrai savoir-faire. Logiquement, tous les produits sont bio, locaux, de saison et les plats sont réalisés maison, exclusivement. En plus, on peut boire quelques bons vins bio chinés chez le caviste voisin et spécialisé. La librairie faisant espace commun avec le restaurant, on peut emprunter un ouvrage pendant son déjeuner. Sain et cultivé.

***Menu** : Menu (2 plats et dessert) : 12 €*

9, rue de l'Hôtel-de-Ville
44000 Nantes
Tél. : +33 (0)6 70 76 25 10

Fermé samedi, dimanche, et le soir
www.facebook.com/LaCantinedeLivresse

L'Atlantide 1874

⌘ ♀♀♀ € JEAN-YVES GUÉHO

♡ Haute gastronomie, métissé, trop frais, chic et décontracté

• Jean-Yves Guého fut longtemps un chef globe-trotter. Il a travaillé auprès de Jacques Thorel et des frères H, puis il a poursuivi son parcours à La Nouvelle-Orléans et à Hong Kong. Aujourd'hui, la comparaison avec Michel Guérard serait d'actualité. Le bar en écailles de cèpes, lardé de Colonnata, crevette et coques, qui repose sur une épine dorsale de délicieuses carottes bio, contient tout de la terre et de la mer. L'iode des coques est authentique, la carotte aux mille épices fait le tour de la Méditerranée, le bar frétille et le lard possède toute l'animalité du cochon. Plat choral, plat cathédral, plat parfait ! On pourrait en dire autant de la cave : au verre, Les Chanteaux du domaine Couly-Dutheil à 8 €, La Dame de Couhins à 9 €, saint-romain du domaine Alain Gras à 11 €... Grand cru Pierre Moncuit à 75 €, domaine de l'Écu dès 25 €, Granit de Brossard à 40 €, La Réserve du domaine Bruno de Cormerais 2003 à 50 €, anjou blanc du domaine Mosse à 40 €, Vieilles Vignes Françaises du domaine Mark Angeli à 60 €, quarts-de-chaume du domaine Jo Pithon à 150 €, Les Bonnes Blanches du domaine Mosse à 67 €, Vie on y est du domaine Gramenon à 50 €... Qui l'eut cru, l'Atlantide n'est pas engloutie, au contraire. Au sommet de la tour où elle est sise, elle domine le pays nantais.

***Menus** : Déjeuner de l'Hermitage (2 plats et dessert/avec vins et café) : 40 €/50 € / Dîner de l'Hermitage (2 plats et dessert) : 50 € / Métissage des saveurs (3 plats et dessert) : 70 € / Autour de la truffe (5 plats, fromages et desserts) : 100 €*
***À la carte** : Mini : 90 € / Maxi : 150 €*

Butte Sainte-Anne
5, rue de l'Hermitage
44100 Nantes
Tél. : +33 (0)2 40 73 23 23

Fermé dimanche et jours fériés
www.restaurant-atlantide.net

Pickles

⌘ ♀♀ € DOMINIC QUIRKE

♡ Bistronomique, végétalo-compatible, bon jaja

• Dominic Quirke, d'abord informaticien, a décidé de changer radicalement de style de vie. Après avoir brillamment passé son CAP, il s'est installé dans les cuisines des meilleurs chefs de la nouvelle vague : Gilles Choukroun et Inaki Aizpitarte. Puis, il a déménagé pour s'installer à Nantes. Et, depuis trois ans, son Pickles ne désemplit pas. Cuisine maison, y compris pour les sauces. Plats végétariens, fournisseurs locaux, souvent bio (notamment pour le bœuf), poissons de ligne et pêche de proximité... C'est évident, le chef a tout compris à l'art, pourtant compliqué, de la bistronomie de quartier. C'est confirmé par ses plats « vedettes », qui font un tabac dans le menu du déjeuner : poitrine de cochon farcie, pommes au foin, maïs fumé, topinambour, frégola, salsifis-noisettes, chorizo ; ou raie grenobloise, livèche, pommes de terre rôties, céleri, poire, citron noir. La carte des vins est supérieure au niveau attendu. Crozes-hermitage cuvée L du domaine Laurent Combier à 35 €, saumur Arcane du château de Fosse-Sèche à 36 €, vin de France Faustine du domaine Comte Abbatucci à 35 € et Le Compagnon rouge de La Petite Commanderie à 24 €, pinot noir Lune Noire du domaine des Deux Lunes à 36 €... À vos téléphones, réservation impérative !

***Menus** : Déjeuner (2 plats et dessert) : 20,50 € / Dîner (2 plats et dessert/vins) : 36 €/48 €*
***À la carte** : Mini : 35 € / Maxi : 55 €*

2, rue du Marais
44000 Nantes
Tél. : +33 (0)2 51 84 11 89

Fermé samedi midi, dimanche, lundi, et mardi soir
www.pickles-restaurant.com

Poisson paré

⌘⌘ 🍷 €

♡ **Bistronomique, fish and chips, moderne, décontracté, branché**

• Poisson paré, c'est le fish and chips nantais qui a la cote. Il est vrai que le lieu est chaleureux, accueillant, a priori sans prétention. Pourtant, les plats envoyés par le chef ne sont pas dénués d'un certain volume : rillettes de poisson au fenouil et sumac ; ou pavé de merlu, tombée de légumes carottes et choux à l'aneth, purée de céleri ont, à ce titre, notre préférence. Toutefois, ce qui fait vraiment la différence, chez Poisson paré, ce sont ses fournisseurs, triés sur le volet. Ainsi, les plats sains et soignés sont composés de produits locaux, frais et de saison, parfois exhaussés par des zestes exotiques et des épices métissées. Bien sûr, les poissons frits façon londonienne sont ici incontournables. La carte des vins n'exclut pas les producteurs bio. Une belle adresse, croustillante à souhait.

***Menus** : Formule de politesse (1 plat et café) : 11 € / Formule d'usage (1 plat et dessert) : 13 € / Formule de courtoisie (2 plats et dessert) : 16,50 €*

12, quai de la Fosse
44000 Nantes
Tél. : +33 (0)2 40 35 42 05

Fermé samedi soir, dimanche et lundi
www.poissonpare.com

Terroirs bio

⌘⌘⌘ 🍷 € **NICOLAS LUNEL**

♡ **Cantine bio, végétalo-compatible, engagé, restauration rapide, cuisine ouverte**

• Le nom en dit déjà beaucoup. On ne pouvait donc pas passer à côté de cette adresse nantaise, qui établit dans les assiettes une vraie connexion entre responsabilité environnementale, terroir et produits labellisés. Dans l'établissement de Nicolas Lunel, on peut donc manger rapidement. Mais cela n'a évidemment rien à voir avec de la « fast-food », ni avec de la « junk-food ». Ici, 80 % des produits proviennent d'artisans ligériens. Et 100 % des ingrédients cuisinés sont bio ! Tout est fait maison, transformé sur place dans les belles cuisines ouvertes et immaculées de l'établissement. Les plats à emporter sont conditionnés sur l'instant dans des sachets recyclables. Nous ferions sans difficulté notre quotidien du dos de cabillaud au chorizo et mirepoix de petits légumes, ou des pommes caramélisées, chantilly non montée, spéculos, qui sont vraiment bons. Vins bio à disposition. Très sérieux, très engagé, mais très cool aussi.

***Menu** : Formule (1 plat, dessert et boisson) : 14 €*
***À la carte** : Mini : 24 € / Maxi : 35 €*

9, rue Alain-Barbe-Torte
44200 Nantes
Tél. : +22 (0)2 51 86 25 60

Fermé samedi, dimanche, et le soir
www.terroirs-bio.fr

You! Bio Food & Drink

€ FLORENCE

Café-restaurant bio, décontracté, terrasse

• You ! est un café convivial, un lieu de rencontres, de vie, d'art et d'échanges, qui adopte l'esprit baba-hipster, mis au service d'une restauration bio, équitable et locale. Dans les assiettes composées par Florence (sous la supervision du patron, Julien Lassourd), on ne trouve que des produits de la ferme, qui sont donc, naturellement, de saison. Les primeurs sont achetés directement auprès de la famille Gilbert. Les autres approvisionnements sont chinés chez Actibio. En bref, les circuits courts et responsables sont privilégiés, car Julien Lassourd veut préserver à la fois la santé de ses clients et celle de la planète. C'est pour cette raison qu'il ne propose pas de carte, mais un menu unique avec deux choix par plat. Les petites fritures de l'Atlantique et les belles pièces de bœuf assaisonnées avec précision lui donnent raison. Carte des vins changeante, mais avec une constante : des vins bio à petits prix (dès 4 € au verre). Un établissement qui a tout pour lui, le sourire en prime.

***Menus** : Formule (1 plat et dessert) : 13 € / Menu (2 plats et dessert) : 15 €*
***À la carte** : Mini : 20 € / Maxi : 35 €*

7, place de la Bourse
44000 Nantes
Tél. : +33 (0)6 74 01 66 91

Fermé dimanche et lundi
www.youbiofoodrink.fr

La Marine

€€ ALEXANDRE COUILLON

Haute gastronomie, dans le sens du vent et des embruns marins, les yeux dans le bleu, chic, surbooké

• Le jeu de mots avec le patronyme du chef est obligatoire, alors, allons-y, et disons-le, officie ici le Couillon le plus célèbre de France. Sis sur l'île de Noirmoutier, le restaurant la Marine dépend presque exclusivement du terroir local (terre, mer, herbes, graines, plantes...) et du talent de son chef. Heureusement, les deux sont exceptionnels, et vraiment généreux. Les recettes d'Alexandre Couillon sont créatives, viscéralement au service des meilleurs produits régionaux, dépourvues de contraintes (le chef a depuis longtemps influencé, à lui seul et de manière décisive, la façon de pêcher dans le port de Noirmoutier). Mais, cela n'empêche pas aux assiettes de donner à voir et à goûter des architectures et des saveurs diaboliquement complexes. Certes, un fil rouge constant est le lien tissé dans chaque recette, entre la terre et la mer. Cependant, il faut plus d'une dégustation pour saisir toutes les nuances des huîtres au bouillon de lard, encornets et encre de seiche, ou de la pintade fermière, fumée à la braise avec ses héliantis confits... Les plats proposés ici n'appartiennent véritablement qu'au chef. Le service est au diapason, bien mis, décomplexé, rigolo, totalement en phase avec les cuisines. La carte des vins est celle d'une grande maison, mais propose toujours des coefficients et des formules très sympathiques, qui permettent de boire les meilleurs producteurs de Loire et de muscadet sans se ruiner. Une maison partie pour encore grandir... et durer !

***Menus** : N° 2 (3 plats et dessert/vins) : 78 €/118 € / N° 1 (5 plats et desserts/vins) : 98 €/152 € / N° 0 (7 plats et desserts/vins) : 165 €/219 €*

5, rue Marie-Lemonnier
85330 Noirmoutier-en-l'Île
Tél. : +33 (0)2 51 39 23 09

Fermé mardi et mercredi
www.alexandrecouillon.com

Provence-Alpes-Côte d'Azur

36 TABLES ATTENTIVES • DONT 8 COUPS DE CŒUR

PROVENCE-ALPES-CÔTE D'AZUR

Bio & Co – La Table naturelle

€ GUY MERLE

♡ Cantine bio, engagé, la grande détox version self, gourmand et généreux

• La table du Bio & Co d'Aix-en-Provence jouit d'une fameuse réputation, qui lui permet de souvent remplir ses 190 places au moment du déjeuner. Bien sûr, tous les produits du restaurant sont bio, même les vins, dont la sélection pourrait cependant être encore plus pointue et plus garnie. Mieux encore, aucun produit n'est surgelé, seul du frais passe entre les mains du chef Guy Merle, qui cuisine tout sur l'instant et n'utilise aucune préparation (même bio). Les couverts sont biodégradables, et le poisson est pané par la brigade. Plus de 20 viandes, toutes bio, sont travaillées par le chef, ce qui en fait la plus grande variété que nous connaissions en restauration française. Par ailleurs, les menus sont très généreux, et les portions ressemblent beaucoup à celles de nos grands-mères. Le grand self!

***Menus** : Formule Express (1 plat, vin et café) : 16,90 € / Formule Le Chef (1 plat et dessert, vin et café) : 22,50 €*
***À la carte** : Mini : 25 € / Maxi : 42 €*

Pôle commercial La Pioline
70, rue Beauvoisin, Les Milles
13290 Aix-en-Provence
Tél. : +33 (0)4 13 75 94 90

Fermé dimanche
www.bioandcoleclub.com/fr/restaurants/la-table

L'Esprit de la violette

€€ MARC DE PASSORIO VICTOR GSCHAEDLER

♡ Gastronomique, so chic, romantique, excellent service, petits plats dans les grands

• Marc de Passorio est un vrai chef globe-trotter. Né au Cameroun, il a étudié au lycée hôtelier de l'île de la Réunion. Après quelques expériences outre-mer, il a exercé à Nice, à Toulouse, en Val de Loire, en Inde, au Vietnam et en Russie, où il a même élaboré des repas pour Vladimir Poutine... De retour à Aix-en-Provence, il fait aujourd'hui capitaliser toutes ces expériences. Ses partis pris cosmopolites se retrouvent avec bonheur dans les assiettes. Pour Marc de Passorio, la gastronomie doit être une fête, il n'hésite donc pas à en mettre plein les yeux à ses convives. À ce titre, les très impressionnants pigeonneaux pochés au lait, samoussas de légumes, dragées, jus de viande au café de Saigon ; ou les noix de Saint-Jacques, fleur de sel, ravioles au chorizo, crème de choux-fleurs, pignons caramélisés, beurre blanc au combava en mettent plein la vue et plein le palais. Toutefois, cette gastronomie de l'explosion et de la mondialisation ne doit pas faire oublier que le chef est un locavore de la première génération, qui sillonne la France depuis dix ans à la recherche de l'excellence. Son carnet d'adresses regorge donc de trésors, que ses clients ont la chance de déguster à table. Carte des vins de grande maison. Marc de Passorio demeure, encore et toujours, un faiseur de miracles!

***Menus** : Déjeuner (2 plats et dessert) : 49 € / Dîner (2 plats et dessert) : 69 € / L'Esprit de la violette (3 plats et desserts) : 84 €/139 € / Un peu de voyage... (4 plats, fromages et desserts) : 135 €/210 €*
***À la carte** : Mini : 105 € / Maxi : 170 €*

10, avenue de la Violette
13100 Aix-en-Provence
Tél. : +33 (0)4 42 23 02 50

Fermé dimanche et lundi
www.lespritdelaviolette.com

Mickaël Féval

⌘⌘⌘ € MICKAËL FÉVAL

♡ Gastronomique, couloir charmant, excellent service, Neptune

• C'est au cœur d'Aix-en-Provence que Mickaël Féval (passé chez Bernard Loiseau, Antoine Westermann, Éric Briffard et Bruno Oger) a ouvert son premier restaurant avec son épouse, Olivia. Il en profite pour savourer tout ce que la Provence peut lui offrir, et le plaisir d'être enfin chez lui. Le chef, amoureux des spécialités maritimes de la Méditerranée, collabore avec le Centre des produits de la mer en Norvège. Il est le chantre d'une pêche respectueuse et durable. Dans ses assiettes ne sont donc proposés que des produits vraiment frais. Pour cela, Mickaël Féval a tissé des liens forts avec ses fournisseurs et avec les meilleurs mareyeurs de Saint-Gilles-Croix-de-Vie. Comme en attestent ses recettes : l'œuf bio brouillé, églefin fumé, tartine à la brousse ; le lapin et foie gras, jus au poivre long de Java ; ou le chocolat de Saint-Domingue, crémeux, mousse chocolat blanc, gel passion, streusel noisettes. Le chef s'exprime dans un style solennel, empreint d'une très grande finesse, sans apprêt superflu. La carte des vins va, elle aussi, à l'essentiel, autour de la région, mais elle ne contient que de beaux flacons. Déjà grand.

***Menus** : Déjeuner (2 plats et dessert) : 35 € / Tentation (3 plats et dessert/vins) : 59 €/84 € / Dégustation (4 plats, fromages et dessert/vins) : 85 €/116 €*
***À la carte** : Mini : 80 € / Maxi : 140 €*

11, petite rue Saint-Jean
13100 Aix-en-Provence
Tél. : +33 (0)4 42 93 29 60

Fermé dimanche et lundi
www.mickaelfeval.fr

COUP DE CŒUR DU JURY

La Chassagnette

€€

ARMAND ARNAL

YOANN TAVARÈS

Bucolique, haute gastronomie, enchanteur, nature, chant des cigales, végétarien

• La Chassagnette a toujours était un repaire bio et végétarien. Depuis l'arrivée d'Armand Arnal, on y mange également des viandes et de délicieux poissons, servis et découpés avec majesté au guéridon, devant les clients. Ces derniers ne sont d'ailleurs pas les stars du restaurant, pas plus que le chef, malgré son très grand talent. En fait, celui qui attire tous les regards, c'est l'immense potager-verger qui entoure l'établissement. Difficile de faire plus local et plus charmant. Ici, les légumes sont cueillis lorsque le produit est parfait. Puis, il parcourt entre 10 et 200 m pour rejoindre les cuisines. Impossible de trouver plus frais. D'autant plus que ce sont plus de 50 variétés de légumes que cultive avec amour Armand Arnal. Son méchant jardin, comme il le nomme, a totalement modifié sa façon d'envisager la gastronomie. Il ne cuisine plus seulement au rythme des saisons, mais carrément dans l'instant. La carte change donc, par petites touches, quotidiennement. Les blettes et fenouil en barigoule, bonite snackée et huile noire sont magnifiques. Ils justifient à eux seuls tous les partis pris de la Maison et pourraient convertir n'importe qui au végétarisme. Toutefois, ce sont les jeunes pousses de carottes, purée d'allium et fanes, daurade pochée, bouillon safrané qui valent largement le voyage. Proche des Alpilles, le paradis des papilles.

• **LES VINS** : La carte de Yoann Tavarès possède au moins trois singularités géniales. D'abord, on y trouve les meilleurs sakés (alcool de riz japonais). Ensuite, elle fait jour aux plus beaux vins nature et bio (ceux sans défaut) du pays. Enfin, elle est particulièrement forte localement : en Provence, dans le Languedoc et dans la vallée du Rhône. Mais on peut aussi déboucher de divins nectars provenant d'autres régions, autour de coefficients qui doublent ou qui triplent, tels que le château Sainte-Anne, les champagnes de Drappier, les sakés de Junmai et de Masumi, le domaine Hauvette, les vins de Catherine et Pierre Breton, le château d'Estoublon... De quoi boire sans avoir mal ni à la tête ni au portefeuille.

***Menus** : Menu du potager quatre notes de saveurs végétales (3 plats et dessert) : 55 € / Menu Découverte cinq notes de saveurs (4 plats dessert/vins) : 75 €/125€ / Menu Découverte sept notes de saveurs (5 plats et desserts) : 95 €*
***À la carte** : Mini : 70 € / Maxi : 140 €*

Domaine de l'Armellière
Route du Sambuc
13200 Arles
Tél. : +33 (0)4 90 97 26 96

Fermé le soir de lundi à mercredi
www.chassagnette.fr

L'Atelier de Jean-Luc Rabanel

€€€

JEAN-LUC RABANEL

Très haute gastronomie, greenstronomique, végétalo-compatible, déco-bistrot, détox, Léguman, complet et sans complexe, bon jaja

• L'Atelier de Jean-Luc Rabanel est un simple couloir carrelé, soigné mais sobre, doté d'un confort modeste. Mais, s'il est un décorateur médiocre, en matière de gastronomie, Jean-Luc Rabanel est un véritable maître. Sans truffe ni artifice, il sait produire des plats possédant une persistance et un bouquet extraordinaires. Il parvient à faire coexister dans une même assiette des techniques, des saveurs et des odeurs a priori irréconciliables. Il est l'un des rares cuisiniers exerçant à très haut niveau qui pratique une gastronomie vraiment généreuse. Les formules qu'il a développées sont inspirées par des idées de justice et de partage, qu'il applique à ses produits (aucune vedette, mais un incroyable foisonnement), à ses fournisseurs (jugés uniquement sur la valeur de leur prestation, pas sur leur prestige) et à ses clients (chaque table est traitée de la même manière, peu importe le montant de l'addition). Jean-Luc Rabanel est donc à la tête d'une sorte de restaurant idéal, où règnent l'égalité et l'abondance (en dépit de stocks très faibles, pour éviter le gâchis). Vous vous en doutez, le chef réalise des recettes qui décomplexent. Aisées à déguster, elles sont pourtant bourrées de talent au point d'en déborder. Dans de nombreux restaurants de haut niveau, il faut bien avouer que la dégustation est un plaisir codifié, intime, où les compliments se murmurent à voix basse pour ne pas risquer de briser les étranges sortilèges à l'œuvre dans les plats. Or, justement, c'est sur ce point précis que la très grande cuisine bio (légumes et fruits de saison uniquement, provenant essentiellement du potager du chef) pratiquée par Jean-Luc Rabanel est supérieure aux autres. Cette dernière fait mieux que supporter le commentaire, elle l'engendre, elle recrée la vie autour de la nature morte qu'est l'assiette, au point que, par contagion, cette dernière finit elle aussi par s'animer. Les plats sont tactiles, canailles, sanguins, littéralement cochons, luxuriants, cultivés et, bien sûr, vraiment artisanaux. Finalement, Jean-Luc Rabanel est sans doute le seul chef qui, aujourd'hui, est capable de célébrer à la fois et concomitamment les principes érigés en loi par Rabelais, par Dumas, par Guérard et par Veyrat. En attestent l'artichaut violet rôti, la raviole de feta, le jarret au cacao et piment d'Espelette, la non-meringue, la bière virtuelle et le yaourt végétal, tous des sommets ! Jean-Luc Rabanel voulait faire endosser simultanément à ses clients des costumes d'acteurs et d'explorateurs. Il désirait que sa maison soit non seulement un atelier de dégustation, mais également un lieu nourrissant la réflexion et l'émotion. Aujourd'hui, disons-le, il a atteint ses objectifs au-delà de toutes les espérances. Il nous fait vivre des expériences formidables, qui divertissent et donnent de l'instruction. On sort généralement moins con d'un repas chez Jean-Luc Rabanel.

• **LES VINS** : La carte est plutôt riche en vins de biodynamistes, mais relativement courte (moins de 90 références). Les coefficients sont serrés (de 2,5 à 3,5). Il existe des formules au verre, entre 6 € à 12 €. Domaine du Vieux Télégraphe blanc à 110 €, Arcadie d'Alba à 45 €, Aragonite du Clos des Vignes du Maynes et collioure du domaine de la Rectorie à moins de 80 €, Clos des Bénédictins du château La Roque à 60 €, Le Chevalier de Stérimberg de Paul Jaboulet Aîné à 110 €, domaine de Cigalus à 69 €, Aurèle à 68 €, château La Lagune à 146 €, château La Louvière à 110 €, château des Séraphin à 36 €...

Menus *: Inspiration (4 plats et dessert) : 85 € / Émotions (6 plats et desserts) : 115 € / Signature (9 plats et desserts/vins) : 145 €/210 €*
À la carte *: Mini : 35 € / Maxi : 70 €*

7, rue des Carmes
13200 Arles
Tél. : +33 (0)4 90 91 07 69

Fermé lundi, et mardi midi
www.rabanel.com

La Mirande

€ FLORENT PIETRAVALLE

Gastronomique, historique, chic, vegan compatible, romantique, façon palace, bon jaja

• Située près du palais des Papes, la Mirande est déjà une institution. C'est aussi le futur très grand restaurant d'Avignon. Depuis qu'il a pris la charge des cuisines, Florent Pietravalle (passé chez Jean-Luc Rabanel, Pierre Gagnaire) produit des recettes d'inspiration provençale, qui permettent au grand répertoire et l'avant-garde de s'épouser, et qui ne se départissent jamais d'une réelle conscience écologique. Certes, le chef a été à bonne école. Mais il attache en plus un soin remarquable aux choix de ses fournisseurs. En toute logique, il travaille les saisons, parfois avec sophistication, mais en conservant la nature et l'intégrité de chaque produit, même des satellites, jusqu'au bout de la moindre sauce. La lisette umami, marinée et caramélisée, fumet de poisson bleu et citron noir est un immense plat kaléidoscope, typique de son pays et de l'érudition d'un grand chef. L'asperge, fondue d'ortie et ris de veau croustillant, assiette typique de la gastronomie du grand luxe, ravira les aficionados de ce style. Cave de grande maison, bâtie avec conscience et sans empressement autour de coefficients triplant. Beaucoup d'élégance et beaucoup de passion.

***Menus** : Petit menu (2 plats et dessert) : 39 € / Menu vegan (4 plats et dessert) : 60 € / Dégustation (4 plats et desserts) : 65 € / Mirande (5 plats et dessert) : 85 €*
***À la carte** : Mini : 95 € / Maxi : 170 €*

4, place de l'Amirande
84000 Avignon
Tél. : +33 (0)4 90 14 20 20

Ouvert tous les jours
www.la-mirande.fr

La Bastide de Capelongue

€€€€ ÉDOUARD LOUBET

Très haute gastronomie, parfumé, trop frais, chic, fleuri, provençal

• Aujourd'hui encore, trouver le restaurant d'Édouard Loubet demeure un challenge pour la plupart des systèmes GPS. Le plus sûr pour arriver à destination, c'est encore de se laisser guider par son nez ! En effet, chez le maestro, tout n'est que parfum, depuis les fragrances émanant de ses immenses jardins jusqu'aux arômes des plats, toujours savamment conservés (sous cloche) ! Le chef aime également beaucoup utiliser les « tannins » des herbes pour déconstruire, fleurir et rendre aériennes ses compositions, même les plus terre à terre. Ainsi, la fleur de roquette, les lilas en bouton, le tabac sauvage et, bien sûr, le serpolet majuscule qui accompagne l'agneau procurent aux gourmets des sensations fantastiques, et pas seulement olfactives. Ici, chaque recette est la démonstration d'une érudition et d'un savoir-faire encyclopédique, qu'on se le dise ! La cave est construite dans la même veine : La Loye de Jean-Michel Gérin à 115 €, les crozes-hermitages du domaine du Colombier et du domaine Alain Graillot, ainsi que le saint-joseph blanc d'Yves Cuilleron affichent 85 €, le domaine Courbis est encore moins cher, le château de Mille et les roussette-de-savoie Marestel du domaine Dupasquier sont à 65 €. Quant aux domaines Alphonse Mellot, Didier Dagueneau et Nicolas Joly, ils trônent sur de belles verticales. En un mot, enivrant !

***Menus** : Hommage à Yvon (5 plats et desserts) : 190 € / Quatre vents (4 plats et desserts) : 140 €*
***À la carte** : Mini : 130 € / Maxi : 260 €*

Les Claparèdes
Chemin des Cabanes
84480 Bonnieux
Tél. : +33 (0)4 90 75 89 78

Fermé le midi mardi, mercredi et jeudi
www.capelongue.com

La Fenière

€€

REINE ET NADIA SAMMUT

Gastronomique, auberge espagnole, chic, romantique, fort en vins, parc, sans gluten, tout compatible, excellent service

• Pour Nadia Sammut (malade cœliaque), qui succède peu à peu à son épatante maman, l'assiette, c'est le volant qui contrôle la vie de chacun. Bien sûr, nous partageons cette conviction. La jeune chef a donc creusé le sillon de cette intuition jusqu'à aboutir au concept de Cuisine libre. Il s'agit d'une gastronomie de l'excellence, mais accessible, d'où sont exclus tous les allergènes et produits de synthèse. Cette cuisine, réalisée autour de produits sains, élevés par des artisans engagés, est consciente de ses racines méditerranéennes, jusque dans la qualité et la convivialité du service. Ici, les particularités de chaque hôte sont intégrées dans des menus vraiment personnalisés, pour que tout le monde, même de grands malades, puisse profiter d'un moment gastronomique d'exception. L'omniprésence d'un esprit nomade, gitan, qui fait danser et chanter la plupart des aliments, contribue aussi considérablement à la beauté de plusieurs assiettes. La table des Sammut met donc en scène une authentique gastronomie d'amitié, peut-être même d'amour (et d'inventivité). Les idées que l'on découvre dans les plats n'appartiennent cependant pas qu'à ce seul lieu, elles proviennent aussi du Maghreb et d'Italie. En attestent les tagliatelles de seiches, sauce à l'encre, jambon bellota et huile d'olive de Sicile; le voyage autour de l'artichaut violet en carpaccio, tomates confites et parmesan; la mousseline de pommes de terre parfumée au lard, œuf mollet et truffes melanosporum; et le biscuit à la noisette, crémeux aux marrons, sorbet et suprêmes de clémentines, qui valent encore beaucoup plus que ne le laissent présager leurs intitulés. Il y a de la lavande, des sorbets au fenouil et au laurier, du terroir et beaucoup de souvenirs qui hantent les compositions de Reine et de Nadia Sammut. Même les goûts régionaux les plus gras et les plus puissants deviennent évanescents après être passés dans les mains des deux petites fées. Si toutes les auberges espagnoles ressemblaient à la Fenière, nous nous expatrierions! Ce n'est pas seulement le dépaysement qu'il faut venir chercher à Cadenet, mais un peu d'extase et d'euphorie, carrément!

• **LES VINS** : La Loire, l'Alsace et le Jura présentent uniquement leurs meilleurs ambassadeurs (Huet, Trimbach...) La Bourgogne est en avance sur le Bordelais. On débusque dans ces régions quelques vieux millésimes. Évidemment, le Languedoc, le Sud-Ouest, la Provence et la vallée du Rhône sont à l'honneur : champagne Substance de Selosse à 400 €, côtes-de-provence Première de Figuière du domaine Saint-André de Figuière à 50 €, cuvée Fleur du domaine Gentile à 65 €, tous les vins de Laurent Tardieu (condrieu à 120 €, châteauneuf-du-pape cuvée spéciale à 82 €, etc.), domaine des Tours à 35 €, domaine du Clos des Fées à 70 €, faugères du domaine Léon Barral à 70 €, rosé du domaine Gourt de Mautens à 58 €, pouilly-fumé Silex de Didier Dagueneau à 220 €, cornas Billes Noires de Matthieu Barret à 170 €, château Rayas à 350 €, châteauneuf-du-pape Les Vieilles Vignes du domaine de Villeneuve à 120 €... Ajoutons à cela un fond de cave qui remonte aux années 1970, ainsi qu'une intéressante sélection en Amérique du Sud, Argentine et Chili, plus quelques vins marocains et, on l'aura compris, on est en présence de l'une des caves les plus bio et les plus intéressantes de la vallée du Rhône...

Menus *: Goûtez la Fenière (2 plats et dessert/vins) : 45 €/80 € / Menu soirée (4 plats, fromages et desserts/vins) : 90 €/145 € / Dégustation saveurs de saison (6 plats, fromages et desserts/vins) : 120 €/195 €*
À la carte *: Mini : 75 € / Maxi : 160 €*

Route de Lourmarin
D 943
84160 Cadenet
Tél. : +33 (0)4 90 68 11 79

Fermé lundi et mardi
www.aubergelafeniere.com

La Villa Madie

⌘ 🍷🍷 €€ DIMITRI DROISNEAU LIONEL LEGOINHA

♡ Gastronomique, avec vue sur mer, suspendu, chic, fort en vins

• Dimitri Droisneau est un cuisinier des embruns, de la roche, de la mer, de l'iode et de la minéralité. Il sait mieux que personne traduire les désirs et la personnalité des produits de la Méditerranée en général, et de l'anse de Corton en particulier (avec un peu de sa Bretagne natale en supplément). Le nom du lieu-dit est, à ce titre, prédestiné. En effet, sous l'impulsion du sommelier historique de la Maison, la cave déborde (550 références) de toutes les meilleures fioles, sans exception, du terroir cassidain (dès 49 €) et des plus grands vignerons de France (coefficients quadruplant). Derrière les pianos, au prix d'un travail obstiné et humble, Dimitri Droisneau s'attache à rendre justice à ce paysage qu'il aime tant, et que son restaurant surplombe. Le Saint-Pierre de pays mariné au sel puis grillé, vinaigrette de poireaux à l'écorce d'orange et poutargue est une quintessence de haute gastronomie provençale. Les primeurs de nos maraîchers, légumes et cueillettes du moment, parmesan et truffe blanche rendent un vibrant hommage à l'Italie et au noble champignon. Le plat ne départirait pas sur la carte d'Alain Passard. Un lieu qui donne le vertige. Des recettes enivrantes, parfumées, qui donnent le tournis. Qu'ajouter ? Ah, oui, on mange ici l'une des trois meilleures tartes au citron (de Menton) de France !

***Menus** : Invitation à la découverte (2 plats et dessert) : 75 € / Découverte (3 plats et dessert) : 95 € / Balade entre terre et mer (4 plats, fromages et dessert) : 145 €*
***À la carte** : Mini : 120 € / Maxi : 240 €*

Avenue du Revestel
13260 Cassis
Tél. : +33 (0)4 96 18 00 00

Fermé lundi et mardi
www.lavillamadie.com

So Green

⌘⌘⌘ 🍷 € M. SEURIN

♡ Bistronomie troglodytique, sans gluten, sans lactose, vegan compatible, animation

• Le directeur du restaurant So Green, Julien Reboul, était un directeur de salle réputé dans des établissements étoilés, mais aussi le responsable chargé du référencement des produits biologiques pour le marché français. Savoir cela permet de mesurer avec justesse la hauteur de son engagement et la qualité de ses fournisseurs. En effet, la feuille de route de So Green ? Ce n'est pas seulement d'atteindre le 100 % bio, mais aussi de mettre dans les assiettes les meilleurs parmi les produits labellisés. Les fruits et légumes proviennent tous de la région de Cavaillon, et les viandes sont auvergnates. Les poissons sont prélevés dans des élevages de fermes biologiques respectueuses de l'environnement. Vous l'avez compris, messieurs Reboul et Seurin (le chef) sont adeptes des circuits courts et très respectueux de l'environnement. Ils mettent tout en œuvre pour que leur restaurant limite au maximum son empreinte carbone. Dans les assiettes, le bœuf glacé au miel et à la moutarde ; le mille-feuille de légumes du soleil (trio de poivrons et tomates confites entremêlés de pâte feuilleté) ; ou la brochette de poulet mojito (viande marinée, puis flambée) ne départiraient pas sur les tables parisiennes tenues par des trublions du fooding. Carte des vins raisonnable et bio. Sain, moderne, malin. Se priver de So Green serait une folie.

***À la carte** : Mini : 25 € / Maxi : 65 €*

91, rue Jean-Jacques-Rousseau
84300 Cavaillon
Tél. : +33(0)4 86 69 63 62

Fermé dimanche
www.restaurant-so-green.fr

La Musar'Dîne

€ NATHALIE NOELL CHELLY

Confidentiel, engagé, fait maison et à la maison, locavore, détox, table d'hôtes

• Désormais, et uniquement sur réservation, Nathalie Noell Chelly, créatrice d'instants culinaires, reçoit chez elle, à Draguignan. On peut donc manger les fameux primeurs de son jardin, et bénéficier totalement, exclusivement, de son savoir-faire. Plats végétariens, végétaliens, burger bio, sans gluten... Elle sait tout faire, et s'adapte aux désirs de ses « invités ». Cependant, elle ne transige jamais sur la qualité et la biodiversité. Ses parents sont fondateurs de l'entreprise bio Soleillou, et elle s'approvisionne exclusivement auprès de Biocoop locales, même pour le pain et pour les vins, tous bio et/ou nature, vendus à prix d'amis, mais qui ne bénéficient cependant pas de l'expertise d'un sommelier. Ce n'est pas grave, on vient surtout ici pour se désintoxiquer !

***Menus** : Déjeuner (1 plat et dessert) : 15 € / Dîner (3 plats et dessert) : 30 €*

93, chemin du Coutelet
83300 Draguignan
Tél. : +33 (0)6 88 18 50 82

Ouvert sur réservation uniquement, sauf dimanche
lamusardine.wordpress.com

Le Lézard gourmand

€ IRIS LUITEN

Gastronomique, ludique, campagne chic, bio-bio, décontracté mais élégant, engagé, excellent service, sans gluten/lactose compatible

• Iris Luiten est une chef à l'écoute de ses clients. Elle a pris ses quartiers dans l'établissement jadis rendu populaire par ses parents, et où il fait toujours bon vivre (grand jardin, magnifique terrasse, grand calme). Évidemment, la cuisinière souhaite que, dans ses assiettes, le bien-être perdure. C'est pour cette raison qu'elle favorise des recettes légères, assez traditionnelles, mais qui touchent souvent à l'exceptionnel en raison de la qualité des produits sélectionnés. Le poisson est issu de pêche durable, tous les fruits et légumes sont certifiés et locaux. L'œuf coque pané aux cinq poivres, vermicelles de riz et asperges vertes, ou le gigot d'agneau cuit à basse température jus au miel et au thym sont deux plats vraiment délicieux certifiés 100 % bio par Écocert, et qui mériteraient d'accrocher plusieurs toques sur la tête du chef. Carte des vins très majoritairement bio, forte dans le Rhône-Sud et en Provence, dès 25 € pour d'excellents tavels rouges et rosés. De quoi donner envie de lézarder à table pendant des heures...

***Menus** : Menu du jour (2 plats et dessert) : 28,50 € / Dégustation (3 plats, fromages et dessert) : 38,50 €*
***À la carte** : Mini : 40 € / Maxi : 70 €*

Chemin de Pestelade
13810 Eygalières
Tél. : +33 (0)4 90 95 90 06

Fermé samedi midi, dimanche et lundi
www.hotellabastide.com

Sous les Micocouliers

⌘⌘⌘ 🍷🍷 € PIERRE-LOUIS POIZE

♡ Gastronomique, locavore, provençal, globe-trotter, terrasse

• L'immense potager de Pierre-Louis Poize (plus de 5 000 m²) est certifié par Écocert. Difficile, donc, de trouver plus local et plus bio. Difficile également de dénicher un cuisinier avec un parcours plus prestigieux que celui du chef, qui est passé, excusez du peu, chez Alain Ducasse, Joël Robuchon et Alain Senderens. On comprend donc aisément pourquoi Pierre-Louis Poize produit sans effort apparent une cuisine française extrêmement raffinée, chaleureuse, intelligemment rehaussée de saveurs asiatiques et maghrébines, puissantes et fruitées. On peut donc tranquillement venir s'asseoir à cette table pour y vivre le grand frisson gastronomique. La carte des vins pourrait être plus étoffée, mais le service au verre est cordial (dès 6 €) et les amateurs du domaine de Valdition retrouveront toutes ses cuvées dans la cave. Sacrément engagé et engageant.

Menus *: Formule (1 plat et dessert) : 24 € / Matisse (2 plats et dessert) : 33 € / Soir (2 plats et dessert) : 45 € / Cézanne (3 plats, fromages et desserts) : 65 €*
À la carte *: Mini : 50 € / Maxi : 80 €*

Traverse Montfort
13810 Eygalières
Tél. : +33 (0)4 90 95 94 53

Fermé lundi, et le soir sauf vendredi et samedi
www.souslesmicocouliers.com

La Chèvre d'or

⌘ 🍷 €€€ ARNAUD FAYE PHILIPPE MAGNE

♡ Haute gastronomie, hyper luxe, romantique, situation unique, ville musée, avec vue, conte de fées

• La Chèvre d'or est un hôtel ville, peut-être le plus beau d'Europe. Terrasses suspendues au-dessus de la mer, volumes prodigieux, marbres qui reflètent un point de vue unique, azur et lumineux à faire perdre la tête... C'est dans ce cadre qu'exerce Arnaud Faye. Il délivre une cuisine solaire, minérale et marine, aromatique et végétale, célébrant l'authenticité d'un terroir exceptionnel qui s'étend des contreforts rocheux du Mercantour jusqu'à l'horizon méditerranéen. Sa carte s'inspire de ces contrastes et magnifie les produits de la Riviera, comme de l'arrière-pays. Le dos de chevreuil, rôti au limoncello, gratin de courge au vieux parmesan ; ou le pagre de ligne, laqué au miel de Sospel, raviole de scamorza et concombre font chanter le palais sur de délicieuses sonorités franco-italiennes. La carte des vins ne triche pas. Les verticales sont innombrables. Château Lafite remonte à 1918, le mythique Cheval Blanc de 1947 se débouche pour 9 500 €. Bordeaux est en habit de cérémonie, la Bourgogne aussi, domaine de Trévallon à 200 €, Les Tries de la Chapelle à 135 €, domaine Tempier à 85 €, château Simone à 88 €... Immanquablement, on revient comblé, d'Èze !

Menus *: Riviera (2 plats et dessert/vins) : 85 €/125 € / Saveurs, senteurs et couleurs du château (3 plats et dessert) : 145 € / Aux saveurs de la Riviera (5 plats et desserts) : 240 €*
À la carte *: Mini : 210 € / Maxi : 390 €*

Rue du Barri
06360 Èze
Tél. : +33 (0)4 92 10 66 61

Ouvert tous les jours de mars à octobre
www.chevredor.com

Le Castellaras

€€ QUENTIN JOPLET

Haute gastronomie, antiallergie, chic, très engagé, très responsable, végétalo-compatible, ou à emporter

• La nouvelle génération (les « enfants » succédant aux parents) est au pouvoir dans ce beau mas provençal, qui domine Fayence et sa région. Bien sûr, on peut toujours venir ici pour goûter totalement, en immersion, à la sérénité et à l'art de vivre azuréen, dans ce qu'il contient de plus authentique, de plus sympathique et de plus chic. Cependant, on doit également (surtout ?) goûter aux recettes engagées, et excellentes, de Quentin Joplet. En effet, l'établissement est titulaire de l'exigeant label La Clef verte, qui garantit une gestion responsable de l'eau, des déchets, de l'énergie, des achats, et l'emploi d'une majorité d'ingrédients locavores et issus du commerce durable et/ou équitable (essentiellement pour les approvisionnements étrangers). Au surplus, le chef tient à être à l'écoute de ses clients, et adapte sans difficulté ses menus pour pallier à toute intolérance (sans gluten, sans sucre, sans graisse animale...) Il suffit de goûter au foie gras de canard poêlé, essence de champignons à la truffe d'été ; ou au moins classique, mais exceptionnellement réussi, Saint-Pierre cuit à basse température, cromesquis de risotto de petit épeautre et légumes glacés, pour apercevoir instantanément toute la hauteur de cette belle gastronomie de producteurs, du marché et de la saison, qui porte plus haut que jamais sa belle étoile ! Cristal clear, même à Fayence !

***Menus** : Plaisirs (2 plats et dessert) : 45 € / Gourmandises (2 plats, fromage et dessert) : 65 € / Découverte (4 plats, fromage et dessert) : 89 €*
***À la carte** : Mini : 90 € / Maxi : 180 €*

461, chemin de Peymeyan
83440 Fayence
Tél. : +33 (0)4 94 76 13 80

Fermé lundi et mardi
www.restaurant-castellaras.com

L'Oustalet

€€ LAURENT DECONINCK

Bistronomique, bon jaja, vigneron friendly, la classe au village

• Proche des produits et respectueuse des saisons, la cuisine de l'Oustalet s'inspire de la culture méditerranéenne. Le restaurant de la famille Perrin, connue jusqu'en Amérique pour la qualité des vins qu'elle produit, célèbre logiquement ici une gastronomie proche de ses racines, où les légumes du potager maison jouent un rôle prépondérant. Évidemment, à l'Oustalet, le vin est indissociable de la cuisine. Chaque recette est d'ailleurs associée à un cru. Les Calcinaires blanc du domaine Gauby dialoguent ainsi avec le Saint-Pierre nu au caviar d'Aquitaine. Les Cornuds racontent leur belle histoire avec le bœuf, genièvre sur une échalote confite, poêlée aux champignons des bois. Évidemment, la cave est forte en région, mais pas seulement. On y retrouve tous les nectars des propriétaires à prix d'amis, ceux des copains, ainsi que des références pointues (domaine Jonathan Didier Pabiot ou Ramos Pinto à Porto). L'Oustalet se classe évidemment parmi l'élite des meilleurs restaurants de vignerons !

***Menus** : Formule (1 plat et dessert) : 36 € / Déjeuner (2 plats et dessert) : 42 € / Dîner (2 plats et dessert/vins) : 58 €/89 € / Le Classique (3 plats et desserts/vins) : 79 €/120 € / Grand Menu (4 plats et desserts/vins) : 94 €/145 €*
***À la carte** : Mini : 45 € / Maxi : 70 €*

Place du Village
84190 Gigondas
Tél. : +33 (0)4 90 65 85 30

Fermé dimanche et lundi
www.loustalet-gigondas.com

Hostellerie de l'abbaye de la Celle

⌘ €€ NICOLAS PIERANTONI

♡ **Gastronomique, terrasse, romantique, tradition, rêve d'enfant**

• L'Hostellerie de l'abbaye de la Celle est l'un des joyaux de la couronne appartenant à Alain Ducasse. Le chef exécutif, Nicolas Pierantoni, est un enfant du pays : né à Brignoles, il a grandi dans le village même de La Celle. Il rêvait de travailler à l'Hostellerie depuis l'adolescence, et il a tout mis en œuvre pour atteindre cet objectif. Il fit d'ailleurs partie de l'équipe qui ouvrit l'établissement en 1999, avant d'être envoyé par Alain Ducasse lui-même au Louis XV. Sans faire offense au chef précédent, il suffit de goûter le Saint-Pierre de Méditerranée, artichauts violets et riquette, ou la volaille jaune des Landes, gnocchi de pomme de terre et broccoletti, pour être assuré que la belle cuisine de saison produite dans ces murs possède un authentique supplément d'âme et de sincérité. Il faut se dépêcher d'aller à l'Hostellerie de l'abbaye de la Celle, car on ne sait pas jusqu'où le talent de Nicolas Pierantoni pourrait l'emmener. Il est trop explosif pour ne pas être remarqué.

Menus *: Menu affaires (2 plats et dessert) : 40 € / Menu du marché (2 plats et dessert) : 50 € / Menu de saison (3 plats, fromages et dessert) : 74 € / Menue de l'abbaye (4 plats, fromages et dessert) : 98 €*
À la carte *: Mini : 70 € / Maxi : 140 €*

10, place du Général-de-Gaulle
83170 La Celle
Tél. : +33 (0)4 98 05 14 14

Ouvert tous les jours
www.abbaye-celle.com

Auberge du Fenouillet

⌘⌘⌘ €€ VICTOR NOTHHELFER CLÉMENTINE AUDIBERT

♡ **Gastronomique, engagé, terrasse, campagne, potager**

• L'Auberge du Fenouillet, c'est l'archétype du restaurant gastronomique campagnard de grande classe. Ici, tout est pensé pour respecter la nature et les clients. Tout est maîtrisé et charmant. Victor Nothhelfer est le chantre d'une cuisine raffinée et créative, tournée vers le terroir. Presque tous les légumes proviennent de son potager. Les autres sont achetés chez des fournisseurs (presque des amis) labellisés bio. En fait, seule l'épicerie sèche échappe parfois à la région ou à la certification. Dans les assiettes, logiquement, les légumes sont rois, la Méditerranée est couronnée reine, et la truffe melanosporum est en odeur de sainteté. Les Saint-Jacques et truffes noires, lamelles crues, balsamique blanc, noisettes sentent le champignon rare et donnent de la texture au soleil. Le loup, vraie purée, fenouil, citrons grillés et coquillages invite le climat réjoui et les embruns chaleureux du Maghreb autour de la table. Clémentine Audibert réalise un impressionnant travail en cave. Château de Pibarnon à 54 €, pouilly-fumé du domaine de la Doucette à 42 €, pessac-léognan du château Pape Clément 1998 à 270 €, château de l'Aumérade à 42 €... De la salle à manger au cellier, il y en a pour tous les goûts, personne n'est jamais oublié à l'Auberge du Fenouillet.

Menus *: Formule (1 plat et dessert) : 22 € / Découverte (2 plats et dessert) : 42 € / Saveurs (3 plats et dessert) : 58 € / Truffes noires (3 plats et dessert) : 88 €*
À la carte *: Mini : 50 € / Maxi : 120 €*

20, avenue du Général-de-Gaulle
83260 La Crau
Tél. : +33 (0)4 94 66 76 74

Fermé dimanche soir et lundi
www.restaurant-fenouillet.com

L'Hostellerie Jérôme

€€

BRUNO CIRINO

MARION CIRINO

Très haute gastronomie, passionnant, passionné, sensible et sensé, romantique

• Ancien compagnon d'Alain Ducasse et fidèle ami de Jacques Maximin, Bruno Cirino est logiquement un petit volcan en ébullition permanente, un potentat des fourneaux qui n'accepte pas qu'un aliment, une idée ou même un client pénètre dans son sanctuaire sans se soumettre à sa vision de la gastronomie, ce qui lui vaut parfois quelques inimitiés avec la presse. Cela dit, cette exigence absolue se retrouve dans ses assiettes et dans le choix de ses fournisseurs, qu'il connaît tous personnellement car il prend presque quotidiennement son automobile à 6 heures du matin pour aller les rencontrer des deux côtés de la frontière. La cuisine de Bruno Cirino possède donc une très forte personnalité et un total attachement local. Il faut s'en féliciter, ce n'est plus si fréquent. À l'Hostellerie Jérôme, Bruno supervise tout. Il travaille avec une équipe minuscule, mais extrêmement motivée. Dans l'assiette, l'inspiration est tous azimuts. Comme un musicien de jazz, le chef n'hésite pas à modifier foncièrement sa partition en fonction d'une seule note (un seul aliment) qui ne serait pas au diapason. Ils ne sont pas plus d'une dizaine en France à pratiquer dans ce registre et à ce niveau. Sa gastronomie est très colorée, animée, piquante, vivante, vivace, chantante sur tous les tons. Il y a donc quelque chose de très méditerranéen dans la manière dont Cirino parvient à dominer les aliments, notamment des viandes irrésistibles, les forçant à des mariages a priori contre-nature, qui finissent presque systématiquement par transcender leur goût et leur beauté sans trahir leur nature intrinsèque. En faisant cela, le chef démontre tranquillement que la cuisine est plus un art qu'une mécanique. Les aventuriers, les blasés, les femmes fatales (la cuisine de Cirino est très féminine), les cordons bleus du dimanche en quête de l'Eldorado, tous ceux qui veulent manger différemment et ont l'oreille suffisamment fine pour savoir qu'exceptionnel ne rime pas avec oscIètre, trouveront le chemin de la Turbie. Les autres, qui ne sont pas prêts à bouleverser leurs habitudes, s'égareront.

• **LES VINS** : La cave est belle, mais ne se donne pas au premier venu. Les références sont nombreuses et classiques. Les coefficients demeurent un peu intimidants. Le Bordelais, la vallée du Rhône et la Bourgogne quadruplent, au moins. Il existe peu d'ouvertures à moins de 75 €, si ce n'est quelques cuvées génériques de grands domaines (Yves Cuilleron, Méo-Camuzet), quelques chablis et des saint-joseph. La carte demeure cependant un catalogue complet qui laisse de la place aux meilleurs vignerons de chaque région (Jamet, Leroy, Pégau, Pontet-Canet, etc.)

***Menus** : Menu (3 plats et dessert) : 78 € / Le Grand Menu (7 plats et desserts) : 138 €*
***À la carte** : Mini : 90 € / Maxi : 190 €*

20, rue Comte de Cessole
06320 La Turbie
Tél. : +33 (0)4 92 41 51 51

Fermé lundi, mardi, et le midi, sauf en juillet et août

www.hostelleriejerome.com

Christophe Bacquié

ꕤꕤꕤ 🍷 €€€ CHRISTOPHE BACQUIÉ

♡ **Haute gastronomie, luxe, jardin, romantique, plein les yeux, végétalo-compatible**

• Sis à l'intérieur du magnifique Hôtel du Castellet, le restaurant de Christophe Bacquié est un écrin accueillant, apaisant, luxueux. Le chef s'y efforce de mettre en valeur son terroir (pêche locale de la famille Pilato à Sanary-sur-Mer, langoustines de casier de Christian Decugis à Saint-Raphaël, aillet bio de chez Bruno Cayron à Tourves...), ainsi que les territoires abyssaux de Neptune. Tout, ici, respire la Provence de première classe. Tout est mis en scène et en œuvre pour rassasier aussi bien le ventre que les yeux et l'esprit. Meilleur ouvrier de France en 2004, Christophe Bacquié sait y faire. Il connaît toutes les ficelles permettant de transformer un repas en émotions. La bonite, beaux yeux, gambas de Palamos, fraîcheur de gingembre acidulée ; ou le dos de Saint-Pierre cuit à l'arête, jus d'oignons, huile de tagète sont des recettes très raffinées, extrêmement soignées, en totale apesanteur, sur lesquelles la critique n'a aucune prise car elles sont exsangues de défauts. La carte des vins est également sans reproche, même si les coefficients sont logiquement plus tendres en région : tout le domaine de l'Olivette, la Bégude, château Sainte-Roseline... La grande classe au palace !

***Menus** : Déjeuner (2 plats et dessert) : 110 € / Au fil des années (3 plats et dessert) : 165 € / Au fil de la saison (4 plats, fromages et dessert) : 180 € / Promenade en mer (6 plats et dessert) : 205 €*
***À la carte** : Mini : 150 € / Maxi : 270 €*

3001, route des Hauts du camp
83330 Le Castellet
Tél. : +33 (0)4 94 98 37 77

Fermé dimanche soir, lundi, mardi, mercredi midi et jeudi midi
www.hotelducastellet.net

L'Oustau de Baumanière

ꕤꕤꕤ 🍷🍷 €€€ GLENN VIEL

♡ **Haute gastronomique, très fort en vins, institution, somptueux potager, végétalo-compatible**

• La résidence de Jean-André Charial ne cesse d'embellir, depuis trente ans ! Dans ce cadre de classe internationale, Glenn Viel récite les classiques de la Maison avec application et grand talent. Dans les assiettes, toutes les architectures sont somptueuses et, sur le plan gustatif, chaque plat est très affûté, étonnant, exceptionnellement parfumé. Le rouget de roche, puntarelle farcie de raisin et d'algues, vin rouge lié au foie de rouget joue avec les contrastes et les goûts forts avec l'habileté d'un acrobate. Il fait visiter le patrimoine culinaire de notre pays porté sur les ailes... d'un ange ! Le pigeon des Costières, tétragone, noix de Grenoble, jus de carcasse à la lavande est un pur produit des Alpes. Sa noblesse, ses ingrédients rares et précieux, sont en parfaite résonance avec le lieu somptueux où ils sont dégustés. La carte des vins est un annuaire de 76 pages soutenu par de grandes verticales de tous les meilleurs vins français, sur près d'un siècle : château Rayas à 350 €, Clos des Papes à 180 €, Les Granits de M. Chapoutier à 140 €, Taburnum des Vins de Vienne à 100 €, hermitage blanc de Jean-Louis Chave dès 350 €, De l'Orée de M. Chapoutier à 300 €, domaine de Trévallon à 190 €, château Simone à 80 €, domaine de la Grange des Pères à 380 €, domaine Roc d'Anglade à 80 €, Pur Sang de Didier Dagueneau à 160 €, Les Tris de la Chapelle du château de Fosse-Sèche à 120 €, chablis premier cru Montée de Tonnerre de François Raveneau à 180 €... Fabuleux hier, fabuleux aujourd'hui et, on prend les paris, fabuleux demain !

***Menus** : Déjeuner de saison (2 plats et dessert et café) : 90 € / Évolution - Tradition (3 plats, fromages et dessert) : 160 € / Ballade des Baux (4 plats, fromages et desserts) : 210 €*
***À la carte** : Mini : 135 € / Maxi : 320 €*

Val d'Enfer
13520 Les Baux-de-Provence
Tél. : +33 (0)4 90 54 33 07

Fermé mardi et mercredi
www.oustaudebaumaniere.com

Le Petit Nice

€€€

GÉRALD PASSÉDAT

Très haute gastronomie, king and fish, hyper luxe, chic et choc, avec vue, Neptune

• Dans cette villa néo-grecque, de l'accueil au décor, tout fait l'objet d'une attention sans faille. L'hôtel porte très haut ses cinq étoiles : vue imprenable sur la Méditerranée, chambres spacieuses et personnalisées, bois de sycomore et d'olivier, pierres de taille, étoffes pastel qui se confondent avec l'azur, piscine d'eau de mer où se reflètent les lumières scintillantes de la baie, quai d'accostage privé... Pourtant, Gérald Passédat demeure le chantre d'une gastronomie du Sud sans fard, une pure cuisine d'auberge espagnole, métissée, inspirée, bourrée à craquer d'embruns et d'images ensoleillées. Les poissons proviennent exclusivement de pêches raisonnées et du Vieux-Port. Dans les assiettes, on retrouve en filigrane, et malgré des tarifs élevés, les partis pris et la générosité des grands-mères ayant fondé le terroir de la Canebière. Cependant, pour conserver l'originalité et toute la sève des ingrédients, les longues cuissons sont rares, sauf pour les traditionnelles préparations à la vapeur ou à l'étuvée, qui conservent leur droit de cité. Forcément, chez Gérald Passédat il faut venir côtoyer Neptune. Les plus grosses pièces comme le menu fretin portent tous la marque du patron, qui n'a pas d'égal dans le registre marin. Le plat signature de la Maison, le loup, huile d'olive et truffe, est carrément imparable ! On découvre aussi dans les compositions une grande transparence, une belle limpidité, comme le confirme en un clin d'œil l'architecture des cuisines, qui, par l'intermédiaire d'une grande baie vitrée, s'offre au regard du public. Évidemment, aucune chair ne rencontre jamais la glace, toutes les recettes possèdent une véritable empreinte, plutôt patte de velours qu'escogriffe. Mais les attributs de la culture de carrefour continuent de jouer les cadors sur la carte, comme en atteste la bouillabaisse anoblie, dans laquelle le chef fait infuser ail, nectar de soupe de roche ainsi qu'une décoction de safran (dont il raffole personnellement), qui peut rapidement rendre dépendant. La Dolce Vita, avec l'accent !

• **LES VINS** : Les gros budgets pourront s'amuser avec des montrachets, château Haut-Brion, Jean-François Coche-Dury, Prieuré Saint-Roch, château Le Puy, domaine de Marcoux, domaine Georges Vernay et des Altenberg-de-Bergheim de Marcel Deiss. Heureusement, en Provence, les premières bouteilles se laissent ouvrir pour 70 €. Mais la carte met surtout en avant les meilleurs chablis et les rieslings renommés, pour lesquels les tarifs peuvent facilement quintupler. La sélection de demi-bouteilles et de vignerons bio est féconde.

***Menus** : Menu de l'Anse de Maldormé (3 plats et dessert/vins) : 100 €/160 € / Évolution (4 plats et desserts/vins) : 200 €/305 € / Ma Bouille-Abaisse (la bouillabaisse du chef en plusieurs plats, dessert/vins) : 200 €/305 € / Passédat (5 plats, fromages et desserts) : 250 €/395 € / Découverte de la mer (8 plats, fromages et desserts/vins) : 370 €/550 €*

***À la carte** : Mini : 230 € / Maxi : 470 €*

Anse de Maldormé
Corniche Kennedy
13007 Marseille
Tél. : +33 (0)4 91 59 25 92

Fermé dimanche, et lundi midi

www.passedat.fr

GreenDeliss

€ **RESPONSABLES ROXANE DE OLIVEIRA ET MORGANE MICHEL-DORON**

Éco-cantine, locabio, détox, végétarien, engagé, ou à emporter

• GreenDeliss, c'est le genre de cantine moderne que nous adorons. Certes, la sélection de vins bio permettant d'accompagner son repas pourrait être améliorée. Toutefois, on ne peut que louer cette cuisine de proximité, composée de produits sains, toujours frais, locaux, et presque exclusivement bio. Le restaurant propose également un très sympathique service de traiteur et de plateaux repas, qui permet de manger sainement le soir chez soi, ou au bureau. Même les emballages sont écologiques. Enfin, plusieurs plats végétariens, végétaliens, sans gluten et/ou sans lactose sont proposés tous les jours. Il en faut peu pour être heureux.

***À la carte** : Mini : 12 € / Maxi : 24 €*

11, avenue du Maréchal-Foch
13004 Marseille
Tél. : +33 (0)9 86 23 04 58

Fermé dimanche, et le soir
www.greendeliss.fr

AM

€ **ALEXANDRE MAZZIA**

Haute gastronomie, hype, moderne, inventif, miniature, Géo Trouvetou

• Alexandre Mazzia (AM) a opté pour une décoration minimaliste, avec éléments en bois et en tons noir et blanc, pour permettre à ses clients de se concentrer exclusivement sur sa cuisine créative raffinée, complexe à se damner et complètement décomplexée. Son menu unique révèle des myriades d'émotions, des saveurs qui tourbillonnent, des textures qui craquent, qui croquent, qui veloutent, qui piquent ! La langoustine, carotte, manioc, lait de poule ; ou les crevettes sauvages, ananas, bouillon de coquilles d'huîtres évoquent les meilleures compositions de Pascal Barbot et de Christophe Aribert. Elles azimutent tous les sens et se dégustent de manière spécialement ludique. Ici, même le pain fait rêver et voyager (pain noir aux algues et au charbon). Au surplus, presque tous les ingrédients qui le composent sont bio, et le chef peut s'adapter pour rassasier de manière végétalienne et/ou sans gluten. Même la carte des vins est bien pensée, autour de flacons modernes (Clos Bellane, domaine Valette, Fleury). On assiste rue François-Rocca à un feu d'artifice, pendant lequel on vit une expérience très supérieure à celle de la cuisine d'auteur : on se nourrit de poésie... solide et liquide !

***Menus** : Déjeuner (4 plats et desserts) : 35 € / Déjeuner dégustation (6 plats et desserts) : 52 € / Dîner (8 plats et desserts) : 89 € / Dîner (10 plats et desserts) : 110 €*

9, rue François-Rocca
13008 Marseille
Tél. : +33 (0)4 91 24 83 63

Fermé dimanche et lundi
www.alexandremazzia.com

Le Mirazur

€€

MAURO COLAGRECO

♡ Haute gastronomie, avec vue, terrasse de folie, rotonde, hype

• Alain Passard est-il le meilleur « professeur de cuisine » de France ? En tout cas, à en juger par le nombre excessivement important de jeunes chefs chevronnés désormais établis à leur compte mais ayant préalablement travaillé dans son établissement, on peut le supposer. Vous l'avez compris, Mauro Colagreco est issu du sérail. Désormais, il habite une maison de notable, en ciment, sise sur les contreforts de Menton. La salle à manger en rotonde est stricte, confortable, moderne. Mais la vue sur le jardinet en contrebas et, surtout, sur la Méditerranée, est superbe. Là, on goûte aux dernières créations du chef qui possède du charisme, de l'instinct, de l'expérience et un délicieux accent argentin. Au Mirazur, le client est témoin de quelques fulgurances sur les huîtres, les betteraves et toutes les mignardises, qui permettent au chef de ciseler une cuisine poétique, qui invite au voyage et met en valeur les produits locaux. « Ici, il y a la mer, la montagne, la France et l'Italie ! annonce le chef, c'est tout, et c'est suffisant. » Le marché est donc fait quotidiennement des deux côtés de la frontière. À Menton, le chef travaille directement avec Lionel, l'un des derniers pêcheurs du port. Derrière le restaurant, il cultive lui-même le potager qui fournit la moitié des légumes du restaurant, dont huit exceptionnelles variétés de pommes de terre et quinze de maïs. Dans les assiettes, Mauro Colagreco expose dès les premières bouchées sa volonté de ne pas travestir le goût d'excellentes matières premières. Comme il choisit avec grand soin ses ingrédients, son projet fonctionne idéalement. Reste que le chef est en perpétuelle phase d'exploration. Cela lui permet de produire des coups de foudre. Ainsi, nous aimons énormément les variations autour des foies et des citrons de Menton, les mariages terre-mer qui évoquent des compositions de Guy Martin, les cuissons très savantes qui conservent les odeurs et la couleur nette des produits (Alain Passard), ainsi que les jeux de piste en sous-bois, dont les exhalaisons sont à la fois musquées et vagabondes. La carrière de Mauro Colagreco a pris son envol. Au Mirazur, pour chaque client, c'est la belle vie garantie.

• **LES VINS** : La carte est plutôt courte, mais bien pensée. Elle n'invite pas les stars, mais des vins français et italiens bien triés. Toutefois, elle s'étoffe sagement. En Champagne, Ayala et Taittinger sont à moins de 110 €. Dans le Sud, on remarque le château Margüi à 49 €, le château les Valentines à 45 €, château Sainte-Roseline à 65 €, le pouilly-fuissé Le Pavillon du domaine Régnard à 80 €, l'anjou de Catherine et Pierre Breton à 49 €, le graves du château de Chantegrive à 59 €, le châteauneuf-du-pape Les Bartavelles de Jean-Luc Colombo à 75 €, le savigny-lès-beaune du domaine Girard à 59 €, plusieurs très bons vins italiens donc les excellents blancs Barbera d'Alba Piana dès 48 € et, pour faire bonne mesure, le Clos des Mouches de Joseph Drouhin à 190 €. Cave paradoxalement plus riche en rouge qu'en blanc.

***Menus** : Découverte (3 plats et dessert) : 65 € / Inspirations (5 plats et desserts/vins) : 110 €/170 € / Carte blanche (7 plats et desserts/vins) : 160 €/250 € / Signature (9 plats et desserts) : 210 €*
***À la carte** : Mini : 120 € / Maxi : 240 €*

Frontière du Pont-Saint-Louis
30, avenue Aristide-Briand
06500 Menton
Tél. : +33 (0)4 92 41 86 86

Fermé lundi et mardi
www.mirazur.fr

La Bastide de Moustiers

⌘⌘ 🍷 €€ CHRISTOPHE MARTIN MATHIEU BLOYET

♡ Gastronomique, situation privilégiée, jardin, silence, romantique

• La Bastide de Moustiers est une maison du XVIIe siècle dotée de chambres magnifiques, et entourée de 4 ha de jardin d'où émanent en saison d'exquises exhalaisons... On peut venir manger ici sous le haut patronage d'Alain Ducasse, et sous la supervision d'un enfant du pays, Christophe Martin, qui interprète avec précision une cuisine provençale authentique, respectueuse et généreuse, bien que rénovée, et qui n'a qu'un but simple : suivre les saisons, et magnifier les produits du potager. La poitrine de canette à la cheminée, herbes de Provence, betteraves du jardin possède des parfums d'une puissance étonnante ! Le cochon fermier sur la braise, primeurs de paysans est un grand plat de soleil et de vin. À ce titre, les références ducassiennes habituelles reposent dans une cave très bordelaise avec une ouverture locale. La maison du silence et du bonheur !

***Menus** : Déjeuner (2 plats et dessert) : 52 € / Grisolière (2 plats, fromages et dessert) : 64 € / Au jardin de la Bastide (3 plats, fromages et dessert) : 82 €*
***À la carte** : Mini : 75 € / Maxi : 135 €*

Chemin de Quinson
04360 Moustiers-Sainte-Marie
Tél. : +33 (0)4 92 70 47 47

Ouvert tous les jours ; sauf en basse saison, fermé mardi et mercredi
www.bastide-moustiers.com

Olive et Artichaut

⌘ 🍷 € THOMAS HUBERT

♡ Bistronomique, charmant, bienveillant, attentionné, excellent service, cuisine ouverte

• Olive et Artichaut, c'est le petit (par la taille) bistrot méditerranéen rêvé, situé au cœur du vieux Nice historique. Tout y est soigné, de la décoration aux assiettes, en passant par un service (assuré par Aurélie Marion, la patronne) attentionné, gentil et prévenant, qui recherche avec vous la formule et/ou la bouteille qui vous fera vraiment plaisir. À ce titre, la cave est construite avec intelligence autour de la région, mais pas seulement : champagne brut rosé de Bruno Gobillard à 55 €, crozes-hermitage de Yann Chave à 40 €, côtes-de-provence Vita Bella du château La Mascaronne à 40 €, cuvée Camille du domaine Turenne à 21 €, Les Cistes rouge des Vignerons du Sommiérois à 20 €, domaine des Terres Blanches à 30 €, gevrey-chambertin Vieilles Vignes du domaine Philippe Charlopin à 82 €. Quant aux plats envoyés par Thomas Hubert, ils sont pensés pour le client, pas pour l'esbroufe. Mais cela ne les empêche pas de fleurer bon le haut niveau et l'arrière-pays niçois (les fournisseurs viennent tous les matins). Le pavé de cabillaud cuit à l'unilatéral sur la plancha, purée d'artichauts au miel, légumes, beurre monté aux citrons du pays ; ou le filet de chapon rôti, poireaux fondants, lames de pommes de terre cuites à l'anglaise, crème de truffes, réduction de soupe de poissons jouent tous les deux avec des oppositions de goûts et des contrastes exceptionnels, dont la plupart des chantres de la bistronomie parisienne feraient volontiers leur quotidien. Une gastronomie gorgée de vie, d'envie et de soleil. What else ?

***Menu** : Le petit menu d'Olive (2 plats et dessert) : 32 €*
***À la carte** : Mini : 35 € / Maxi : 70 €*

6, rue Sainte-Reparate
06300 Nice
Tél. : +33 (0)4 89 14 97 51

Fermé lundi et mardi
www.oliveartichaut.com

La Promesse

€€ VALÉRIE COSTA

Gastronomique, chic, romantique, surbooké, au cœur des vignes, fort en vins

• La Promesse étant située au cœur des vignes du domaine de Terrebrune, on imagine que le restaurant possède une belle cave. On ne se trompe pas, cette dernière est joliment vitrée et accueille plus de 400 références, qui font le tour de la France sans oublier les domaines labellisés bio (Coche-Dury, Rayas, Didier Dagueneau, François Raveneau, Morey-Coffinet, Michel Gros, Arnaud Ente...) et tout ce que Bordeaux compte de grand, ainsi qu'une sélection très pointue en Provence, dès 10 € au verre. Côté cuisine, Valérie Costa joue les artisanes du goût, et va chiner dans son potager bio les meilleurs légumes au meilleur moment (le restaurant est fermé presque tout l'hiver). Pour le reste, ses producteurs sont triés sur le volet, ce qui lui permet de réaliser un œuf bio cuit à basse température, velouté de mogettes et croustilles de jambon d'anthologie, et des foies gras réellement délicieux. Attention, la réservation est impérative (le restaurant compte seulement 18 couverts), et les tables ne peuvent accueillir que 6 personnes, au maximum, pas plus. Un secret bien gardé.

***Menus** : Découverte (2 plats et dessert) : 45 € / Dégustation (4 plats et dessert) : 69 € / Aventure (5 plats et dessert) : 79 €*
***À la carte** : Mini : 70 € / Maxi : 120 €*

724, chemin de la Tourelle
83190 Ollioules
Tél. : +33 (0)4 94 98 79 39

Fermé dimanche soir et lundi
www.restaurant-lapromesse.fr

Nature gourmande

€ MARTINE GIRAND

Cantine, familiale, épicerie, très engagé, ou à emporter, sans concurrence

• Nature gourmande est le seul restaurant bio de la région de Pertuis. C'est donc le passage obligé de tous les aficionados, d'autant plus que le rez-de-chaussée de l'établissement est occupé par l'épicerie bio du couple Girand (Martine et Michel). Bien sûr, ici, les recettes sont ménagères, mais très bien troussées, et on apprécie les goûts nets de produits bio et frais, livrés à l'épicerie par les producteurs en personne. Par ailleurs, toutes les viandes proviennent de l'abattoir de Tarascon, qui est totalement labellisé bio, à toutes les étapes de la production. Par ailleurs, l'agneau de Crau et les vachettes de Camargue sont cuisinés pour conserver intactes leurs immenses qualités. Les vins très locaux, et 100 % bio, sont vendus à prix coûtant. Pour la clientèle locale, le lieu est devenu incontournable. Les 24 couverts sont souvent pris d'assaut, la réservation est donc conseillée.

***Menu** : Formule (1 plat et dessert) : 17 €*
***À la carte** : Mini : 25 € / Maxi : 35 €*

214, rue Alain-Bajac
ZA Terre du Fort
84120 Pertuis
Tél. : +33 (0)4 90 77 14 51

Fermé samedi, dimanche, et le soir
la-nature-gourmande@orange.fr

Elsa

€€

PAOLO SARI

BRUNO SCAVO

Haute gastronomie, hyper luxe, chic et choc, engagé, très militant, très responsable

• Tomber amoureux d'Elsa est une douce fatalité. Même un inventaire à la Prévert ne suffit pas pour relater toutes ses qualités. Mais, comme l'exercice du pouvoir critique nous y oblige, c'est avec délice que nous allons quand même essayer de vous décrire la beauté de ce restaurant enchanté...Elsa habite un palace monégasque. Ses yeux sont de la couleur de la Méditerranée, qu'elle domine et dont elle apprivoise en un seul regard toutes les ressources naturelles. Dans son écrin exceptionnellement raffiné, elle propose à ses hôtes de déguster des aliments exclusivement bio (tout est certifié AB, sauf les produits de la mer) ou des poissons issus de pêches locales et raisonnées. Elle ne se fournit en fruits et en légumes qu'auprès de producteurs certifiés dont les potagers sont situés tout près de ses fourneaux (moins de 100 km). Elle est diplômée (première table 100 % bio certifiée par Écocert). Elle est attentionnée, et sait mitonner sur demande des plats végétariens et/ou sans gluten et/ou sans lactose. Elle trie soigneusement ses déchets sur dix niveaux ! Elle préfère les produits issus du commerce équitable, utilise de l'électricité 100 % verte, consomme de l'eau de manière rationnée... Et, cerise sur le gâteau, elle cuisine divinement. Ses recettes inventives sont dénuées de pesanteur et de fioritures. Leurs parfums sont véritablement exceptionnels. Dans chaque plat, ces derniers, portés sur les ailes d'un ange, impressionnent longuement par leur légèreté, leur élégance et leur authenticité. Il faut absolument venir chez Elsa, pour y marcher éveillé dans le rêve de tout défenseur de la biodiversité.

• **LES VINS** : La carte est assez courte (moins de 150 références), mais toutes les bouteilles sont certifiées bio (AB) ! Champagne Rosé de Saignée 2007 de Larmandier-Bernier à 195 €, coteaux-Varois-en-provence Patricia Ortelli 2015 du château La Calisse à 65 €, château la Rouvière 2011 à 80 €, vin de France Faustine 2012 du domaine Comte Abbatucci à 90 €, hermitage Chante-Alouette 2012 de M. Chapoutier à 190 €, saint-péray Terres Boisées d'Alain Voge à 90 €, coteaux-du-languedoc Tête de Bélier 2014 du château Puech-Haut à 125 €, corton-charlemagne Le Charlemagne 2012 du domaine de la Vougeraie à 395 €, château Pontet-Canet 2012 à 490 €, riesling Muenchberg 2011 du domaine Ostertag à 130 €, ainsi qu'une douzaine de références servies au verre entre 12 et 25 €.

***Menus** : Menu du marché (2 plats, dessert et café) : 48 € / Menu Dégustation (4 plats et desserts) : 120 € / Menu Inspiration (6 plats et desserts) : 150 €*
***À la carte** : Mini : 90 € / Maxi : 250 €*

Monte-Carlo Beach
Avenue Princesse-Grace
83000 Principauté de Monaco
Tél. : +377 98 06 50 05

Ouvert tous les jours
Fermé de fin octobre à début mars
www.monte-carlo-beach.com

Fanny Rey et Jonathan Wahid

⌘ 🍷 €€ FANNY REY

♡ **Gastronomique, provençal, locavore, bobo chic, médiatique, grands de demain**

• Le restaurant de Fanny Rey et Jonathan Wahid est singulier à plusieurs titres. Déjà, le pâtissier est titulaire du titre de champion du monde de dessert, ce qui n'est pas rien. Quant au jeune cordon bleu qui s'occupe du reste des agapes, elle fut une très médiatique finaliste de « Top Chef » (2011) et la seule femme à obtenir une étoile dans l'édition 2017 d'un célèbre guide rouge, ce qui compte aussi un peu. Enfin, les deux virtuoses sont amoureux, et cela joue incontestablement sur la totale cohérence de leurs menus. Ces derniers donnent à voir d'authentiques petits chefs-d'œuvre, que les deux chefs stars, en mouillant le maillot, viennent vous servir à table pour décrire avec précision toutes les subtilités de leurs plats (à condition de consommer le Grand Menu). D'une visite chez Fanny Rey et Jonathan Wahid, on doit donc retenir que le travail de l'élément liquide (sorbets, glaces, soupes et/ou consommés) est somptueux, pas si éloigné de celui réalisé par le génial Laurent Petit ; que toutes les recettes sont composées de produits artisanaux, parfois bio, en provenance des marchés locaux ; et que tous les desserts, sans exception, sont fantastiques. La carte des vins est ramassée autour des plus belles signatures de la région : IGP Méditerranée Magic White de Terres des Amoureuses à 105 €, Roc d'Anglade à 96 €, châteauneuf-du-pape du domaine l'Or de Line à 100 €, château Pétrus à 2 000 €, château Romanin à 45 €, château Dalmeran à 55 €, domaine de Trévallon à 105 €. La nouvelle auberge « so chic » du sud de la France est indubitablement sise à Saint-Rémy-de-Provence.

***Menus** : Bien-être et équilibre (2 plats et dessert) : 42 € / Terre, mer et océan (3 plats, fromages et desserts) : 85 € / Grand Menu (6 plats, fromages et desserts) : 150 €*
***À la carte** : Mini : 90 € / Maxi : 180 €*

12, boulevard Mirabeau
13210 Saint-Rémy-de-Provence
Tél. : +33 (0)4 90 92 15 33

Fermé dimanche soir, mercredi, et jeudi midi
www.aubergesaintremy.com

Hostellerie du vallon de Valrugues

⌘ 🍷🍷 €€ THIBAUT SERIN-MOULIN

♡ **Gastronomique, chic sans choc, romantique, grand luxe**

• Thibaut Serin-Moulin est un adepte d'une gastronomie cosmopolite et festive. Personne ne s'en plaindra. Son coco paimpolais servi en royale, crémeux de figues, pistou, copeaux de foie gras de canard et chorizo ibérique mérite de servir d'exemple en matière de haute gastronomie sudiste dans toutes les écoles. Évidemment, sans minimiser le talent du chef, la situation privilégiée de l'établissement (design sophistiqué, fauteuils profonds, terrasse ombragée par des mûriers platanes, bar cosy aux volumes impressionnants) compte aussi dans le plaisir que l'on prend à table. Au surplus, la carte des vins mêle sans complexe modestie des tarifs et instruction (les références) : ventoux L'Éclat du domaine de Fondrèche à 7 € au verre, domaine Le Sang des Cailloux à 10 €, côtes-de-provence Clarendon du domaine Gavoty à 55 €, saint-joseph d'Yves Cuilleron à 62 €, châteauneuf-du-pape du domaine de la Janasse à 105 , et Vieilles Vignes du château de Beaucastel à 280 €, vacqueyras Minéral du domaine Montirius à 70 €, et tous les meilleurs vins rosés de Provence. De l'élégance, à tous les étages !

***Menus** : Découverte (2 plats et dessert) : 65 € / Valrugues (4 plats, fromages et desserts) : 95 €*
***À la carte** : Mini : 80 € / Maxi : 160 €*

Chemin Canto Cigalo
13210 Saint-Rémy-de-Provence
Tél. : +33 (0)4 90 92 04 40

Fermé le midi
www.vallondevalrugues.com

La Vague d'or

⌘ 🍷🍷 €€€€ ARNAUD DONCKELE

♡ **Haute gastronomie, avec vue, terrasse, végétalo-compatible, very chic et choc**

• Saint-Tropez recherchait depuis de longues années un restaurant, et un chef, dignes de son statut de capitale de la planète « people ». La ville a enfin obtenu les trois étoiles convoitées grâce à Arnaud Donckele, un cuistot surdoué, le plus jeune chef trois macarons de l'histoire de France. Ce qui est remarquable, c'est que le jeune homme goûte à tout, sauf à la culture du bling-bling. Producteurs locaux, cuisine familiale et provençale réinventée avec maestria, recherche de la recette saine, pure... Indubitablement, il y a du Michel Guérard et de l'Alain Ducasse dans la manière dont Arnaud Donckele met en scène ses plats. Il adore réaliser des jus explosifs, et raconter dans chaque assiette : la beauté des Alpilles, le bonheur des papilles et le sourire des clients. Il y a donc beaucoup d'émotion dans cette gastronomie qui exalte les produits de la mer, du carpaccio de Poutardier, nectarines et pêches de vigne du chef, en passant par le turbot cuit en immersion d'eau de mer, citronnelle et algues. La carte des vins fait trembler jusque dans les allées des palaces parisiens. Humain et divin.

***Menus** : La Bouille de roche contemporaine (3 plats et dessert) : 205 € / Au fil du temps (4 plats et dessert/vins) : 280 €/400 € / Fugue bucolique et maraîchère (4 plats et dessert) : 270 € / Balade épicurienne (6 plats et desserts/vins) : 350 €/495 €*
***À la carte** : Mini : 230 € / Maxi : 450 €*

Résidence de la Pinède
Promenade de la Bouillabaisse
83990 Saint-Tropez
Tél. : +33 (0)4 94 55 91 00

Fermé le midi
www.vaguedor.com

Pleine nature

⌘⌘⌘⌘ 🍷 €

♡ **Cantine bio, sans gluten compatible, végétalo-compatible, engagé, pionnier, ou à emporter**

• Pleine nature est un pionnier du bio et de la bonne bouffe, depuis maintenant plus de vingt ans. En 1994, le magasin attenant au restaurant fut même la première supérette bio de Provence, ce qui lui permet de jouir aujourd'hui encore d'une flatteuse (et méritée) réputation. Dans l'aile consacrée à la restauration rapide, mais de qualité, qui fait le bonheur d'une clientèle de bureau pressée, on trouve, tous les midis, des fruits et légumes exclusivement locaux et bio. Les viandes (qui proviennent de la région d'Arles) et les vins sont également tous certifiés. Au surplus, les déchets sont triés et recyclés, tous les produits d'entretien sont bio et la consommation d'énergie est maîtrisée (notamment grâce à l'installation d'un chauffe-eau solaire). On disserte souvent au sujet de la cause bio. Ne cherchez plus, elle est là : en Pleine nature !

***Menu** : Déjeuner (1 plat et dessert) : 15 €*
***À la carte** : Mini : 22 € / Maxi : 32 €*

Centre commercial Avignon-Nord
Avenue François-Mauriac
84700 Sorgues
Tél. : +33 (0)4 90 32 65 33

Fermé dimanche, et le soir
www.pleine-nature.fr

Le Château de Massillan

€

FRÉDÉRIC LE BOURLOUT

JÉRÉMIE GRANIER

Gastronomique, végétalo-compatible, chic sans choc, romantique, très engagé

• Le Château de Massillan (quatre étoiles) est l'un des hauts lieux en France où l'on peut conjuguer luxe, gastronomie et biodiversité en (au) même temps et sans se ruiner, ce qui peut paraître accessoire, mais mérite quand même amplement d'être signalé. Didier Perréol, président fondateur d'Ekibio, a souhaité marquer, lors du rachat du domaine en 2012, son attachement à l'agriculture biologique et au développement durable. Pour ce faire, il a d'abord mis en œuvre des transformations afin que le château produise sa propre énergie, de manière responsable et durable ; et que les locaux deviennent éco-compatibles. La consommation d'eau sur tout le domaine a ensuite été raisonnée et maîtrisée. Enfin, avec le chef, Frédéric Le Bourlout, il a décidé d'employer en cuisine exclusivement des produits du commerce équitable pour les importations (cafés, thés, épices, chocolat, etc.) et des ingrédients certifiés bio (poissons provenant de pêches durables, viandes labellisées AB, etc.) ; notamment les fruits et légumes poussant fièrement dans le jardin du château, qui est le plus grand potager certifié (et pédagogique) de la restauration française, avec un peu plus de 5 000 m². Sur le plan culinaire, les propositions de Frédéric Le Bourlout font jour à de la Nouvelle Cuisine inventive, très inspirée (l'agneau est à tomber), qui emprunte tous les codes de la haute gastronomie de palace : architectures très propres, sublimation d'un produit central dans chaque assiette, netteté et détachement de chaque goût, dessert au chocolat de haute volée... Il suffit de goûter à la langoustine pochée dans un bouillon de crevettes grises, parfum de coriandre et gingembre façon thaï, pour comprendre qu'au-delà du plaisir de faire bon et bio, le chef nourrit aussi de très sérieuses ambitions. La qualité du lieu où il officie, la sincérité et la précision de sa démarche, sans parler de son talent, devraient bientôt permettre à Frédéric Le Bourlout de broder sur sa toque les étoiles convoitées !

• **LES VINS** : On s'en doute, tous les jus de fruits sont bio ; et tous les vins de la carte également (une petite centaine de références). Moins évident, la proposition au verre (13 références entre 6 et 15 € pour les champagnes) est formidable. Les producteurs certifiés les plus sérieux (notamment localement, dans la vallée du Rhône) présentent leurs meilleures bouteilles sur des coefficients à peine doublant : châteauneuf-du-pape Boisrenard du domaine de Beaurenard à 77 €, Roc d'Anglade à 66 €, côtes-du-rhône Le Clos du Caillou à 28 €, saint-joseph Les Granits de M. Chapoutier à 60 €, vacqueyras Minéral du domaine Montirius à 38 €, ventoux Persia du domaine de Fondrèche à 45 €, languedoc-pézenas Le Démon du Midi du domaine Villa Tempora à 32 €, cornas Les Chailles du domaine Alain Voge à 75 €, hermitage Monier de la Sizeranne de M. Chapoutier à 105 €, condrieu Imagine du domaine Barou à 64 €... Certes, les propositions dans le Bordelais, en Loire, en Bourgogne et en Alsace sont très réduites, mais on saura s'en passer facilement.

***Menus** : Menu du marché du jour (2 plats et dessert) : 29 € / Menu de Massillan (2 plats, fromages ou dessert) : 49 € / Menu du Marquis (3 plats, fromages et dessert) : 63 € / Dégustation (5 plats, fromages et dessert) : 79 €*
***À la carte** : Mini : 60 € / Maxi : 130 €*

730, chemin de Massillan
84100 Uchaux
Tél. : +33 (0)4 90 40 64 51

Ouvert tous les jours
www.chateaudemassillan.fr

O' Natur'Elles

€ BÉATRICE ROUX

Cantine bio-bio, sans gluten, sans lactose, végétarien friendly, terrasse, écolo

• Chef autodidacte, Béatrice Roux aime avant tout les bons et les beaux produits. On ne s'étonne donc pas qu'elle réinvente la cuisine ménagère et traditionnelle française en respectant scrupuleusement les saisons et en utilisant exclusivement des produits bio dans ses assiettes ! Ces dernières respirent la joie. Ce sont de savants et amusants bric-à-brac, où se côtoient des dizaines d'ingrédients, agencés de manière créative pour augmenter leur complicité et aussi préserver leurs saveurs propres. Dans ces conditions, on ne s'étonne pas qu'en saison, la pizza soit le plat de référence de la Maison. Certes, nous ne sommes pas assis ici à la table de Michel Guérard (dont les partis pris sont finalement proches), mais le prix de l'addition est divisé par dix, et les vins de la carte sont, eux aussi, bio et bons. Il suffit parfois d'une réservation et de se laisser porter par l'instant présent pour retrouver le sourire...

***Menus** : Formule (Plat et dessert) : 16 € / Menu (2 plats et dessert) : 30 €*
***À la carte** : Mini : 25 € / Maxi : 30 €*

36, place Montfort
84110 Vaison-la-Romaine
Tél. : +33 (0)4 90 65 81 67

Fermé lundi
www.facebook.com/pages/O-NaturElles/150798694991095

Outre-mer

11 TABLES ATTENTIVES

Lagoon by Jean-Georges

⌘ €€€€ JEAN-GEORGES VONGERICHTEN

♡ Haute gastronomie, total luxe, vue de folie, très chic et très choc, en apesanteur

• Indubitablement, il s'agit de la meilleure table de Bora Bora, et de toute la Polynésie française. La vue sur le lagon est sans équivalent, notamment si l'on profite des illuminations nocturnes. Ambiance feutrée, sol en verre avec vue sur l'eau, accueil de palace... tous les codes de l'établissement sont conformes à ceux des restaurants occidentaux étoilés. Au surplus, les recettes sont au niveau attendu. Sages métissages entre la tradition polynésienne et le répertoire de la Nouvelle Cuisine, elles font jour à des poissons et des fruits de mer de première fraîcheur, de première catégorie, issus de pêches durables, de ligne, puis délicatement préparés pour conserver toutes leurs saveurs. Évidemment, certaines matières premières viennent aussi de loin. Cependant, quand on goûte au filet de bœuf Black Angus américain, purée truffée, mousse de miso et légumes de saison, on peut le pardonner. La carte des vins contient une centaine de références internationales et ne fait pas l'impasse sur la biodynamie. Le Lagoon, c'est un peu de New York en Polynésie.

***Menus** : Cinq services (4 plats et dessert/vins) : 16 800 XPF/26 800 XPF / Sept services (6 plats et dessert/vins) : 24 150 XPF/36 650 XPF*
***À la carte** : Mini : 12 500 XPF / Maxi : 25 000 XPF*

The St. Regis Bora Bora Resort
Motu Ome'e BP 506
98730 Bora Bora
Tél. : +689 40 60 78 88

Fermé mercredi, et le midi
www.stregisborabora.com/lagoon

Paris Cayenne

⌘⌘⌘ €€

♡ Gastronomique, chic, en vue, feutré, institution

• Sans aucun doute possible, Paris Cayenne est le grand restaurant de... Cayenne (vous aviez une chance sur deux). L'établissement ouvert depuis trente ans est désormais une institution. Sa carte fait voyager dans tous les coins du territoire, jusqu'en métropole. Le prestige de l'établissement attire donc les jeunes chefs les plus doués, qui viennent parfois de très loin, pour faire ici leurs armes. Ils ont alors le loisir de travailler des matières premières d'exception, comme le bœuf wagyu et les poissons de ligne de pleine mer. Les ravioles d'atipas, gingembre, bosse de zébu aux fruits rouges, risotto de gambas au pistil de safran, tuile de parmesan grillé font honneur à la grande et belle tradition locale. L'émincé de bœuf au poivre vert lorgne quant à lui vers les États-Unis. La carte des vins est relativement courte (60 références), mais les nectars sont bien choisis : gewurztraminer bio du domaine Fernand Engle à 36 €, banyuls Hors d'Âge de L'Étoile à 42 €, crozes-hermitage Petite Ruche de M. Chapoutier à 42 €, château Rahoul 2004 à 56 €, Certe Langhe Rosso à 48 € (Italie)... Paris est dans le cœur de tous les Français, même guyanais !

***À la carte** : Mini : 50 € / Maxi : 110 €*

59, rue de Lallouette
97399 Cayenne
Tél. : +33 (05) 94 31 76 17

Fermé samedi midi, dimanche, et lundi midi
www.pariscayenne.fr

Le Faré

⌘⌘⌘ 🍷 €€ YVES VINET

Gastronomie des îles, végétarien compatible, les pieds dans l'eau, avec vue, chic

• Sis sur la plage éponyme, le Faré a les pieds dans l'eau. D'ailleurs, on prend l'apéritif sur la plage! C'est uniquement en raison de sa localisation insolite que le restaurant dirigé par Yves Vinet dépayse les gourmets internationaux les plus avertis. Pour le reste, du service à la décoration de la terrasse, tout répond aux plus hauts standards qualitatifs de la métropole. Diligence, empathie, technique, dynamisme, tout est là! Et dans les assiettes? Bien sûr, toutes les propositions gastronomiques sont typiques de l'île. Les produits sont d'une qualité et d'une fraîcheur exceptionnelles, et beaucoup d'aliments d'importation sont labellisés. Le tartare de poissons mélangés aux herbes d'ici est un plat signature dont tout le monde raffole. Les boules de papaye sont incomparables. Les pinces de crabe sauce safranée sont vraiment piquantes. Et, du riz au magret de canard, toutes les cuissons sont idéales. Un vrai grand restaurant, où l'on peut dîner couché sur un transat. Ça le fait, non? D'autant plus que les vins et les cocktails du bar sont fameux (et prestigieux).

À la carte : *Mini : 45 € / Maxi : 75 €*

Boulevard des Crabes
97610 Dzaoudzi
Tél. : +262 269 60 13 31

Fermé lundi et mardi
www.facebook.com/Le-Faré-688697021197317

La Cave à vins

⌘ 🍷🍷 €€ CLÉMENTINE GROUVEL ET JEAN-CHRISTOPHE GROUVEL

Gastronomique, institution, fort en vins, (a)typique, gros hublot

• La Cave à vins, c'est tout à la fois : un restaurant à la très flatteuse réputation (primé plusieurs fois par des critiques américains), une cave à vins (comme son nom l'indique) et une épicerie fine. Dans cet établissement situé au cœur de Fort-de-France, on mange une cuisine qui mélange tradition, terroir et modernité. Toutefois, les habitués, qui comblent à chaque service les deux salles à manger du restaurant, le savent bien, on déguste surtout à la Cave à vins parmi les meilleurs foies gras du monde! Le canard Rossini accompagné de sa sauce aux morilles pourrait être présenté sur la carte de la Tour d'Argent, personne n'y verrait rien à redire. Ce plat délicieux est constellé d'étoiles. La tarte Tatin de bananes sauce au vieux rhum fait également une belle résistance et une belle persistance sur le palais. Bien sûr, du château Talbot en passant par le rosé La Chapelle de Sainte-Roseline, la carte des vins est un annuaire (400 références) de ce que le vignoble français produit de meilleur. Cette sympathique institution a plus que jamais de beaux jours devant elle.

À la carte : *Mini : 55 € / Maxi : 95 €*

124, rue Victor-Hugo
97200 Fort-de-France
Tél. : +33 (0)5 96 70 33 02

Fermé dimanche et lundi

OUTRE-MER

Le Choka bleu

ꕥꕥꕥ 🍷 €€ CHRISTIAN VIRASSAMY-MACÉ OLIVIER GRONDARD

♡ Gastronomique, romantique, avec vue, beau comme un sous neuf, terrasse

• Totalement rénové en 2015, le Choka bleu offre depuis sa terrasse l'une des plus belles vues panoramiques sur l'océan et toute la côte de Saint-Gilles. En fin de journée, le panorama est carrément inoubliable. Dans les assiettes, le restaurant est à la hauteur de sa situation exceptionnelle. Christian Virassamy-Macé (ancien de chez Garcia, passé aussi chez Thierry Marx et Jean-Luc Rocha à Cordeillan-Bages), construit des recettes qui parviennent à être extrêmement raffinées, sans être dénuées ni de gourmandise ni de volupté. Pour ce faire, il s'appuie sur des matières premières exclusivement locales, et revisite les recettes créoles à l'aune du grand répertoire. La langouste infusée au combawa, salade de palmiste aux algues, vinaigrette de crustacés donne la sensation d'embrasser l'océan tout entier. La légine, cuite à basse température, caloupilé, brèdes façon risotto fait pétiller des étoiles sur le palais des gourmets. Sous la houlette du malicieux Olivier Grondard, la cave n'est pas en retrait. Au contraire, elle regorge de flacons de rêve, à tous les prix : viognier de l'Aude des coteaux de Perpignan à moins de 40 €, montlouis-sur-loire Rémus du domaine de la Taille aux Loups et premiers vins Jean-Michel Gérin tous à moins de 100 €. Le grand restaurant de l'île, indubitablement.

***Menu** : Menu (2 plats et dessert) : 45 €*
***À la carte** : Mini : 65 € / Maxi : 100 €*

2, route de Saint-Pierre
Trou d'eau
97434 La Saline-les-Bains
Tél. : +262 262 35 16 14

Fermé lundi et mardi
www.facebook.com/le.choka.bleu

L'Edzen

ꕥꕥꕥꕥ 🍷 €€ GAËL CHOUX

♡ Gastronomique, luxe des îles avec cheval, en vue, ou à emporter

• L'Edzen a la réputation, méritée, d'être le meilleur restaurant de Nouvelle-Calédonie. Déjà, sa situation, face à l'hippodrome, est clairement privilégiée. Ensuite, le service est impeccable. Enfin, les produits sont de qualité, extrêmement frais, souvent bio. Évidemment, rien de tout cela n'est dû au hasard. En effet, le chef, Gaël Choux, a été formé dans les meilleurs restaurants français : Marc Veyrat, Bernard Loiseau, Georges Blanc… Installé à l'Edzen depuis 2010, il a logiquement commencé par rénover l'établissement. Sa cuisine est résolument cosmopolite, mais toujours respectueuse du terroir. Ainsi, le chef fait voyager à travers le monde entier (Asie, Amérique, Japon, Inde) en ne posant sur ses pianos que des mets frais du jour (et donc locaux), ou labellisés bio. Les pêcheurs le livrent à 8 heures chaque matin. Puis, le chef part cueillir ses légumes dans son potager. Dans les assiettes, toutes les céréales typiques de la gastronomie de Nouvelle-Calédonie sont bio : kacha, boulgour, quinoa, orge, riz… Le tataki de thon jaune mariné avec chapelure japonaise, poudre d'amande, noix de coco, épices cajun est un plat signature qui affole tout Nouméa. La salade du jour (qui change en fonction des produits frais de marché) pourrait sans complexe se déguster sur une table étoilée ; en voici une version : queue de crevettes en tempura, Saint-Jacques longuement marinées, tomates confites, cœur de palmier, pousses de bambou, râpé de concombre, basilic thaï, vinaigrette au soyo, sorbet morito, graines de sésame rôti. Carte des vins impliquée, au verre et en bouteille. Soirée dégustation avec vignerons invités. Une grande maison !

***Menu** : Menu Surprise (2 plats et dessert) : 4000 XPF*
***À la carte** : Mini : 5000 XPF / Maxi : 9000 XPF*

20, rue Gabriel-Laroque
98800 Nouméa
Tél. : +687 25 39 59

Fermé samedi soir, dimanche, lundi, et mardi soir

L'Autre Version

⌘ 🍷 €€ COLLECTIF

♡ Gastronomique, chic, en vue, feutré, dans les étages

• Si l'on souhaite dîner, en Guadeloupe, d'une cuisine raffinée dans un cadre de même niveau, avec piano bar et bibelots, on doit s'arrêter à l'Autre Version. Le restaurant à deux slogans. D'abord : « Cuisine et vins sympathiques. » Et nous pouvons vous révéler qu'il s'agit d'un euphémisme. La côte de veau poêlée, crème de morilles et vin jaune du Jura ; ou la pièce de bœuf Black Angus de Nouvelle-Zélande, sauce béarnaise, ravissent sans difficulté une clientèle habituée et exigeante, venue ici goûter à une cuisine savante et métissée, partagée entre les Caraïbes et le répertoire français. L'autre slogan est : « Dévorer des yeux n'est pas l'apanage du cannibale édenté. » Or, force est de constater que l'alliance du pictural (expositions de peintres, meubles de style, architecture des recettes, etc.) et du musical, qui s'apprécie à table, en terrasse, ou au bar dans de profonds fauteuils « club » de style anglais, n'a d'équivalent nulle part ailleurs sur l'île. Même la carte des vins, internationale, est savoureuse. Un endroit délicieux, qui produit des prestations au diapason !

À la carte *: Mini : 60 € / Maxi : 110 €*

Galeries Crystal Beach
N4
97118 Saint-François
Tél. : +590 590 93 09 15

Fermé le midi de mardi à samedi, et dimanche soir
www.lautreversion.fr

L'Atelier gourmand

⌘⌘⌘ 🍷 € FRANÇOIS RIVOLLET

♡ Bistronomique, chaleureux, beau dedans, local, tradition

• Le restaurant L'Atelier gourmand accueille dans un cadre chaleureux, aux tons chauds. À l'intérieur de cette grande baraque, l'ambiance est donc intime, charmante. Là, le chef François Rivollet invite à un retour aux sources. Il le clame : « Sans racines, la cuisine n'aurait pas d'âme. » Aussi, sur les plans techniques et thématiques, tout le registre de la gastronomie à la française est couvert, vins bio compris. Cependant, les recettes et les produits sont locaux. François Rivollet défend donc, avec vaillance et application, le patrimoine de Saint-Pierre-et-Miquelon. Et, à l'Atelier Gourmand, absolument tout est cuisiné maison, sans préparations industrielles, ni emploi du congélateur. Dans les assiettes, cela donne un excellent carpaccio de homard (8 € !) ; du foie gras marbré maison aux fruits de saison ; du colombo d'agneau aux courgettes ; ou du filet de bœuf au rivesaltes et jambon sec. Les intitulés sont simples, mais les goûts et les architectures produites sont vraiment sophistiquées et authentiques. Et les vins aussi : Saint-Roch les Vignes à 24 €, domaine de Maubet à 20 €, château Blaignan à 29 €... Ici, pas besoin de se forcer pour avoir un bon appétit.

Menus *: Menu (2 plats et dessert) : 32 € / Prestige (2 plats et dessert) : 40 €*
À la carte *: Mini : 35 € / Maxi : 75 €*

12, rue du 11-Novembre
97500 Saint-Pierre
Tél. : +508 41 53 00

Ouvert tous les jours
www.lateliergourmandspm.com

Restaurant Diana Dea

€€ DOMINIQUE CARLES

Gastronomique, charme, avec vue

• Le restaurant Diana Dea est ouvert sur la nature, et possède une vue panoramique sur l'océan Indien. Dans les assiettes comme dans les mirettes, se mêlent le minéral, le végétal et les fleurs tropicales. Le service attentif est conforme à celui des plus grandes tables de la métropole. Dans ce cadre, Dominique Carles réalise une gastronomie franco-créole haute en parfum et en couleur. Il marie les meilleurs produits de la région avec les épices et les saveurs locales : le chou coco, le chouchou, la patate douce, le cambar, la vanille Bourbon... Ainsi, en dépit de la magnificence du lieu, il suffit de goûter au thon « gro'zieu » mi-cuit, sauce vierge d'ananas et agrumes, cromesquis de patate douce, coulis de litchi et foie gras Rossini pour tout oublier – le décalage horaire, l'avion, la plage, l'océan, l'horizon – et se plonger dans un plat rare, enivrant, riche au point d'être capable d'inviter les meilleurs vins du monde. Ça tombe bien, car la carte n'est pas avare de belles trouvailles, de France, d'Australie, de Nouvelle-Zélande ou d'Afrique du Sud. Enfin, avant de prendre l'avion du retour, il faut déguster la déclinaison de poissons frais, en tartare, mi-cuit, sashimi et confiture créole, pour conserver encore longtemps chevillé au corps le goût de l'île. Une halte d'exception.

***À la carte** : Mini : 55 € / Maxi : 95 €*

94, chemin Helvetia Cambourg
97437 Sainte-Anne
Tél. : +262 (0)262 200 202

Ouvert tous les jours
www.diana-dea-lodge.re/fr/restaurant.php

French Coco

€€ NATHANAËL DUCTEIL

Gastronomique, chic, luxe colonial-style, avec vue, gros bois blond

• Le restaurant du French Coco, c'est le nouvel établissement martiniquais dont la cote monte à une vitesse astronomique. Déjà, le chef, Nathanaël Ducteil, est un beau gosse comme c'est pas permis. Ça compte sûrement un peu, mais cela n'explique pas tout. En plus, il est modeste. Il affirme qu'il tire son inspiration de son enfance, et de l'éducation culinaire dispensée par sa mère. C'est sans doute vrai. Cependant, sauf si sa maman était un chef multi-étoilé dont le patronyme nous aurait échappé, on peut sans risque avouer que ses recettes inventives, énergiques, parfois clivantes, toujours subtiles, se situent à mille lieues des meilleures propositions ménagères. Pour fomenter sa gastronomie de ciel étoilé, le jeune homme s'appuie sur des pêcheurs travaillant sur mesure pour l'hôtel, et sur des légumes merveilleux provenant directement de son potager bio ! Les pleurotes du Galion, poêlées à l'huile de coco, d'autres en texture crémeuse, pâte au cacao, chips d'ail, herbes sont une recette très riche, qui ne pèse pourtant pas plus qu'une plume sur le palais, et possède une onctuosité et une profondeur de parfums enivrantes. L'araignée de mer, chair en chiktaye, l'écume d'un matoutou, chaussons laisse, elle aussi, entrevoir un avenir radieux pour le chef et sa brigade. Le raffinement est également présent sur la carte des vins. Produits de qualité, labellisés, ultra-frais, luxe, calme et volupté.

***À la carte** : Mini : 65 € / Maxi : 130 €*

33, rue de la Distillerie
97220 Trinité
Tél. : +596 5 96 38 10 10

Ouvert tous les jours
www.hotelfrenchcoco.com

Lomipeau

⌘⌘ 🍷 €€

♡ **Restaurant des îles, végétarien compatible, charme, avec vue**

• Wallis-et-Futuna, ce n'est pas la Polynésie française. Ici, pas de touristes, pas de jet-skis, et pas de grands restaurants gastronomiques. En fait, l'offre culinaire se limite à une bonne dizaine d'établissements, dont un McDonald's ! Le meilleur restaurant de l'île est donc, logiquement, celui sis à l'intérieur de l'hôtel Lomipeau. Fatalement, on y mange de la nourriture locale, des poissons de pêche de ligne et des produits de l'océan de toute beauté, dans le plus strict respect de la nature et du biotope de l'île. Le restaurant est charmant. Il dispose d'une vue magnifique et, franchement, on y mange excellemment, de nourritures « exotiques » d'une fraîcheur absolue, n'ayant ici pas le même goût qu'en Occident.

***À la carte** : Mini : 6 000 XPF / Maxi : 12 000 XPF*

Route territoriale n° 1 - Village Aka'aka
District Hahake - BP84 Mata-Utu
98600 Wallis
Tél. : +681 72 20 21

Ouvert tous les jours

Belgique

73 TABLES ATTENTIVES • DONT 7 COUPS DE CŒUR

La Brouette

⌘ 🍷🍷🍷 € HERMAN DEDAPPER HERMAN DEDAPPER

♡ **Gastronomique, institution, ou à emporter, excellent service, annexe de Bacchus**

• La Brouette, c'est l'antre d'Herman Dedapper, expert en œnologie, premier maître sommelier de Belgique, photographe hors pair et grand amateur de carnaval. Bien sûr, sa salle est décorée par ses œuvres, dans toute leur splendeur. Toutefois, ce qui est particulièrement intéressant à la Brouette, c'est d'abord l'hospitalité du service, qui met toujours les petits plats dans les grands, ainsi que l'exceptionnelle qualité d'une cuisine d'inspiration française évoluant au gré des saisons. La cassolette de champignons des bois, beurre gras et escargots, ou la noisette de faon rôti, accompagnée de gratin dauphinois sont de parfaites assiettes automnales, idéales pour les amateurs de vins du Jura (la cave est exceptionnelle dans cette région) et de pinot noir. L'escalope de foie gras de canard poêlé, figue, boudin noir, ou le miroir chocolat, caramel glacé, caramel salé et truffe au chocolat sont des plats sans saison, mais toujours délicieux et faisant briller des étoiles dans les yeux des clients. Si l'on devait juger la cave, il faudrait carrément convoquer des constellations entières. Cette dernière possède peu d'équivalents dans le monde. Elle comporte plus de 500 références, qui couvrent aussi bien les GCC que les jeunes biodynamistes talentueux et inconnus, et ses coefficients sont souvent moins que doublant ! Une valeur sûre, où règnent Bacchus et l'empathie.

***Menus** : Midi (2 plats et dessert) : 33 € / Formule Brouette (2 plats et dessert) : 37 € / La Brouette en fête (3 plats et desserts/vins) : 55 €/84 €*

Boulevard Prince-de-Liège 61
1070 Anderlecht
Tél. : +32 (0)2 522 51 69

Fermé samedi midi, dimanche soir et lundi
www.labrouette.be

BELGIQUE

Friture René

⌘ 🍷🍷 €€ DIRK PIOLON NICOLAS PIOLON

♡ **Bistronomique, on refait ripaille, rigolo, cent patates**

• Avec un tel nom, vous vous en doutez, nous vous le confirmons, Friture René est le temple de la frite belge ! Mais encore faut-il savoir que cette dernière est souvent bio, et que l'on mange ici exclusivement des mets spécifiques au terroir local. Dirk et Dorine Piolon, à la tête de l'enseigne depuis 1987, ont toujours laissé à la carte les classiques, et les ont tirés vers le haut au fil du temps : l'œuf à la russe, et les moules parquées (9,60 €) sont franchement goûteux. Les carbonnades flamandes (17,30 €) et le pavé de cheval enflamment les sens. Par ailleurs, le menu présenté dans un grand journal façon années 1950 et les thés chinois chinés par Nicolas Piolon (le fils), qui connaît les cérémonials de dégustation japonais et pékinois sur le bout des doigts, et réalise incidemment un service hors du commun, achèvent de rendre l'adresse incontournable, inclassable. En outre, Nicolas est également passionné par les vins ; il a donc totalement transformé la cave (hyper complète et hyper pointue, et de toutes provenances), qui est désormais ouverte aux vins bio et de soif. On ne savait pas que la grande brasserie locale et mondialisée existait !

***À la carte** : Mini : 40 € / Maxi : 80 €*

Place de la Résistance 14
1070 Anderlecht
Tél. : +32 (0)2 523 28 76

Fermé lundi et mardi
www.facebook.com/pages/Friture-Rene/197377336974123

Gist

⌘ 🍷🍷 € DARIO PUGLIA

♡ **Bistronomique, cuisine avec vue, épuré, vins nature, grand de demain**

• Dario Puglia aime rappeler ses origines vénitiennes en fil rouge de ses recettes. Honnêtement, on ne s'en plaindra pas. Nous n'aurions pas de prime abord songé à une association telle que l'anguille fumée aux chanterelles, noisettes et romarin, sur un risotto crémeux, mais force est de constater que l'assiette est très colorée, encore plus crémeuse, en un mot : délicieuse. Cependant, c'est l'assaisonnement des poulpes et des artichauts délicatement poêlés, ainsi que l'accord réalisé avec l'un des nombreux vins bio qui reposent en cave, qui nous ont le plus épatés. Le restaurant a tout d'un futur grand : un concept, des cuissons exceptionnelles, des recettes contemporaines que l'on ne voit pas chez les concurrents... Il faut aller manger immédiatement chez Gist, avant que le succès ne le dévore à son tour. Même le service est excellent.

***Menus** : Menu Carte (2 plats et dessert/vins) : 39 €/54 € / Dégustation (4 plats et dessert/vins) : 59 €/87 €*
***À la carte** : Mini : 55 € / Maxi : 110 €*

Kaasstraat 2a
2000 Anvers
Tél. : +32 (0)3 295 66 27

Fermé mardi et mercredi
www.restaurantgist.be

Pazzo

⌘ 🍷 € INGRID NEVEN TOM D'HOOGHE

♡ **Bistronomique, cuisine ouverte, comptoir, éclectique**

• Pazzo est un restaurant bar à vins, mais avec un twist. Sa particularité, c'est que le chef, Ingrid Neven, a choisi d'emmener ses clients dans des voyages culinaires tout autour du monde : France, Italie, Japon... Pour ce faire, elle sélectionne des produits authentiques, paysans, qui débordent de parfums de première classe. Sur les pianos de Pazzo, gastronomie traditionnelle et Nouvelle Cuisine s'épousent donc sans complexe, brillamment, en grande pompe. La panna cotta d'anguille fumée, chou rouge, mandarine, vinaigrette au xérès ; ou le risotto aux truffes fraîches font sensation auprès des gourmets globe-trotters. Mais ils font aussi honneur aux vins d'une cave de grande classe, récompensée à de multiples reprises par les plus sérieuses instances. On y compte pas moins de 500 références, parmi lesquelles : champagne P2 de Dom Pérignon à 396 €, champagne rosé Laurent Perrier à 115 €, Late Harvest Muscat de Brown Brothers à 35 €, riesling Scharzhofberger Kabinett d'Egon Müller à 77 €, Grüner Veltliner Kamptaler Terrassen de Weingut Bründlmayer à 42 €, sancerre du domaine Sautereau à 43 €, pouilly-fumé du domaine de Ladoucette à 66 €, riesling St. Remigiusberg Weingut de Martin Tesch à 55 €, châteauneuf-du-pape du château La Nerthe à 87 €... Chez Pazzo, impossible de s'ennuyer, même en se forçant.

***Menu** : Déjeuner (2 plats et dessert) : 22 €*
***À la carte** : Mini : 55 € / Maxi : 85 €*

Oude Leeuwenrui 12
2000 Anvers
Tél. : +32 (0)3 232 86 82

Fermé samedi et dimanche
www.pazzo.be/fr

The Glorious

⌘ 🍷 € JOHAN VAN RAES

♡ **Gastronomique, très chic, branché, bondé au déjeuner, fort en vins, New York style**

• The Glorious, c'est d'abord une ambiance unique, exceptionnellement chic, où se mélangent, avec un sens inédit de l'harmonie, les couleurs vives, les styles (Art déco, baroque) et les matières nobles (cuivre, marbre chrome). Dans ce cadre somptueux et monumental, Johan Van Raes produit une gastronomie classique et classieuse, vraiment contemporaine, maîtrisée jusque dans ses savantes architectures, et qui parvient à faire voyager vraiment loin, mais sans jamais s'éloigner du terroir belge. Le javanais de saumon d'Écosse joue d'abord avec la texture du tartare et celle du carpaccio fumé. Puis, la recette gagne en intensité, en stature, en audace et en tension à mesure que se dévoilent ses satellites : mayonnaise d'huître, huile de ciboulette, quenelle de crème d'Isigny garnie de caviar avruga. La recette est redoutablement efficace, spectaculairement persistante ! La cave de prestige est un petit panthéon international, où se pressent tous les vins de renom. Pourtant, elle a l'amabilité de se laisser visiter sans difficulté, notamment au verre : Grüner Veltliner d'Ebner-Ebenauer (Autriche) à 7 €, pouilly-fuissé En Vergisson de Deux Montille Sœur Frère à 13 €, crozes-hermitage du domaine de Remizières à 9 €, Memento d'Olivi à 9 €... Difficile d'assumer un nom comme The Glorious. Le restaurant de Johan Van Raes y parvient pourtant parfaitement.

Menus *: Déjeuner (2 plats et vin) : 39 € / Glorious (3 plats et dessert/vins) : 65 €/120 € / Dégustation (4 plats et dessert/vins) : 95 €/160 €*
À la carte *: Mini : 80 € / Maxi : 145 €*

De Burburestraat 4A
2000 Anvers
Tél. : +32 (0)3 237 06 13

Fermé dimanche et lundi
www.theglorious.be

BELGIQUE

The Jane

⌘ 🍷🍷🍷 €€€ SERGIO HERMAN

♡ **Haute gastronomie, rock 'n' roll, cathédrale, du verre de partout, cuisine avec vue**

• Au sujet de The Jane, il faut dire deux choses. Premièrement, même si l'établissement est situé à l'intérieur d'une ancienne chapelle, il s'agit du plus rock 'n' roll (il est même doté d'un néon gigantesque en forme de tête de mort) des restaurants européens pratiquant la gastronomie à ce niveau. Deuxièmement, pour le chef, Sergio Herman, la gastronomie est une religion (d'où le choix de son lieu d'exercice). Les volumes de la salle à manger sont logiquement hors norme, à l'image des assiettes et de la carte des vins. Cette dernière fait jour à toutes les « vieilles » stars des vignobles européens, ainsi qu'aux plus pointus parmi les jeunes vignerons biodynamistes. Quant aux assiettes, chacune est une œuvre d'art ludique, visuellement magnifique, aux saveurs très exhaussées. Ajoutons à cela les vitraux en forme de tatouage, les éléments de décoration amusants et décalés, et on arrive à la conclusion limpide : c'est ici qu'il faut venir pour passer une soirée unique, au cours de laquelle on va manger divinement et vivre un grand spectacle !

Menus *: Huit services (7 plats et dessert/vins) : 110 €/170 € / Neuf services (8 plats et dessert/vins) : 130 €/190 €*

Paradeplein 1
2018 Anvers
Tél. : +32 (0)3 808 44 65

Fermé dimanche et lundi
www.thejaneantwerp.com

Véranda

⌘ 🍷🍷🍷 € DAVY SCHELLEMANS

♡ Gastronomique, façon bar, décontracté, inventif, grand de demain

• Davy Schellemans (ancien d'In De Wulf) ressemble à une star du rock des années 1950. Ça lui va plutôt bien et, surtout, cela renseigne déjà sur son restaurant. Il y règne une ambiance de franche camaraderie, policée, accomplie, la décontraction n'empêchant pas le talent, ni les morceaux de bravoure. Vous vous en doutez, il plane sur l'enseigne un doux parfum de rockabilly et de bistronomie. Mais, sur ce dernier point, le chef surpasse largement la plupart de ses confrères. Bien sûr, on retrouve le produit roi, l'épure et les petites purées siphonnées et odorantes qui font le succès de ce fameux concept gastronomique. Et, dans l'agneau de lait des Pyrénées, chou de Bruxelles, purée de pommes de terre et raisins, toutes les figures majeures attendues sont bien au garde-à-vous. Cependant, la qualité des cuissons, la tension des équilibres, l'harmonie des accords poussent le curseur critique bien au-delà. On penserait même à Michel Bras ! Les calmars et sésame noir, Saint-Jacques et brocolis chinois sont également remarquables, malins et sans défaut. C'est d'ailleurs cela qui caractérise le mieux la gastronomie selon Davy Schellemans, qui n'est que justice et précision. Carte des vins jeune et fringante, orientée « nature » sur des coefficients doublant. Très convaincant, avec encore une belle marge de progression, ce qui est vraiment impressionnant.

Menus *: Formule (1 plat et dessert) : 27 € / Menu (2 plats et dessert) : 35 € / Dégustation (4 plats et dessert) : 55 €*

Lange Lobroekstraat 34
2060 Anvers
Tél. : +32 (0)3 218 55 95

Fermé dimanche, lundi, et mardi midi
www.restaurantveranda.be

D'Eugénie à Émilie

€€

ÉRIC FERNEZ

Très haute gastronomie, cuisine mémorielle, chic, romantique, vin sur vins, rapport qualité/prix

• D'Eugénie à Émilie est un drôle de nom pour un restaurant doublement étoilé. Il s'agit en fait des prénoms de la fille et de la grand-mère du chef. Le restaurant a pris ses quartiers dans une ancienne fermette joliment réaménagée. Murs gris anthracite, cheminée, grands miroirs, tire-bouchons sur les murs... le grand chic façon campagne. Sauf à être un gastronome instruit, on ne s'attend évidemment pas, en venant ici, à déguster pour 28 € seulement, une sole façon Fernand Point exécutée à la perfection. Il est également difficile de se douter que l'on mange là le même agneau que chez Michel Bras : le carré d'agneau de lait de l'Aveyron AAA de chez Greffeuille, associé à une jardinière de saison et à un gratin dauphinois à damner un saint, à un niveau rarement vu en France ! En effet, avec ses airs débonnaires et de ne pas y toucher, Éric Fernez est un vrai « geek » gastronomique, un gentil savant, un érudit, qui adore recopier le répertoire et produire une cuisine mémorielle monumentale. Évidemment, le chef ne chine que des ingrédients de toute première qualité. Et il n'hésite pas à innover et à produire ses propres plats signature. À ce titre, difficile de savoir ce qu'est le porc, si l'on n'a pas dégusté le carré de cochon ibérique Kintoa de Pierre Oteiza, cuit 23 heures, puis rôti, croquette de tête et pied de porc (35 € !) Cette description est déjà la démonstration que la cuisine d'Éric Fernez est à son image : généreuse, excessivement opulente, pleine de goûts très forts et sans concession. Mais, la raison de ce parti pris ne tient pas seulement à la décision d'un grand épicurien voulant se faire plaisir et partager ses envies avec ses clients. Pour la trouver, il faut descendre en cave, et admirer une sélection de flacons rouges qui dépasse l'entendement. Éric Fernez, qui sera bientôt à la tête de son quatrième restaurant, est un génie discret et inclassable, un vrai coup de cœur, infiniment mérité !

• **LES VINS** : Nous allons vous décrire une infime partie de cette cave pléthorique, aux tarifs attractifs et sympathiques, parmi les plus honnêtes de la haute gastronomie en Europe, où l'on trouve des verticales immenses partout, et des millésimes prêts à boire ou ayant plus de 20 ans dans toutes les appellations de France (et sans inflation). Champagne brut Tradition de Diebolt-Vallois à 58 €, riesling Clos Windsbuhl 2008 – millésime légendaire – du domaine Zind-Humbrecht à 135 €, gewurztraminer Fronholz 1996 du domaine Ostertag à 85 €, saumur Arcane du château de Fosse-Sèche à 55 €, château-chalon 1997 du domaine Jean Macle à 125 €, chevalier-montrachet 2007 du domaine Leflaive à 490 €, hermitage du domaine Jean-Louis Chave dès 245 €, domaine de la Grange des Pères dès 125 €, côte-rôtie Rose Pourpre 1998 du domaine Pierre Gaillard à 145 €, saint-joseph 2003 Les Serines du domaine Yves Cuilleron à 75 €, château Rayas à 160 €... De quoi boire, pour tous les goûts et toutes les bourses, même les flacons rarissimes peuvent se laisser ouvrir docilement.

Menus *: Déjeuner (2 plats et dessert/vins) : 59 €/94 € / Intemporel (3 plats et desserts) : 95 € / Classique (3 plats et desserts/vins) : 95 €/141 € / Découverte (4 plats et desserts/vins) : 115 €/174 € / Épicure (3 plats et dessert) : 149 €*
À la carte *: Mini : 90 € / Maxi : 240 €*

Place de la Résistance 1
7331 Baudour
Tél. : +32 (0)65 61 31 70

Fermé samedi midi, dimanche soir, lundi et mardi
www.eugenie-emilie.be

BELGIQUE

Les Gourmands

⌘ 🍷🍷🍷 €€ DIDIER BERNARD ET LYDIA GLACÉ CARLO ZECCHIN

♡ Gastronomique, générosité, excellent service, annexe de Bacchus, réservation

• Sis dans une petite villa perdue sur un bord de route de Blaregnies, dans le Borinage, les Gourmands est un restaurant d'habitués. Pourtant étoilé, l'établissement reste discret, mais affiche souvent complet. La raison ? Les talents authentiques d'aubergistes du chef Didier Bernard et de sa femme Lydia Glacé (pâtissière). Ici, pas de tralala. Toutefois, quand un gourmet pointe le bout de son nez, il reconnaît immédiatement cette maison du bonheur. Lors des repas de fête, on râpe de la truffe sur du homard. Le chef fait ouvrir des Grange des Pères de 20 ans d'âge (90 €), juste parce qu'il estime qu'il est temps de les boire. La poêlée d'asperges du pays, œuf de ferme et émulsion de sardines séduit par son originalité, la force de ses goûts francs et sa capacité à soutenir les vins blancs les plus puissants. Le crabe royal de la mer de Barents et tagliolini façon carbonara pourrait même être couronné empereur, ou président, tellement il est bon ! On vous le confirme, la cave est une merveille : cuvée Marie de Charles Hours à moins de 40 €, Clos Rougeard à moins de 140 €, plus de 1 500 références dans toutes les régions de France et dix autres pays. Les amateurs apprécieront (notamment les formules au verre, qui vous en donnent vraiment pour votre argent). La Belgique, c'est chic !

***Menus** : Clin d'œil gourmand (2 plats et dessert/vins) : 45 €/65 € / Dîner (2 plats, fromages et dessert/vins) : 60 €/100 € / Plaisirs gourmands (3 plats, fromages et dessert/vins) : 75 €/115 € / Gourmet et gourmand (4 plats et dessert/vins) : 110 €/170 €*
***À la carte** : Mini : 90 € / Maxi : 160 €*

Rue de Sars 15
7040 Blaregnies
Tél. : +32 (0)6 556 86 32

Fermé dimanche soir, lundi et mardi
www.les-gourmands.be

Le Mystique

⌘⌘⌘ 🍷 €€ GREGORY SLEMBROUCK

♡ Haute gastronomie, charme, grand siècle, romantique, grand de demain

• Le Mystique est le restaurant du somptueux et intime hôtel Héritage. Sous la houlette d'Isabelle et Johan Creytens, ne règne ici que le bon goût, à tous les étages, y compris en cuisine. Le chef, Gregory Slembrouck, est le genre de garçon qui brasse sa propre bière, qui revisite à sa manière chaque cocktail du superbe bar et qui relance si nécessaire mille fois, personnellement, les meilleurs producteurs du pays pour obtenir l'ingrédient ultime qui manque à sa recette. Au Mystique, l'implication derrière les pianos est donc totale. Et, dans la salle du restaurant, du service jusqu'à l'assiette, la bienveillance est le maître mot. C'est sans doute pour cette raison que le wagyu n° 9 au barbecue, crème de miso, mousseline de dashi et pomme fondante est un plat dont on ne revient pas. Il laisse les gourmets à genou face à tant de maestria, avec une seule idée en tête, commander une seconde assiette. La langoustine, poitrine de porc laqué à la façon de Danny Vandaele, micro-carotte et chermoula permet en un instant de faire le tour du monde de la très haute gastronomie, et contient de l'érudition dans chaque bouchée. Enfin, le foie gras poêlé, rhubarbe marinée, préparations de framboises est une recette a priori simple, réalisée avec tant de précision qu'elle mérite trois étoiles. Carte des vins à l'avenant : Ruinart à 170 €, domaine de la Doucette à 69 €, Clos des Papes à 135 €, Grand Enclos du château de Cérons à 55 €, Les Folatières de Jean-Louis Chavy à 145 €, La Soie Blanche de Benoît Viot à 55 € et, un vin local, Heuvelland Westouter du domaine Vidaigne à 65 €... En ce moment, le Mystique est le meilleur restaurant de Bruges, où la concurrence est pourtant d'un niveau extrêmement élevé.

***Menus** : Mystique (3 plats et dessert/vins) : 79 €/105 € / Découverte (4 plats et dessert/vins) : 95 €/125 € / Dégustation (5 plats et dessert/vins) : 115 €/150 €*
***À la carte** : Mini : 80 € / Maxi : 160 €*

Niklaas Desparsstraat 11
8000 Bruges
Tél. : +32 (0)50 444 445

Fermé dimanche et lundi, et le midi
www.lemystique.be

Bouchéry

⌘⌘⌘⌘ 🍷🍷🍷 €€

DAMIEN BOUCHERY

BÉNÉDICTE BANTUELLE

♡ Local, chic, éthique, tendance, zen, très haute gastronomie

- Ambiance zen et chic chez Bouchéry, où tout est mis en œuvre pour que le client profite de recettes centrées sur les produits, souvent bio, et encore plus fréquemment locaux. Le restaurant se fournit chez des agriculteurs éthiques des environs. Pain, beurre et certains fromages sont faits maison. Les Saint-Jacques posées sur un carpaccio de topinambours et rehaussées d'épines de sapin, ou le saumon, crème de sarrasin et clémentines sont très techniques, modernes, mais ne dénaturent jamais les matières premières. Au contraire, le chef les révèle. Le restaurant étant fermé à midi, on se demande logiquement à quoi M. Bouchery et son équipe occupent leurs matinées ? Eh bien, soit ils font le marché, soit ils partent en cueillette pour aller chiner dans les forêts bruxelloises les plantes, les écorces, les champignons et les fleurs que la nature fait éclore, et qui confèrent un goût inimaginable à plusieurs assiettes, ces dernières devant autant être senties que dégustées. En dépit de tout ce qui a été énoncé, il serait idiot de penser qu'un esprit baba cool imprègne le restaurant. Deux femmes, la compagne du chef et sa directrice artistique culinaire, veillent au grain pour que toutes ses idées soient mises en scène au sein de l'écrin le plus à même de les valoriser, jusqu'au subtil ajout d'un accent au nom du restaurant, à la différence de celui du chef. Engagement, précision, biodiversité et modernité font décidément bon ménage chez Bouchéry.

- **LES VINS** : Bénédicte Bantuelle est une directrice artistique passionnée par la sommellerie. Elle a pris un vrai risque en décidant que la majorité des vins de sa carte seraient choisis en fonction des accords qu'ils peuvent réaliser avec la cuisine du chef, fidèle à ses racines, et qu'ils seraient essentiellement issus des filières bio et nature, pour être aussi proche que possible du goût originel de leur cépage et de leur terroir. On se félicitera aussi de la tendresse des coefficients appliqués (vins au verre entre 7 et 9 €). Les Vignes de l'Ange Vin, les jurançons du château Lapuyade, les bourgognes du domaine De Moor, les vins de Jacques Maillet en Savoie... se débouchent tous sans snobisme et sans que vous soyez contraints de liquider votre PEL.

***Menus** : Pensé au jour le jour (2 plats et desserts/vins) : 58 €/83 € / Le Voyage du jour (4 plats et dessert/vins) : 78 €/118 € / Les Racines du goût (5 plats et desserts/vins) : 98 €/153 €*

Chaussée d'Alsemberg 812 A
1180 Uccle
Tél. : +32 (0)2 332 37 74

Fermé dimanche, et le midi sauf mardi et vendredi

www.bouchery-restaurant.be

BELGIQUE

Bistro du canal

⌘⌘⌘ 🍷 € CATHERINE SCHERRER

♡ Bistronomique, décontracté, branché, jeune, parigot, slow food

• Le Bistro du canal, c'est un peu de Paris transporté à Bruxelles. L'estaminet ressemble trait pour trait à un établissement « Titi » typique, jusque dans ses boiseries blondes, ses grandes baies vitrées, ses tableaux noirs d'écolier modèle et ses meubles indus, conçus sur mesure ! Même les recettes de grand-mère, façonnées avec soin, maison, transportent à Paname. Cependant, il y a un twist, un délicieux twist. Catherine Scherrer ne cuisine qu'à partir de produits locaux et/ou bio et/ou issus de l'agriculture raisonnée, provenant de petits artisans. Cela contribue à donner à ses spécialités franco-belges revisitées le goût du pays. Le stoemp qui escorte les croquettes de crevettes est délicieux. Évidemment, les plats en sauce (épaisses et détox) sont légion (canard chasseur, bœuf bourguignon, blanquette...) Cependant, on vient surtout ici pour goûter à de très rares variétés de bœuf, notamment japonais (onglet de bœuf wagyu, réduction à la bière de Rochefort, pommes de terre rôties). La carte des vins est ouverte à la biodynamie. Un chouette repaire pour joyeux compères, à la coule.

***Menus** : Formule à midi (1 plat et dessert) : 15,90 € / Menu (2 plats et dessert) : 29 €*
***À la carte** : Mini : 35 € / Maxi : 55 €*

Rue Antoine Dansaert 208
1000 Bruxelles
Tél. : +32 (0)2 511 03 60

Fermé samedi midi, dimanche et lundi
www.bistroducanal.be

Les Brigittines

⌘ 🍷🍷🍷 €€ DIRK MYNY

♡ Brasserie de luxe, gastronomique, tradi, plaisir, généreux

• Le restaurant de Dirk Myny est un lieu où il fait bon vivre et manger, et ce, pour plusieurs raisons. D'abord, on y goûte à des plats (généreusement servis) aussi différents que le tartare de bœuf (Galicia) coupé main, sauce soja et coriandre fraîche, ou la joue de bœuf braisée pendant 4 heures dans de la Kriek Cantillon, légumes du marché. Le seul point commun entre ces deux plats complètement dissemblables, c'est qu'ils sont pensés pour le vin. Ensuite, il transpire des murs antiques des Brigittines le plaisir de servir et de nourrir. Enfin, le chef s'évade dans le vignoble français dès que l'occasion se présente. Il se décrit comme un amoureux des vins élégants, surtout s'ils sont alsaciens et/ou naturels. Dirk Myny aime expliquer à ses clients que « son terroir, c'est la gourmandise ! » En sortant de son établissement, on a bien envie de faire sienne sa devise.

***Menu** : Menu du marché (3 plats et dessert) : 55 €*
***À la carte** : Mini : 50 € / Maxi : 110 €*

Place de la Chapelle 5
1000 Bruxelles
Tél. : +32 (0)2 512 68 91

Fermé samedi midi et dimanche
www.lesbrigittines.com

Comme chez soi

⌘ 🍷🍷🍷 €€ **LIONEL RIGOLET**

Haute gastronomie, chic, institution, vin sur vins, vitraux, façon bistrot, cuisine avec vue

• Comme chez soi, qui fut longtemps le meilleur restaurant du nord de l'Europe, est toujours l'un des phares de la restauration mondiale. Depuis quatre générations, on y goûte à une cuisine du marché et de saison, qui alterne l'inventivité la plus débridée avec des spécialités immortelles servies intactes depuis des temps immémoriaux. Ainsi, la mousse de jambon d'Ardenne Pierre Wynants, ou les filets de sole, mousseline au riesling et aux crevettes grises sont des signatures plus que parfaites, qui n'ont pas fini de longuement impressionner les gourmets. Reste que le plat le plus marquant du restaurant demeure le lièvre royal pour « Rigolet » – première assiette : râble en poêlée périgourdine aux champignons des bois ; deuxième assiette : en estouffade avec son petit boudin. Cette recette possède une intensité stupéfiante, qui projette au cœur d'une forêt humide et se révèle un écrin pour les meilleurs vins possédant des tannins. À ce titre, la cave de Comme chez soi, c'est le Disneyland des adorateurs de Bacchus. Il y a plus de 50 000 bouteilles qui attendent d'être bues, dont environ 100 références qui sont proposées à moins de 100 €. La grande classe, internationale !

***Menus** : Déjeuner (2 plats et dessert) : 60 € / Dîner (3 plats et dessert) : 99 € / Classiques I (3 plats et desserts) : 149 € / Classiques II (4 plats et desserts) : 189 € / Dégustation (5 plats et desserts) : 231 €*
***À la carte** : Mini : 90 € / Maxi : 240 €*

Place Rouppe 23
1000 Bruxelles
Tél. : +32 (0)2 512 29 21

Fermé dimanche et lundi
www.commechezsoi.be

BELGIQUE

Comptoir des Galeries

⌘ 🍷🍷🍷 €€ **BENJAMIN LAGARDE** **JULIEN GRUBER**

Gastronomique, blanc de blancs, galerie, modeste-chic

• Niché au cœur des galeries royales Saint-Hubert, cet hôtel-restaurant a récemment été rénové avec goût et de fond en comble. Dans ce cadre épuré et sobre, Benjamin Lagarde et son équipe signent des plats modernes, techniques, bien mis en valeur, et qui rendent de beaux hommages à la nouvelle Nouvelle Cuisine. Nous aimons particulièrement le poulpe de Galice et sa collection de tomates à la bergamote et à l'oseille ; ou les ravioles et bisque de homard montés au beurre breton, julienne de pomme. La sélection vineuse est au niveau attendu. Presque tous les vins sont bio ou nature, ce qui n'empêche pas d'y trouver des nectars pointus : crozes-hermitage du domaine Dard et Ribo à 64 €, saint-joseph Ro-Rée de Louis Chèze à 55 €, côtes-de-bordeaux Emilien du château Le Puy à 70 €, saint-romain du domaine Sarnin-Berrux à 70 €, Clos Rougeard, domaine du Roc des Anges dès 45 €, volnay premier cru Taillepieds du domaine Marquis d'Angerville à 145 €. Tout bon, à tous les niveaux ; et de l'ambition en prime. Bravo !

***À la carte** : Mini : 50 € / Maxi : 110 €*

Galerie du roi 6
1000 Bruxelles
Tél. : +32 (0)2 213 74 74

Fermé dimanche et lundi
www.comptoirdesgaleries.be

Les Filles – Plaisirs culinaires

€ LINE COUVREUR

Épicerie à manger, ou à emporter, design épuré et géométrique

• Les Filles – Plaisirs culinaires est un atelier aux multiples activités : tables d'hôtes, livraison à vélo, épicerie, cours de cuisine... où, sur réservation, on peut manger des recettes gourmandes, simples, mais pas dénuées d'imagination, qui font jour à des produits frais, bio, fermiers, artisanaux et de saison, presque exclusivement sélectionnés chez de petits producteurs belges. Le concept est donc vraiment épatant : générosité, échange de savoir-faire, convivialité, tout en respectant la biodiversité, et en s'inscrivant dans les mouvements slow food et de développement durable. Le tout arrosé de vins bio, s'il vous plaît ! On achète !

***Menus** : Plaisir du midi (3 plats et dessert) : 18 € / Plaisir du soir (3 plats et dessert/vins) : 28 € / Brunch le week-end à midi : 20 €*

Rue du Vieux-Marché-aux-Grains 46
1000 Bruxelles
Tél. : +32 (0)2 534 04 83

Ouvert tous les jours
www.lesfillesplaisirsculinaires.be

Gramm Restaurant

€ ERWAN KENZO NAKATA

Gastronomique, franco-nippon-fripon, contemporain avec néon

• Erwan Kenzo Nakata est un chef autodidacte, mi-breton mi-japonais, échoué en terre belge, ce qui n'est déjà pas banal. Dans ses assiettes, on ne trouve aucune fioriture ni prétention inutiles, mais uniquement de très bons aliments bio mis en valeur par des architectures épurées. Le minimalisme de la décoration du restaurant répond donc à la discrétion du chef et aux assiettes. Toutefois, ne nous trompons pas, Erwan Kenzo Nakata est un as. Le chef est un adepte de la longue cuisson basse température, ce qui fait que tous ses produits, de très haute qualité, parviennent sur le palais presque inaltérés, avec leur goût vrai ! Certes, du coup, certains ingrédients peuvent manquer de peps. Mais l'œuf bio et parfait ; la Saint-Jacques, purée d'oignons, raisins réhydratés, topinambour croquant et mousse de lait ; et surtout l'onglet Black Angus mi-cuit, chutney de mangue et crème d'agrumes valent largement étoile et citation. Carte des vins maligne et mouvante, avec un vrai choix, notamment bio, dès 30 €. Un top chef !

***Menus** : Déjeuner (2 plats et dessert) : 19 € / Menu (4 plats et desserts) : 49 €*

Rue de Flandre 86
1000 Bruxelles
Tél. : +32 (0)495 10 18 22

Fermé samedi midi, dimanche et lundi
www.grammrestaurant.be

Horia Eatery

⌘⌘⌘ 🍷 € ISABELLE NIZET

♡ **Cantine bio, engagé, Maghreb friendly, halal, mini cuisine ouverte, briques apparentes**

• Horia Eatery est un concept simple. En effet, le terme Eatery fait référence à un type de restaurant typiquement new-yorkais, mélange de restauration rapide, de fooding et de bistronomie. Bref, cela affiche les ambitions d'un estaminet dont la décoration ne paie pas de mine. Quant au terme « horia », il signifie liberté en arabe. Ce terme précise donc les influences culinaires de l'établissement, mais aussi la volonté du chef propriétaire, Isabelle Nizet, de reprendre sa vie, et ses cuisines, en main ! Dans son établissement, tout est fait maison à partir de produits bio de qualité, toujours frais et souvent locaux. Dans les assiettes, ce sont les classiques de la gastronomie marocaine qui sont exécutés avec maîtrise (mezzé bio, houmous, boulettes kefta, caviar d'aubergines...) « Bio, halal et souriant » pourrait être la devise de Horia Eatery. Au surplus, bien que le restaurant soit très bien situé, proche de la place de la Bourse, les prix demeurent raisonnables, même pour les vins, nature et bio, de Jeff Carrel (à partir de 19 €). Une cantine du soleil, dans le Nord, c'est vital !

***Menu** : Formule Horia (2 plats et dessert) : 24,50 €*
***À la carte** : Mini : 18 € / Maxi : 40 €*

Borgval 7
1000 Bruxelles
Tél. : +32 (0)2 502 08 48

Fermé dimanche et lundi
www.horia.be

Jour de fête

⌘⌘ 🍷🍷 € JULIEN VAN DEN NESTE

♡ **Cantinomique, happy food, sous-sol, végétalo-compatible, cuisine avec vue, décomplexé**

• Julien Van Den Neste et son épouse on créé un concept à part, qui résout une équation difficile : où faire la fête sans risquer de voir les voisins appeller la police et gâcher les festivités ? Jour de fête (en hommage à Jacques Tati, évidemment) est partagé entre un espace restauration traditionnel (les jours calmes) et une salle insonorisée, équipée pour faire la nouba (musique, ambiance, décoration, et même file filtrante VIP avec vigile sont fournis) tout en mangeant sainement. En effet, le carré de lait bio, mousseline de cresson ; et les rigatonis aux asperges et jambon de Parme supportent amplement les qualificatifs de « good and happy food » ! D'autant plus que les ingrédients composant les recettes du chef sont locaux et souvent bio. La petite cave est entièrement labellisée, et on y trouve même une forte proportion de vignerons biodynamistes (dès 29 €). Quand elle est saine, la fête est plus folle !

***À la carte** : Mini : 35 € / Maxi : 55 €*

Boulevard Anspach 181
1000 Bruxelles
Tél. : +32 (0)2 512 38 00

Fermé samedi midi, dimanche, lundi soir et mardi soir
www.jour-de-fete.be

L'Idiot du village

⌘ €€ ALAIN GASCOIN

♡ Bistronomique, déjanté, romantique, en vue, ou à emporter

• La cuisine de terroir et du Sud-Ouest à Bruxelles, ça existe ! Et ça se passe dans un lieu qu'il serait idiot de bouder. Certes, a priori, l'établissement ne paie pas de mine. Mais, la raison pour laquelle tous les gourmands belges en ont fait leur repaire, c'est que l'atmosphère qui règne ici est pleine de charme. Les lumières sont tamisées. L'abondance de détails dans la décoration fait penser à un atelier de brocanteur. Et, bien sûr, les menus ont beaucoup de belles histoires à raconter. Le tartare de la nouvelle vague ; le bébé chorizo rôti aux figues fraîches ; ou les Saint-Jacques saisies, carottes à l'orange et chantilly d'ail noire tiennent parfaitement les promesses de leurs somptueux intitulés. Ces plats sont provocateurs, branchés et sans défaut, au point d'attirer dans ces murs jusqu'aux stars de la télévision et du cinéma. La belle carte des vins labellisés a tendance à un peu gonfler les additions et à faire monter l'ambiance en soirée. L'Idiot du village n'est pas forcément calme à toutes les heures. Mais, finalement, connaissez-vous des endroits branchés qui le soient ? C'est la rançon de la gloire.

***Menu** : Formule du déjeuner (1 plat et dessert) : 20 €*
***À la carte** : Mini : 50 € / Maxi : 90 €*

Rue Notre-Seigneur 19
1000 Bruxelles
Tél. : +32 (0)2 502 55 82

Fermé samedi et dimanche
www.lidiotduvillage.be

Notos

⌘ € CONSTANTIN ERINKOGLOU

♡ Gastronomique, à la grecque, chic, ethnique

• Notos, c'est le grand restaurant grec de l'Europe du Nord depuis plus de vingt ans. Constantin Erinkoglou est authentiquement amoureux de son pays natal. Toutes les recettes de l'établissement, et la plupart ces ingrédients, sont ainsi originaires de Grèce. Le chef connaît si bien chacun de ses fournisseurs qu'il peut raconter l'histoire de chaque aliment présenté sur ses tables. Logiquement, il met en valeur des saveurs singulières, comme celles de l'avgotaracho (une sorte de poutargue à base d'œufs de mulet), ou de la fava de Santorin. La carte des vins est également olympique. En effet, Constantin Erinkoglou met un point d'honneur à contribuer à la reconnaissance des nectars de sa terre natale. La cave est donc remplie de trésors, comme l'Enstikto (bio) du domaine Silva Daskalaki, issu d'un rarissime cépage local ne produisant pas plus de 4 000 bouteilles par an. Sinon, la purée de fava, tomates séchées et câpres ; ou l'agneau au cumin longuement mijoté sont des plats délicieux, lumineux. Venir chez Notos, c'est partir en voyage. Gare aux coups de soleil.

***Menus** : Formule (1 plat et dessert) : 24 € / Déjeuner (2 plats et dessert) : 29 € / Dégustation (3 plats et dessert/vins) : 57 €/85 €*
***À la carte** : Mini : 45 € / Maxi : 80 €*

Rue de Livourne 154
1000 Bruxelles
Tél. : +32 (0)2 513 29 59

Fermé samedi midi, dimanche et lundi
www.notos.be

Pré de chez nous

⌘⌘⌘⌘ 🍷🍷 € HENRI DEPIESSE

♡ Bistronomique, végétalo-compatible, engagé

• Pré de chez nous ! Déjà, le jeu de mots est savoureux. Mais il y a mieux. Henri Depiesse et Frédéric Bellefroid sont deux jeunes trentenaires dynamiques qui ont décidé d'ouvrir leur restaurant grâce au financement participatif sur la plateforme KissKissBankBank ! Ce n'est pas banal. Leur philosophie sort également des sentiers battus : respect total des consommateurs et des produits. Cela se traduit par des approvisionnements en direct des fermes locales (notamment pour redynamiser l'économie de proximité), avec des producteurs de petite envergure, pratiquant une agriculture responsable et durable, sans aucun produit chimique. Ce choix du circuit très court offre dans les assiettes des volailles de Bastogne cuites à basse température, mousseline de potimarron, bouillon de légumes ; ou des magrets de canard, topinambours et noisettes, forts bien troussés, qui méritent d'enfiler plusieurs toques sur la tête du chef. La carte des vins reste modeste, mais respecte bien l'identité du restaurant et les petits vignerons engagés dans la cause bio. Une chouette idée de copains, qui est en train de devenir un restaurant à la flatteuse réputation.

***Menus** : Lunch (2 plats et dessert) : 21 € / Sensation (2 plats et dessert) : 28 € / Inspiration (4 plats et dessert) : 45 €*

Rue des Dominicains 19
1000 Bruxelles
Tél. : +32 (0)2 833 37 37

Fermé dimanche et lundi
www.predecheznous.be

BELGIQUE

Signora Ava

⌘ 🍷 € ENZO ET CLAUDIA

♡ Bistronomique, street food, façon cantine minuscule, bar à vins, décontracté, arte povera, ou à emporter

• En Italie, il existe depuis des éons un fameux courant artistique se nommant « arte povera », dont l'objet est, notamment, de créer en marge de la société mercantile, pour la beauté du geste et du monde. C'est avec une idée identique, celle de nourrir leurs contemporains avec noblesse, générosité et talent qu'Enzo et Claudia ont ouvert Signora Ava. Bien sûr, il s'agit d'un restaurant d'inspiration transalpine. On y trouve de fameux plateaux de fromages, des paninis d'anthologie, du jambon de Sardaigne, des vins de Sicile... Avec la formule, nous avons eu droit aux pâtes aux épinards, gorgonzola, sélection d'éperlans et de calamars frits à la sauce basilic dont le rapport qualité/prix est étourdissant. On ferait des folies de ce plat sain, frais et pourtant vraiment gourmand. La carte des vins est « ritale », dès 25 € (4,50 € au verre). Le café est délicieux (2,50 €). Le crucolo, servi avec du miel de truffe et de l'origan séché, fait se damner tous les amateurs de fromages et de pinot noir. Simple et efficace. Less is more ? Signora Ava en apporte quotidiennement la preuve.

***Menu** : Formule (1 plat et dessert et vins) : 15 €*
***À la carte** : Mini : 35 € / Maxi : 55 €*

Rue de Flandre 92
1000 Bruxelles
Tél. : +32 (0) 466 33 59 25

Fermé dimanche et lundi
www.signorava.com

Viva M'Boma

⌘ 🍷🍷🍷 € OLIVIER VANKLEMPUT

♡ **Bistronomique, épuré, blanc de blancs, bon jaja, tripes et boyaux, du lard et du cochon, traiteur, banquet**

• Si l'on n'a jamais mangé de véritables spécialités belges, ni une cuisine fine et très moderne à base d'abats, il faut absolument aller au Viva M'Boma. En effet, Olivier Vanklemput n'a aucune concurrence dans le monde quand il s'agit de réussir des carbonnades flamandes, et encore moins quand il faut anamorphoser de la cervelle de veau sauce tartare, ou des langues d'agneaux tièdes, servies avec une sauce aux herbes fraîches. Ainsi, chez Viva M'Boma, dans une ambiance typiquement bruxelloise, le moindre morceau de viande, même le moins noble, est délicieux. D'autant plus qu'une cave instruite et abordable permet de soigner les accompagnements : Le Clos du Caillou à 72 €, château Mangot à 47 €, Chante Coucou à 52 €, Jeunes Vignes du domaine Filliatreau à 30 €, C'est pas du pipeau à 42 €... On l'a déjà dit, on le répète : le gras, c'est la vie !

***À la carte** : Mini : 30 € / Maxi : 50 €*

Rue de Flandre 17
1000 Bruxelles
Tél. : +32 (0)2 512 15 93

Ouvert tous les jours
www.vivamboma.be

Le Wine Bar des Marolles

⌘⌘⌘ 🍷🍷🍷 €€ VINCENT THOMAES

♡ **Bistronomique, cave à manger, bar aviné, fort en vins**

• Le Wine Bar des Marolles ! Tout est dans le nom. On ne vient donc pas seulement ici pour manger, mais un peu pour boire aussi ! Par ailleurs, le restaurant est l'archétypique, le modèle, du bistrot bruxellois parfait, de la décoration (absolument splendide) jusqu'à la cave (pareil). Pourtant, l'adresse demeure (relativement) confidentielle, échangée par les seuls vrais épicuriens belges. Le patron, Vincent Thomaes, est sommelier, courtier en vins, amateur d'art, antiquaire, chef de cuisine et de salle... Il possède le don d'ubiquité ainsi qu'une vraie gouaille, qui lui sert à expliquer, raconter, instruire au sujet de ce qu'il donne à boire et à manger. Il n'a pas son pareil pour assumer sa belgitude et envoyer de grands plats à vin qui tapent dans le mille de son territoire : os à moelle au parmesan ; cervelle de veau meunière et tartare ; coquelet aux écrevisses de rivière... Tous composés conformément au concept de « Nature vivante », à partir de produits sains, souvent locaux et bio, n'ayant jamais connu de chimie. Et la carte des vins ? Magnifique, à tarifs justes : pouilly-fumé Silex d'Hubert Veneau à 35 €, savennières du château de Bellevue à 60 €, coteaux-du-layon Le Paradis du domaine du Regain à 55 €, riesling Vendanges Tardives de Florian et Mathilde Beck-Hartweg à 50 €, château Climens à 125 €, pétillant naturel Pink Bulles à 40 €, cuvée Trinch ! de Catherine et Pierre Breton à 35 €, château Mouton Rothschild 1985 à 400 €. Il faut absolument venir boire le Wine Bar des Marolles.

***Menu** : Formule (1 plat et dessert) : 15 €*
***À la carte** : Mini : 40 € / Maxi : 75 €*

Rue Haute 198
1000 Bruxelles
Tél. : +32 (0)496 82 01 05

Fermé lundi, mardi, mercredi, jeudi midi et vendredi midi
www.winebarsablon.be

BELGIQUE

Nuance

⌘ 🍷🍷 €€ THIERRY THEYS STEVEN WULLAERT

♡ **Haute gastronomie, chic, romantique, cave avec vue, fort en vins**

• Nuance, c'est une jeune équipe partie fièrement faire (et remporter) la guerre des étoiles. De la salle aux assiettes, ici, tout est soigné dans les moindres détails. Il y a du goût partout, jusque dans la carte des vins, élégamment présentée par Steven Wullaert, l'un des meilleurs sommeliers de sa génération. Dans ce cellier des merveilles, on trouve de tout, et pour tous les budgets. Évidemment, les vignerons biodynamistes sont largement invités. Le menu unique de Thierry Theys atteint son objectif : une cohérence absolue de bout en bout, ce qui permet au chef de raconter une impressionnante, et parfois même émouvante histoire à partir de produits de saison, très frais et parfois même labellisés. Le saumon oriental, crème de yaourt et émulsion de riz pour sushi est un plat déjà signature, qui casse les codes, invente des textures, met le plaisir et le jeu au centre de l'assiette. L'huître de Zélande, granité au champagne, amandes et haricots verts réinvente de manière magistrale le trou normand, mais sous la forme d'un vrai plat, incroyablement frais et digeste, qui fait subir au palais une délicieuse tempête le préparant à affronter et à accueillir les nouvelles saveurs à venir. Une symphonie des sens, authentiquement.

***Menus** : Déjeuner (2 plats et dessert) : 55 € / Smaaknuances (4 plats et desserts/vins) : 145 €/210 €*
***À la carte** : Mini : 110 € / Maxi : 200 €*

Kiliaanstraat 6-8
2570 Duffel
Tél. : +32 (0)1 563 42 65

Fermé mardi, mercredi et samedi midi
www.resto-nuance.be/fr

BELGIQUE

Le Pilori

⌘ 🍷🍷🍷 €€ MICHEL VAN CAUWELAERT MICHEL VAN CAUWELAERT

♡ **Gastronomique, confortable, institution, tradition, Neptune, rapport qualité/prix**

• À Écaussinnes, le Pilori fait partie du paysage. L'établissement, ouvert depuis 1917, est devenu une boîte à jazz très prisée dans les années 1970, où les plus grands se sont tous produits. Désormais dirigé par Marc Leveau et Michel Van Cauwelaert, le Pilori est un restaurant étoilé de haute volée. Le chef est particulièrement à l'aise avec les poissons et les crustacés, qu'il lève et prépare à la « japonaise ». Ses Saint-Jacques, ses langoustines et ses cabillauds sont goûteux, pleins de sucs. Ses gibiers, en saison, sont également remarquables. En fait, la cuisine du chef se démarque par des accords terre-mer détonnants, tels que le cabillaud au jus d'osso bucco, plat signature de la Maison, ou la langoustine queue de bœuf et anguille fumée. Au surplus, cette gastronomie du plaisir et du terroir, au service du client, est complétée par une belle carte des vins, très abordable, tenue par un sommelier adorable, et où s'épanouissent les vieux millésimes et les vignerons biodynamistes. Des formules en accord parfait sont disponibles avec les menus, à partir de 18 € seulement pour des flacons coup de cœur, et jusqu'à 80 € (seulement aussi) pour les vins rares. Une table d'amitié (on vous raccompagne chez vous à la fin du repas si vous n'êtes pas en état de conduire), de franchise et d'exception.

***Menus** : 1 plat (2 plats et dessert) : 35 € / 2 plats (3 plats et dessert) : 50 € / 3 plats (4 plats, fromage et dessert) : 77 €*
***À la carte** : Mini : 80 € / Maxi : 140 €*

Rue du Pilori 10
7191 Écaussinnes
Tél. : +32 (0)6 744 23 18

Fermé le soir sauf jeudi et vendredi, et un week-end par mois
www.pilori.be

Le Château du Mylord

€€€ JEAN-BAPTISTE THOMAES ET CHRISTOPHE THOMAES BART LAMON

Haute gastronomie, luxe, normand de partout, parc, fort en vins

• Jean-Baptiste et Christophe Thomaes exercent leurs talents derrière les pianos de l'une des institutions belges les plus réputées. Pourtant, presque tout dans leur Maison évoque la Normandie, du décor jusqu'aux assiettes. Certes, les produits cuisinés font essentiellement honneur au terroir local, et plus particulièrement aux producteurs du parc naturel du pays des Collines. Toutefois, le style des recettes, parfaites, possède un je-ne-sais-quoi de normand. Qu'il s'agisse du pigeonneau de Racan grillé au BBQ, copeaux de whisky, nuances d'oignons et butternut, brick des cuisses à l'ail doux et épices colombo ; ou de la gauloise de Bresse de la ferme Bruyère élevée comme un chapon, langoustine rôtie, gel de truffe, topinambour et fenouil, il y a dans chaque plat de l'opulence, de l'amour des grosses pièces, et le délice des sauces épaisses. La sommellerie dispose elle aussi d'une cave internationale richissime et sait faire preuve de discernement et de générosité, notamment dans ses formules au verre (Weissburgunder Trocken d'Alexander Laible, cuvée Romane du château Moulin de Peyronin, chardonnay Barrique Zwickl de Weingut K+K Kirnbauer, Primitivo di Manduria de Felline, Tinta Negra de Barbeito tous proposés pour 60 € en bouteille). Une halte saine, douce et gourmande.

***Menus** : Confiance du midi (3 plats et desserts/vins) : 85 €/130 € / Dégustation de saison (3 plats et desserts/vins) : 105 €/150 € / Gastronomique (4 plats et dessert/vins) : 135 €/195 € / Prestige (4 plats, fromages et desserts/vins) : 165 €/240 €*
***À la carte** : Mini : 110 € / Maxi : 220 €*

Rue Saint-Mortier 35
7890 Ellezelles
Tél. : +32 (0)6 854 26 02

Fermé dimanche soir, lundi et mardi
www.mylord.be

BELGIQUE

La Villa des Bégards

€€ FRANÇOIS PISCITELLO ALEXANDRE BÉMELMANS

Gastronomique, chic, viva Italia, voyage intérieur

• François Piscitello est italien d'origine, et il entend bien le rester. De la carte des mets à celle des vins, chaque recette, chaque flacon (à l'exception de quelques nectars champenois) regarde vers la péninsule. On peut donc manger ici parmi les meilleures pâtes de toute l'Europe. Personnellement, nous préférons nous adonner au carpaccio de gambas, chlorophylle de roquette au gingembre confit, et salsa à la framboise, ou à la lotte pochée à l'encre de seiche, couscous aux épices et amandes croquantes, calamaretti, qui sont deux assiettes gorgées à en déborder de soleil et de gourmandise. La cave emmène le convive à la découverte du vignoble transalpin, de ses pépites et de ses petits artisans biodynamistes : Chianti Classico Riserva à 40 €, Colline Lucchesi Palistorti à 58 €, Carmignano Riserva 2012 de Piaggia à 85 €, Brunello Di Montalcino Riserva Madonna del Piano à 295 €... Et Viva Italia, bien sûr !

***Menus** : Menu (3 plats et dessert) : 80 € / Dégustation (4 plats et dessert) : 90 €*
***À la carte** : Mini : 70 € / Maxi : 140 €*

Voie de l'Ardenne 112
4053 Embourg
Tél. : +32 (0)4 222 92 34

Fermé dimanche et lundi
www.lavilladesbegards.com

Horseele

⌘ 🍷🍷 €€ DAVY DEVLIEGHERE

♡ Gastronomique, vu sur le stade, food de foot, chic, épuré

• Un restaurant de prestige, ouvert à tous, sis à l'intérieur du stade d'une emblématique équipe de football (la Gantoise), est-ce possible ? Oui, en Belgique, où l'on a le droit d'aimer le ballon rond et de manger divinement ! L'équipe de Davy Devlieghere envoie ainsi tout un tas de recettes en pleine lucarne, à base d'architectures très sophistiquées et d'associations improbables (langue de veau au sésame) qui jouent magnifiquement de l'art du contre-pied sur le palais. Et les brigades ont du coffre pour tenir la distance jusqu'aux desserts, qui se montrent très en forme en fin de repas et concluent les agapes sur des « standing ovations » de gourmets sidérés. Le baba au limoncello, verveine citronnée et fruit de la Passion a le niveau pour remporter un concours. Carte des vins de champion : champagne Terre Natale brut 2000 de Huré Frères à 96 €, champagne V.O. de Jacques Selosse à 176 €, vosne-romanée du domaine Gros Frère et Sœur à 132 €, corton Clos Rognet du domaine Méo-Camuzet à 313 €, savennières Les Vieux Clos de Nicolas Joly à 77 €, sancerre pur jus du domaine Bernard Fleuriet et Fils à 56 €, châteauneuf-du-pape La Reine des Bois du domaine de la Mordorée à 135 €. Un restaurant programmé pour la victoire.

***Menus** : Quick Lunch (2 plats et dessert) : 45 € / Moment (2 plats et dessert/vins) : 53 €/70 € / Mid-week (3 plats et dessert et vins) : 95 € / Impressies (4 plats et desserts/vins) : 110 €/142 € / Signature (6 plats et desserts/vins) : 137 €/190 €*
***À la carte** : Mini : 70 € / Maxi : 140 €*

Ottergemsesteenweg Zuid 808
9000 Gand
Tél. : +32 (0)9 330 23 20

Fermé samedi midi, dimanche et lundi
www.restauranthorseele.be

BELGIQUE

Naturell

⌘⌘⌘ 🍷 €€ LIEVEN LOOTENS

♡ Gastronomique, végétalo-compatible, expérimental

• Naturell, le second restaurant de Lieven Lootens, est tout à fait singulier. Le chef y produit en effet une cuisine « pour tous les sens », qui se révèle particulièrement ludique et naturelle, conformément au patronyme de l'établissement. Ici, l'influence de la gastronomie nordique est particulièrement prégnante, du décor scandinave façon salle en bois, jusqu'aux recettes épurées, mais particulièrement originales, où deux ingrédients principaux (dont toujours au moins un légume) entament un dialogue passionnant pour le plus grand plaisir des gourmands. Les deux menus mensuels sont ainsi une expression pure de la saison. Lieven Lootens anamorphose les recettes traditionnelles grâce à des associations étonnantes, des architectures stupéfiantes et des parfums, naturels et puissants, subtils et inattendus. L'huître, algues, tartare de bœuf wagyu mariné est une expérience tonitruante. Son exact opposé, tout en douceur, le haddock, ravioli de poireaux et beurre blanc, est tout autant convaincant. La cave est à l'image de la cuisine, pleine de contrastes merveilleux. Sacrément engagé, tout autant engageant.

***Menus** : Lunch (2 plats et dessert) : 45 € / Lunch de luxe (3 plats et dessert) : 55 € / Dîner (3 plats et dessert) : 59 € / Dégustation (5 plats et dessert) : 75 €*

Jan Breydelstraat 10
9000 Gand
Tél. : +32 (0)9 279 07 08

Fermé dimanche, lundi et mardi midi
www.naturell-gent.be

Le Chai gourmand

⌘ 🍷🍷🍷 € PIERRE MASSIN LAURENT LEBRUN

♡ Gastronomique, carré blanc, végétalo-compatible, ou à emporter, annexe de Bacchus

• L'extérieur ne paie pas mine. Mais, à l'intérieur du Chai gourmand, c'est un peu l'exigence au service de la perfection ! Le restaurant est étoilé. Il le mérite largement, et cela se voit. Du décor aux mignardises en passant par les amuse-bouches ou par la truffe sur le foie gras, tout est impeccablement réfléchi, pesé, décortiqué, pour taper dans l'œil et taper juste. On ne s'en plaindra pas, au contraire. Par exemple, les formules en accord mets et vins sont vraiment idéales. Elles alternent le rare, le précieux et le rocambolesque avec un sens de l'équilibre, et du service, impressionnant. Évidemment, la cave est l'attrait principal de l'établissement : chevalier-montrachet 2006 d'Étienne Sauzet à 272 €, Les Clos du domaine William Fèvre à 85 €, Mas Jullien à 63 €, Laïs 2006 du domaine Olivier Pithon à 50 €, Les Calcinaires du domaine Gauby à 50 €... Tous les flacons présentés sont prêts à boire. Les vieux millésimes sont légion et les prix ne doublent même pas ceux du caviste. Reste que, en matière d'orfèvrerie, et malgré la beauté « suisse » affichée par la carte des vins, ce sont les recettes de Pierre Massin, grand chef discret, qui demeurent des références. Le pigeonneau d'Anjou, poitrine rôtie, cuisses croustillantes, jus à l'huile d'argan est comme un maelström, mais qui élève le palais au lieu de l'engloutir. Les noix de Saint-Jacques juste saisies, céleri rave, héliantis, pamplemousse, truffe tiennent un équilibre précaire et précieux, entre acidité et boisé, qui est idéal pour accompagner le meursault de Jean-François Coche-Dury (129 €) ! Le grand restaurant à vins de demain est déjà ouvert, il est à Gembloux !

***Menus** : Déjeuner (2 plats et dessert/vins) : 35 €/55 € / Chai (3 plats et desserts) : 55 €/90 € / Gourmand (4 plats et desserts) : 80 €/125 € / Grand gourmand (5 plats et desserts) : 115 €/170 €*
***À la carte** : Mini : 70 € / Maxi : 100 €*

Chaussée de Charleroi 74
5030 Gembloux
Tél. : +32 (0)8 160 09 88

Fermé mardi, mercredi, et samedi midi
www.chaigourmand.be

BELGIQUE

Le Délice du jour

⌘ 🍷 € FABRIZZIO CHIRICO SANAE CHIRICO

♡ Haute gastronomie, new food, chic, beau sur beau, inventif

• Fabrizzio Chirico est un besogneux, génial, courageux, mais besogneux. Il sait tout faire, cuit comme personne, possède des recettes qui lui sont vraiment propres, des fans, du succès... Et pourtant, il n'est jamais satisfait. Il ne cesse pas de travailler, veut inventer encore et encore. Même son plat signature change chaque saison. Mais, comme il ne cesse de l'améliorer, on lui pardonne. Sa queue de bœuf cuite 48 heures, accompagnée d'un crémeux de pommes de terre est déjà mythique. Sa cuisson extra-longue lui procure une texture incomparable, un moelleux et une douceur incroyable. En fait, c'est un dessert, viandeux et corsé. Pourtant, ce plat n'est même pas celui qui nous a le plus impressionnés. Le foie gras de la ferme de la Tour, gel de granny-smith, combava, croquant noisettes, géranium sauvage sous forme d'émulsion atteint la perfection. Il se positionne facilement sur le podium des meilleurs foies gras que nous ayons goûté au cours de notre carrière. Sanae, l'adorable épouse du chef, effectue un travail formidable dans la cave, qui est digne d'une très grande maison et possède une précision d'égale hauteur (domaines de la Grange des Pères, Jamet, Weinbach, etc., sur des coefficients cordiaux). Mieux qu'un grand de demain, un cador d'aujourd'hui.

***Menus** : Trois services (2 plats et dessert/vins) : 38 €/58 € / Quatre services (3 plats et dessert/vins) : 48 €/78 € / Six services (4 plats et desserts/vins) : 60 €/100 € / Huit services (6 plats et desserts/vins) : 75 €/135 €*
***À la carte** : Mini : 70 € / Maxi : 110 €*

Chaussée de Philippeville 195
6280 Gerpinnes
Tél. : +32 (0)7 121 93 43

Fermé lundi soir, mardi et mercredi
www.le-delicedujour.be

Les Éleveurs

⌘ 🍷🍷🍷 € **MICHEL BORSY** **ANDY DE BROUWER**

♡ Bistronomique, terrasse, épuré-chic, classico-moderne, bon jaja, rapport qualité/prix

• Les Éleveurs porte un concept situé à l'exacte croisée des chemins entre la brasserie de luxe et le bistrot à (grands) vins. Dans ce cadre, Michel Borsy envoie des plats travaillés avec énormément de soins. Le menu Carte blanche est d'ailleurs l'une des meilleurs affaires d'Europe (notamment dans sa version en accord mets et vins). En attestent le poulpe à la galicienne au céleri et fenouil suivi d'un duo d'anguille fumée et burrata ; ou le suprême de rousse de Lustin, chicon farci des cuisses, jus des carcasses à livèche, galette de pommes de terre, qui sont bâtis pour immanquablement flatter les palais, même les plus difficiles, et tous les vins, y compris les plus fins. La cave chérie avec passion par Andy De Brouwer est très orientée sur les vins bio, tout autour du monde : Boda en Calma à 36 €, Fitapreta Signature Series à 53 €, Ribera del Duero Pesquera Reserva de Bodegas Pesquera à 74 €, champagne brut nature de Drappier à 77 €, Blablablanc du domaine Jolly Ferriol à 46 €, chablis du château de Béru à 64 €, saint-véran de Pierre Boyat à 67 €, Olifants River de Sadie Family à 89 €... Un restaurant qui mériterait une classification particulière, car il est beaucoup plus sophistiqué qu'il n'y paraît.

***Menus** : Formule Lunch (1 plat et dessert/vins) : 29,50 €/54,50 € / Bistromenu (2 plats et dessert/vins) : 35 €/60 € / Menu du marché (3 plats et dessert/vins) : 55 €/87 € / Carte blanche (5 plats et desserts/vins) : 72 €/110 €*
***À la carte** : Mini : 45 € / Maxi : 100 €*

Suikerkaai 1/A
1500 Halle
Tél. : +32 (0)2 361 13 40

Fermé samedi midi, dimanche et lundi
www.les-eleveurs.be

BELGIQUE

Le Fou est belge

⌘ 🍷🍷🍷 €€ **DANIEL VAN LINT**

♡ Haute gastronomie, luxe façon 1900, cuisine avec vue, grosse pierre, gros bois

• Le fou est belge ! Comment ne pas agréer ? Plus sérieusement, le fou se nomme Daniel Van Lint ! Le chef, qui possède trente-cinq ans d'expérience, est le chantre des terroirs de son pays et de la minutie. Pour maîtriser intégralement ses recettes et les servir parfaites, il agit tout seul en cuisine, ce qui est une gageure incroyable à ce niveau. S'il peut se permettre cette coquetterie, c'est parce qu'il n'a pas son pareil pour créer de fantastiques écheveaux de saveurs à partir de seulement trois herbes et une carotte. En cela, Daniel Van Lint est l'alter ego de Philippe Bouissou. Son boudin noir, ses crevettes gr ses, sa tête pressée ou ses rollmops sont incomparables, épurés mais nobles, authentiques, d'une persistance à peine imaginable. L'équilibre de chaque assiette est difficile à expliquer tellement toutes les saveurs sont imbriquées les unes aux autres de manière émotionnelle, charnelle. La carte des vins tirera également des larmes des yeux des amateurs : chambertin du domaine Armand Rousseau, meursault de Jean-François Coche-Dury, etc... Et, ce qui est vraiment fou, ce sont les vins composant les formules qui accompagnent les menus. Le champagne grand cru brut nature blanc de blancs de Bagnost, Les Argiles du domaine François Chidaine, Calligramme du domaine de Bellivière, La Garenne du domaine Larue, Poruzots du domaine Henri Germain, Les Millandes du domaine Arlaud, l'hermitage du domaine Belle et, enfin, le maury VDN 1990 de Stéphane Gallet sont tous servis avec le menu Balade du fou (soit pour 40 €, en tout) ! Quel meilleur endroit pour découvrir la Belgique ?

***Menus** : Menu du cuisinier (2 plats et dessert/vins) : 50 €/75 € / Menu du fou (3 plats et dessert/vins) : 75 €/110 € / Balade du fou (5 plats et dessert/vins) : 85 €/125 €*
***À la carte** : Mini : 55 € / Maxi : 75 €*

Route de Givet 24
5377 Heure-en-Famenne
Tél. : +32 (0)8 632 28 12

Fermé dimanche, lundi et jeudi
www.lefouestbelge.be

Aloyse Kloos

⌘ 🍷🍷🍷 € THIERRY KLOOS

♡ **Chic, gastronomique, instruit, tradi, annexe de Bacchus, à fond sur le champignon**

• Thierry Kloos continue de produire une cuisine résolument saisonnière et largement dédiée aux champignons (dont le chef peut se targuer d'être le plus grand spécialiste européen, avec Régis Marcon), aux jambons et aux saumons finement salés et fumés maison, qui restent les ingrédients emblématiques du restaurant. Bien sûr, ses affinités naturelles le portent souvent à s'inspirer, avec énormément de générosité, de goûts venus d'Asie et d'Orient. Toutes ses recettes à base de viande, telles que le croustillant de ris de veau au curry extra-doux, ou les noisettes de porcelet aux patates douces et jus de truffes, méritent d'être qualifiées de fulgurantes et géniales. Nous n'avions pas besoin d'aussi belles incitations pour aller visiter une cave extraordinaire, dotée de plus de 2 000 références, où sont alignées toutes les plus belles bouteilles du vignoble français, avec des premiers prix dès 25 € et plein de bouteilles à vraie maturité (entre 7 et 20 ans) ! Une délicieuse escale hors du temps.

***Menus** : Déjeuner (2 plats et dessert) : 25 € / Carte (2 plats et dessert/vins) : 38 €/55 € / Dégustation (3 plats et dessert/vins) : 47 €/67 €*
***À la carte** : Mini : 42 € / Maxi : 62 €*

Terhulpsesteenweg 2
1560 Hoeilaart
Tél. : +32 (0)2 657 37 37

Fermé dimanche soir et lundi
www.aloysekloos.be

BELGIQUE

Chez Max

⌘ 🍷🍷🍷 €€ MAXIME HERBERT

♡ **Bistronomique, cave à manger, pain de la mort qui tue, branchouille la fripouille**

• Chez Max, « coiffeur pour hommes - restaurant », on ne manque pas d'humeur ni d'humour. Mieux encore, on peut manger une cuisine de droiture et de générosité, entièrement conçue par et pour le vin. Le velouté de potiron, graines de courges et magret de canard ; ou les noix de Saint-Jacques rôties au beurre d'orange, crème de topinambours appellent les meilleurs nectars. En effet, ne nous le cachons pas, si les classiques français sont bien récités par le chef, qui emploie des produits de saison et de qualité, ils ne demeurent que des « bons » prétextes pour aller visiter la cave mondialisée, chargée à en déborder de vins nature et labellisés : Fragile du domaine La Grange aux Belles à 42 €, Els Bassotets 2014 du domaine Celler Escoda-Sanahuja à 38 €, Les Crosses du domaine No Control à 40 €, crozes-hermitage du domaine Dard et Ribo à 50 €, Villa Symposia à 32 €, château Moulin Pey-Labrie à 62 €, maury sec Trinquette du domaine La Petite Baigneuse à 40 €, chambolle-musigny du domaine Philippe Pacalet à 130 €. On peut même boire le fameux « Tout bu or not tout bu » de Loïc Roure à 44 €. Les amateurs se sont déjà reconnus !

***À la carte** : Mini : 40 € / Maxi : 70 €*

Rue Lesbroussart 118
1050 Ixelles
Tél. : +32 (0)2 344 42 32

Fermé samedi midi, dimanche et lundi
www.chezmaxrestaurant.be

Émile Bistro

⌘⌘ 🍷 €

♡ **Bistronomique, design made in USA, institution, la classe au bar, ou à emporter**

• Émile Bistro est une institution bien connue de tous les Bruxellois. Ce vieux café rénové sobrement, mais à l'américaine, semble ne jamais vouloir perdre sa jeunesse et survivre à tout, même aux changements de nom et de propriétaires. La carte s'est modernisée et elle fait jour à des produits frais, même pour réaliser frites, burgers, bagels et croquettes artisanales. Les pâtes sont faites maison ! Rien n'est laissé au hasard, même pas la mayonnaise, excellente. Par ailleurs, le bœuf maturé 49 jours, fumé au foin et à l'hêtre, vaut lui aussi le détour (18 €), et les boulettes d'Émile appellent avec férocité les vins bio bien tendus qui séjournent en cave (Réserve spéciale de Gérard Bertrand à 32 €). Les amateurs de grosses surprises, de spécialités bruxelloises (stoemp), de gros accueil (les serveuses vous invitent à faire du gringue à votre voisine) et de grosses portions seront comblés, et sainement rassasiés.

***À la carte** : Mini : 30 € / Maxi : 60 €*

Avenue Émile-de-Beco 22
1050 Ixelles
Tél. : +32 (0)2 642 96 29

Ouvert tous les jours
www.emilebistro.com

BELGIQUE

Mo Mo

⌘⌘⌘ 🍷 € MME LHAMO

♡ **Bistronomique, spécialités tibétaines, très engagé, végétalo-compatible, ou à emporter, rapport qualité/prix**

• Mo Mo est-il le meilleur restaurant tibétain d'Europe ? La question mérite d'être posée. Madame Lhamo s'est installée dans le quartier du Châtelain pour cuisiner ses fameux raviolis à la vapeur à base de farine de blé, les « momos », à la manière tibétaine traditionnelle. Aussi, ces magnifiques petites compositions surprises révèlent-elles des goûts complètement inédits, et donc souvent merveilleux, pour nos palais occidentaux. Gingembre, graines de cumin noir et anis peuvent se côtoyer dans un bouillon. La soupe de lentilles corail est à notre avis sans équivalent sur le continent (tout comme le rapport qualité/prix du restaurant). Les momos poêlés à la façon des gyozas sont, eux aussi, délicieux. Cela s'explique, bien sûr, par le tour de main de madame le chef, mais aussi par le principe qu'elle s'est fixé de n'employer derrière ses fourneaux que des ingrédients bio (dont quelques vins) et des produits issus du commerce équitable, ces derniers étant exclusivement fournis par des femmes tibétaines, anciennes prisonnières politiques au Tibet. Madame Lhamo parle encore difficilement les langues de Molière et de Shakespeare. Autant le dire, on s'en fout ! Son sourire illumine la salle et, derrière ses pianos, ses doigts de fée produisent mieux que de la gastronomie, ils créent du lien… de l'humanité, de la bonté, de la chaleur vive !

***Menu** : Déjeuner (2 plats et dessert) : 12 €*
***À la carte** : Mini : 15 € / Maxi : 25 €*

Rue Defacqz 27
1050 Ixelles
Tél. : +32 (0)2 522 09 68

Fermé samedi midi, dimanche, lundi, mardi soir et mercredi soir
www.mo-mo.eu

Racines

⌘⌘⌘⌘ 🍷🍷 €€ UGO FEDERICO

♡ Bistronomique, italien friendly, bio-bio, végétarien, jardin, ou à emporter

• Racines, c'est le bistrot de luxe 100 % italien et 100 % végétarien d'Ixelles. Ici, pas de bidoche, pas de poisson d'élevage, uniquement du poisson issu de pêches durables. Concernant les primeurs, il s'agit uniquement de produits bio et locaux, cultivés dans la région bruxelloise. Par ailleurs, en cuisine, est également entretenu le goût de spécialités italiennes vraiment rares, comme le pecorino di fossa. Et, les classiques, comme la focaccia, sont vraiment exceptionnels. Décoration épurée, lumière abondante, groupes de jazz invités… Ugo Federico et Francesco Cury savent mettre en scène et gâter leurs invités. Au surplus, leurs recettes, particulièrement décomplexées, dépassent largement le cadre de la néo-cuisine moderne. La papillote de shiitake, haricots cannellini invente la gastronomie bio de la surpuissance rétro-olfactive. La carte des vins est italienne, et bio : Moscato d'Asti de Ca' d'Gal à 30 €, Bianco de Paltrinieri à 38 €, Franciacorta grand cru de Cavalleri à 88 €. Et on ne vous a même pas parlé des huiles d'olive et des cafés ! Un restaurant qui possède plusieurs bottes secrètes.

***À la carte** : Mini : 45 € / Maxi : 70 €*

Chaussée d'Ixelles 353
1050 Ixelles
Tél. : +32 (0)2 642 95 90

Fermé samedi et dimanche
www.racinesbruxelles.com

Rouge Tomate

⌘⌘⌘ 🍷 €€ ALEX JOSEPH

♡ Gastronomique, chic, New York style, romantique, terrasse

• Des restaurants comme Rouge Tomate, il y en a plein… à New York ! L'établissement est situé sur la prestigieuse avenue Louise, dans une maison de maître. Chaque salle dispose de sa propre ambiance, toujours lounge et classieuse, y compris sur la vaste terrasse boisée qui s'étend sous l'ombre des hêtres centenaires. Le chef, Alex Joseph (ancien de Cyrus et d'Eleven Madison Park) est un cuisinier surdoué, moderne, ambitieux, qui prône le régime crétois et une alimentation saine (du bio, du frais, du local) dédiée à Bacchus, avec trois types de flacons : les champagnes (de 50 € à 320 € pour Cristal de Louis Roederer), les sélections (5 € au verre et 29 € en bouteille), les premiums (7 € au verre et 38 € en bouteille). Dans les assiettes, on dévore du risotto au vin rouge, champignons, beurre de truffe, émulsion de parmesan ; ou des filets de cabillaud cuits au four, chou, citronnelle et lait de coco infusé au gingembre, qui sont « design », parfaitement équilibrés et healthy, car conçus avec des nutritionnistes et des architectes d'intérieur (si, si, vous avez bien lu), pour être, sur tous les plans, zen et parfaits ! Sophistiqué, sain, branché, rapide… La gastronomie du futur possède déjà son ambassade.

***Menus** : Formule (1 plat, dessert et café) : 35 € / Déjeuner (2 plats, dessert et café) : 44 € / Découverte (3 plats et dessert) : 55 €*
***À la carte** : Mini : 60 € / Maxi : 100 €*

Avenue Louise 190
1050 Ixelles
Tél. : +32 (0)2 647 70 44

Fermé samedi soir et dimanche
www.rougetomate.be

Tan

⌘⌘⌘⌘ €€

♡ **Bistronomique, très engagé, Feng Shui, cours de cuisine, ou à emporter**

• La vocation de Tan est de faire découvrir une cuisine savoureuse, respectueuse des lois de la nature et de la physiologie humaine. C'est donc déjà tout un programme. Aussi, ici, l'alimentation est prise en compte dans toutes ses dimensions (plaisir, nécessité, santé, écologie, éthique, science, spiritualité). Vous vous en doutez, il y a une grande sobriété dans les recettes et les cuissons, de manière à respecter au mieux les aliments. Évidemment, cette épure, cette vraie réflexion engagée autour de la gastronomie de demain (biodiversité, écologie, culture propre, commerce équitable, consommation, faim dans le monde, maladies du siècle) n'empêche pas le chef de préparer des recettes complexes et très gourmandes. En atteste le pavé de saumon bio mariné au pesto rouge, crème de rutabaga et purée de noix de cajou, vapeur de légumes de saison, sauce crue au curcuma et raisins de Corinthe. Quant à la caille désossée farcie aux champignons, marinée aux épices d'Orient, vapeur de légumes d'hiver, crème de navet jaune, patate douce et safran, sauce crue à l'huile de colza et tamari, c'est un pur et très complet, très complexe, concentré de Méditerranée. Chez Tan, on mange les aliments tels que la nature les a produits. Le patron s'assure auprès de ses producteurs que leur biovitalité n'a pas été diminuée par une récolte prématurée, ni par la pulvérisation de produits chimiques (engrais, pesticides, insecticides...), ni par une transformation, une dénaturation, un raffinage ou une cuisson non appropriée. Chez Tan, on assure, et on rassure.

***À la carte** : Mini : 50 € / Maxi : 100 €*

BELGIQUE

Rue de l'Aqueduc 95
1050 Ixelles
Tél. : +32 (0)2 537 87 87

Fermé dimanche
www.tanclub.org

Fleur de sel

⌘⌘⌘ €€ ALEX VERHOEVEN

♡ **Haute gastronomie, sympathique, chic, romantique, végétalo-compatible, star wars**

• Pour l'instant, tout va bien pour Alex Verhoeven (la cuisine) et sa compagne (la salle), qui réalisent leur rêve en s'installant dans leur propre maison, et communiquent leur enthousiasme à toutes les brigades. Le service est donc précis, attentionné, et les petits plats sont mis dans les grands, de l'accueil jusqu'aux mignardises (fameuses). La ville de Kasterlee, située à la frontière néerlandaise, est pittoresque. On peut en dire autant des recettes très nature et végétalo-compatibles du chef. Son parti pris est de raconter une belle histoire par menu, en s'aidant de petits plats, à déguster en bouchées. Par ailleurs, on peut l'affirmer, Alex Verhoeven est un fan de Neptune. Le King Crab, poireaux et truffe (où la mer est carrément un condiment) raconte cinquante nuances d'iode. L'huître et veau, sauce aux prunes et radis noir est un somptueux terre-mer où les sels marins font ressortir les exhalaisons terriennes. Le rouget, harissa et piquillos montre que l'iode contenue dans les chairs peut aussi être une saveur douce, apaisante. Toutes proportions gardées, la carte des vins est déjà celle d'une grande maison (il est même pratiqué des accords mets et bières sur tout le repas). S'il n'y a pas d'avis de tempête, Fleur de sel va bientôt décrocher les étoiles convoitées.

***Menus** : Déjeuner (2 plats et dessert/vins) : 45 €/57 € / Déjeuner dégustation (3 plats et dessert/vins) : 55 €/72 € / Nature (6 plats et dessert) : 97 €/135 € / Mistral (végétarien) (6 plats et dessert/vins) : 87 €/125 €*
***À la carte** : Mini : 95 € / Maxi : 185 €*

Turnhoutsebaan 189
2460 Kasterlee
Tél. : +32 (0)1 475 34 68

Fermé mardi, mercredi et jeudi
www.fleur-de-sel.be

Bartholomeus

⌘ 🍷 €€ BART DESMIDT MARINO OPSOMER

♡ Haute gastronomie, luxe, romantique, Madame est servie, coquillages et crustacés

• Bart Desmidt fait partie de cette petite confrérie de chefs autodidactes qui ont révolutionné la gastronomie de leur pays en la nourrissant d'idées totalement neuves, et d'autant plus délicieuses. La passion du chef est de mettre en valeur les recettes et les richesses de son terroir, en les pimentant de saveurs venues du bout du monde. On peut donc sans crainte aller chez Bartholomeus dans l'intention de passer un grand moment face à la mer du Nord. Ce dernier débutera par un service de prestige, dynamique, empathique, vraiment disponible et... en quatre langues. La carte des vins, internationale, est construite dans le même esprit éclectique. Les références bio n'y sont pas majoritaires, mais leur quantité, la qualité des formules au verre et la finesse des accords nous empêchent de chipoter (Jean-Michel Alquier, The Supernatural, Casal Figueira, etc.) La grande cuisine nordique, c'est ici, ou à Oslo !

***Menus** : Déjeuner (2 plats et dessert/vins) : 48 €/79 € / Bartholomeus (apéritif, 3 plats et dessert/vins) : 82 €/121 € / Dégustation (apéritif, 4 plats et dessert/vins) : 99 €/143 € / Terre et Mer (apéritif, 4 plats et desserts/vins) : 148 €/202 €*
***À la carte** : Mini : 110 € / Maxi : 380 €*

Zeedijk-Heist 267
8301 Knokke-Heist
Tél. : +32 (0)5 051 75 76

Fermé mardi, mercredi et jeudi
www.restaurantbartholomeus.be

Esmeralda

⌘ 🍷 €€ STEFAN VERHASSELT

♡ Gastronomique, industriel, traditionnel, technique, ludique

• Esmeralda est le grand oublié des restaurants belges dans les classements nationaux. Pourtant, on y goûte à une authentique cuisine française traditionnelle, qui récite avec précision et envie toutes ses bases classiques autour de produits de première fraîcheur et de qualité équivalente. Les tempuras de crevettes nobashi et légumes, coulis douce de paprika pointu et aïoli ne vont pas révolutionner l'histoire de la gastronomie. Cependant, le plat est excellent, complexe et sans défaut. La cave permet d'associer les plats à d'excellents vins de Bourgogne et d'Alsace, qui leur confèrent encore plus de panache. Ajoutons que l'on déguste ici les meilleures crêpes Suzette du royaume, et cela devrait suffire à vous faire comprendre qu'à défaut de briller dans les guides, les étoiles scintillent dans les yeux des clients habitués d'Esmeralda.

***Menu** : Menu (2 plats et dessert) : 60 €*
***À la carte** : Mini : 80 € / Maxi : 140 €*

Jozef Nellenslaan 161
8300 Knokke-Heist
Tél. : +32 (0)5 060 33 66

Fermé dimanche soir, lundi et mardi
www.restaurantesmeralda.be

Brasserie Latem

⌘ €€ VINCENT LIEVENS

Gastronomique, végétalo-compatible, charme, fort en vins, hédoniste

• La Brasserie Latem, c'est la petite gourmandise belge des hédonistes, une sorte de fruit défendu où l'on sait que le plaisir est toujours au rendez-vous. Pourquoi ? Déjà, car la qualité des produits locaux parvenant jusqu'aux pianos est exceptionnelle. Ensuite, parce qu'ici on peut manger de tout. Des plats de brasserie bourgeoise, comme la terrine de foie gras au chutney. Des plats végétariens. Des plats de luxe, comme les pommes moscovites au caviar osciètre. Des plats inventifs, tels que le carpaccio de loup de mer à la chaux ; le sashimi de langoustine façon Latem ; voire des compositions totalement folles (la tête de veau croustillante, jarret de porc, foie gras et ris de veau sur laitue). Enfin, car chacune des recettes énoncées plus tôt est envoyée avec précision et, surtout, est pensée pour le vin qui lui servira de lige. À ce titre, la cave est sans fond. On ne compte pas moins de 50 références au verre, parmi lesquelles : crémant-du-jura du domaine Jacques Tissot à 11 €, champagne cuvée spéciale de Bollinger à 17 €, Grüner Veltliner de Franz Hirtzberger à 18 €, syrah Iron de Mullineux & Leeu à 22 €, gevrey-chambertin premier cru Lavaux-Saint-Jacques de Frédéric Magnien à 20 €, riesling de Veyder-Malberg à 22 €... On ne risque pas de manquer de prétextes pour se faire plaisir chez Latem.

***Menus** : Small Essensuals (3 plats et café/vins) : 60 €/85 € / Full Essensuals (3 plats et café/vins) : 65 €/90 €*
***À la carte** : Mini : 75 € / Maxi : 220 €*

Kortrijksesteenweg 9
9830 Laethem-Saint-Martin
Tél. : +32 (0)9 282 36 17

Fermé dimanche
www.brasserielatem.be

BELGIQUE

Maison Lemonnier

⌘⌘⌘ € ÉRIC MARTIN ET TRISTAN MARTIN

Haute gastronomie, chic, épuré, terrasse, jardin

• Des murs de belles pierres et d'argile, du chêne clair ou patiné, quelques robustes meubles anciens, des tableaux aux couleurs vives posés dans un cadre épuré... Ça y est, vous êtes entré dans la Maison Lemonnier. C'est dans ce cadre que le chef Tristan Martin continue le travail de longue haleine entamé par son père, Éric. À la carte, pas d'élucubration. Un vocabulaire simple, éloquent, qui dit le produit, la générosité et le respect du client. Les fournisseurs de la Maison sont, pour la plupart, des partenaires de vingt-cinq ans, tous wallons, et qui travaillent sur mesure pour le restaurant : la boucherie Lefèbvre, la ferme de Pondrôme, Condroz Gibier, les trappistes de Rochefort, le moulin de Hollange pour la farine qui permet de réaliser les petits pains... Derrière les pianos, la Maison Lemonnier est l'ambassade du geste juste, de la technique maîtrisée, de l'exigence. On peut goûter ici parmi les meilleurs plats terre-mer d'Europe, comme le ris de veau et sa langoustine. La cuisson à l'argile (spécialité du restaurant) conserve comme aucune autre le goût et le jus des viandes ! Et les préparations au foin anamorphosent les chairs, confèrent des exhalaisons entêtantes aux plats ! Et que dire des légumes qui se prêtent au jeu des desserts, et des vins de grande maison vendus à prix d'amis. Chez Lemonnier, il n'y a pas de hiérarchie, ni entre produits ni entre clients, seulement une tradition de l'art de vivre qui relève de la noblesse de goût, et d'âme.

***Menus** : Lunch (2 plats et dessert/vins, eaux, café) : 38 €/62 € / Saveurs du produit (3 plats et dessert) : 58 €/93 € / Dégustation (4 plats et dessert/vins) : 82 €/127 €*
***À la carte** : Mini : 80 € / Maxi : 130 €*

Rue Baronne-Lemonnier 82
5580 Lavaux-Sainte-Anne
Tél. : +32 (0)8 438 88 83

Fermé mardi et mercredi
www.lemonnier.be

L'Air du temps

ꕥꕥꕥꕥ 🍷🍷🍷 €€ SAN HOON DEGEIMBRE

♡ **Très haute gastronomie, épuré, hyper inventif, bio, nec plus ultra-sons, végétalo-compatible, fort en vins**

• San Hoon Degeimbre, c'est le Pierre Gagnaire et le Marc Veyrat belgo-coréen, carrément ! Il se destinait au départ au métier de pharmacien, il est devenu sommelier et, désormais, il cuisine divinement. Il est même l'une des top références mondiales en matière de cuisine d'après-demain. Pour autant, bien qu'il utilise sur ses pianos des ultrasons ou la lacto-fermentation, son respect pour le produit est total. Pour preuve, il dispose d'un potager de 5 ha et d'un jardin suspendu à l'intérieur d'une grange annexe, où il cultive avec une infinie minutie pas moins de 400 variétés de plantes, de salades et de légumes ! On ne s'étonne donc pas que les sushis décomposés au homard et mayonnaise de ras-el-hanout ; les Saint-Jacques au daikon, dongchimi et topinambours ; ou le bo ssam huître perlée, lard, chou confit et saumuré, mousseline de yuzu soient inédits, inimitables et fassent jour dans chaque recoin de l'assiette à une totale perfection. À cette cuisine verte, moléculaire et très colorée, il faut ajouter une fantastique carte des vins, dépassant par son audace les attentes les plus hautes (d'excellents biodynamistes inconnus du monde entier côtoient les plus grandes bouteilles). La synthèse parfaite entre génie, nature et alchimie !

***Menus** : Business Lunch (2 plats et dessert) : 65 € / Genèses (4 plats et dessert/vins) : 105 €/160 € / Terroir contemporain (5 plats et dessert/vins) : 150 €/225 €*
***À la carte** : Mini : 115 € / Maxi : 170 €*

Rue de la Croix-Monet 2
5310 Liernu
Tél. : +32 (0)8 181 30 48

Fermé samedi midi, lundi et mardi
www.airdutemps.be

Arabelle

€€

ARABELLE MEIRLAEN

PIERRE THIRIFAYS

Haute gastronomie, végétalo-friendly, engagé, épuré, romantique, naturellement alchimique

• Dire qu'Arabelle Meirlaen est l'une des meilleures cuisinières d'Europe est encore un euphémisme. Elle est probablement le seul chef qui parvienne à sculpter dans ses assiettes de l'émotion et de l'empathie. Ses recettes sont en parfaite symbiose avec les saisons de la nature et du corps. Pour Arabelle, notre ventre est un second cerveau, qui possède un impact fondamental non seulement sur notre santé, mais aussi sur tous nos sens. Elle a donc choisi de se nourrir, et de régaler ses clients, en mettant en valeur dans le moindre recoin de son établissement les mérites du bien-manger pour bien vivre... et pour bien-être! Aussi ce galant cordon bleu s'intéresse-t-il aux vertus de la chlorophylle, à celles des légumes rares et insolites, à l'énergie des graines, à la puissance des épices et à la médecine douce des fleurs. Dans ses assiettes babyloniennes, toutes ces entropies fusionnent avec un sens absolu de l'équilibre. On sort rassasié, léger et infiniment heureux d'un repas chez maîtresse Meirlaen. À Marchin, sur les palais, même les plus complexes écheveaux se dénouent tout seul, pour communiquer des parfums, des appétits, voire même des amours extraordinaires, dont l'intensité est encore renforcée par l'activité discrète, mais décisive, d'une sommellerie de génie. Le lingot d'or de foie gras d'Abée et pépites donne à voir la place Stanislas et tout le grand répertoire français revisité avec une sensibilité extraordinaire, qui fait complètement oublier les délicieuses graisses de la bête. C'est un authentique plat 24 carats! La noix de bœuf wagyu coupé à la Berkel, à partager, est une aubaine (20 €). Nous pourrions en dire autant de tous les plats de la carte, notamment des poissons du jour, issus de pêches responsables. On ne connaît qu'un seul restaurant triplement étoilé (et marseillais) qui mette aussi bien en valeur les produits aquatiques. Reste que, chez Arabelle Meirlaen, c'est la douceur du King Crabe de la mer de Barents qu'il faut venir goûter, et ne jamais s'en remettre... Il est impossible d'imaginer un restaurant qui déborderait de plus de vie que celui-ci. C'est toute la vallée qui sert de jardin au chef. Les fillettes du couple viennent toujours aider papa et maman avant d'aller dormir avec le sourire jusqu'aux oreilles. À la table d'Annabelle, l'alliance entre convivialité, nature et plaisir est tellement parfaite qu'en sortant du restaurant, on a l'impression d'avoir renoué avec soi-même, d'être rechargé à en déborder d'énergies positives, au point qu'il est impossible d'y être insensible, même pour les plus blasés des gourmets.

• **LES VINS** : Pierre Thirifays, le compagnon d'Arabelle Meirlaen, est un sommelier de grand talent. Il parvient à réaliser des accords incroyables entre des vins bio et chaque recette du chef, en ouvrant presque exclusivement des bouteilles ayant atteint l'âge de raison (10 ans). En plus, les prix des formules (50 € pour 6 verres) et des merveilleux flacons (coefficients triplant, ou moins) invitent à la célébration plus qu'à l'abstinence. Tout Léon Barral, côtes-du-marmandais Chante Coucou d'Elian Da Ros, champagne premier cru Grande Réserve de Truchon-Bergeronneau, jurançon sec cuvée Marie du Clos Uroulat, IGP coteaux-du-salagou Navis du Mas d'Agalis, lirac Les Muses du domaine du Joncier, corbières Agapê du Clos Pacalis, côtes-du-jura du domaine des Cavarodes, chinon blanc de Bernard Baudry, gevrey-chambertin cuvée Vieilles Vignes de Sylvie Esmonin, crémant-de-loire du château Pierre-Bise et même des vins de Madère et du cerdon méthode ancestrale de Raphaël Bartucci. Mieux, ce serait trop!

***Menus** : Lunch (2 plats et dessert/vins) : 50 €/70 € / Cinq services (3 plats et desserts/vins) : 75 €/105 € / Six services (4 plats et desserts/vins) : 90 €/130 € / Sept services (5 plats et desserts/vins) : 110 €/160 €*
***À la carte** : Mini : 70 € / Maxi : 185 €*

Chemin de Bertrandfontaine 7
4570 Marchin
Tél. : +32 (0)85 25 55 55

Fermé de lundi à mercredi, samedi midi, et dimanche soir
www.arabelle.be

BELGIQUE

Cocotte

⌘⌘⌘ 🍷 € MYRIAM ABAOUD ET LAURENT GOSSET

♡ **Cantine, végétalo-compatible, engagé, pour initiés, décontracté, détox, terrasse**

• Cocotte est une surprenante table d'hôtes installée dans un ancien garage automobile situé au fond du jardin du propriétaire des lieux, lequel a conservé intacte la porte d'origine. À propos d'origine, tous les produits servis par les chefs sont durables, de saison, de région et issus de circuits (très) courts (hummm, les fameux thés des Thélices de Sophie). Ici, pas de carte, mais des menus évoluant au gré de l'inspiration de Myriam et Laurent. Bien sûr, on imagine manger chez Cocotte une généreuse cuisine de grand-mère, et l'on n'a pas tort. Toutefois, les recettes, si elles sont simples et naturelles, n'empêchent pas au duo derrière les pianos de les agrémenter d'un brin de sophistication et d'une pincée d'inattendu, comme l'apéritif/tapas du vendredi soir. Savoureux, goûteux, festif à condition de ne pas faire trop de bruit pour ne pas déranger les voisins. Cocotte est une adresse secrète, et très chouette.

***Menus** : Brunch : 14 € / Déjeuner : 16 € / Dîner : 20 €*

Rue des Archers 43
7000 Mons
Tél. : +32 (0)475 91 29 04

Fermé le soir de samedi à jeudi
www.cocottemons.be

Les Gribaumonts

⌘ 🍷🍷 €€ LISA CALCUS NICOLAS CAMPUS

♡ **Gastronomique, chic, fort en vins, traditionnel, Madame est servie**

• Aux Gribaumonts, on aime beaucoup de choses, et notamment les « mardis vins », où Lisa Calcus et Nicolas Campus élaborent des menus permettant d'associer aux mets des vins rares. Cela dit, les autres jours aussi, la formule au verre permet de véritablement goûter (avec modération) à la quintessence du vignoble français (ce qui est assez rare pour être signalé). Pour chaque plat, le sommelier propose toujours deux accords possibles. Il faut dire que le pigeonneau en deux cuissons, mousseline de carottes à la cardamome, ou le turbot à l'huile d'olive, bourrache, avocat, pignons de pin méritent largement de tels égards. Les amoureux de Bacchus ou d'une cuisine inventive et passionnée seront ici ravis et rassasiés.

***Menus** : Plaisir (2 plats et dessert/vins) : 46 €/82 € / Gourmet (3 plats et dessert/vins) : 59 €/109 € / Passion (4 plats et dessert/vins) : 72 €/136 € / Émotion (5 plats et dessert/vins) : 83 €/161 €*
***À la carte** : Mini : 60 € / Maxi : 120 €*

Rue d'Havré 95
7000 Mons
Tél. : +32 (0)6 575 04 55

Fermé samedi midi, dimanche et lundi
www.lesgribaumonts.be

BELGIQUE

La Table du boucher

€ LUC BROUTARD

Gastronomique, carnivore, décontracté, bon jaja, Dukan compatible

• La Table du boucher est le plus grand restaurant de tous les temps ! Bon, d'accord, peut-être pas quand même. Toutefois, Luc Broutard a eu une idée de génie, réconcilier les amateurs de viande, et de vins rouges avec la gastronomie. Traditionnellement, les menus dégustation étoilés n'autorisent qu'une seule viande par menu, ce qui est bien triste et ne permet pas d'enchaîner dans les verres le givry du domaine Joblot (65 €), le domaine de Trevallon (96 €), l'Eolithe du château de Fosse-Sèche (48 €) ou le crozes-hermitage du domaine des Martinelles (45 €). À la Table du boucher, c'est possible, puisque le menu dégustation propose aux carnivores le fameux parcours suivant : bœuf holstein maturé 50 jours, en carpaccio, huile d'olive extra-vierge et truffe fraîche, puis de la quenelle de volaille pochée au vin jaune, coulis truffé, suivie de veau fermier façon grenobloise, et du filet de bœuf wagyu, grillé, sauce au thym... En outre, si elle est évidemment bovine, la gastronomie proposée par Luc Broutard, qui cherche chaque jour à se réinventer, n'est pas « bourrine ». Amateur des délices de la terre et des prés, il parcourt chaque jour son potager et les forêts, à la recherche des herbes, champignons, écorces et petits zestes à même de rehausser ses compositions, qui sont beaucoup plus subtiles que ce que laissent présumer leurs intitulés... Carnivore style !

***Menus** : Lunch (2 plats et dessert) : 30 € / Bib (2 plats et dessert) : 37 € / Table du boucher (3 plats, fromages et dessert/vins) : 55 €/85 € / Dégustation (5 plats, fromages et dessert/vins) : 75 €/110 €*
***À la carte** : Mini : 40 € / Maxi : 160 €*

Rue d'Havré 49
7000 Mons
Tél. : +32 (0)6 531 68 38

Fermé mardi
www.latableduboucher.be

BELGIQUE

Les Trois Petits Bouchons

€

YOSHIDA SHUNSHUKÉ

ROLAND KEMPINAIRE

♡ **Gastronomique, chic, romantique, calme, terrasse**

• Fondé en 2004 par Roland Kempinaire et Yoshida Shunshuké, les Trois Petits Bouchons est un haut lieu de la gastronomie moderne, inventive et décomplexée. Les recettes qui sont ici concoctées sont actuelles, racées, même si elles suivent finalement assez scrupuleusement les traditions de la grande cuisine française. Le saumon d'Écosse confit, croûte d'algues, fenouil, vinaigrette de tomates confites est une expression délicieuse, très personnelle et qui a complètement intégré l'esprit fooding à l'intérieur du « grand » répertoire. Les vol-au-vent fermiers de belle volaille de chez monsieur Noël et ris de veau braisé forment un très chouette et vraiment prestigieux empilement de superlatifs et d'allégresse, façon Escoffier gourmand. Si ces assiettes donnent le sourire aux gourmets, c'est bien sûr en raison du talent du chef et de ses cuissons savantes, d'une précision japonaise (le choix des condiments est également excellent). Mais c'est aussi à cause de la rigueur des approvisionnements : 100 % des produits possèdent une fraîcheur absolue, les approvisionnements se faisant exclusivement à la source, plusieurs fois par semaine. Ce parti pris anamorphose totalement la simple soupe de litchis et fruits de saison aux saveurs d'Asie qui, servie avec le menu du déjeuner, est déjà carrément monumentale, et vaut largement plusieurs étoiles. La carte des vins est énorme. À l'écoute de la nature et des saisons, les Trois Petits Bouchons est un lieu de célébration, de convivialité et de partage. On aime ça, évidemment !

• **LES VINS** : Vous pensiez avoir lu toutes les louanges qu'il était possible de tresser à Roland Kempinaire et Yoshida Shunshuké. Eh bien non. Car, si leur proposition gastronomique est vraiment de haut vol, leur cave est encore plus azimutée, dans tous les (bons) sens du terme. Stars, vignerons étrangers, flacons bio, tarifs d'une grande tendresse, tout est pensé pour séduire, de manière irrémédiable, même les plus difficiles parmi les admirateurs de Bacchus. Meursault 2008 de Jean-François Coche-Dury à 120 €, chablis premier cru Forêt du domaine François Raveneau à 80 €, bourgogne-hautes-côtes-de-beaune d'Anne Gros à 55 €, riesling grand cru Schlossberg du domaine Albert Mann à 70 €, muscadet-sèvre-et-maine Granite du domaine de l'Écu à 33 €, pouilly-fuissé La Roche du domaine Barraud à 55 €, vin-de-savoie La Piquette de Gilles Berlioz à 40 €, côtes-du-jura ouillé du domaine Macle à 48 €, chignin-bergeron Le Grand Rebosson d'André et Michel Quenard à 45 €, coteaux-du-languedoc Oro 1999 du domaine Peyre Rose à 89 €, vin de table Il Cavaliere du domaine Comte Abbatucci à 85 €, hermitage de Tardieu-Laurent à 75 €, alsace du domaine Marcel Deiss à 36 €, pauillac 2006 du château Pontet-Canet à 140 €, cornas Rebelle de David Reynaud à 60 €, châteauneuf-du-pape 2010 du Clos Saint-Jean à 48 €, domaine de la Grange des Pères à 110 €, cahors La Roque du Mas Del Périé à 36 €... Même le Portugal et l'Autriche sont représentés. Et, parmi les autres concurrents internationaux : Alentejo Terrenus à 70 €, Grüner Veltliner Dürnsteiner Kellerberg de F.X. Pichler à 85 €. 600 références... impressionnantes !

Menus *: Déjeuner (2 plats et dessert) : 30 € / Trois P'tits B (2 plats et dessert) : 37 € / Surprise (3 plats et dessert) : 50 € / Menu du chef (4 plats et dessert) : 65 €*
À la carte *: Mini : 50 € / Maxi : 90 €*

Avenue Paul-Pastur 378
6032 Mont-sur-Marchienne
Tél. : +32 (0)71 32 55 19

Fermé samedi midi, dimanche, lundi soir, mercredi soir
www.les3petitsbouchons.be

L'Éveil des sens

€€

LAURY ZIOUI

NADIA ZIOUI

♡ Haute gastronomie, classique, charmant, excellent service, cuisine avec vue, Léguman, végétalo-compatible

• L'Éveil des sens possède une petite réputation, à savoir : être le meilleur restaurant de Belgique! L'une des explications concernant cette flatteuse notoriété, méritée, est que le chef Laury Zioui possède une expérience et un talent stratosphériques. Toutefois, le fait qu'il mette toute la puissance de son exceptionnel potager au service d'une cuisine aux subtils accents belges et maghrébins n'est sans doute pas non plus étranger à son succès. Le chef se définit avec humour comme un aristocrate de la gastronomie. Certes, il y a de la tenue, du savoir et de la tradition dans ses assiettes. Pourtant, on doit surtout retenir qu'elles sont composées à partir de produits locaux, bio. Sur cette base, le chef peut déployer toute l'envergure de ses multiples talents. Il est un acrobate des épices et des saveurs, un sniper en matière de précision des cuissons (il refuse de suivre les indications des clients si ces dernières risquent d'altérer ses plats), un philanthrope de la gourmandise et de la générosité. Laury Zioui réalise une cuisine créative et de terroirs, au pluriel. Cette dernière est curieuse, riche d'échanges qui traversent l'Europe entière, jusqu'au Maroc. Le foie gras d'oie au verjus, vanille, champignons de Paris, citron confit et girofle est au niveau de la recette similaire ayant fait s'agenouiller tout Paris devant le porche de l'Astrance. Le dos de bar, pain croustillant, fenouil, artichaut, émulsion de gingembre et câpres rend hommage à tous les goûts de peau authentiques des aliments le composant. La complexité de ce plat merveilleux constitue un écrin idéal pour accueillir des vins du même calibre. Les Saint-Jacques de Dieppe, jeunes poireaux, anchois, truffes noires de Carpentras, vinaigrette, possèdent tout : la fraîcheur, la subtilité, l'élégance, la puissance et la noblesse. Ça tombe bien, ces qualités vont comme un gant au couple Zioui.

• **LES VINS** : Nadia Zioui a bu son premier verre de vin à l'âge de... 27 ans. Pourtant, aujourd'hui, elle est l'une des meilleures sommelières du pays, à la tête de l'une des plus belles caves d'Europe, qui fait le tour du monde et de la biodynamie. Dans le cellier, on trouve : champagnes grand cru de Jacques Selosse, cuvée de la Table Ronde blanc de blancs non dosé du domaine Lancelot-Pienne, pinot gris Zellberg du domaine Ostertag, chardonnay de Jean-François Coche-Dury, chablis grand cru Les Clos de Vincent Dauvissat, crozes-hermitage Blanche Laine de Dard et Ribo, cornas d'Yves Cuilleron, muscat de Frédéric Mochel, pinot noir Strangenberg d'Agathe Bursin, château-chalon de Jean Macle, bâtard-montrachet du domaine Sauzet, saint-véran du domaine Guffens-Heynen, domaine Clos de Tart, rasteau du domaine Gourt de Mautens... Les 600 références sont toutes à ce niveau-là. C'est la crème de tête, le haut du panier, sur des coefficients qui doublent ou triplent.

***Menus** : Déjeuner (2 plats et dessert) : 45 € / Éveil du goût (3 plats, fromage et desserts/vins) : 75 €/110 € / Découverte (4 plats et dessert, eaux, vins, café) : 135 € / Fête des sens (3 plats, fromages et desserts/vins/ vins de prestige) : 115 €/160 €/200 €*

***À la carte** : Mini : 95 € / Maxi : 200 €*

Rue de la Station 105
6110 Montigny-le-Tilleul
Tél. : +32 (0)71 31 96 92

Fermé dimanche soir, lundi et mardi
www.l-eveildessens.be

BELGIQUE

Cuisinémoi

⌘ 🍷🍷 €€ BENOÎT VAN DEN BRANDEN CATHERINE MATHIEU

♡ XIXe, gastronomique pavé de bonnes intentions, briques nues, fort en vins, perfectionniste

• La philosophie de Benoît Van den Branden pourrait se résumer à l'adage suivant : « Point trop n'en faut »… Il y a donc une idée très robuchonnienne, et durable, qui sous-tend chacune de ses belles assiettes. Il faut dire que le chef est un exégète, passé derrière les fourneaux des plus grands chefs, dont Marc Veyrat. Cela dit, si Benoît Van den Branden aime la technique et l'épure, cela ne signifie pas que ses assiettes ne sont pas généreuses, notamment en matière de parfums et de puissance. À ce titre, l'agneau de Pauillac, pois chiches, asperges vertes et livèche est une composition pharaonique, où toutes les saveurs dialoguent très longtemps et avec beaucoup de conviction. La cave est construite sur de solides fondations. Muros Antagos Avesso, Il Bianco da uve Nere, beaujolais de Jean-Gilles Chasselay, Clot de l'Origine, domaine Tour Boisée… Un restaurant bio, bon et intelligent.

***Menus** : Lunch (2 plats et dessert/vins) : 40 €/52 € / Trois services (2 plats et dessert/vins) : 45 €/65 € / Quatre services (3 plats et dessert/vins) : 60 €/90 € / Cinq services (4 plats et dessert/vins) : 75 €/110 €*
***À la carte** : Mini : 50 € / Maxi : 100 €*

Rue Notre-Dame 44
5000 Namur
Tél. : +32 (0)81 22 91 81

Fermé samedi midi et dimanche
www.cuisinemoi.be

Vino Vino

⌘⌘⌘ 🍷🍷 € MARC DETRAUX

♡ Bistronomie à vins, tapas style, convivial, décontracté, la classe au bar

• Vino Vino est situé rue des Brasseurs ! Cela donne quand même un bel indice sur la thématique de l'établissement, non ? Les rigoristes de la sobriété ont donc tout intérêt à choisir un autre lieu pour passer la soirée. En effet, Marc Detraux a conçu son établissement pour que ce dernier soit un lieu favorable à l'échange, au partage et à la discussion, ainsi qu'à l'ouverture de surprenants, et excellents, flacons : IGP Vaucluse Effet Papillon du domaine Solence, fronton La Saignée du domaine Le Roc, viognier Gourmand de Michel Gassier et même du vin 100 % belge, comme le côtes-de-sambre-et-meuse Terre Charlot du château de Bioul… Du côté de la cuisine, on ne se situe pas dans le domaine de la gastronomie, mais dans celui de la finger food de qualité, entièrement dédiée à la vénération de Bacchus : plateau de charcuterie, tranches de bœuf Black Angus séché 10 mois, brandade de cabillaud, rillettes de truite fumée… En plus, comme le propriétaire s'y connaît en terroir et en biodynamie, la plupart des produits, solides ou liquides, dont il se fait le chantre, sont labellisés, et localisés. Un lieu de dégustation, d'apprentissage et d'amitié.

***À la carte** : Mini : 15 € / Maxi : 30 €*

Rue des Brasseurs 61
5000 Namur
Tél. : +32 (0)8 126 00 51

Fermé dimanche, lundi, mardi midi et mercredi midi
www.vinovino.be

La Table de Maxime

€ MAXIME COLLARD STÉPHANE DARDENNE

Haute gastronomie, feutré, sommellerie étoilée, écrin de nature

• Cette ancienne fermette rénovée ne mélange pas le rustique d'antan avec la modernité seulement en façade. Le homard et le ris de veau au tandoori, morilles et émulsion à l'ail des ours, ou la langoustine avec perles de tapioca, petits légumes printaniers, dés de foie d'oie et consommé de langoustine à la citronnelle attestent tous deux que, dans le domaine des accords terre-mer, le chef est à la pointe de la sophistication et de la subtilité. Les cuissons sont classiques et les satellites des assiettes se révèlent tour à tour savoureux, puis étonnants. La sommellerie est au diapason, vraiment très érudite et très généreuse (elle vous sert deux verres de vin rouge avec votre viande si vous choisissez la formule au verre), comme le montre le choix de ses références qui, même à moins de 50 €, donnent beaucoup de plaisir (château d'Aquéria, domaine Sarda-Malet, domaine François Crochet, cuvée Gabriel du château du Mont...) Une grande maison, à la hauteur de sa réputation.

***Menus** : Menu du marché (2 plats et dessert/vins) : 36 € / Menu du soir (2 plats et dessert/vins) : 46 €/70 € / Découverte (3 plats et dessert/vins) : 56 €/88 € / Dégustation (4 plats et dessert/vins) : 74 €/114 €*
***À la carte** : Mini : 65 € / Maxi : 110 €*

Our 23
6852 Our
Tél. : +32 (0)61 23 95 10

Fermé lundi et mardi
www.maximecollard.be

L'Eau vive

€€ PIERRE RÉSIMONT

Très haute gastronomie, campagne de rêve, sérénité, technicité

• Un cadre paradisiaque, un chef, Pierre Résimont, au sommet de son talent, un service aux petits soins, une grande carte des vins où le bio compte... On se la coule douce à l'Eau vive ! Les noix de Saint-Jacques, truffes, lentilles, queue de bœuf opèrent parfaitement la fusion entre terre et mer, et possèdent une puissance inédite, mémorable. Le filet de lièvre, pommes de montagne, chou rouge, panais, lièvre à la royale réinvente complètement la recette mythique, pour la transporter dans un univers situé entre le gibier et la grande pâtisserie. On pourrait encore longtemps évoquer les merveilles de la carte du restaurant, mais, autant le dire carrément, cette table est non seulement l'une des plus belles (accueil parfait, décoration sublime), mais également l'une des meilleures du nord de l'Europe. Le voyage jusqu'à Profondeville est donc un pèlerinage indispensable !

***Menus** : Hommes et Femmes d'affaires (2 plats et dessert/vins) : 45 €/70 € / Clin d'œil (3 plats et dessert/vins) : 70 €/105 € / Eau vive (3 plats, dessert et café) : 100 € / Découverte (4 plats et dessert/vins) : 110 €/150 €*
***À la carte** : Mini : 80 € / Maxi : 160 €*

Route de Floreffe 37
5170 Profondeville (Arbre)
Tél. : +32 (0)81 41 11 51

Fermé samedi midi, mardi et mercredi
www.eau-vive.be

Pastorale

⌘ 🍷🍷 €€ BART DE POOTER

♡ **Haute gastronomie, chic, romantique, art moderne, terrasse, jardin, GPS friendly**

• Pourquoi « Pastorale » ? Car le restaurant est sis dans un ancien presbytère, qui a été complètement recécoré, de très élégante manière, pour devenir une sorte d'œuvre d'art contemporaine à part entière. Dans ce cadre, Bart De Pooter livre des recettes innovantes, souvent inspirées de la street food. Le chef joue avec les textures, les formes, les saveurs. Il confère beaucoup de peps à ses compositions. Il fait largement preuve d'acuité et de précision en matière de cuisson... Il faut le dire, Bart De Pooter aime la gastronomie façon montagnes russes, où les contrastes entre produits (toujours de première qualité) et techniques font sensation. Le jardin sur votre assiette, légumes, herbes, tubercules, légumes bulbes, bière trappiste Achel ; le cabillaud lactosérum, pommes de terre de polders, ciboulette et caviar ; ou le ris de veau de cœur de racine de tournesol, jaune d'œuf fumé, chicorée, crosnes du Japon (avec truffe contre un supplément de 20 €) illustrent tous parfaitement le foisonnement méthodique et sidérant qui règne dans chaque assiette. La carte des vins est internationale, à prix accessibles (coefficients 3 à 4), et aime particulièrement les meilleurs rieslings allemands. Un grand restaurant ludique.

***Menus** : Bizz (2 plats et dessert) : 55 € / Désir (4 plats et dessert/le soir) : 99 €/115 € / Sensation (5 plats et desserts/le soir) : 129 €/145 € / Expression (7 plats et desserts/le soir) : 159 €/175 €*
***À la carte** : Mini : 100 € / Maxi : 200 €*

Laarstraat 22
2840 Reet
Tél. : +32 (0)3 844 65 26

Fermé dimanche et lundi
www.depastorale.be

Au Marché noir

⌘⌘⌘⌘ 🍷 € JÉROME HUBERT

♡ **Cantine, très engagé, végétalo-compatible, sans pesticide ni OGM, ou à emporter**

• L'adresse est d'allure modeste, sans prétention. Il s'agit autant d'une échoppe que d'un restaurant. Mais ce dernier est souvent bondé, c'est déjà une indication. Et la queue des clients venus pour emporter leurs repas ne désemplit pas non plus, car le Marché noir tient plusieurs promesses plutôt alléchantes. Cuisiner des produits « sans OGM, sans pesticides, sans engrais chimiques ». Sélectionner rigoureusement ses fournisseurs selon des circuits aussi courts que possible. Utiliser des barquettes « à emporter » biodégradables et compostables provenant de ressources naturellement renouvelables. Filtrer l'eau (osmosée et dynamisée sur place pour la rendre la plus pure possible). N'employer que de l'énergie verte. Privilégier le vrac pour les grandes quantités de légumes utilisées (sur la base d'un système de caisses échangées entre producteurs). Ne proposer que des sirops bio réalisés sur place, toutes les bières étant également produites localement à base d'ingrédients de l'agriculture biologique. Enfin, tous les vins sont naturels ou certifiés en biodynamie. Cela donne envie de goûter au maki végétarien au quinoa, et aux lentilles et betteraves jaunes, crème de Jack-Be-Little et curry, non ?

***À la carte** : Mini : 25 € / Maxi : 40 €*

Avenue Adolphe-Demeur 36
1060 Saint-Gilles

Ouvert tous les jours
www.aumarchenoir.be

La Buvette

€€

NICOLAS SCHEIDT

MATHIEU DUBRANA

Haute gastronomie, connaisseurs only, fou dingue, inventif de génie, XL !, vin sur vins, végétalo-compatible

• La Buvette est une affaire ! Il s'agit de l'un des meilleurs restaurants du nord de l'Europe (qui affiche des rapports qualité/prix extraordinaires) et d'une table d'auteur, où le chef d'origine alsacienne, Nicolas Scheidt, impressionne par sa capacité à mettre en scène des saveurs inédites et complexes sans jamais perdre la précision de goût des produits, même s'ils sont très nombreux dans l'assiette. À ce titre, assis à la Buvette en train de manger (divinement), on ne peut s'empêcher de penser à Ratatouille (et donc à Pascal Barbot à ses débuts), le héros du dessin animé de Pixar, c'est dire le niveau. Par exemple, la ricotta, épinards pochés et sésame noir, courgette, sauge et émulsion de verveine, trompettes de la mort (le chef est un spécialiste des champignons à un niveau mondial, il en joue même dans certains desserts) ; ou le lieu jaune, jus carotte-curcuma, chou chinois sont des parangons de la nouvelle Nouvelle Cuisine : produits frais de première catégorie, cuissons courtes, sauces légères et parfumées, architectures esthétiques. Par ailleurs, chacun de ces plats est un feu d'artifice de saveurs et d'émotion, qui fait briller des étoiles sur le palais et dans les yeux des clients, trop heureux de leur bonne fortune. La Buvette est donc remplie au point de déborder, même si elle a récemment doublé ses capacités d'accueil. Comment le chef capitalise-t-il sur son succès (très mérité) ? Il investit avec son sommelier dans un vignoble… en Serbie ! À la Buvette, dans ce décor sobre d'ancienne boucherie chevaline, il y a donc une tête bien faite et bien pleine, qui exprime son talent (génie ?) avec une excitante décontraction. Même le pain fait maison, à la croûte épaisse et grasse, qui abonde de saveurs, mérite mention. Décidément, le chef sait tout faire. Même ses desserts sont himalayens, ce qui n'est vraiment pas fréquent dans ce genre d'établissement. Ils jouent la carte du végétal et du contre-pied. Ainsi, le concombre et sorbet aux herbes est un véritable « shoot » de fraîcheur, idéal à la fin du repas ; tandis que la tarte au chocolat noir et praliné demi-sel se goûte presque comme un vin, et possède d'incroyables tannins qui magnifient le cassis. C'est dingue, on n'a pas d'autres mots !

• **LES VINS** : Cette dernière recèle de nombreuses fioles nature à la dernière mode. Cependant, les vins (et les bières) ne sont pas choisis n'importe comment, bien au contraire. Les flacons rares et prisés abondent. Jugez plutôt : muscadet-sèvre-et-maine sur lie La Part du Colibri de Vincent Caillé à 22 € et Amphibolite de Joseph Landron à 28 €, chenin du domaine Mosse à 38 €, côtes-du-jura Les Compères 2010 de Ganevat-Bouvray à 38 €, sauvignon Rebelle de Mathieu Coste à 48 €, vin de pays RePiko 2008 de Kmetija Stekar (Slovénie) à 50 €, vin de France Racines du domaine Les Cailloux du Paradis de Claude Courtois à 62 €, savennières-roche-aux-moines Clos de la Bergerie du domaine Nicolas Joly à 70 €, pinot noir Nature du domaine André Rieffel à 32 €, cheverny du Clos du Tue-Bœuf à 38 €, vin de France Autrement du château Lamery à 40 €, côtes-du-marmandais Abouriou du domaine Elian Da Ross à 40 €, coteaux-du-giennois Les Têtes de Chats de Mathieu Coste à 46 €, volnay de Fanny Sabre à 80 €… On attend avec impatience la cuvée serbe produite par le chef.

***Menus** : L (5 plats et dessert) : 49 € / XL (7 plats et desserts) : 64 €*

Chaussée d'Alsemberg 108
1060 Saint-Gilles
Tél. : +32 (0)2 534 13 03

Fermé dimanche, lundi, et le midi
www.la-buvette.be

Crab Club

⌘ 🍷 €€ YOTH ONDARA PHILIPPE EMANUELLI

♡ Bistrot trop top, coquillages et crustacés, bon jaja

• La pêche doit être locale et raisonnée ! Ce seul leitmotiv, scandé par Yoth Ondara, donne déjà envie de passer la porte de cet ancien garage transformé en grand restaurant à la déco industrielle et branchée (Frédéric Nicolay). Cependant, ce sont surtout les propositions « fashion » et décomplexées de Philippe Emanuelli, le chef sommelier nîmois d'origine thaï, et de Yoth Ondara, l'insaisissable chef belge, qui épatent. Toutes les recettes affichent une fausse simplicité (calamar farci à la mozzarella de bufflonne ardennaise), beaucoup de goût et des prix très doux. La cave est une aubaine qui regorge de bonnes affaires et de vins bio en provenance de toute l'Europe (château Pauqué à 36 €, ploussard signé Pierre Overnoy, faugères de Léon Barral, Quintaine 2005 de Jean Thevenet). Si vous aimez les crustacés, et le crabe en particulier, vous savez désormais où vous rendre.

***À la carte** : Mini : 40 € / Maxi : 75 €*

Chaussée de Waterloo 7
1060 Saint-Gilles
Tél. : +32 (0)472 55 46 95

Fermé dimanche
www.facebook.com/pages/Crab-club-Bruxelles/115681368786290

Entre nous

⌘⌘⌘ 🍷 € SARA

♡ Cantine-bio, épicerie, lieu de vie, local, convivial, durable, ou à emporter

• Sara est originaire de Naples. Et, dans ses assiettes, cela se sent. Cependant, ce n'est pas ce qui caractérise le plus ce chouette projet (partiellement financé de manière participative via la plateforme KissKissBankBank). Entre nous est d'abord une épicerie où l'on peut acheter des produits issus de l'agriculture raisonnée. Privilégiant les circuits très courts, la patronne est le seul intermédiaire entre les producteurs et les consommateurs... Mais, Entre nous, c'est aussi un restaurant où l'on éduque contre le gaspillage, où l'on peut manger sur place où à emporter des recettes méditerranéennes réalisées avec soin, à partir des produits de l'épicerie. L'idée de base est donc celle d'une cuisine pauvre, mais vraiment gourmande. Et, il est vrai que du sandwich zingara (typique de l'île d'Ischia) en passant par les minestrones et même la carte des vins, tout respire ici la vitalité et le sud de l'Italie. Un état d'esprit, tout en séduction !

***À la carte** : Mini : 12 € / Maxi : 25 €*

Rue de Mérode 29
1060 Saint-Gilles
Tél. : +32 (0)2 537 63 18

Fermé samedi, dimanche, et le soir
www.entrenousbxl.com

BELGIQUE

Inada

⌘ 🍷 € INADA SABURO

♡ Gastronomique et symphonique, vinique, ludique

• Connaissez-vous le concept de cuisine française symphonique? C'est ce qu'a inventé Inada Saburo. En effet, le chef japonais conçoit la gastronomie de l'Hexagone uniquement comme un grand spectacle, réglé comme du papier à musique, millimétré, volumineux, où la brigade de salle joue parfaitement sa partition et où la carte des vins permet d'invraisemblables accords et autres crescendos. Pour se convaincre de tout cela, il faut goûter au filet de bar de ligne, langoustine, jus de volaille corsé au parmesan, associé à l'un des exceptionnels crus internationaux reposant en cave : sylvaner Weingut Eugen Wehrheim à 40 €, château Hostens-Picant à 38 €, vin-de-savoie Autrement du domaine Jacques Maillet à 39 €, saint-bris Corps de garde du domaine Goisot à 36 €, vin de France Quartz du domaine Les Cailloux du Paradis de Claude Courtois... En chemin pour Inada, pensez à écouter la mélodie du bonheur.

Menus *: Déjeuner (2 plats et dessert) : 29 € / Dîner (3 plats et dessert/vins) : 54 €/74 €*
À la carte *: Mini : 70 € / Maxi : 140 €*

Rue de la Source 73
1060 Saint-Gilles
Tél. : +32 (0)2 538 01 13

Fermé dimanche soir, lundi et mardi
www.inada-restaurant.be

BELGIQUE

Le Coq aux champs

⌘ 🍷 €€ CHRISTOPHE PAULY

♡ Haute gastronomie, chic, tout beau tout neuf

• Les récents travaux réalisés dans le restaurant affichent les intentions des propriétaires, même pour les plus distraits des gourmets. Christophe Pauly et son épouse ont faim d'étoiles et de paix. En effet, il émane de l'établissement et des propositions du chef, mieux qu'une vraie sérénité, une belle âme. Ses recettes sont nourries par son instinct éminemment gourmand, son génie de cuiseur, sa finesse d'exécution et son lien avec le terroir. Dans les assiettes, on trouve essentiellement des produits de première qualité, qui font jour à des saveurs très marquées, comme en attestent les langoustines du Guilvinec en deux services, marinées (concombre, caviar, anguille fumée) ou rôties (foie gras au sautoir, racines acidulées, dashi), ou l'entrecôte holstein, légumes au feu de bois et à la moelle, bordelaise, pommes de terre soufflées. La carte des vins est honnête à tout point de vue. On ne sait pas comment cuire le bœuf, ni quel est son goût véritable, si on ne l'a pas d'abord goûté préparé par Christophe Pauly !

Menus *: Menu de la semaine (2 plats et dessert/vins) : 40 €/60 € / Menu de saison (3 plats et desserts/vins) : 65 €/97 € / Dégustation (4 plats et desserts/vins) : 85 €/125 €*
À la carte *: Mini : 60 € / Maxi : 130 €*

Rue du Montys 71
4557 Soheit-Tinlot
Tél. : +32 (0)85 51 20 14

Fermé samedi midi, dimanche et lundi
www.lecoqauxchamps.be

Zabonprés

⌘ 🍷 € **STÉPHANE OP'T ROODT**

♡ **Gastronomique, isolé, bucolique, romantique, chaleureux, animaux de la ferme, terrasse**

• Zabonprés, c'est l'adresse que les gourmets liégeois s'échangent avec des airs de connivence. Il est vrai que le cadre bucolique du restaurant est charmant. D'abord, sur le chemin de traverse qui mène à cette authentique ferme rénovée avec grand soin, on croise de petits ânes très mignons. Ensuite, on découvre les propositions gastronomiques de Stéphane op't Roodt. Et là, on a forcement le sourire. Le croustillant de ris de veau aux épices douces et poivre de Sichuan, compotée de chicon au gingembre n'a plus rien à voir avec le lieu un peu rustique, où l'on est attablé. Certes, il y a énormément de bienveillance dans ce plat (il en émane d'ailleurs de chaque recoin de la maison), mais il se situe quand même au plus haut niveau de la bistronomie étoilée, non pas à hauteur de la gentille gastronomie de mamie. Et toutes les recettes sont du même tonneau... À propos de tonneau justement, la cave est, elle aussi, généreuse et loyale. Elle contient plus de 500 références, françaises et bio, qui tournent beaucoup en raison de coefficients à peine doublant.

Menus *: Menu du marché (2 plats et dessert) : 37 € / Surprise (4 plats et dessert/vins) : 60 €/90 €*
À la carte *: Mini : 50 € / Maxi : 90 €*

Gare 3
4987 Stoumont
Tél. : +32 (0)80 78 56 72

Fermé samedi midi, lundi et mardi
www.zabonpres.be

Le Chalet de la forêt

⌘⌘⌘ 🍷 €€ **KASPER KURDAHL ET PASCAL DEVALKENEER**

♡ **Haute gastronomie, luxe, calme, volupté, excellent service**

• Dîner au Chalet de la forêt, c'est l'assurance de passer un moment extraordinaire, où l'empathie, le luxe, la subtilité et l'originalité vont rivaliser d'intensité, du service jusque dans l'assiette. Pascal Devalkeneer assume donc sa belgitude, c'est-à-dire sa gentillesse, son besoin de ravir et de rassasier les clients. Il aime mettre en valeur les meilleurs produits de son pays. Et quand ni la Flandre ni la Wallonie ne produisent l'ingrédient souhaité, il pousse le perfectionnisme jusqu'à le faire pousser lui-même dans son fantastique potager. Au Chalet de la forêt, les essences rares se bousculent donc sur chaque table. Avec Kasper Kurdahl, son chef exécutif venu du Nord, Pascal Devalkeneer recherche dans chaque assiette la perfection et des « acidités » assez surprenantes, qui sont une invitation à ouvrir les plus beaux flacons de vins blancs français, dont la cave déborde (coefficients quadruplant). Le tartare d'huîtres Régis Borde au caviar osciètre Petrossian et fleurs de brocoli en parmentier ; le bœuf wagyu en salade d'algues, huître sauvage grillée et caviar ; ou l'alternance de Saint-Jacques et truffes noires, moelle et céleri sont des exemples de recettes inoubliables, des terre-mer incroyables, qui font jour à tous les luxes, mais aussi à des équilibres périlleux et inédits. Une visite au Chalet de la forêt demeure longtemps et positivement en bouche et en mémoire.

Menus *: Lunch (2 plats et dessert) : 64 € / Découverte (4 plats et dessert) : 145 € / Menu des chefs (4 plats et desserts) : 185 €*
À la carte *: Mini : 145 € / Maxi : 290 €*

Drève de Lorraine 43
1180 Uccle
Tél. : +32 (0)2 374 54 16

Fermé samedi et dimanche
www.lechaletdelaforet.be

Ventre Saint Gris

⌘ 🍷🍷🍷 € **MIKE BRAVIN** **FABIAN HENRION**

♡ Gastronomique, épuré, très frais, fort en vins, R/P

• Ventre Saint Gris est une interjection familière (comme « sacrebleu ») attribuée à Henri IV, le roi gourmand. Or, il est vrai que tout un tas d'exclamations, bienheureuses, viennent à l'esprit dès que l'on a la chance d'être assis à la table de Mike Bravin, surtout le jeudi ! Le chef joue derrière ses pianos une cuisine traditionnelle mais inspirée, uniquement à base de produits frais provenant de producteurs strictement sélectionnés pour leur talent. Au surplus, cette gastronomie de haut niveau est d'abord pensée pour le vin avec lequel elle va s'accorder. Et ça tombe bien, car, en matière de rapport qualité/prix, la cave du Ventre Saint Gris est imbattable : champagne extra-brut Les Murgiers de Francis Boulard à 85 €, corton grand cru Clos du Roi du domaine de la Pousse d'or à 150 €, riesling grand cru Vorbourg du domaine René Muré à 50 €, Mas Jullien à 75 €, château Henri Bonnaud à 63 €, domaine de la Grange des Pères à 120 €, château Léoville Poyferré à 110 €... Saperlipopette !

***Menus** : Formule du midi (1 plat et dessert) : 19 € / Menu du marché (2 plats et dessert) : 37 € / Henri IV (3 plats et dessert) : 52 € / Les jeudis du Ventre Saint Gris (2 plats, dessert et vins) : 40 €*
***À la carte** : Mini : 40 € / Maxi : 80 €*

Rue Basse 10
1180 Uccle
Tél. : +32 (0)2 375 27 55

Fermé lundi
www.ventresaintgris.com

BELGIQUE

La Menuiserie

⌘ 🍷🍷 €€ **THOMAS TROUPIN** **MARIE-CHARLOTTE PORTOIS**

♡ Gastronomique, festif, décontracté, excellent service, bon jaja

• Il subsiste à la Menuiserie quelque chose de l'ambiance chaleureuse de l'ancienne salle des fêtes que le restaurant a remplacée. Dès l'accueil, tout est fait pour que les clients soient mis à l'aise. Et, au cours du repas, les petites attentions ne manquent pas. Déjà, l'huile d'olive a été solidifiée, sans altérer ses saveurs, pour que l'on puisse la tartiner. Il fallait y penser ! Ensuite, la carte des vins est celle d'une jeune maison bien pensée, bien pensante, bio-bio. Ici, tout est idéalement calibré, jusqu'aux tarifs des menus, qui affichent tous de fameux rapports qualité/prix. Quant aux recettes de Thomas Troupin, elles se révèlent au niveau de son étoile méritée, c'est-à-dire créatives, contemporaines et généreuses. Elles marient les produits classiques de la région et de la haute gastronomie belge à des inspirations tonitruantes. « Tout est bon dans le cochon de la ferme de Longfaye d'Adrien Lerusse », topinambours du jardin, jus réduit pimenté est un plat gras et assumé, formidable allié du vin et des gourmands. La rose d'hiver, potimarrons aux baies de sureau, cassonade, sorbet de sureau est un dessert spectaculaire, inédit, qui franchit les plus hauts caps de la hiérarchie gastronomique. Et que dire du bœuf limousin Farm de Lothar Vilz, confit en ravioles, crème de pieds bleus, jambon des Ardennes. Rien. Il est parfait. Un restaurant qui en met plein la vue, et au moins autant dans les gosiers et les cœurs... Waouh !

***Menus** : Formule (1 plat et dessert) : 24 € / Tilia (2 plats et dessert/vins) : 40 €/57 € / Betula (3 plats et dessert/vins) : 50 €/75 € / Quercus (4 plats et desserts/vins) : 70 €/105 €*
***À la carte** : Mini : 60 € / Maxi : 160 €*

Champagne 12
4950 Waimes
Tél. : +32 (0)8 044 44 85

Fermé lundi, mardi, samedi midi et dimanche soir
www.lamenuiserie.eu

Le Coriandre

⌘ 🍷 €€ DAMIEN VANDERHOEVEN AGNÈS VANDERHOEVEN

♡ **Gastronomique, fait maison, moderne-chic, instruit, romantique**

• Le Coriandre, c'est un restaurant mouchoir de poche, très intime et une excellente table gastronomique. Ici, tout est fait et transformé maison, même le pain ! Le but du chef est de proposer une cuisine au cœur des vraies saveurs. Tous les plats sont réinterprétés de manière moderne et créative. La science des accompagnements de Damien Vanderhoeven est hors norme. Les noix de Saint-Jacques, topinambours, crumble et truffes ; ou le foie gras et anguille fumée, blette, consommé de betterave valent autant pour leurs satellites que pour leurs ingrédients principaux. L'établissement privilégie les circuits courts pour ses approvisionnements. Le chef agit de la même façon pour constituer ses recettes, qui impressionnent immédiatement le palais et prennent du volume dès la première bouchée. La cave, gérée par Agnès, est particulièrement forte dans le sud de la France (Languedoc, Rhône), mais aussi en Bourgogne, et ses tarifs demeurent très sages (coefficients doublant) : chablis du domaine Pattes Loup à 37 €, meursault de Jean-François Coche-Dury à 160 €, chassagne-montrachet premier cru Les Chenevottes du domaine Bernard Moreau à 91 €... Qu'ajouter ? Ah oui, les glaces du chef (faites maison, tous les jours) sont à fondre !

***Menus** : Quatre services (3 plats et dessert/vins, café, eaux) : 55 €/100 € / Cinq services (4 plats et dessert/vins, café, eaux) : 65 €/115 € / Six services (5 plats et dessert/vins, café, eaux) : 75 €/130 €*
***À la carte** : Mini : 65 € / Maxi : 110 €*

Rue Middelbourg 21
1170 Watermael-Boitsfort
Tél. : +32 (0)2 672 45 65

Fermé samedi midi, dimanche et lundi
www.lecoriandre.be

La Paix

⌘ 🍷 €

♡ **Brasserie, tradition, belgitude, institution**

• La Paix, c'est le bon goût de la tradition, sans se presser, sans se gêner, à base de produits et d'artisans-amis, presque franchisés, qui fournissent le restaurant. On peut donc goûter ici à de l'escalope panée à la napolitaine, du tartare de bœuf moulu maison avec sauce (maison elle aussi), des scampis du chef (curry piquant, non crémés), la fameuse salade La Paix (gésier, foie gras, magret fumé), la souris d'agneau à la crème d'ail, etc. Mais on a aussi le droit de s'enthousiasmer pour la pléthorique carte des bières et des spiritueux, ou, de façon plus classique, pour celle des vins : la syrah Vieilles Vignes Les Clefs de Terre Dieu et le côtes-du-rhône Les Caprices d'Antoine du domaine Ogier sont à 28 €... La tradition aussi, ça a du bon.

***À la carte** : Mini : 35 € / Maxi : 55 €*

Place Alphonse-Bosch 42
1300 Wavre
Tél. : +32 (0)1 022 34 96

Ouvert tous les jours
www.lapaix.be

Le Cor de chasse

€

MARIO ELIAS

RÉMY GILON

Haute gastronomie, très chic, romantique, calme, gibier, traditionnel, très fort en vins, belgitude

• Quand on vient au Cor de chasse, on a généralement une idée très précise de ce que l'on a envie de manger. Mais, avant de déguster les fameux gibiers (en saison uniquement, car ici tout est frais) et les volailles mitonnées par le chef, on goûte déjà à une grosse tranche d'art de vivre belge. Car, Mario Elias, c'est la belgitude incarnée ! Derrière les grosses pierres de la façade, il cache sa timidité. Sa nationalité, il la définit non pas par l'appartenance à un territoire (cependant présent dans toutes ses recettes), mais par une prévenance de chaque instant, par le sens de l'accueil et de la convivialité (Aurore, son épouse, est exemplaire de dévotion auprès des gourmands). De ses recettes également, il émane une grande cordialité, de l'aménité. La pintade des Landes, racine, foin, jambon fumé de Marc Foussi évoque les plus belles créations d'Édouard Loubet. Les Saint-Jacques en deux façons – d'abord marinées, sorbet de concombre, verveine, hareng fumé, puis poêlées, mousseline de foie gras, topinambour – sont typiques d'une belle cuisine de l'époque, peu portée sur les artifices, mais particulièrement érudite en matière de cuisson, de gestion des parfums et d'équilibre. Quelques mots ne suffisent pas à décrire toutes les belles idées de Mario Elias. Son style, c'est un peu la Wallonie ouverte sur les gens et sur le monde, avec un zeste de ponzu, de dashi, de goyave, de mousse de gin (qui fait sensation avec les crevettes). On respecte aussi infiniment les inspirations nordiques du chef, qui soufflent puissamment sur plusieurs plats. Reste que Mario Elias est avant tout un « geek de gastronomie » qui, à défaut d'avoir beaucoup voyagé (par amour pour Aurore), a tout lu, tout vu, tout entendu, tout essayé, même les associations les moins probables, telles l'huître et la goyave, qui, sur ses pianos, forment un magnifique duo symphonique. Un jeune talent, et déjà un grand chef, vertueux, empathique et compétent. Et si nous tenions là le futur Alexandre Gauthier ?

• **LES VINS** : Mario Elias aime les vins. Avec son sommelier, ils sont d'ailleurs particulièrement épris de flacons nature. Logiquement, la plupart des recettes du restaurant sont créées pour correspondre parfaitement à un nectar de la cave. À ce titre, il serait dommage de rater les formules en accord parfait. Pourtant, il est difficile de résister à la carte magnifique sur laquelle sont inscrits les patronymes des plus grands biodynamistes de France, et du monde : Bulles du château de Bioul (Belgique) à 45 €, alsace Langenberg du domaine Marcel Deiss à 69 €, IGP collines-rhodaniennes Taburnum du domaine Les Vins de France à 75 €, côtes-du-jura Chalasses Vieilles Vignes du domaine Jean-François Ganevat à 76 €, pouilly-fumé Buisson Renard de Didier Dagueneau à 120 €, montlouis-sur-loire Rémus du domaine de la Taille aux Loups à 56 €, meursault de Jean-François Coche-Dury à 150 €, Terra Alta Bàrbara Forés Blanc à 32 €, sancerre du domaine Vacheron à 20 €, marsannay de Méo-Camuzet à 60 €, château de l'Hospitalet à 42 €, côte-rôtie Rose Pourpre du domaine Pierre Gaillard à 170 €, côtes-du-roussillon-villages Muntada du domaine Gauby à 130 €, domaine de la Grange des Pères à 135 €, corbières Atal Sia du château Ollieux Romanis à 35 €... Du costaud, à prix tendres !

***Menus** : Déjeuner (2 plats et dessert/vins) : 35 €/54 € / Découverte (3 plats, fromages et desserts/vins) : 60 €/92 € / Prestige (4 plats, fromages et desserts/vins) : 78 €/116 €*
***À la carte** : Mini : 80 € / Maxi : 125 €*

Rue des Combattants 16-18
6940 Wéris
Tél. : +32 (0)86 21 14 98

Fermé lundi midi, mardi, mercredi, et jeudi midi
www.lecordechasse.be

BELGIQUE

Bon Bon

⌘ 🍷 €€€ CHRISTOPHE HARDIQUEST MICHEL DE MUYNCK

♡ Très haute gastronomie, chicissime, inouï à midi, feutré

• Oui ! Ce restaurant doublement étoilé porte bien son nom, vraiment. Que ce soit dans les cuisines de Christophe Hardiquest, dans la salle de Jonathan Gillet ou dans la cave de Michel De Muynck, tout est au niveau attendu, et même plus, y compris les tarifs. Néanmoins, il faudrait être un critique gastronom que sacrément blasé pour ne pas se laisser surprendre et tomber en pâmoison devant ces petits chefs-d'œuvre gustatifs et visuels que sont le sandwich de King Crab d'Alaska aux truffes ou le chou-fleur en trois dimensions. Plutôt bio, local à chaque fois que cela est possible, doté d'une cave sans fond où l'on trouve de tout, même au verre, Bon Bon applique avec précision les recettes du succès. On ne voit guère qu'une seule autre adresse du pays qui joue à ce niveau dans toutes les catégories.

***Menus** : Le Voyage du jour (2 plats et dessert/vins) : 115 €/185 € / Les Racines du goût (4 plats et dessert/vins) : 185 €/260 € / L'Arbre à papilles (6 plats et dessert/vins) : 235 €/340 €*
***À la carte** : Mini : 110 € / Maxi : 350 €*

Avenue de Tervueren 453
1150 Woluwe-Saint-Pierre
Tél. : +32 (0)2 346 66 15

Fermé samedi, dimanche et lundi
www.bonbon.restaurant

Luxembourg

11 TABLES ATTENTIVES • DONT 1 COUP DE CŒUR

Mathes

⌘ 🍷 €€ ARNAUD LE LEVIER

♡ **Gastronomique, intimiste, décontracté, excellent service, institution, terrasse-chic**

• Mathes est l'institution gourmande de la vallée de la Moselle. Jouissant d'une situation formidable sur les bords du fleuve, d'une terrasse magnifique et d'un décor luxueux (il faut voir la fausse bibliothèque en trompe-l'œil), l'établissement peut briguer le titre de plus beau restaurant de la région. En cuisine s'affaire Arnaud Le Levier, qui compose des recettes contemporaines, scrupuleusement respectueuses des produits et des saisons. Bien sûr, les plats traditionnels, tels que la friture de la Moselle et le brochet au four, ne manquent jamais à la carte. Mais nous leur préférons de géniales inspirations telles que la selle d'agneau en croûte d'herbes, caviar d'aubergines, piperade de légumes, jus au romarin (que l'on pourrait benoîtement qualifier de crousti-fondante, ce qui est un sacré compliment) ; ou le filet de sole juste saisi au beurre de baratte, risotto aux champignons et salsifis fondants, fumet réduit aux sal cornes, qui nous fait penser aux meilleurs inspirations de Taillevent ! Il y a donc de quoi se faire plaisir chez Mathes, d'autant plus que la cave est conforme à ce que l'on attend d'un restaurant situé sur une route des vins : coteaux-du-layon Fleurs d'érables des Sablonnettes, chablis premier cru La Forest du domaine Vincent Dauvissat, riesling Wintrange Felsbierg Domaine et Tradition, et Vieilles Vignes du domaine Sunnen-Hoffmann, pinot blanc grand premier cru Wormeldange Weinbour du domaine Pundel-Err, Le S d'Ampelidæ, châteauneuf-du-pape du domaine Durieu.... Une étape obligatoire !

***Menus** : Lunch (2 plats et dessert) : 42 € / Saveur (2 plats et dessert) : 72 € / Saisonnier (3 plats et desserts/vins) : 84 €/139 € / Veste blanche (5 plats, fromages et desserts/vins) : 94 €*
***À la carte** : Mini : 70 € / Maxi : 120 €*

37, route du Vin
5401 Ahn
Tél. : +352 76 01 06

Fermé lundi et mardi
www.restaurant-mathes.lu

LUXEMBOURG

La Distillerie du château de Bourglinster

⌘⌘ 🍷🍷 €€€ RENÉ MATHIEU

♡ **Haute gastronomie, épicé, classieux, médiéval, végétalo-compatible, très fort en vins**

• La Distillerie est située dans un authentique château fort. À l'intérieur de ces murs, la banalité et la normalité n'existent donc pas. Il ne règne, dans cet univers à part entière, que le bon goût, aussi bien sur le plan gustatif qu'esthétique. René Mathieu produit une cuisine contemporaine, généreuse, vivante, tournée vers l'avenir, mais consciente de ses racines (le terroir et le grand répertoire). Seul Olivier Roellinger aurait pu se targuer de mieux maîtriser l'emploi des épices (ces dernières venant des quatre coins du monde). Cependant, c'est la maîtrise des cuissons qui est ici vraiment impressionnante. L'œuf bio cuit à 63 °C, salsifis, cèpes, châtaigne grillée et fumée d'écorce de bouleau est absolument parfait ! Les Saint-Jacques juste rôties à la moelle, œuf de harengs, légumes d'autrefois, mousseline acidulée et jus au laurier tiennent de la formule magique. Le plat réveille et séduit une à une chaque papille en possédant légèreté, élégance et un volume en bouche stupéfiant. La carte des vins est tout aussi vénérable que le château (on y trouve des flacons de plus de 50 ans), bien ancrée en France, mais ouverte sur le monde. La gastronomie comme un poème, avec un zeste de magie et beaucoup d'émotion ! Merci monsieur Mathieu.

***Menus** : Émotion végétale (3 plats et dessert/vins) : 85 €/135 € / Émotion (3 plats et dessert/vins) : 110 €/160 € / Signature végétale (5 plats et dessert/vins) : 105 €/180 € / Signature (5 plats et desserts/vins) : 140 €/215 €*

8, rue du Château
6162 Bourglinster
Tél. : +352 78 78 781

Fermé lundi, mardi, et mercredi midi
www.bourglinster.lu/restaurants/restaurant-la-distillerie

Léa Linster

⌘ 🍷🍷🍷 €€€€ LÉA LINSTER

♡ **Haute gastronomie, terrasse, très chic, romantique, calme, grand siècle, annexe de Bacchus**

• Léa Linster n'est pas n'importe qui ! On peut même dire que, de son vivant, elle est déjà devenue une figure historique, emblématique, du monde de la gastronomie. En effet, elle fut, en 1989, la première chef au monde à remporter le Bocuse d'or. Et, depuis l'ouverture de son restaurant, à Frisange, elle montre sans pudeur à chaque service l'envergure impressionnante de son incroyable talent. Si, à la télévision et dans ses livres, Léa Linster est le chantre d'une cuisine simple, minutieuse et gourmande, dans ses murs elle défend une gastronomie du luxe, façon Grand Siècle tendance Escoffier. En attestent le homard chou-fleur, haricots de Soissons, mayonnaise à l'estragon ; ou la volaille de Bresse de chez Miéral, rôtie en cocotte, truffe melanosporum, jus de cuisson, pommes sarlardaises, qui ne donnent droit de cité qu'aux meilleurs produits, aux exhalaisons les plus persistantes et aux textures les plus nobles (onctueuses, fondantes). La cave est à la hauteur du lieu. Elle abrite 1 000 références du monde entier, avec une mention spéciale pour les crus luxembourgeois. Plus chic, on ne connaît pas !

Menus *: Bocuse d'or (2 plats et dessert/vins) : 125 €/195 € / L&L (4 plats, fromages et dessert/vins) : 168 €/258 €*
À la carte *: Mini : 130 € / Maxi : 300 €*

17, rue de Luxembourg
5752 Frisange
Tél. : +352 23 66 84 11

Fermé lundi, mardi, et le midi sauf samedi et dimanche
www.lealinster.lu

Gudde Kascht

⌘ 🍷 €€ BEN WEBER

♡ **Gastronomique, iconoclaste, tradition réinventée, à la française, où à emporter**

• « Gudde Kascht » signifie bonne nourriture ! Or, même si tout est un peu fait de bric et de broc chez Ben Weber, le charme opère quand viennent sur la table, l'assiette et les verres (les formules en accord mets et vins sont excellentes, sagement tarifées et font le tour de l'Europe viticole). Ici, tout respire l'amour des bons produits, souvent locaux, parfois bio. Bien sûr, le chef, qui est une bête à concours (il en a remporté plusieurs) a surtout assis sa réputation sur des bases techniques solides et des partis pris empruntés à la Nouvelle Cuisine, avec une appétence particulière pour le détournement de la tradition et l'esthétique des assiettes, qui ressemblent à de petits tableaux. Par ailleurs, si les Saint-Jacques, légumes oubliés ; ou le marcassin et porc, « serviettenknödel », ananas sont succulents, il faut signaler que ce sont les desserts, et notamment ceux aux fruits, comme la tarte Tatin pomme et poire, glace Egg Nog, qui sont le point fort du restaurant, où les bonnes surprises aiment se multiplier.

Menus *: Déjeuner (2 plats et dessert/vins) : 49 €/64 € / Menu (4 plats et dessert/vins) : 75 €/100 € / Végétarien (4 plats et dessert/vins) : 75 €/100 €*
À la carte *: Mini : 50 € / Maxi : 100 €*

20 Henerecht
6370 Halle
Tél. : +352 83 67 48

Fermé du lundi au mercredi, le midi jeudi et vendredi, et dimanche soir
www.gudde-kascht.lu

Le Bouquet garni

€ THIERRY DUHR

Gastronomique, chic, traditionnel, typique, institution

• C'est à l'étage d'une maison du XVIIIe siècle située en plein cœur du Luxembourg médiéval, juste en face du palais grand-ducal, que le passionné Thierry Duhr réinvente une gastronomie française qui jongle entre classicisme et créativité. On imagine donc assez peu le chef frondeur, au point d'avoir rendu son étoile au célèbre Guide Michelin. Cela n'empêche pas le maître luxembourgeois de continuer à sélectionner, avec passion et la plus grande attention, les produits de saison. L'objectif des recettes concoctées par Thierry Durh est, désormais, de tout mettre en œuvre pour ne pas dénaturer les superbes matières premières dont il est friand, et pour conserver les essences mêmes des chairs. À ce titre, le très complexe saumon d'Écosse Label rouge, lentilles en fraîcheur et écume de persil, tronçon de turbot de ligne à l'exotisme, moules bouchot minute bok choi sauté croquant, tarte soufflée à la châtaigne pommes poêlées, sorbet granny-smith (il s'agit bien d'une seule recette !) illustre parfaitement la philosophie de Thierry Duhr, qui parvient à faire tenir dans un plat dix saveurs et presque autant de textures, tout en permettant aux gourmets de pouvoir facilement profiter de chacune. La carte des vins est à l'image de cette fière gastronomie : pas de déstructuration, pas de chimie, beaucoup de vins nature et des flacons cohérents, choisis pour la qualité des accords qu'ils permettent avec les menus. Un bouquet bien garni, en effet !

***Menus** : Déjeuner (2 plats et dessert) : 30 € / Gourmand (2 plats et dessert) : 50 €*
***À la carte** : Mini : 65 € / Maxi : 130 €*

32, rue de l'Eau
1449 Luxembourg
Tél. : +352 26 20 06 20

Fermé dimanche, lundi et jours fériés
www.lebouquetgarni.lu

La Cristallerie

€€ FABRICE SALVADOR OLIVIER SCHANNE

Gastronomique, classicisme, élégance, romantique, chic, végétalo-compatible, annexe de Bacchus

• La Cristallerie, c'est la grande classe, et l'amour prononcé des meilleurs produits. Ici, lorsque l'on mange du bœuf, c'est exclusivement du wagyu ! On ne s'étonne donc pas de croiser dans cet écrin de boiseries dorées, de plafonds sculptés et de vitraux d'époque la fine fleur des gourmets luxembourgeois. On comprend aisément leur passion pour la cristallerie. Sole de ligne et langoustine carabineros ; Saint-Jacques marinée au miso entraînent le palais dans un tour du monde des saveurs avec seulement quelques ingrédients qui dialoguent parfaitement. Ainsi, Fabrice Salvador crée des recettes « mélodies », inspirées par les saisons et les produits. En outre, il a tissé des relations de qualité avec les meilleurs maraîchers français et luxembourgeois, et met un point d'honneur à sélectionner des aliments d'une extrême fraîcheur. Il propose également un authentique menu végétalien. Faut-il en dire davantage ? Oui. La cave est en ce moment considérée par tous les professionnels comme la plus belle d'Europe. Certes, elle est chère. Mais les verticales donnent le vertige et la carte ne cesse de s'enrichir de merveilles produites par des vignerons inconnus, qui complètent la liste sans fin des vins de prestige (12 pays représentés). Un restaurant d'exceptions, au pluriel !

***Menus** : Nature gourmande (2 plats et dessert/vins) : 78 €/106 € / Prestige en trois services (2 plats et dessert/vins) : 138 €/218 € / La Cristallerie (3 plats et dessert/vins) : 98 €/170 € / Le jardin végétalien (3 plats et dessert/vins) : 98 €/170 € / Prestige (4 plats et dessert/vins) : 178 €/318 € / Carte blanche (5 plats et dessert/vins) : 228 €/368 €*

18, place d'Armes
1136 Luxembourg
Tél. : +352 27 47 37 421

Fermé samedi midi, dimanche et lundi
www.la-cristallerie.com

Mosconi

€€ LLARIO MOSCONI

Haute gastronomie, luxe, excellent service, italien, voiturier obligatoire

• L'Italie au Luxembourg, façon luxe, c'est possible, et cela se passe chez Mosconi. Le service possède une franchise et une élégance rare, la décoration du même acabit... Les amuse-bouches à peine servis, on a déjà envie de prendre pension chez Ilario et Simonetta Mosconi. Ce restaurant demeure cependant l'un des moins locavores de notre sélection, puisque 90 % des aliments viennent de fournisseurs italiens triés sur le volet et, heureusement, souvent labellisés. La grande cuisine de la maison repose donc pour partie sur la sincérité et la qualité des ingrédients, mais aussi sur ce lien solide et primordial avec la terre natale du chef. Ici, on est donc en Italie. En attestent les tortellini alla fonduta parmesan et fontina, qui contiennent plus de truffes blanches que de farine! L'entrecôte de veau sanato du Piémont à la milanaise, fine chapelure, endives à l'orange fait également partir en voyage en transportant le palais sur les rives de la Méditerranée en hiver. La carte des vins est évidemment amoureuse de la « botte ». Et n'oublions pas un sublimissime plateau de fromages. Qui aurait deviné que les meilleures pâtes d'Europe étaient servies au Luxembourg?

***Menus** : Déjeuner (2 plats et dessert) : 44 € / Pasta (8 plats de pâtes) : 80 € / Dégustation (5 plats, fromages et dessert) : 130 €*
***À la carte** : Mini : 100 € / Maxi : 170 €*

13, rue Munster
2160 Luxembourg
Tél. : +352 54 69 94

Fermé samedi midi, dimanche et lundi
www.mosconi.lu

La Pomme Cannelle

€€ PAUL FOURIER

Gastronomique, comme à la maison façon luxe, excellent service, végétalo-compatible

• Fleuron culinaire de l'hôtel Le Royal Luxembourg, la Pomme Cannelle propose une cuisine raffinée, basée sur des produits locaux de qualité, rehaussés et mis en valeur par des notes méditerranéennes, très ensoleillées. Le décor du restaurant, aux teintes chaleureuses et aux élégantes boiseries, n'est pas sans rappeler un comptoir aux épices. Et cela tombe bien, car ces derniers sont utilisés dans les recettes avec un grand sens de l'équilibre. Ici, chaque assiette est, à l'œil comme au palais, riche en couleurs, en volumes, en contrastes. Le service est courtois, discret et empathique, digne d'un palace, sans fausse note. Par ailleurs, l'œuf bio et la fameuse pomme-cannelle, mousse caramel, gelée de pomme, hydromel, sorbet sont réellement himalayens. La carte des vins, avec plus de 25 propositions au verre à prix maîtrisés, ne triche pas : riesling La Chapelle du domaine Alice Hartmann ou mercurey du domaine Faiveley à 48 €, IGP collines-rhodaniennes La Rosine de Michel et Stéphane Ogier à 60 €, coteaux-de-l'aubance Clos Prieur du domaine de Montgilet à 79 €. L'archétype de la brasserie de luxe, dotée d'un concept fort. Le repaire de tous les vieux loups, de la gastronomie, comme des affaires.

***Menus** : Formule (2 plats) : 48 € / Menu (2 plats et dessert) : 56 € / Royal (3 plats et dessert/vins) : 69 €/98€*
***À la carte** : Mini : 70 € / Maxi : 115 €*

Hôtel Le Royal
12, boulevard Royal
2449 Luxembourg
Tél. : +352 24 16 16 736

Fermé samedi et dimanche
www.restaurant-pomme-cannelle.lu

De Jangeli

€€

GILLES GOESS

Gastronomique, végétalo-compatible, chic, plaisir des yeux, romantique

• De Jangeli, c'est d'abord une salle joliment décorée, chic, épurée, un cocon calme et voluptueux. Ici, tout est fait pour ravir les yeux et les palais. Gilles Goess (chef français né à Aubervilliers, qui est passé par le Royal Monceau et le Ritz) ne travaille qu'avec des produits frais, de saison, souvent labellisés, de manière que ses assiettes contiennent uniquement des aliments sains. La consécration pour cet amoureux des produits du terroir, c'est de voir les sourires fleurir sur le visage de ses clients à mesure qu'avance le repas. Derrière les pianos, les symphonies interprétées racontent la Nouvelle Cuisine française et les grands classiques du répertoire, notamment luxembourgeois. La Feierstengszalot revisitée, joue de bœuf aux aromates, gelée de betterave, œufs de caille, sauce aux herbes de notre jardin ; ou l'escalope de foie gras de canard poêlée, crumble aux noix, pomme fruit du pays font tout à la fois respirer le terroir, la haute gastronomie et la tradition. Le dos de sandre rôti à la cazette du Morvan, potimarron et oignon confit, beurre blanc à la moutarde luxembourgeoise est une subtile variation sur le thème terre-mer, où il est conféré au poisson autant de puissance et de sucs qu'à une viande. Le tartare de gambero aux fines herbes et Passion emprunte avec brio les figures majeures du fooding new-yorkais. Enfin, la dorade royale, butternut, mini panais et marinière d'amande n'est qu'élégance et douceur, mais offre cependant une très longue résistance sur le palais. De Jangeli, pour un gourmand, c'est un peu le pays des Merveilles.

• **LES VINS** : La carte des vins recèle quelques trésors (et beaucoup de vins bio) vendus à prix d'ami. Riesling du château de Schengen à 43 €, grès-de-montpellier Prestigi du domaine Mas du Novi à 40 €, savigny-lès-beaune premier cru Les Goudelettes du domaine Antonin Guyon à 95 €, côte-rôtie Le Gallet Blanc de François Villard à 165 €, viognier d'Yves Cuilleron à 50 €, côtes-du-roussillon-villages Les Calcinaires du domaine Gauby à 35 €, Un Baiser du Clos des Vins d'Amour à 63 €, châteauneuf-du-pape blanc du domaine Chante Cigale à 85 €, saint-aubin premier cru En Rémilly d'Olivier Leflaive à 95 €, saint-véran La Vieille Vigne des Crèches du domaine Saumaize à 54 €, mâcon-solutré-pouilly Sur le Mont du domaine Cheveau à 35 €. Du bon, du rare, du label, ainsi qu'une dizaine de vins au verre à partir de 7 €. La cave mérite sa flatteuse réputation.

***Menus** : Gourmet (2 plats et dessert) : 49 € / Plaisirs et dégustation (4 plats et dessert) : 95 €*
***À la carte** : Mini : 55 € / Maxi : 95 €*

Mondorf Domaine Thermal
5601 Mondorf-Les-Bains
Tél. : +352 23 66 65 25

Fermé lundi, mardi, et samedi midi
www.dejangeli.lu

Les Roses

⌘ 🍷🍷 €€ ALAIN PIERRON THIERRY CORONA

♡ **Gastronomique, végétalo-compatible, casino, chic, soigné, service de classe, très fort en vins**

• La passion d'Alain Pierron, c'est la recherche du goût pur. Résolument gourmandes, vraiment contemporaines, évidemment élégantes, ses recettes marient tradition, audace et modernité. Il est fidèle aux produits de saison qui empruntent les circuits les plus courts. Il exerce son talent dans un salon de grand standing, décoré avec soin. Sa brigade de salle est aux petits soins, très attentive, particulièrement ordonnée. On ne s'étonne donc pas que toutes ses assiettes attirent l'attention. Elles sont bâties pour séduire, sans aucune inflation tarifaire, ce qui accroît encore leur charme. Le menu Floralies des gourmets allèche déjà toute la fine fleur des bambocheurs luxembourgeois, et pas seulement car il y est râpé de la truffe, ce qui, avouons-le, ne gâche rien. Les Saint-Jacques et topinambour, copeaux de radis noir, caramel de fruit de la Passion attestent que le chef est à l'aise dans tous les registres, même les plus modernes. Quant à la cave, elle est composée par Thierry Corona, président de l'association des sommeliers d'Europe. Autant vous dire qu'il saura vous dénicher très exactement la bouteille que vous convoitez au prix qui vous conviendra. Les louanges tissées aux Roses fleurissent dans tous les guides gastronomiques, c'est mérité.

***Menus** : Dîner des gourmets (2 plats et dessert/vins/eaux/café) : 49 € / Floralies des Roses (3 plats, fromages et dessert) : 50 € / Floralies du potager – végétarien (4 plats et desserts) : 60 € / Floralies des gourmets (4 plats, fromages et desserts) : 69 € / Signature (2 plats, fromages et dessert) : 79 €*
***À la carte** : Mini : 75 € / Maxi : 130 €*

Casino 2000
Rue Théodore-Flammang
5618 Mondorf-les-Bains
Tél. : +352 26 678 410

Fermé lundi midi, mardi et mercredi
www.casino2000.lu/restaurants/les-roses

Ma langue sourit

⌘ 🍷🍷 €€ CYRIL MOLARD

♡ **Haute gastronomie, chaleureux, chic, bienveillant, intime, terrasse**

• Le nom du restaurant vient d'une anecdote savoureuse, déjà. Après avoir dégusté une glace au chocolat, Julie, 4 ans, dit avec malice au chef étoilé : « Ma langue sourit » ! Que Cyril Molard ait fait de cet événement le nom de son établissement renseigne sur le niveau d'empathie et le désir de faire plaisir qui habitent cette belle maison. Et, quand on vient à Moutfort, force est de constater que l'on découvre d'abord une équipe enjouée, contente de servir et d'être là, aux ordres d'un grand chef et de clients érudits. Cela dit, quand on déguste des chefs-d'œuvre tels que le crémeux de panais, jaune d'œuf bio, bouillon de poule, farine de châtaigne torréfiée ; ou le blanc de calamar fondant, kumquat, riz bomba, safran d'Alsace, jus de crevette, on est évidemment et naturellement concentré et heureux. La belle carte des vins donne le ton : riesling Ahn Palmberg du Clos des Rochers à 54 €, Clos du Paradis du château Pauqué à 82 €, Les Terrasses du domaine Henri Ruppert à 68 €, Y du château d'Yquem à 260 €, domaine des Roches Neuves à 92 €, Blanc Fumé de Pouilly de Didier Dagueneau à 105 €, cuvée Réserve du Mas du Soleilla à 66 €... Une cuisine de très haute volée, mais qui ne snobe pas les clients. Excellent service. Gourmandises. On ne saurait demander plus.

***Menus** : Expression (2 plats et dessert) : 52 € / Invitation à la découverte (3 plats et dessert/vins) : 85 €/125 € / Signature (4 plats et dessert/vins) : 105 €/155 €*
***À la carte** : Mini : 90 € / Maxi : 160 €*

1, rue de Remich
5331 Moutfort
Tél. : +352 26 35 20 31

Fermé dimanche et lundi
www.mls.lu

LUXEMBOURG

Suisse

22 TABLES ATTENTIVES • DONT 2 COUPS DE CŒUR

Au Violon

⌘⌘ 🍷 €€

♡ **Bistronomique-chic, terrasse, atypique, le prisonnier, traditionnel**

• Une brasserie « à la parisienne » tenue par une équipe presque exclusivement alsacienne et qui promeut les terroirs suisses, à Bâle. L'histoire n'est pas banale ! D'autant plus qu'Au Violon fait vraiment référence à la formule bien connue des bagnards, car l'établissement est sis dans un cadre historique, classé, presque campagnard, tout en haut de la vieille ville, à l'intérieur des murs (largement réaménagés) d'une ancienne prison. Ici, les plats du jour confectionnés au gré du marché tiennent le haut du pavé. Tout est de saison, les légumes sont souvent bio et l'obligatoire tartare de bœuf mérite sa belle réputation. S'agissant d'une brasserie, les bières et les vins coulent à flots au verre : gewurztraminer cuvée Wahlenbourg de Paul Ginglinger à 55 CHF, pouilly-fuissé Vieilles Vignes de Pierre Vessigaud à 92 CHF, tavel rosé du château La Genestière à 51 CHF, châteauneuf-du-pape de La Bastide Saint Dominique à 105 CHF. Un hôtel-restaurant dont il est bien doux d'être le prisonnier volontaire.

***Menu** : Déjeuner (2 plats et dessert) : 34 CHF*
***À la carte** : Mini : 60 CHF / Maxi : 110 CHF*

Im Lohnhof 4
4051 Bâle
Tél. : +41 61 269 87 11

Ouvert tous les jours
www.au-violon.com

Cheval blanc aux Trois Rois

⌘⌘ 🍷 €€€€ **PETER KNOGL**

♡ **Très haute gastronomie, palace de luxe, romantique, very chic**

• Le Bavarois Peter Knogl est l'un des meilleurs chefs de Suisse, et du monde. Il est aussi l'un des plus discrets. Il faut dire qu'il passe le plus clair de son temps à assouvir sa passion : chercher (et préparer) des produits de qualité. Au sein de l'hôtel Les Trois Rois, il propose une cuisine très technique, de très haute volée, presque inimitable tellement tout y est millimétré. Le foie gras de canard râpé sur un tourteau et pomme verte ; le filet de rouget avec ses écailles croustillantes, jus au safran, ail noir et vinaigrette de tomate ; le ris de veau rôti au yuzu, poivre, échalote et crème de champignons ; ou le juteux pigeon de Bresse aux arômes du Maroc, citron au sel et mousseline de carottes sont tous des monuments. Leur persistance et leur complexité appellent les plus grands vins, heureusement tous bien rangés dans la cave du restaurant. Le service est méticuleux, expérimenté et ravissant. L'hôtel qui sert d'écrin au restaurant est à couper le souffle. What else !

***Menus** : Découverte (4 plats et dessert) : 210 CHF / Menu des rois (5 plats et dessert) : 235 CHF*
***À la carte** : Mini : 150 CHF / Maxi : 300 CHF*

Grand Hotel Les Trois Rois
Blumenrain 8
4001 Bâle
Tél. : +41 61 260 50 07

Fermé dimanche et lundi
www.lestroisrois.com/fr/restaurants/cheval-blanc

Der Teufelhof – Bel Étage

⌘⌘⌘ €€€€ MICHAEL BAADER

♡ Gastronomique, chic, feutré, décoré, traditionnel

• L'hôtel-restaurant-café-brasserie-galerie-d'art Der Teufelhof n'est pas un lieu où l'on risque de s'ennuyer. On y croise, dans les salles, sur la scène de son théâtre et au mur les plus grands artistes contemporains. Ce lieu de charme vaut donc le détour pour lui-même. D'autant plus que, derrière les pianos, ce sont les recettes de Michael Baader qui donnent le *la*. Le registre joué est donc : « cuisine gourmande et gastronomique française de haute volée ». Or, il s'agit de la juste tonalité pour s'accorder à merveille avec le décor classé et artistique de la salle du restaurant Bel Étage. Ce dernier, logiquement primé dans tous les guides, offre une ambiance incomparable, intime, luxueuse, propre à magnifier les meilleurs produits du terroir mis en scène par le chef. La lecture de la carte des vins est, elle aussi, passionnante : champagne brut Prestige de Pierre Mignon à 110 CHF, viognier de Möhr-Niggli à 89 CHF, petite-arvine Clos de Mangold du domaine Cornulus à 71 CHF, meursault du domaine des Comtes Lafon à 137 CHF, vin de pays Zind du domaine Zind-Humbrecht à 69 CHF, riesling Mambourg de Marc Tempé à 99 CHF. On a le droit de tomber sous le charme.

Menus *: Déjeuner (2 plats et dessert) : 109 CHF / Dégustation (3 plats, fromage et dessert/vins) : 149 CHF/213 CHF*
À la carte *: Mini : 130 CHF / Maxi : 210 CHF*

Leonhardsgraben 47-49
4051 Bâle
Tél. : +41 61 261 10 10

Ouvert tous les jours
www.teufelhof.com

Kirchenfeld

⌘ €€€ MAURICE ROTA

♡ Gastronomique, animé, big boss cantine, plein la vue, bon jaja

• Maurice Rota est le chantre d'une cuisine de tradition, raffinée, exquise, exactement à l'image de son restaurant et des splendides photographies qu'il accroche aux murs. La qualité de l'accueil, cordial, prodigué par son épouse n'a pas de prix. Tout est donc sympathique au Kirchenfeld, jusque dans les prix affichés par la carte des vins, très forte localement (pinot gris des caves de la Béroche à 55 CHF, pinot noir Réserve de Martin Hubacher à 78 CHF, crozes-hermitage du domaine Laurent Combier à 64 CHF, gevrey-chambertin Vieilles Vignes du domaine Rossignol-Trapet à 64 CHF). Par ailleurs, le carré d'agneau à la moutarde de Meaux sur un risotto au citron vaut vraiment le déplacement. On ne peut qu'aimer sincèrement cette grande maison, très engagée sur la fraîcheur de ses produits et l'excellence de ses assiettes. Il faudrait être bien difficile pour exiger davantage.

Menu *: Menu du marché (2 plats et dessert) : 75 CHF*
À la carte *: Mini : 65 CHF / Maxi : 130 CHF*

Thunstrasse 5
3005 Berne
Tél. : +41 (0)31 351 02 78

Fermé dimanche et lundi
www.kirchenfeld.ch

Café Cher-Mignon

⌘ 🍷 € DAVID DUC MME DUC

♡ Pub gastronomique, tout schuss, la montagne ça vous gagne

• Le café Cher-Mignon, situé à proximité de l'une des plus légendaires pistes de ski du monde (Crans-Montana) est le meilleur (et le seul) restaurant de sa catégorie : le pub gastronomique. En effet, on y mange et on s'y « arrose » copieusement à midi, comme au pub. En revanche, le soir, la haute gastronomie est de la partie. À ce titre, difficile de ne pas être bluffé par le tartare de chevreuil finement ciselé aux cèpes et foie gras poêlé, noisettes torréfiées et condiment poire à l'humagne (vin rouge valaisan), qui fera se pâmer tous les amateurs de venaison et de vins. En la matière, la cave est d'ailleurs très bien fournie, exclusivement de breuvages helvètes, tous délicieusement et justement commentés (Primus Classicus des domaines Rouvinez à 46 CHF, cabernet franc de la maison Gilliard à 65 CHF). On n'hésite pas, on fonce, tout schuss !

***Menus** : Randonnée gourmande du midi (2 plats et dessert) : 28 CHF / Conte de saison (2 plats et dessert) : 76 CHF / Délice des sous-bois (3 plats et dessert) : 91 CHF*
***À la carte** : Mini : 40 CHF / Maxi : 100 CHF*

Route de Tsanveulle 18
3971 Chermignon
Tél. : +41 (0)27 483 25 96

Fermé dimanche et lundi
www.cafechermignon.ch/fn/bistro.html

Le Cerf

⌘⌘⌘ 🍷 €€€€ CARLO CRISCI

♡ Très haute gastronomie, taverne médiévale avec voûtes, Veyrat-like, sans chichis, feutré

• Il est depuis trente ans le créateur zélé, un peu fou, génial, vif, naturaliste, qui exerce son talent et sa science dans les parages de Lausanne. En trois mots, Carlo Crisci est : « le Veyrat helvète ». Il joue avec les herbes cueillies par lui, par Nicole et Anne-Marie, ou choisies avec son ami François Couplan, tel un vrai savant. Tous les mercredis et samedis, on le voit arpenter le marché de Lausanne, où il vient chiner les meilleurs primeurs auprès de producteurs de confiance. Dans ses recettes, l'artiste ose tous les mariages : terre et mer ; végétal, minéral et fruit... Les coquelicots, la berce, la benoîte urbaine, le tussilage ou le lierre terrestre lui inspirent des compositions fascinantes, non reproductibles. Bien qu'ils soient très élaborés, les intitulés de ses plats – marbré de foie gras de canard en duo de céleri et perdreaux, raisinée de coing et kouglof, ou bien filet de rouget en écailles de tarot matelote aux senteurs de carvi – ne donnent à voir qu'une infime partie de la complexité des recettes, et les saveurs restent en mémoire longtemps après leur dégustation. Alors, oui, Carlo Crisci est un artiste échevelé, technicien de haute volée, né en Suisse, de parents venus de Campanie, et qui se plaît à jouer avec l'huile d'olive comme un virtuose. On ne croise pas tous les jours un chef aussi original, aussi génial, totalement en phase avec son époque.

***Menus** : Plaisir (3 plats et dessert/vins) : 200 CHF/228 CHF / Prestige (4 plats et dessert) : 240 CHF / Le Fixe (5 plats et dessert) : 280 CHF*

Rue du Temple 10
1304 Cossonay-Ville
Tél. : +41 21 861 26 08

Fermé dimanche, lundi et mardi matin
www.lecerf-carlocrisci.ch

Chetzeron

⌘ 🍷 €€€ LUCIA CORDONNIER

♡ **Gastronomique, la montagne ça vous gagne, James Bond, avec vue, chicissime, romantique**

• Ce lieu mythique, sis face à la chaîne des Alpes, le mont Blanc en ligne de mire, est le grand hôtel-restaurant de Crans. Une équipe d'architectes locaux nommée Actescollectifs, et dirigée par Ambroise Bonvin, a réalisé à la fois un chef-d'œuvre et une prouesse technique pour ériger ce fascinant bloc de pierre en lieu et place de l'ancienne gare d'arrivée du téléphérique. Côté cuisine, une chef argentino-helvète, Lucia Cordonnier, fabrique des plats frais et pleins de bon sens, qui possèdent de la fraîcheur et de la netteté en contrepoint. Tomates farcies au sérac ; tartare de féra sur toast aux bourgeons de sapin ; mignon de porc au poivre Maggia concassé ; ou encore cuisse de poulet désossée et verjutée avec des légumes croquants (pommes de terre, carottes, courgettes) débordent de séduction. Et la carte des vins atteint, elle aussi, des sommets, sans que les tarifs ne soient trop haut perchés : païen de Thierry Constantin à 60 CHF, L'Hyménée de Pascal Bonvin à 45 CHF, pinot noir de Denis Mercier à 58 CHF, Carminoir de Fabienne Cottagnoud à 70 CHF. Un restaurant qui fait écho à tous les rêves des gastronomes montagnards.

***Menu** : Menu (2 plats et dessert) : 85 CHF*
***À la carte** : Mini : 65 CHF / Maxi : 120 CHF*

Chetzeron 2112 SA
3963 Crans-Montana
Tél. : +41 27 485 08 00

Ouvert tous les jours
www.chetzeron.ch

Le Mont Blanc au Crans

⌘ 🍷 €€ PIERRE CRÉPAUD

♡ **Haute gastronomie, vue à couper le souffle, romantique, tout schuss, total luxe, vertige des sens**

• Pénétrer dans la splendide rotonde faisant face aux Alpes est déjà, en soi, un événement. Il n'est à ce titre pas usurpé d'affirmer que le restaurant de Pierre Crépaud est un lieu magique, ne serait-ce qu'en raison de sa situation privilégiée (même la terrasse est chauffée pour que l'on puisse en profiter au cœur de l'hiver). Pourtant, ce qui finit par séduire plus que tout (l'exploit n'est pas mince dans ces conditions), ce sont les exceptionnelles recettes de Pierre Crépaud, qui parvient sans effort apparent à marier tradition et avant-garde, tout en laissant une place de choix aux produits régionaux. Il imagine des alliances de mets souvent inédites, qui conservent de la fraîcheur et de la malice tout en atteignant un niveau de technicité extrêmement élevé. Sa gelée de muscat avec sa brunoise de melon ; sa glace de foie gras ; son magret fumé et séché ; son cappuccino de pommes de terre agria avec truffe d'été et rebibes d'alpage ; ou encore son œuf parfaitement cuit à basse température, tomates cerises, calamaretti et jambon de montagne en sont les parfaites illustrations. La cave à cigares et la carte des vins (très locale) sont au diapason, dignes des plus grandes tables : marsanne Patience du Tambourin à 89 CHF, chasselas Instant Magique de Gregor Kuonen à 90 CHF, Les Pyramides de Diego Mathier à 71 CHF, puligny-montrachet Les Pucelles du domaine Leflaive à 740 CHF, pinot gris Lieu-dit Schimberg du domaine Dirler-Cadé à 70 CHF. Vous n'aurez plus d'excuses pour ne pas connaître l'ivresse des cimes.

***Menus** : Déjeuner (2 plats et dessert) : 55 CHF / Menu de saison (3 plats, fromages et dessert) : 112 CHF / Dégustation (4 plats, fromage et dessert) : 149 CHF*
***À la carte** : Mini : 110 CHF / Maxi : 180 CHF*

LeCrans Hôtel & Spa
Chemin du Mont-Blanc 1, CP 36, Plans Mayens
3963 Crans-Montana
Tél. : +41 27 486 60 60

Fermé dimanche et lundi
www.lecrans.com/fr/restaurant-bar

Auberge du Vigneron

€€€ **LAURENT FRUTIG**

Terrasse avec vue, bon jaja, bistronomique, dans les vignes

• On peut venir à l'Auberge du Vigneron tous les jours. Cependant, on doit bien avouer que les jeudis « chasse » (en saison) sont particulièrement appétissants (selle de chevreuil aux raisins, sauce Grand Veneur, spatzli ; duo de ballotines de foie gras aux champignons en terrine de chasse). D'autant plus que la carte des vins regorge de délicieux nectars locaux, parfois bio, vendus à prix bistrot. La halte qui surplombe le lac Léman et permet de manger sur des tables dressées en plein milieu des vignes (si, si, au milieu, réellement, on les touche si on tend la main) n'est donc pas obligatoire, mais elle est fortement recommandée.

***Menu** : Chasse (3 plats et desserts) : 79 CHF*
***À la carte** : Mini : 50 CHF / Maxi : 120 CHF*

Route de la Corniche 16
1098 Épesses
Tél. : +41 (0)21 799 14 19

Ouvert tous les jours
www.aubergeduvigneron.ch

La Bagatelle

€€€ **STEVE WILLIÉ**

Haute gastronomie, chasse et tradition, douillet, calme, romantique, en vue avec vue, annexe de Bacchus

• Strasbourgeois rallié à la Suisse depuis deux décennies (on pouvait déjà le croiser au très classique Olden, sur la Promenade), Steve Willié tient avec sérieux les fourneaux de la Bagatelle, hôtel-brasserie de luxe à l'autrichienne, où il propose ses bonnes et grandes idées au fil du marché et de la saison. La salle est colorée, le service en *dirndl* (robe typique des paysannes des Alpes) évoque le Tyrol et la Forêt-Noire. Mais, côté plats, on joue là dans un registre classique/gastronomique français de bon aloi. Crème de châtaignes au céleri et truffes, œuf poché fermier à la truffe noire du Périgord ; ravioles de queue et ris de veau à l'estragon ; joue et mignon de veau du Saanenland en deux façons témoignent d'une belle maîtrise et d'une vraie ambition. Le parfait glacé de mangue avec son crémeux pistache et tartelette chocolat et mandarine est un dessert qui ferait envie à beaucoup d'enseignes au-dessus desquelles brillent déjà trois étoiles. Cave époustouflante composée de plus de 1 000 références internationales : pinot blanc de Jermann à 60 CHF, corton-charlemagne de Jean-François Coche-Dury à 850 CHF, valais-humagne rouge de Simon Maye et Fils à 42 CHF, Les Clos du domaine Raveneau à 195 CHF, gewurztraminer du domaine Zind-Humbrecht à 70 CHF, pouilly-fumé de Didier Dagueneau à 160 CHF. Il faut dormir à l'hôtel, car la seule lecture de la carte des vins procure des sensations trop fortes pour reprendre la route.

***À la carte** : Mini : 100 CHF / Maxi : 220 CHF*

Boulevard James-Fazy 20
1201 Genève
Tél. : +41 22 732 26 29

Ouvert tous les jours
www.grandchalet.ch

Chesery

⌘ 🍷🍷 €€€ ROBERT SPETH

♡ Très haute gastronomie, fort en vins, chic, romantique, classique

• Le leitmotiv du chef est de produire derrière ses fourneaux : « de la simplicité de haut niveau ». Il s'agit d'une maxime qui résume idéalement ses intentions et, plus généralement, celles des chefs du monde entier exerçant au sommet ! La crème de potiron et croustillant de bulgur ou les raviolis faits maison avec burrata et tomates datteri sont presque dignes d'Alain Passard, mais ce ne sont pas de grands plats à vins. Les amateurs de nectar préféreront donc goûter à des veaux d'anthologie, qui accompagneront dignement de divines bouteilles provenant de toute l'Europe, et qui sont pondérées de coefficients modérés (petite arvine Tradition d'Henri Valloton à 86 CHF, Le Brez Féchy de Raymond Paccot à 58 CHF, Les Chalasses Marnes Bleues de Jean-François Ganevat à 121 CHF, Silex du domaine Didier Dagueneau à 195 CHF, Ried Loibenberg Smaragd de Weingut Emmerich Knoll à 115 CHF, Fass 16 de Peter Lauer à 69 CHF). Et encore, on ne vous parle pas des fameuses « glaces de viande » du chef, vous risqueriez de prendre le prochain avion.

***Menus** : Menu de midi (2/3 plats et dessert) : 78 CHF/94 CHF / Menu du soir (3/4 plats, fromages et dessert) : 165 CHF/178 CHF*
***À la carte** : Mini : 100 CHF / Maxi : 260 CHF*

Alte Lauenenstrasse 6
3780 Gstaad
Tél. : +41 (0)33 744 24 51

Fermé lundi
www.chesery.ch

Le Cinq

⌘ 🍷 €€ MICHAEL ROCHAT ET THÉOTIME BIORET

♡ Gastronomique, en appartement, feutré, romantique, traditionnel

• On découvre, au cinquième étage d'un immeuble moderne, non pas une vue panoramique, mais un restaurant, doté d'une petite salle étroite, façon couloir, et d'un fameux menu, très abordable, au déjeuner. Les autres délicieuses invitations du Cinq sont inscrites à la craie sur l'ardoise, et présentées par une brigade de salle prompte, souriante, qui sait vous faire aimer sa belle carte des vins : merlot de Philippoz Frères à 85 CHF, gigondas Aux Lieux-Dits du domaine Santa Duc à 73 CHF, Hauts de Pontet-Canet 2005 à 98 CHF, Varramista du domaine Agnelli-Piaggio à 95 CHF, Païen d'Enfer d'Henri Valloton à 75 CHF... Quant au duo de patrons-cuisiniers, indubitablement, il connaît le métier. En attestent sa soupe de poireaux pommes de terre ; son saumon, fine purée à l'huile d'olive ; son aiguillette de bœuf suisse avec ses frites maison ; ou son papet vaudois revu dans le verre, avec saucisse hachée, poireau, pommes de terre et émulsion de parmesan ; sans omettre le fondant/coulant au chocolat avec sa glace caramel au beurre salé. Du bon goût, au bon coût, réglé comme une horloge... suisse !

***Menus** : Déjeuner (2 plats et dessert) : 38 CHF / Dîner (3 plats et dessert) : 95 CHF / Dégustation (5 plats et dessert) : 140 CHF*
***À la carte** : Mini : 50 CHF / Maxi : 140 CHF*

Rue centrale 9
1003 Lausanne
Tél. : +41 21 312 40 11

Fermé samedi et dimanche
www.lecinq.ch

Eligo

⌘⌘⌘ 🍷🍷 €€ GUILLAUME RAINEIX

♡ Haute gastronomie, urbain, cuisine avec vue, épuré, en ligne

• Guillaume Raineix fut le second d'Anne-Sophie Pic au Beau-Rivage Palace de Lausanne. Il est désormais installé sur les hauteurs de la ville, dans un quartier moderne et branché, qui n'est pas sans attrait. Toutes les recettes démontrent ici une véritable finesse. Féra du Léman et ses condiments aux agrumes ; caille aux raisins et grappa ; pièce de gibier sauvage à la mirabelle, figues rôties et glace au pain d'épice donnent tous très envie de posséder, ici, son rond de serviette. D'autant plus que toutes les viandes viennent de Suisse, que les poissons sont tous sauvages et que la carte des vins ne triche pas, avec 20 références au verre : chasselas Alpha ID de la Maison du Moulin à 50 CHF, Quintessence de Benoît Dorsaz à 98 CHF, chablis Les Clos de Vincent Dauvissat à 180 CHF, pouilly-fuissé Les Crays de Daniel et Julien Barraud à 77 CHF, cuvée du Diplomate du domaine Comte d'Abbatucci à 125 CHF, pinot noir d'Obrecht à 60 CHF, domaine de Trévallon à 180 CHF. Go to Eligo !

***Menus** : Déjeuner (2 plats et dessert) : 58 CHF / Soir (3 plats et dessert/vins) : 100 CHF/150 CHF / Dégustation (4 plats et dessert/vins) : 150 CHF/215 CHF*
***À la carte** : Mini : 100 CHF / Maxi : 200 CHF*

Rue du Flon 8
1003 Lausanne
Tél. : +41 21 320 00 03

Fermé dimanche et lundi
www.eligo-restaurant.ch

La Table d'Egdard

⌘⌘⌘ 🍷 €€€ EDGARD BOVIER

♡ Très haute gastronomie, très chic, romantique, excellent service, laboratoire, terrasse avec vue

• La situation de la Table d'Edgard, sise à l'intérieur du Lausanne Palace & Spa, est bien évidemment extrêmement privilégiée. Pourtant, la grande chance du restaurant est surtout d'avoir à sa tête un chef de la trempe d'Edgard Bovier. Valaisan exilé en canton de Vaud, le cacique est un amoureux transi de la Riviera niçoise. Dominique Le Stanc, qu'il rencontra alors qu'il travaillait à l'Ermitage à Küsnacht, fut son mentor au Château Eza, puis au Negresco. Au Lausanne Palace, où il dirige toute la partie restauration, il crée donc une gastronomie du lien, entre mer et montagne, Provence et Suisse. Dans ses menus, il donne à goûter au meilleur des Alpes. Il chante des odes lyriques au marché niçois, avec des légumes qui comptent parmi les plus fameux que l'on puisse espérer goûter dans une vie. Quant à la salade de homard à l'écrasé de petits pois, fleur de courgette soufflée au croustillant de langoustine, loup en pavé épais, moelle à la fleur de sel, elle n'est pas loin de dominer l'Europe gastronomique. Luxe, perfection et raffinement !

***Menus** : Plaisir (2 plats et dessert) : 75 CHF / Soleil de Méditerranée (3 plats et dessert) : 140 CHF / Signature (4 plats, fromage et dessert) : 180 CHF*
***À la carte** : Mini : 145 CHF / Maxi : 200 CHF*

Lausanne Palace & SPA
Rue du Grand-Chêne 7-9
1003 Lausanne
Tél. : +41 21 331 32 15

Fermé dimanche et lundi
www.lausanne-palace.com

Auberge du Chalet-des-Enfants

€€ ROMANO HASENAUER

Bio de campagne, isolé, sans chichis, détox, pour toute la famille

• Coco Chanel venait déjà à l'Auberge du Chalet-des-Enfants pour se désintoxiquer de la vie parisienne (et boire de l'absinthe). Un demi-siècle plus tard, le lieu a été rénové, mais n'a pas changé de vocation. Sans grand luxe, mais avec un état d'esprit et des manières impeccables, on peut goûter ici à la quintessence des produits locaux, de la chasse notamment, qui sont acheminés quotidiennement par les meilleurs producteurs (ah ! les délicieuses charcuteries de la boucherie Grandjean). Tout est cuisiné maison. Le lait provient des vaches que l'on voit paître derrière le jardin, et l'absinthe sert désormais à poêler les poulets bio. La carte des vins joue également la proximité et la certification (domaine La Capitaine). Recyclage-compostage, énergies renouvelables, développement durable, valorisation de l'économie locale... Les raisons pour aller à Mont-sur-Lausanne ne manquent pas.

***À la carte** : Mini : 45 CHF / Maxi : 100 CHF*

Route du Chalet-des-Enfants
1052 Le Mont-sur-Lausanne
Tél. : +41 (0)21 784 44 80

Fermé le dimanche soir
www.chaletdesenfants.ch

Auberge de l'abbaye de Montheron

€€ ALEXANDRE HOFMANN

Classique, campagnard, gastronomique, fort en vins, service de palace

• Bien sûr, on peut venir à l'Auberge de l'abbaye de Montheron pour dîner des produits de la chasse de Romandie, ainsi que pour y savourer une cuisine raffinée, faite d'herbes, de légumes et de salades en provenance directe du potager. Mais, depuis quelque temps, sous l'impulsion du chef, on peut également y goûter de fameux plats déconstruits, des cubes en gelée de génépi, des œufs parfaits cuits à 65 °C... En matière de vin, les meilleurs vignerons français et suisses sont bien présents. Cependant, la carte s'intéresse surtout aux fameux vins bio (Écocert, AB) du propriétaire de l'établissement, ceux du Clos des Abbayes, dont les pinots gris et les chasselas sont remarquables et vendus à prix cordiaux.

***Menus** : Affaires (2 plats et dessert) : 65 CHF / Dégustation I (3 plats et dessert) : 85 CHF / Dégustation II (4 plats et desserts) : 105 CHF / Dégustation III (6 plats et desserts) : 130 CHF*
***À la carte** : Mini : 75 CHF / Maxi : 150 CHF*

Route de l'Abbaye 2
1053 Cugy
Tél. : +41 (0)21 731 73 73

Fermé lundi et mardi
www.montheron.ch

Le Monument

⌘ 🍷 €€€ LAURENT MORARD

♡ Gastro-gourmand, moderne chic, végétarien friendly, avec vue, terrasse

• Ce café de village anamorphosé en bistrot gourmand est sis au grand cœur de Lens, à deux pas de la fondation Pierre Arnaud. La famille Morard le tient toujours avec charme. Et Laurent continue de cuisiner avec goût et doigté. Il met en scène chacune de ses assiettes avec une grande minutie et un sens de la gourmandise évident. Marie-Anne accueille les clients avec ses jolis yeux bleus, beaucoup d'empathie et son fier accent québécois, sa gouaille proverbiale. Non loin des pistes, le chef fait filer chaque assiette vers le zéro défaut. Formé auprès de sa belle-famille au mythique café de Chermignon, puis chez les frères Vallotton à Martigny, on peut dire qu'il connaît la musique. Il envoie donc avec malice, au gré de l'air du temps, et tire avec habileté le meilleur de chaque ingrédient. Sashimi de thon, raviole ouverte aux chanterelles ; ou côte de veau lentement cuite avec jus réduit aux olives de Kalamata sont quelques-unes des recettes phares de la Maison, où l'on peut aussi boire, parfois bio, avec délectation. Les Morard, c'est une famille en or !

***Menus** : Découverte (2 plats et dessert) : 85 CHF / Dégustation (3 plats et dessert) : 100 CHF*
***À la carte** : Mini : 75 CHF / Maxi : 150 CHF*

Route d'Icogne 3
1978 Lens
Tél. : +41 27 483 19 82

Fermé mardi et mercredi
www.lmbg.ch

Sonnenhof

⌘ 🍷🍷 €€ ERIC BAUMER

♡ Haute gastronomie, isolé, chic, terrasse panoramique, cosy-romantique

• Ce chalet gourmand, perdu sur un chemin de traverse, à 3 km du centre de Saanen et à une portée d'arbalète de Gstaad, joue dans ses assiettes la comédie de l'envie et du ravissement, la symphonie de la simplicité bon enfant. Eric Baumer est un expert dans l'art du maniement des produits de qualité. Son établissement fait donc un tabac aisément compréhensible auprès des gourmets de toute la vallée. L'accueil y est chaleureux, le cadre boisé à l'ancienne avec, en prime, la cuisine très soignée du chef, qui a appris son métier auprès de Martin Dalsass. Eric Baumer oscille avec dextérité entre des propositions du marché et de la gastronomie de l'air du temps. Ses raviolis de pommes de terre aux truffes et épinards, avec beurre de sauge et parmesan ; son carpaccio de thon à l'huile d'olive, selle de chevreuil aux chanterelles ; ou sa mousse de citron glacé et limoncello s'accompagnent des meilleurs vins du monde entier, compagnons obligatoires d'une cuisine raffinée et très parfumée. Une institution.

***Menus** : Menu du marché (2 plats et desserts) : 62 CHF / Soir (2 plats et dessert) : 95 CHF / Gourmet (3 plats et dessert) : 108 CHF / Dégustation (4 plats et desserts) : 125 CHF*
***À la carte** : Mini : 70 CHF / Maxi : 200 CHF*

Sonnenhofweg 33
3792 Saanen
Tél. : +41 33 744 10 23

Fermé lundi et mardi
www.restaurantsonnenhof.ch

L'Auberge de la Veveyse

€€€ JEAN-SÉBASTIEN RIBETTE

Gastronomique, campagne romantique, chic

• Comme la cuisine du chef, la décoration campagnarde de l'Auberge de la Veveyse mélange subtilement le moderne et l'ancien. La brigade revendique d'ailleurs ce parti pris, qui autorise un maximum de créativité derrière les pianos, et génère plein de surprises dans les assiettes. Bien qu'il soit français, le chef joue toujours à domicile, c'est-à-dire en Suisse, dans son comté. Pour faire goûter chaque jour les meilleurs produits du marché, il a opté pour un menu unique (nombre de services variable). La carte des vins met en valeur les productions helvètes avec la volonté farouche de les faire découvrir (coefficients triplant). Les meilleures références françaises, notamment dans le Rhône, sont également là (coefficients quadruplant). De quoi trouver son bonheur pour s'accorder avec de grands plats à vins, tels que le filet mignon de veau cuit à basse température, bastion de polenta aux petits légumes, dont le bel énoncé n'est pourtant qu'un maigre prélude en comparaison du bonheur que l'on éprouve lors de sa dégustation. Vous cherchiez une escale romantique pour le week-end ?

***Menus** : Déjeuner (2 plats et dessert) : 86 CHF / Menu de saison I (2 plats, fromages et dessert) : 115 CHF / Menu de saison II (3 plats, fromages et dessert) : 152 CHF / Menu de saison III (4 plats, fromages et dessert) : 188 CHF*

Route de Châtel-Saint-Denis 212
1806 Saint-Légier-La Chiésaz
Tél. : +41 (0)21 943 67 60

Fermé dimanche, lundi, et mardi midi
www.auberge-de-la-veveyse.ch

L'Auberge de l'Onde

€€€ CHRISTOPHE MAZZIERI

Gastronomique, brasserie-rôtisserie, étoilé, naturellement bon

• L'Auberge de l'Onde est un peu comme une boîte de jouets pour adultes gourmands. On peut très bien y manger à la brasserie et se régaler de plats généreux. On peut aussi y dîner en version sérieusement étoilée à la rôtisserie, en dégustant des gibiers exceptionnels, des escalopes de foie gras de canard poêlées au coing et au caramel d'épices ; ou un somptueux bar de ligne grillé, fenouil confit et émulsion au yuzu. À ce niveau-là, le plein d'émotion et de gourmandise est déjà fait. Cependant, l'éblouissement final vient généralement de la carte des vins, composée de plus de 1 000 références, et qui déborde des meilleurs crus locaux, italiens et français (pinot gris du domaine Jean-François Morel à 56 CHF, syrah de Chamoson du domaine Simon Maye et Fils à 57 CHF, Les Hauts de Smith à 60 CHF, Dézaley du Clos des Abbayes à 60 CHF). La grande classe, suisse !

***Menus** : Menu du rôtisseur (3 plats et desserts) : 120 CHF / Menu du marché (4 plats et desserts) : 168 CHF*
***À la carte** : Mini : 90 CHF / Maxi : 120 CHF*

Centre du Village
1071 Saint-Saphorin
Tél. : +41 (0)21 925 49 00

Fermé lundi et mardi
www.aubergedelonde.ch

Domaine de Châteauvieux

€€€€

PHILIPPE CHEVRIER

Très haute gastronomie, chic, monastique, potager, vignes, fort en vins, romantique

• Philippe Chevrier, c'est un peu le Ducasse suisse. Il possède des restaurants dans tout le pays, et au-delà. Cependant, il n'oublie pas de toujours revenir à la source, chez lui, là où il dispose de tous ses repères, ainsi que d'un immense potager où sont « très naturellement » cultivés la plupart des herbes aromatiques, fruits et légumes, utilisés dans ses cuisines. Le chef sait donc jouer avec les produits de saison hyper frais, locaux et bio, mais aussi avec la truffe noire en hiver, les meilleurs poissons des côtes bretonnes ou de Vendée, et les belles volailles de Bresse, sans jamais tomber dans le gadget. On aime également Philippe Chevrier pour son enthousiasme, qui donne à ses assiettes, superbes et subtiles, une fantaisie rayonnante. Le moteur du cacique, c'est la passion, pas les sous ! Il y a chez lui une envie viscérale de nourrir, de faire plaisir, de construire de l'excellence, de produire de la beauté. Sa grande idée, mettre le bon ingrédient au bon endroit, et la bonne personne sur le poste adéquat ! C'est pour toutes ces raisons que son velouté d'épinards à la réglisse avec son sauté de sot-l'y-laisse, mini hamburger de veau de simmental au foie gras de canard et à la truffe melanosporum est sublimissime, car chaque ingrédient s'imbrique parfaitement dans la complexe recette, façon puzzle. Ses endives braisées aux agrumes avec émulsion de moules de bouchot parfumée à la bergamote est un exercice de style de très haute volée sur le thème du sucré-salé. La gelée et rillettes d'araignée de mer parfumée au raifort, pomme granny-smith et concombre au caviar osciètre est un plat d'un luxe absolu. Il ne pèse rien, mais parfume le moindre recoin de la bouche et du nez, façon très haute couture. Tout ce qui compte, en matière bachique comme gastronomique, possède une ambassade à Châteauvieux.

• **LES VINS** : Exceptionnelle, forte de plus de 1 000 références, la cave demeure essentiellement centrée sur la Suisse, mais sans manquer de s'ouvrir sur le monde (12 pays sont représentés). Chasselas Tête de Cuvée du domaine des Balisiers à 40 CHF, porto Vintage 1997 de Warre's à 270 CHF, chardonnay Le Grand Clos Pégase de Charles et Jean-Michel Novelle à 70 CHF, riesling Frédéric Émile de Trimbach à 135 CHF, roussette-de-savoie Zulime 2010 d'Adrien Berlioz à 60 CHF, châteauneuf-du-pape Vieilles Vignes du château de Beaucastel à 250 CHF, château Rayas à 430 CHF, saumur Insolite du domaine des Roches Neuves à 70 CHF, Barbera d'Alba Pre-Phylloxera d'Elvio Cogno à 95 CHF, Don Juan de Christian Guyot à 105 CHF, La Colombe Noire Réserve de Raymond Paccot à 95 CHF, cornalin Fût de Chêne de Denis Mercier à 135 CHF, cabernet-sauvignon de Fully d'Henri Valloton à 95 CHF, chardonnay Vieilles Vignes de Simon Maye à 80 CHF, échézeaux du domaine de la Romanée-Conti à 2 500 CHF, gevrey-chambertin de Claude Dugat à 145 CHF, nuits-saint-georges premier cru Aux Boudots du domaine Méo-Camuzet à 765 CHF, Les Procès du domaine Duband à 150 CHF... Vous ne mourrez pas de soif !

***Menus** : Menu du marché (3 plats et desserts) : 100 CHF / Gourmet (3 plats et dessert/vins) : 190 CHF/250 CHF / Dégustation (4 plats, fromages et desserts/vins) : 250 CHF/340 CHF / Gibier (4 gibiers, fromages et desserts) : 350 CHF*
***À la carte** : Mini : 160 CHF / Maxi : 380 CHF*

Chemin de Châteauvieux 16
Peney-Dessus
1242 Satigny
Tél. : +41 (0)22 753 15 11

Fermé dimanche et lundi
www.chateauvieux.ch

Didier de Courten

ꕤꕤꕤ 🍷🍷🍷 €€€€

DIDIER DE COURTEN

ANTOINE TARLIER

♡ **Très haute gastronomie, grandes tables du monde, épuré, chic et choc, trop gentil**

• Un voyage à l'hôtel Terminus de Didier de Courten est, comme le disent les Américains, « all inclusive ». On peut dormir tranquillement, boire divinement avec les meilleurs nectars suisses au comptoir du splendide bar à vins, manger « décontracté », top et chic, à la brasserie, ou tenter la grande aventure du restaurant gastronomique. Là, on a le choix parmi la plus exceptionnelle variété de menus « anti-allergies » offerte par la haute gastronomie européenne. On peut se régaler façon longue dégustation, ou sans gluten, ou sans lactose, ou végétarien, voire même sans poissons ni crustacés. Et, miracle, en dépit de leur immense diversité, toutes les propositions frôlent la perfection. Chaque recette suscite l'émerveillement, et pas seulement parce que les matières premières, issues des meilleurs producteurs, sont formidables. Le dos de chamois des Alpes rôti au jambon de sanglier et aux légumes anciens, pulpe de coing au vinaigre de framboise, sauce aux baies de Timut griottée est un hymne à la chasse et au gibier qui ferait manger de la viande au plus militant des végétariens. Les légumes retrouvés à l'orange, compote de choux rouges aux baies, spätzlis à la bière blanche de Namur ferait se convertir n'importe quel carnivore à la cause organique. Les petits ris de veau dorés et glacés au vin jaune, sur des macaronis truffés, cèpes et poireaux, lamelles de lard d'Anniviers séchées, copeaux de truffe blanche du Piémont construisent l'ultime plat à vin, idéal avec les pinots noirs autant qu'avec les chardonnays, mais aussi susceptible d'absorber ces tannins. Gustativement, picturalement, cette création supporte l'épithète de chef-d'œuvre. Enfin, il n'y a guère qu'à l'Auberge de l'Ill que l'on peut évoquer équipe plus soudée. Le service d'Alexandre Coupin est digne d'un palace, les desserts et les chocolats de Florent Bresson dominent le pays. Logiquement, il faut s'arrêter au Terminus !

• **LES VINS** : Antoine Tarlier gère un trésor essentiellement récolté en Europe, et principalement en Suisse et en France. Par ailleurs, on remarque dans les casiers 600 références et une très grande proportion de vins bio. Bourgogne aligoté du domaine Leroy à 98 CHF, pouilly-fumé Pur Sang de Didier Dagueneau à 310 CHF, vouvray moelleux de Vincent Carême à 90 CHF, Les Granits 1999 de M. Chapoutier à 150 CHF, faugères de Léon Barral à 90 CHF, Grain Nature Champ Dury de Marie-Thérèze Chappaz à 126 CHF, La Dame Rousse du domaine de la Mordorée à 78 CHF, Maury Grenat de La Préceptorie à 85 CHF, Faustine Vieilles Vignes du domaine Comte Abbatucci à 82 CHF. Largement de quoi satisfaire les érudits.

Menus *: Menu de saison (5 plats, fromages et desserts) : 180 CHF / Saveur (6 plats, fromages et desserts) : 200 CHF / Gourmand (7 plats, fromages et desserts) : 220 CHF / Découverte (9 plats, fromages et desserts) : 250 CHF / Végétarien (7 plats, fromages et desserts) : 195 CHF / Sans gluten (7 plats, fromages et desserts) : 215 CHF / Sans lactose (8 plats et desserts) : 215 CHF / Sans poissons ni crustacés (7 plats, fromages et desserts) : 215 CHF*
À la carte *: Mini : 160 CHF / Maxi : 280 CHF*

Rue du Bourg 1
3960 Sierre
Tél. : +41 27 455 13 51

Fermé dimanche et lundi
www.hotel-terminus.ch

Québec

41 TABLES ATTENTIVES • DONT 3 COUPS DE CŒUR

Auberge du Mange Grenouille

⌘ 🍷🍷 €€ RICHARD DUCHESNEAU

♡ **Gastronomique, éclectique, baroque, dépaysant, unique en son genre, fort en vins**

• Le décor « baudelairien » de l'Auberge du Mange Grenouille (où débordent les bibelots et les trompe-l'œil), la situation privilégiée de l'établissement, sa carte des vins pléthorique et ses recettes excentriques en font depuis longtemps une institution au Canada. Dans une assiette telle que le crabe, lait de coco, mangue, asperges, baies de goji (très intelligemment associée à un muscadet-sèvre-et-maine Les Houx du domaine Jo Landron), le chef parvient à marier des saveurs a priori irréconciliables, tout en conservant des goûts forts et authentiques. Toutes les recettes sont dans ce style délicieux et rococo, qui répond à un décorum inimitable. Quant à la cave, elle semble sans fond : sancerre Les Quarterons 2013 du domaine Étienne et Sébastien Riffault à 61 CAN, savagnin Lieu-dit Les Chassagnes de Philippe Bornard à 92 CAN, Coulée de Serrant à 223 CAN, pinot blanc de Laurent Barth à 52 CAN. Un restaurant absolument théâtral, totalement dépaysant, où l'on est sûr de ne pas manger « triste ».

***Menu** : Menu du marché (4 plats et dessert/vins et café) : 65 CAN/100 CAN*
***À la carte** : Mini : 80 CAN / Maxi : 160 CAN*

148, rue de Sainte-Cécile
QC G0L 1B0 Le Bic
Tél. : +1 418 736 5656

Fermé de novembre à avril
www.aubergedumangegrenouille.qc.ca

Chez Saint-Pierre

⌘⌘⌘ 🍷🍷🍷 €€€ COLOMBE SAINT-PIERRE ELEN GARON

♡ **Haute gastronomie, engagé, engageant, saisonnier, terroir local**

• Pour Colombe Saint-Pierre, la cuisine traverse les âges, les cultures et les peuples, mais doit nécessairement s'adapter à son époque et évoluer pour prendre en compte des exigences nouvelles : le respect des limites et des cycles de la nature, qui s'épuisent. Vous l'avez compris, la chef est particulièrement engagée ! Les saisons et les produits locaux régissent donc sa carte et ses recettes, qui changent presque quotidiennement. Cela n'empêche pas ses assiettes de sortir des sentiers battus. Derrière ses pianos, Colombe Saint-Pierre fait preuve de beaucoup de subtilité et d'inventivité, comme en attestent la longe arrière de porc saumurée, braisée et laquée au thé du Labrador, longe avant en proscuitto au Banglé, ananas et amandes ; ou le gigot de brebis bio de chez Rousseau lardé en croûte de tournesol, poêlée de légumes racines, arrancini au serpolet et beaufort. La carte des vins atteint le même niveau d'exigence et de perfection. La sommelière Elen Garon vouant une vraie affection aux artisans vignerons épris de viticulture biologique ou biodynamique, sa cave déborde de découvertes et de surprises. Girl Power !

***Menus** : Dégustation I 5 services (4 plats et dessert) : 75 CAN / Dégustation II 7 services (5 plats et desserts) : 95 CAN*
***À la carte** : Mini : 75 CAN / Maxi : 150 CAN*

129, rue du Mont-Saint-Louis
QC G0L 1B0 Le Bic
Tél. : +1 418 736 5051

Fermé lundi et mardi, et le midi, ainsi que de janvier à avril
www.chezstpierre.ca

sEb l'Artisan culinaire

€€ **SÉBASTIEN HOULE**

Haute gastronomie, ou à emporter, terrasse, chic, romantique, inspiré, fort en vins

• On pratique chez sEb une cuisine inventive, parfaitement équilibrée entre des saveurs enivrantes et inédites et des produits d'une grande authenticité régionale. Ici, les fruits de la mer proviennent des côtes toutes proches. Par ailleurs, les produits du terroir québécois, notamment les plus fameux, sont mis en valeur. La macreuse de bison, purée au wasabi, brocoli chinois, shimeji, laqué de saké et umeboshi fait voyager autour du monde la viande locale. Le plat subjugue par son éclat et sa complexité, qui empile les goûts forts. La « simple » carotte bio, comté 18 mois, aneth, moutarde forte, pain de seigle, terre noire ancre ses racines québécoises dans les palais des gourmets, puis les envoie valser en y faisant fleurir des arômes uniques. Enfin, chez sEb l'Artisan culinaire, toutes les recettes sont élaborées pour se marier avec les vins d'une très grande cave, qui contient des verticales de tous les meilleurs crus du monde : château Pétrus 1982, Paso Robles, pommard de Dufouleur Frères, Aux Clous du domaine d'Ardhuy, château le Puy, Dilemma de Culmina Family Estate Winery, rieslings du domaine Zind-Humbrecht, anjous du château de Fesles. Pas besoin d'aller chercher plus loin la grande table chic et décontractée de Mont-Tremblant...

***Menus** : Table d'hôtes (3 plats et dessert/vins) : 49 CAN/94 CAN / Dégustation (6 plats et desserts/vins) : 85 CAN/155 CAN*
***À la carte** : Mini : 55 CAN / Maxi : 120 CAN*

444, rue Saint-Georges
QC J8E 3G4 Mont-Tremblant
Tél. : +1 819 429 6991

Fermé mardi, mercredi, et le midi
www.seblartisanculinaire.com

Les 400 Coups

€ **JONATHAN RASSI** **ANTONIN LANCTOT**

Gastronomique, chic, en vue, comptoir, stylé

• Aux 400 Coups, on s'attend logiquement à ce que le chef ne suive pas exactement les règles établies. Et, en effet, Jonathan Rassi met en scène ses propres idées : garantir à ses clients une expérience culinaire stimulante, enrichissante, raffinée, mais qui demeure accessible. Pour cela, l'emploi de mets locaux et bio est plébiscité. Les recettes sont délicieusement créatives : le bacon d'agneau, pomme de terre, poireau, émulsion de champignons fait partager les plaisirs charnels d'une gastronomie très terrienne. L'aile de raie, tournesol, poireau, mactre de Stimpson, crème fraîche ; ou la pintade, céleri-rave, sarrasin, canneberge, estragon osent taguer leurs ingrédients principaux avec un peu d'amertume. Mais les goûts de peau des deux plats s'en trouvent délicieusement renforcés. Les matières premières étant de top qualité, les effets ainsi créés sont saisissants. La carte des vins est très instruite, très nature : Les Chalasses Marnes Bleues de Jean-François Ganevat à 125 CAN, gewurztraminer de Pierre Fick à 76 CAN, La Roche Bézigon 2014 de Jean-Christophe Garnier à 70 CAN, Coucou Blanc du domaine Elian Da Ros à 75 CAN, meursault Clos Des Magny du domaine Vincent Latour à 130 CAN, Galante de Guido Gualandi à 65 CAN. Encore un restaurant new wave ; qui s'en plaindra ? Pas nous !

***Menus** : Formule (plat et dessert) : 22 CAN / Midi (2 plats et dessert) : 28 CAN / Dégustation (5 plats et dessert/vins) : 75 CAN/120 CAN*
***À la carte** : Mini : 45 CAN / Maxi : 100 CAN*

400, rue Notre-Dame Est
QC H2X 1C8 Montréal
Tél. : +1 514 985 0400

Fermé dimanche, lundi, et le midi les mardi, mercredi et samedi
www.les400coups.ca

Au pied de cochon

⌘ 🍷🍷🍷 €€ MARTIN PICARD — MARC BEAUDIN

♡ Bistrot-brasserie, fort en vins, le gras c'est la vie, festif

• Le restaurant de Martin Picard est un lieu charmant, où les convives festoient sur d'immenses tables et dégustent d'encore plus larges portions, dont les vedettes sont le porc et le foie gras. Les amoureux de la diététique n'y trouveront peut-être pas leur compte. En revanche, les aficionados de l'esprit bistrot, des produits artisanaux et biologiques auront mille fois de quoi se réjouir. Par ailleurs, les cuissons permettent de profiter de tous les goûts des viandes. Les volailles sont tendres et juteuses, leurs peaux dorées et croustillantes ; et les champignons cuisinés ici ont vraiment poussé en forêt. Quant à la carte des vins, elle est prestigieuse. Le sommelier étant tombé amoureux de la tâche, ils regardent beaucoup vers la Bourgogne, avec acuité et affection. Mais les « usual suspects » sont également bien présents sur des coefficients triplant (Yves Cuilleron, domaine Ostertag, Denis Mortet, Stratus Red...) La bistronomie, c'est aussi possible avec l'accent québécois.

***À la carte** : Mini : 50 CAN / Maxi : 80 CAN*

536 Duluth Est
QC H2L 1A9 Montréal
Tél. : +1 514 281 1114

Fermé lundi, mardi, et le midi
www.aupieddecochon.ca

Bouillon Bilk

⌘ 🍷 €€€ FRANÇOIS NADON — DAVID VINCENT

♡ Gastronomique, comptoir, épuré, branché

• Bouillon Bilk est le futur grand restaurant canadien. On y mange une cuisine éclectique, moderne, d'inspiration française, servie dans un décor épuré et minimaliste qui permet de se concentrer sur l'assiette. Les plats de viandes sont tous merveilleux, notamment les gibiers et le cerf, qui possèdent beaucoup de puissance et de texture, mais qui, sur le palais, demeurent délicats et complexes. Cela dit, les poissons, comme le saumon fumé, rutabaga, poire, moutarde et riz sauvage, sont également vraiment appétissants. Même les desserts sont inventifs, comme le mille-feuille, pomme, topinambour, caramel et mascarpone. La carte des vins est très bien fournie. Elle saura plaire à tous les budgets (dès 30 CAN) et fera le bonheur des connaisseurs. Service au diapason. On n'a pas fini d'entendre parler de cet excellent restaurant.

***Menu** : Dégustation (6 plats et desserts) : 85 CAN*
***À la carte** : Mini : 80 CAN / Maxi : 160 CAN*

1595, boulevard Saint-Laurent
QC H2X 2S9 Montréal
Tél. : +1 514 845 1595

Fermé samedi midi et dimanche midi
www.bouillonbilk.com

Candide

⌘⌘⌘ 🍷 €€ JOHN WINTER RUSSELL ET EMILY CAMPEAU

♡ Bistronomique, dans une église, situation atypique, romantique, cuisine avec vue, locavore

• John Winter Russell est un jeune chef autodidacte ayant adopté la philosophie locavore. On ne peut donc que le féliciter. D'autant plus qu'il cherche toujours l'originalité. Dans son restaurant installé au sein d'un ancien presbytère, les tables sont construites à partir du bois récupéré dans l'ancienne église voisine... Ses recettes sont très inspirées par la Nouvelle Cuisine nordique. On ne s'étonne donc pas, comme l'illustre parfaitement le nom des plats, que ces derniers soient particulièrement « produits centrés » : oignons, pommette, lardons ; ou agneau, romanesco, crosnes... Dit comme cela, on imagine que le chef tend vers l'épure la plus extrême. Rassurez-vous, sa créativité parvient aussi à réveiller les aliments réputés les plus soporifiques. Toutes les assiettes sont vraiment étonnantes et fortes en goût. La carte des vins, pleine de vignerons nature situés en dehors des radars, est écrite dans le même esprit. Si vous êtes partant pour un voyage immobile, vous avez trouvé une adresse chic, pas chère et dépaysante. Le bonheur, en somme.

***Menu** : Dégustation (3 plats et dessert) : 45 CAN*

551, rue Saint-Martin
QC H3J 2L6 Montréal
Tél. : +1 514 447 2717

Fermé lundi, mardi, et le midi
www.restaurantcandide.com

La Chronique

⌘ 🍷🍷🍷 €€ MARC DE CANCK ET OLIVIER DE MONTIGNY

♡ Haute gastronomie, chic, romantique, couloir blanc épuré, excellent service, précision friendly, ou à emporter

• Marc De Canck est un fils de pâtissier belge, qui est devenu un chef hors pair et anticonformiste lorsqu'il a quitté le nord de l'Europe pour s'installer au Canada. Olivier de Montigny fut d'emblée l'un de ses plus grands fans. Il venait s'asseoir à la table de son idole dès que son portefeuille le lui permettait. Logiquement, les deux hommes finirent par collaborer. Aujourd'hui, ils sont associés à la Chronique, un restaurant blanc, intime, chic, où l'on peut manger des plats audacieux, sans aucun défaut, dotés d'une extrême précision et d'un goût certain pour la mise en scène, et en valeur ! Le credo des chefs duettistes est : « Le bonheur est dans l'assiette. » À la dégustation du velouté de maïs, poireau, homard, crumble truffé à la belle texture veloutée ; du crabe de roche, chou-fleur, crumble de parmesan, émulsion moutarde ; ou du ris de veau de lait, polenta, artichauts, jus aux olives, on comprend qu'ils ne trichent pas, et que leurs partis pris, tout comme leurs recettes, sont valides. Dans ces plats, chaque saveur est plus qu'un parfum : une exhalaison ! La carte des vins est au diapason : champagne brut nature de Drappier à 95 CAN, coteaux-varois-en-provence L'Apostrophe du domaine des Terres Promises à 60 CAN, sancerre de Gérard Boulay à 85 CAN, vin de France Les Bonnes Blanches du domaine Mosse à 110 CAN, Clos de la Coulée de Serrant à 225 CAN... Voici chronique gastronomique bienvenue !

***Menus** : La Chronique du mois (4 plats et dessert/vins) : 95 CAN/150 CAN / La Chronique de dégustation (6 plats et dessert/vins) : 125 CAN/225 CAN*
***À la carte** : Mini : 40 CAN / Maxi : 120 CAN*

104, avenue Laurier Ouest
QC H2T 2N7 Montréal
Tél. : +1 514 271 3095

Fermé le midi de samedi à lundi
www.lachronique.qc.ca

COUP DE CŒUR DU JURY

Le Club Chasse et Pêche

€€€

MÉLANIE BLOUIN ET CLAUDE PELLETIER

RAY MANUS

Haute gastronomie, chic, feutré, excellent service, très fort en vins, chasse, pêche et tradition

• On aime d'abord le Club Chasse et Pêche pour son atmosphère intime, pour le niveau exceptionnel du service, pour son confort, pour son atmosphère feutrée. Ensuite, on découvre les prix de la carte, et on les aime aussi. Enfin, on goûte aux gibiers, aux poissons issus de pêches de ligne et raisonnées, et on tombe amoureux, irrémédiablement, totalement. Enfin, on a peur que ce club soit privé, select, mais non, tout le monde y est bienvenu ! Dîner ici transporte hors du temps pendant tout un repas. Il n'est pas rare de croiser plusieurs vedettes internationales dans la salle, qui mangent comme vous, à la différence que la cave (avec 800 références exceptionnelles) est assez profonde pour leur permettre de festoyer en compagnie d'un richebourg de la Romanée-Conti, l'une des bouteilles les plus convoitées du monde... Bien sûr, on pourrait venir au Club Chasse et Pêche juste pour y être vu. Ce qui est remarquable, c'est que tout le Canada y court, mais uniquement pour y bambocher. D'ailleurs, si on le souhaite, on peut facilement se cacher en s'enfonçant dans un douillet fauteuil en cuir. Le décor est chic au point que le client se sent privilégié. Cependant, ce dernier atteint véritablement le paradis uniquement lorsqu'il a croqué dans le saumon Ora King, betteraves, racine de persil, pommes de terre ; dans le faisan, salsifis, chou de Savoie, épeautre ; ou dans la pieuvre grillée, céleri-rave, chorizo, poivron, endive. Tous ces plats possèdent une complexité et un caractère inimitables, qui engagent immédiatement à commander une seconde assiette, juste pour voir s'il est possible que la magie opère une seconde fois. Certes, la cuisine est bourgeoise et opulente (ce qui est très positif, surtout pour accueillir de délicieux vins), mais elle est également sacrément métissée et contemporaine. De l'entrée aux desserts, Mélanie Blouin et Claude Pelletier prouvent qu'ils comptent parmi les meilleurs chefs d'Amérique. La qualité et la fraîcheur de toutes les viandes et de tous les poissons font à ce titre honneur au nom de l'établissement, sans parler de leurs cuissons : parfaites, systématiquement. Un club dont il est impératif de faire partie !

• **LES VINS** : Ray Manus et son adjoint, Philippe Vincent, règnent sur un trésor. Leur cave est exceptionnelle car elle permet à chacun de trouver exactement la bouteille qu'il veut, quels que soient son menu et son budget. Ici, vous dénicherez donc le nectar à la hauteur de vos ambitions et de vos moyens. En plus, il sera servi parfaitement. Rully premier cru Grésigny du domaine de Thalie à 83 CAN, meursault Charmes de François Mikulski à 260 CAN, savennières Les Vieux Clos 2013 de Nicolas Joly à 90 CAN, sancerre Le Mont Damné de Didier Dagueneau à 251 CAN, vacqueyras Minéral du domaine Montirius à 86 CAN, château Rayas à 519 CAN, rouge 2011 du domaine Gourt de Mautens à 149 CAN, côtes-du-jura naturé du domaine Berthet-Bondet à 74 CAN, vosne-romanée du domaine Mugneret-Gibourg à 190 CAN, Clos de la Roche de Lucien Le Moine à 420 CAN, Pavillon Rouge du château Margaux à 58 CAN, côte-rôtie Champin Le Seigneur 2013 de Jean-Michel Gerin à 145 CAN, cornas Les Ruchets de Jean-Luc Colombo à 200 CAN, saumur-champigny Le Bourg du domaine Clos Rougeard à 223 CAN. Le bonheur liquide.

***Menus** : Mini (2 plats et dessert à midi) : 75 CAN / Maxi (3 plats et dessert) : 150 CAN*

423, rue Saint-Claude
QC H2Y 3B6 Montréal
Tél. : +1 514 861 1112

Fermé dimanche et lundi, et le midi
www.leclubchasseetpeche.com

Le Fantôme

⌘ 🍷🍷 €€ JASON MORRIS KABIR KAPOOR

♡ Gastronomique, ambiance bistrot, brunch, familial, intime, poutres apparentes, bon jaja, avec réservation

• Aller dîner au Fantôme, c'est la promesse d'une expérience différente. Déjà, on y mange divinement bien (la mousse de foie gras, beurre d'arachide et sandwich à la gelée est renversante, le beurre d'arachide et la confiture de fraises font ressortir toutes les nuances d'un fois gras merveilleux) dans un couloir de bistrot où le service mené de main de maître par Kabir Kapoor est exceptionnel. Ensuite, le décor qui, à première vue, semble « brutal », apparaît finalement n'être que finesse. Enfin, à tous niveaux, le moindre détail est pensé, comme dans les plus grands palaces parisiens. Le pain est fait maison, la vaisselle est finement décorée par la mère du chef, et les magnifiques toiles ornant les murs ont été peintes par son grand-père. La cave est logiquement tout autant pointue : rully d'Aubert de Villaine, saint-aubin de Dominique Derain, vins de Jean-François Ganevat, crozes-hermitage de Dard et Ribo, chassagne-montrachet de Philippe Pacalet... Belle sélection au verre. Petit par la taille (30 couverts), très grand par le talent.

***Menus** : Le Soir (5 plats et dessert) : 49 CAN / Dégustation (6 plats et desserts/vins) : 65 CAN/100 CAN*
***À la carte** : Mini : 40 CAN / Maxi : 80 CAN*

1832, rue William
QC H3J 1R5 Montréal
Tél. : +1 514 846 1832

Fermé lundi, et le midi
www.restofantome.com

Le Filet

⌘⌘⌘ 🍷🍷🍷 €€ YASUHISA OKAZABI GAIZKA BRASSARD ET JORIS GARCIA

♡ Gastronomique, fish sans chips, végétarien, international, fort en vins, glam, peopolisé, tennis friendly

• Ici, pas de viande. Toutefois, personne ne s'en plaindra. Il suffit de goûter au risotto de langoustines, shiitake, jus de crustacé, mascarpone ; ou aux pétoncles poêlés, ravioli à la courge, mousse de parmesan pour se convaincre que l'océan (et la pêche de ligne) mérite que l'on protège ses fabuleuses ressources. Reste que, au Filet, notre plat favori demeure la pieuvre grillée, couscous israélien et citron Meyer, que l'on ne peut pas goûter ailleurs et qui est une invitation à ouvrir les meilleurs flacons bourguignons. À ce titre, la cave est exceptionnelle dans la région. En plus, elle est somptueusement remplie et dominée par la biodynamie : dix références au verre entre 10 et 17 CAN, Substance de Jacques Selosse à 680 CAN, chablis Terroirs de Béru à 68 CAN, Brézé du Clos Rougeard à 210 CAN, pinot blanc du domaine Ostertag à 55 CAN, bourgogne de François Mikulski à 70 CAN, romanée-saint-vivant du domaine de la Romanée-Conti à 1 360 CAN, hermitage Le Rouet de Jean-Luc Colombo à 150 CAN. Chicissime et delicioso !

***À la carte** : Mini : 50 CAN / Maxi : 100 CAN*

219, avenue Mont-Royal Ouest
QC H2T 2T2 Montréal
Tél. : +1 514 360 6060

Fermé dimanche, lundi, et le midi
www.lefilet.ca

H4C

⌘⌘⌘ | 🍷 | €€€ | DANY BOLDUC

♡ **Gastronomique, engagé, restaurant d'architecte, épuré, soigné, lumineux, chic, romantique**

• Il est rare que des architectes ouvrent un restaurant. C'est pourtant ce qu'ont fait Marc-André Vallée et Chantal Paradis en engageant Dany Bolduc et en l'installant place Saint-Henri, dans un lieu design, et magnifique, au point que l'on peut considérer qu'il fait partie du menu. Et, les recettes sont à la hauteur du monument architectural. Le cerf de Boileau, courge musquée, girolles, armillaires de miel, ail noir ; ou la courge, chocolat blanc, sapote, pain d'épice, graines de citrouille vont bien au-delà de la commune inventivité de bon aloi, elles dépaysent, elles font voyager, elles transportent ! Bien sûr, la beauté du lieu, le talent de Dany Bolfuc, les ouvertures végétarienne, végétalienne ou sans gluten et l'utilisation de produits frais et locaux participent largement au succès du restaurant. Cependant, les valeurs de communauté et de partage qui règnent au sein de ce lieu à l'élégance folle lui insufflent aussi beaucoup d'énergie et de chaleur, qualités qui font souvent défaut à ce type d'établissement. La carte des vins est très pointue : domaine Gourt de Mautens à 164 CAN, vin de France Magnus du domaine Dominique Andiran à 62 CAN, maury La Petite Baigneuse à 76 CAN, muscadet-sèvre-et-maine 2011 du domaine Olivier Père et Fils à 58 CAN... Royal !

***Menu** : Dégustation (3 plats et dessert/vins) : 95 CAN/150 CAN*
***À la carte** : Mini : 65 CAN / Maxi : 130 CAN*

538, place Saint-Henri
QC H4C 2R9 Montréal
Tél. : +1 514 316 7234

Fermé dimanche soir, lundi et mardi
www.leh4c.com

Hôtel Herman

⌘ | 🍷🍷🍷 | €€ | MARC-ALEXANDRE MERCIER

♡ **Bistronomique, pas un hôtel, mal assis bien manger, hyper hype, bio-bio, végétalo-compatible, cuisine avec vue**

• L'hôtel Herman n'est pas un hôtel, c'est un restaurant ! Il s'y presse une foule noctambule, hipster, qui aime l'ambiance musique-vinyle de l'établissement, ainsi que ses serveurs tatoués et les vins nature et inconnus qui débordent de la carte (crémant-du-jura de Michel Gahier à 54 CAN, chardonnay Les Lunes Wine de Dobson Vineyard à 80 CAN, côtes-d'auxerre du domaine d'Édouard à 58 CAN, vin de France Bistrologie de Jean-Pierre Robinot à 86 CAN). Tout le monde dîne autour d'un grand bar central entouré de tabourets chic et chromés, mais qui font fuir les clients âgés de plus de 50 ans. On peut donc venir ici pour faire voir ses (faux) tatouages. On peut aussi avoir envie de manger la très belle Nouvelle Cuisine, d'inspiration robuchonnienne sans le savoir, de Marc-Alexandre Mercier. Ce dernier produit des recettes élégantes, dont les intitulés semblent simples (car l'assiette contient rarement plus de quatre ingrédients), mais qui sont parfaitement équilibrées et épicées, pour faire ressortir des mariages entre les matières premières d'excellente qualité. Le chou-rave, caviar de mulet, wasabi ; le foie gras, courge, poudre de cèpes ; sans oublier plein de variétés d'huîtres... Ils font tous plus que la blague, ils incitent à revenir. La jeune génération, elle aussi, a le droit de bien manger.

***À la carte** : Mini : 40 CAN / Maxi : 70 CAN*

5171, boulevard Saint-Laurent
QC H2T 1R9 Montréal
Tél. : +1 514 278 7000

Fermé mardi et le midi
www.hotelherman.com

Joe Beef

€€ MARC-OLIVIER FRAPPIER

Haute bistronomie, façon bar de pêcheurs, canaille, en vue, hype, ardoise

• Au Canada, Joe Beef est une institution depuis plus de cent ans. C'est ici est nulle par ailleurs que viennent les stars du monde entier désireuses de s'encanailler sans danger (Jennifer Lawrence, Hugh Jackman, etc.) Il faut dire que le restaurant du chef Marc-Olivier Frappier possède, dans tous les classements internationaux, la réputation de compter parmi les meilleurs rapports qualité/prix du monde. Il est vrai qu'en été, le jardin est magnifique. On peut aussi affirmer que les produits sont vraiment frais, et dignes en qualité de restaurants triplement étoilés. Le canard fumé mérite à ce titre plus que citation, l'assiette est carrément extraordinaire. Cependant, en matière de service et d'inventivité, Joe Beef, qui est toujours bondé, possède encore une importante marge de progression, même si on vous râpe de la truffe sur certaines viandes. Reste que l'essentiel, ici, est de dîner canaille et « à l'ancienne » : décontracté. La carte des vins est dans l'état d'esprit du lieu, volumineuse, instruite, très sympathique et naturelle. Elle représente trois grands tableaux noirs entièrement griffonnés : Maison Pierre Overnoy dès 95 CAN, domaine du Gros Noré à 70 CAN, domaines Yvon Métras, Mathieu Lapierre dès 60 CAN, La Bastide Blanche dès 70 CAN... Pour voir, et être vu !

***À la carte** : Mini : 35 CAN / Maxi : 100 CAN*

2491, rue Notre-Dame Ouest
QC H3J 1N6 Montréal
Tél. : +1 514 935 6504

Fermé samedi, dimanche, et le midi
www.joebeef.ca/fr

Laurie Raphaël

€€ DANIEL VÉZINA

Haute gastronomie, luxe, international, palace, en vue

• Le Laurie Raphaël est l'un des restaurants du chef canadien superstar Daniel Vézina. Ici, avant même d'être gustatif, le ravissement est visuel. L'architecture de l'hôtel, celle du restaurant et celle des plats sont toutes du meilleur goût. D'autant plus que le concept des recettes est d'une logique imparable : « La nature connaît des cycles immuables, il faut les respecter. » Fraîcheur, terroir et inspiration sont donc les maîtres mots derrière les pianos. Le tartare de cerf, vinaigrette à la truffe, purée de betteraves rouges et jaunes est dantesque. Il raconte plus d'histoires que la star de la télé qui l'a créé. Le service est attentionné sans être obséquieux. La carte des vins offre un choix complet au verre et va vers tous les horizons, notamment bio, à la carte. Cerise sur le gâteau, le rapport qualité/prix est, pour un restaurant de ce niveau, exceptionnel.

***Menus** : Trois thèmes (2 plats et dessert) : 39 CAN / Cinq thèmes (4 plats et dessert/vins) : 85 CAN/150 CAN / Vision d'hiver (7 plats, fromages et desserts/vins) : 120 CAN/205 CAN*
***À la carte** : Mini : 50 CAN / Maxi : 100 CAN*

2050, rue Mansfield
QC H3A 1Y9 Montréal
Tél. : +1 514 985 6072

Fermé le soir sauf le week-end
www.laurieraphael.com

Lawrence

⌘⌘ 🍷 €€ MARC COHEN ETHAN WILLS

♡ **Bistronomique, bar, urbain, rétro sans déco, bondé, sympa, brunch de luxe**

• Au Lawrence, le pain est fait maison, les tables proviennent de matériaux recyclés, les fanfreluches sont honnies autant par souci d'économie que d'écologie. La philosophie du chef est de produire de la simplicité de haut niveau. Or, force est de constater que ses recettes sont différentes, provocantes. Même le tartare de bœuf est twisté. L'agneau de 4 heures, saisi en finale, fait le bonheur de l'étonnant céleri rémoulade et des câpres qui l'accompagnent. Il devient même « énorme », escorté par les vins nature et bio foisonnant dans la cave. Reste que le Lawrence fait surtout la différence sur les abats. La langue de bœuf fumée, betteraves, lentilles épicées, œuf mollet est digne d'un restaurant étoilé. La formule marche ; mieux, elle court.

***Menu** : Brunch : 30 CAN*
***À la carte** : Mini : 45 CAN / Maxi : 90 CAN*

5201, boulevard Saint-Laurent
QC H2T 2L9 Montréal
Tél. : +1 514 503 1070

Fermé lundi
www.lawrencerestaurant.com

Lili Co

⌘ 🍷🍷 €€ DAVID PELLIZZARI CATHERINE DRAWS

♡ **Gastronomique, bar, chic-quoique-party, urbain, brunch de luxe, cocktails, bon jaja, végétarien compatible, baba d'abats**

• Lili Co est né de la rencontre et de l'histoire d'amour entre Catherine Draws et David Pellizzari. Leur restaurant est connu pour deux spécialités, a priori incompatibles. D'abord, une cuisine bistrotière composée d'abats ! Ensuite, une gastronomie végétarienne (avec option fruits de mer). Tous les produits sont choisis en fonction de la proximité de leur lieu de production (Québec) et de la qualité de leurs producteurs. Les plats sont équilibrés entre de nombreuses saveurs et leurs architectures rectilignes répondent à celle, épurée, du restaurant. La carte des vins a été composée avec beaucoup de soin, autour d'une grande variété de crus, parfois assez rares et difficiles à se procurer (Expérience du domaine Ligas à 80 CAN, Syrah de Denis Lattard à 42 CAN). Elle est dominée par les vins bio et/ou nature. De quoi vous régaler, largement.

***Menus** : Brunch : 30 CAN / Soir (6 plats et dessert/vins) : 65/120 CAN*
***À la carte** : Mini : 45 CAN / Maxi : 90 CAN*

4675, boulevard Saint-Laurent
QC H2T 1R2 Montréal
Tél. : +1 514 507 7278

Fermé lundi, et le midi de mardi à vendredi
www.restolilico.com

Liverpool House

⌘ | 🍷 | €€ | DAVID MCMILLAN ET FRÉDÉRIC MORIN | VANYA FILIPOVIC

♡ Bistronomique, ardoises géantes, bon jaja, bric-à-brac, hockey friendly

• Liverpool House possède tous les charmes des chalets de bord de mer, un comptoir à huîtres très animé, des vins du Vieux Monde et de la cuisine fraîche du marché. C'est donc le lieu idéal pour mettre du piment canadien dans vos soirées. Les meilleures tables du restaurant sont celles situées en face de la tête de chevreuil empaillée ! Reste qu'on viendra surtout ici pour déguster le fameux lapin à la truffe et aux patates douces, qui est une pure merveille et n'usurpe pas sa flatteuse réputation. Côté liquide, la bière coule à flots mais, comme indiqué en préambule, pas seulement : beaujolais de Métras à 75 CAN, Dolcetto d'Alba de Roagna à 60 CAN, Brunello di Montalcino de La Ragnaie à 130 CAN, château Haut-Bages Libéral à 175 CAN, côtes-de-nuits-villages du domaine Bachelet à 145 CAN, cuvée Antoinette du domaine Gros Noré à 165 CAN. Un lieu hautement convivial, où l'on a envie de passer du temps entre amis pour refaire le monde.

***À la carte** : Mini : 50 CAN / Maxi : 110 CAN*

2501, rue Notre-Dame Ouest
QC H3J 1N6 Montréal
Tél. : +1 514 313 6049

Fermé dimanche, lundi, et le midi
www.joebeef.ca/fr

Manitoba

⌘⌘⌘ | 🍷🍷 | € | CHRISTOPHER PARASIUK |

♡ Bistronomique, déco indus, hipster, décontracté, nature et sauvage

• Les propriétaires du Manitoba, Elisabeth Cardin et Simon Cantin, accompagnés par leur chef exécutif, Christopher Parasiuk, ont pour credo de porter les goûts et les saveurs des forêts de leur belle province jusque dans les assiettes servies à leurs clients. La nature se retrouve également, évidemment, dans les vins bio servis au verre, et dans les excellents cocktails « sauvages » de la Maison. Dans les recettes, les exhalaisons d'écorces, de fleurs et d'herbes sauvages confèrent aux plats une vraie personnalité, beaucoup de caractère et d'évanescence. Le steak de cerf, poudre de champignons sauvages et cacao, panais, betteraves, mini pleurotes king, sauce soubise au nard des pinèdes ; ou la courge, mozzarella di bufala, pois chiches au sumac, graines de tournesol torréfiées, lait d'amande au maïs apportent jusqu'aux parfums du vent, de l'iode et de la terre mouillée sur les palais des heureux dégustateurs. Par ailleurs, l'ambiance du restaurant est très conviviale, certes un peu bruyante, mais vraiment propice à la célébration. Un restaurant de, et pour les copains, où l'on peut découvrir des produits du terroir, sauvages, ancestraux, autochtones !

***Menus** : Formule (plat et dessert) : 22 CAN / Midi (2 plats et dessert) : 23 CAN / Dégustation (5 plats et dessert/ vins) : 75 CAN/120 CAN*
***À la carte** : Mini : 40 CAN / Maxi : 80 CAN*

271, rue Saint-Zotique Ouest
QC H2V 1A4 Montréal
Tél. : +1 514 270 8000

Fermé dimanche, lundi midi et samedi midi
www.restaurantmanitoba.com

Montréal Plaza

⌘ ꝏꝏꝏ €€ CHARLES-ANTOINE CRÊTE SAMUEL CHEVALIER

♡ Bistronomique, brasserie de luxe, contemporain chic, décontracté, excellent service, cuisine avec vue, fort en vins

• Du Montréal Plaza, on repère d'abord la façade de luxe, ses vitres et ses néons. À l'intérieur, tout est très élégant, le classicisme se mélangeant avec subtilité à la plus débridée contemporanéité. Évidemment, l'atmosphère est feutrée, et le service érudit, parfois même attentionné. Certes, les huîtres, les mousses de foie de volaille et les yakitoris sont un peu attendus. En revanche, les gaspachos et l'omble chevalier fumé révèlent de très belles inspirations et des parfums d'un identique niveau. Les mini-bouchées en dessert et les petites mignardises sont également de bien belles attentions. La carte des vins comporte plus de 200 références triées sur le volet : champagne brut nature de Drappier à 94 CAN, rosé domaine Roc d'Anglade à 65 CAN, chablis Côte de Léchet de Laurent Tribut à 115 CAN, Patrimonio du domaine Santamaria à 62 CAN, saint-nicolas-de-bourgueil à 56 CAN, bourgogne La Fortune du domaine Aubert de Villaine à 72 CAN, Fable du Raisin et l'Ange à 53 CAN. Incontournable, idéal en famille, le week-end !

***Menu** : Dégustation (4 plats et dessert) : 80 CAN*
***À la carte** : Mini : 50 CAN / Maxi : 90 CAN*

6230, rue St-Hubert
QC H2S 2M2 Montréal
Tél. : +1 514 903 6230

Ouvert tous les soirs
https://montrealplaza.com

Le Mousso

⌘ ꝏ €€ ANTONIN MOUSSEAU-RIVARD CEDRICK LONERGAN

♡ Haute gastronomie, hautes tables en bois, facebooké, carnivore, inventif, brunchs

• Antonin Mousseau-Rivard est le chantre, mondial peut-être, de la haute gastronomie décontractée, hyper graphique, hyper sensible. Chacun de ses plats est un chef-d'œuvre pictural. Ses assiettes, particulièrement colorées, offrent des jeux de textures délicieux et inattendus. Toutes les formules sont bien rodées, jusqu'à la carte et au service du vin au verre (5 verres pour 25 CAN). Cela dit, on vient surtout chez Musso pour deux raisons. D'abord, pour goûter parmi les meilleurs plats de viande du pays, tels que le bœuf wagyu tendre, servi à la bourguignonne où à la japonaise, et accompagné d'une crème cuite, d'une louchée de caviar du Nouveau-Brunswick et de quelques feuilles de capucines. Mémorable ! Ou bien, pour jouer la carte de l'anticonformisme, on peut aussi se laisser séduire et surprendre par l'antidessert : gâteau éponge au sang, cuit au micro-ondes, avec un petit crumble, accompagné d'une glace à l'échalote et d'un vinaigre de pommes de vendanges tardives. Une expérience rare, inoubliable !

***Menus** : Brunch (3 plats et dessert) : 25 CAN / Déjeuner : 55 CAN / Dégustation (5 plats et desserts/vins) : 65/90 CAN*
***À la carte** : Mini : 60 CAN / Maxi : 100 CAN*

1023, rue Ontario Est
QC H2L 1P8 Montréal
Tél. : +1 438 384 7410

Fermé dimanche, lundi et mardi
www.facebook.com/Le-Mousso-896950477044437

Nora Gray

⌘ 🍷🍷 €€ EMMA CARDARELLI RYAN GRAY

Bistronomique, à l'italienne, convivial et bruyant, on dirait le Sud, fort en vins

• Emma Cardarelli est une transfuge de Joe Beef. On comprend donc pourquoi, et comment, elle a trouvé la formule du bistrot sympathique et bondé. Son restaurant est un élégant bar très animé, mettant en valeur une gastronomie d'inspiration sudiste à dominante italienne. Évidemment, en saison, la mozzarella di bufala, l'huile d'olive et tomates fait voyager. Le vitello tonnato, ou veau au thon, transporte lui aussi dans le Piémont et réussit son saisissant mariage terre-mer. Les cavatelli aux matsutakes et chanterelles demeurent typiquement transalpins, mais fort bien troussés. La carte des vins est énorme. Elle propose une très grande sélection au verre et, au surplus, dispose de cocktails vraiment uniques : Bedeau de Frédéric Cossard à 116 CAN, La Pascole du domaine Bruno Duchêne à 123 CAN, La Migoua du domaine Tempier à 138 CAN, Barolo d'Elio Sandri à 115 CAN, Clos du Tue-Bœuf à 53 CAN, Amphora de Paso Robles à 84 CAN, saint-Aubin Les Combes au Sud du domaine Dominique Derain à 169 CAN... Faire vivre l'Italie au Canada, il fallait oser, c'était risqué. Et pourtant, c'est un succès !

***À la carte** : Mini : 55 CAN / Maxi : 90 CAN*

1391, rue Saint-Jacques Ouest
QC H3C 1H2 Montréal
Tél. : +1 514 419 6672

Fermé dimanche et lundi, et le midi
www.noragray.com

Pastaga

⌘ 🍷🍷🍷 €€ MARTIN JUNEAU ÉMILIE COURTOIS

Ambiance bistrot, niveau gastro, vins nature, décontracté, Bacchus style

• La spécialité du Pastaga est d'offrir à ses clients une cuisine du marché inspirée par les produits locaux. Dans les assiettes, les combinaisons sont audacieuses, un peu aventureuses, souvent extrêmement parfumées, toujours bien dosées et préparées avec soin. D'autre part, sont associés aux recettes du restaurant exclusivement les meilleurs vins nature (dont le chef est un authentique aficionado) provenant du monde entier. Ainsi, avec le fameux saumon de l'Atlantique mariné, rattes crémeuse et jerky ; ou avec la poitrine de porcelet laquée à l'érable, pancake et marinade de courge, on peut goûter à la Sauvegarde du Vigneron Bien Fêteur à 99 CAN, au champagne brut nature de Christophe Mignon à 69 CAN, au côtes-du-rhône d'Élodie Balme à 49 CAN, à Sierra du Sud du domaine Gramenon à 65 CAN ou au côtes-du-Jura La Bardette 2012 du domaine Labet à 90 CAN. Du tout bon !

***Menus** : Brunch du week-end : 25 CAN / Les classiques du Pastaga (3 plats et dessert/vins) : 51/80 CAN*
***À la carte** : Mini : 40 CAN / Maxi : 80 CAN*

6389, boulevard Saint-Laurent
QC H2S 3C3 Montréal
Tél. : +1 438 381 6389

Fermé le midi sauf le week-end
www.pastaga.ca

COUP DE CŒUR DU JURY

La Récolte

€€

ÉTIENNE HUOT

Bistronomique magique, brunch, décontracté, traiteur, engagé, bio et bon

• Le nom du restaurant possède un sous-titre : « Espace local », qui explique en deux mots qu'ici, on travaille prioritairement les produits du terroir. En revanche, ce libellé ne décrit pas la somme d'imagination et d'inspiration insufflée par la brigade dans chaque plat. En effet, il faut avoir goûté le steak & egg de bavette mariné avec rattes, topinambours et têtes de violon pour comprendre tous les délices qui se cachent derrière son intitulé. Car c'est bien le talent, éclatant, des chefs copropriétaires, qui a fini par projeter, presque malgré ces derniers, ce confidentiel restaurant sur le devant de la scène gastronomique canadienne. En effet, au départ, la petite équipe n'ouvrait ses portes qu'à midi, pour permettre à la clientèle locale de bruncher divinement. Puis, il devint difficile de refuser aux clients de dîner. L'ouverture en soirée a ainsi permis aux cuisines d'imaginer de plus hauts sommets, de plus vastes horizons, mais sans dénaturer la marque de fabrique de l'établissement : 100 % local, 100 % bistrot et 100 % de saison. Toutefois, il ne faut pas se méprendre, en France, la Récolte vaudrait plusieurs étoiles. Les recettes peuvent paraître simples, mais elles possèdent toutes une grande beauté. La carte est courte, mais les produits affichent tous une fraîcheur et une qualité exceptionnelles. Et la carte des vins est au diapason. Enfin, la Maison est très généreuse, dans ses assiettes et au niveau du service. Du coup, forcément, on doit le dire : la Récolte est un grand cru !

• **LES VINS** : La carte ne fait pas la taille de celle d'un palace. Mais, quand on la lit, on y trouve rapidement de quoi rêver, surtout en France et à prix d'amis, d'autant plus que presque toutes les références sont bio ou nature. Pour ouvrir des moutons et des romanées, on choisira donc une autre cantine. Proposition au verre : cinq références à 8 CAN. Côtes-catalanes White Spirit du domaine Réveille à 60 CAN, riesling du domaine Binner à 62 CAN, grenache blanc de Bayard Fox à 52 CAN, château Barouillet à 41 CAN, côtes-du-rhône NoVice du Clos des Mourres à 46 CAN, bourgogne Paulette du domaine de la Chappe à 54 CAN, anjou Pur Breton rouge d'Olivier Cousin à 55 CAN, pinot noir d'Elio Ottin à 72 CAN, pinot noir Niederösterreich de Sepp Moser, pétillant La Roue qui tourne de Marie Thibault à 58 CAN, champagne blanc de noirs de Leclerc Briant à 90 CAN, La Pythie rosé du domaine Les deux Terres à 45 CAN... Ajoutons à cela quelques bières issues de brasseries locales, et on en arrive à une limpide conclusion : on ne boit pas triste à la Récolte.

Menus *: Brunch : 25 CAN / Carte du soir (2 plats et dessert) : 50 CAN*
À la carte *: Mini : 50 CAN / Maxi : 100 CAN*

764, rue Bélanger
QC H2S 1G6 Montréal
Tél. : +1 514 508 5450

Fermé lundi, mardi, et le midi
de mercredi à vendredi

www.la-recolte.ca

Le Saint-Urbain

⌘⌘⌘ 🍷🍷🍷 €€ MARC-ANDRÉ ROYAL CHANTAL GERVAIS

♡ **Gastronomie de quartier, ardoise, géométrique, terrasse, pains bio, moderne, fort en vins**

• Marc-André Royal ne s'en cache pas : il signe une cuisine européenne moderne, qui suit scrupuleusement les saisons, et joue sur ses pianos avec des ingrédients frais et, de préférence, bio. Ses recettes sont modernes. Elles revisitent le terroir et la tradition québécoise de manière inspirée, et inspirante. Le restaurant fut le premier à adhérer au programme « Ocean Wise », piloté par l'aquarium de Vancouver pour aider les cuisiniers à choisir des poissons et des fruits de mer provenant de sources durables. Enfin, la convivialité, l'esprit de quartier, l'atmosphère chaleureuse débordent jusque sur la terrasse de l'établissement, et pas seulement en été. Au surplus, la carte des vins est superbe. Il y est proposé une vingtaine de choix au verre, à partir de 8 CAN. Et, en bouteille, on trouve : La Mancha de Graciano à 34 CAN, Les Pervenches à 42 CAN, Grand Largue du domaine La Petite Baigneuse à 56 CAN, Ombre du soir à 65 CAN, Ultra Violet à 67 CAN, Les Vignes d'à côté d'Yves Cuilleron à 47 CAN, mais aussi du Ganevat, du Mikulski, du Dagueneau, etc. On ne regrette jamais une visite au Saint-Urbain.

***Menus** : Menu de midi (2 plats) : 23 CAN / Dégustation de midi (4 plats et dessert) : 40 CAN / Dégustation du soir (5 plats et desserts) : 70 CAN*
***À la carte** : Mini : 50 CAN / Maxi : 100 CAN*

96, Fleury Ouest
QC H3L 1T2 Montréal
Tél. : +1 514 504 7700

Fermé samedi midi, dimanche et lundi
www.lesturbain.com/index2.html

La Salle à manger

⌘⌘⌘ 🍷🍷 €€ SAMUEL PINARD

♡ **Bistronomique, hype, branché, hipster, BBQ, rétro**

• Si vous voulez dîner à base de produits triés sur le volet, issus de pêches et d'élevages locaux, dans des grandes assiettes contenant de grandes portions et des sauces épaisses qui rehaussent les goûts sans les dénaturer, vous avez trouvé votre cantine (chic). D'autant plus qu'ici, la générosité n'est pas seulement visible dans les assiettes. Le service est excellent et très sympa. Si vous hésitez entre deux vins ou deux plats, on n'hésitera pas à tous vous les proposer en demi-portion (et demi-tarif) pour que vous puissiez goûter à tout ce que vous voulez et n'ayez aucun regret. La politique de la Maison est simple : faire plaisir au client ! Les vins proviennent de toutes les régions du monde. Les nectars bio et nature tiennent le haut de la carte : Vent Debout, La Vierge Rouge, La Tranchée, etc. Un lieu à voir, où se faire voir, et surtout où bien manger et boire (sur des tables réalisées à partir d'anciennes pistes de bowling, ce qui est quand même très étonnant et mérite signalement).

***À la carte** : Mini : 55 CAN / Maxi : 110 CAN*

1302, Mont-Royal Est
QC H2J 1Y5 Montréal
Tél. : +1 514 522 0777

Fermé le midi sauf le week-end
www.lasalleamanger.ca

Le Serpent

⌘ 🍷 €€ MICHELE MERCURI PHILIPPE BOISVERT

♡ Gastronomique, design industriel, épuré, noir et blanc, géométrique, cuisine ouverte, eighties façon luxe

• Au Serpent, un tandem – et donc quatre mains extrêmement agiles – s'agite autour des pianos, ce qui, en soi, est déjà une très bonne nouvelle. Or, force est de constater que, dans les assiettes, les recettes fusion évoquent puissamment les meilleures inspirations new-yorkaises et de la vieille Europe, sur lesquelles, au surplus, souffle le vent de fraîcheur de matières premières incroyables et d'idées décomplexées. En attestent le savoureux et piquant parfait au foie gras, granola, courge, cerise, brioche, épices, noix ; ou le linguini, speck, amandes, chou-fleur, truffe hachée, que l'on n'a malheureusement jamais goûté aussi bon de l'autre côté de l'Atlantique. Par ailleurs, les desserts de Masami Waki sont au niveau attendu, tout comme la carte des vins d'origine franco-italienne : une quinzaine de choix au verre, à partir de 9 CAN, champagne Initial de Jacques Selosse à 305 CAN, riesling L'Alman d'Anna Maria Abbona à 58 CAN, pinot gris Dundee Hills, Maresh Vineyard de Teutonic à 75 CAN, mâcon En Prés Forêt 2013 du Clos des Rocs à 53 CAN, sancerre La Grande Côte de Pascal Cotat à 112 CAN, Barbera d'Alba Vigna Scarrone de Vietti à 100 CAN. Probablement le (très) grand restaurant canadien de demain.

***À la carte** : Mini : 50 CAN / Maxi : 100 CAN*

257, rue Prince
QC H3C 2N4 Montréal
Tél. : +1 514 316 4666

Fermé dimanche et le midi
www.leserpent.ca

Le Vin Papillon

⌘ 🍷🍷🍷 €€ STÉPHANIE CARDINAL VANYA FILIPOVIC

♡ Cave à manger, fou dingue, sans réservation, premier arrivé premier servi, douce anarchie, terrasse, BBQ

• Encore un repaire pour amateurs de vins nature au Canada. Or, si le Vin Papillon propose, comme ses confrères, les meilleurs vins du Jura et des biodynamistes français, on doit lui reconnaître d'être plus grungy que ses comparses. Par exemple, le décor a été entièrement chiné chez les antiquaires locaux. Des cagettes de primeurs et des caisses de vins ont logiquement été recyclées, mais il faut bien dire que l'établissement en fait très grande consommation. Cela se voit dans les assiettes inventives, et totalement décomplexées, du chef, où les légumes sont rois : chou-fleur rôti ; haricots et vinaigrette au cidre de pomme fumée ; ou faisan, échalotes, cuisses de poulet et pommettes. La carte des vins (verre à partir de 9 CAN) est l'une des plus fortes du pays en matière de nectars nature et biologiques. Voilà un très chouette endroit où s'encanailler sans danger. Mais, attention, le lieu est surbooké le vendredi et le samedi, comme un train en période estivale...

***Menu** : Dîner (3 plats et dessert/vins) : 45 CAN/85 CAN*
***À la carte** : Mini : 50 CAN / Maxi : 100 CAN*

2519, rue Notre-Dame Ouest
QC H3J 1N4 Montréal
Tél. : +1 514 439 6494

Fermé dimanche, lundi, et le midi
www.vinpapillon.com

Toqué !

€€

NORMAND LAPRISE

CARL VILLENEUVE LEPAGE

Très haute gastronomie, chic, urbain, homard et terroir, avec l'accent

• Établi à Montréal depuis 1993, Toqué! a joué un rôle prépondérant dans le développement de la haute gastronomie québécoise. Avant de devenir une star, une icône, le chef Normand Laprise a longuement et de manière précoce soutenu les causes du local, du bio, du terroir et du développement durable. Il fut le premier, au Québec, à mettre en avant les producteurs et les fournisseurs qui partageaient sa vision d'une alimentation responsable. Son influence au Canada est désormais sans équivalent. On ne compte plus les jeunes chefs ayant travaillé aux côtés de Normand Laprise et qui, plus tard, ouvrant leurs propres établissements, trouvèrent à leur tour un succès conséquent, en défendant les mêmes valeurs. Depuis vingt-trois ans, les recettes de Toqué! n'ont pas pris une ride. Elles sont toujours aussi innovantes, excellentes et continuent de recevoir unanimement les éloges de la presse nationale et internationale. Il ne fait donc aucun doute que Toqué! soit une des meilleures tables du Canada, et du monde. La philosophie du restaurant est déjà tout un programme : faire que chaque bouchée soit mémorable. Autant dire que cet incroyable pari est largement tenu. Une visite chez Toqué!, ça rend gaga, et ça ne s'oublie pas!

• **LES VINS** : On s'en doute, la carte des vins est royale. Ce qui n'est pas étonnant car elle est tenue par l'un des meilleurs sommeliers du Québec : Carl Villeneuve Lepage. On y pratique le verre en plusieurs formules et accords parfaits (2 verres à 30 CAN, 5 pour 80 CAN et 7 pour 105 CAN). Et on compte dix références internationales entre 12 et 18 CAN par verre. Les vins bio et nature bénéficient évidemment de toute la place nécessaire dans la cave : tout François Raveneau, champagnes de Marc Chauvet (dès 59 CAN en demi-bouteille), brut nature L'Apesanteur du domaine Les Terres Promises à 80 CAN, Entre Ciel et Terre de Françoise Bedel à 158 CAN, chignin-bergeron Les Filles du domaine Gilles Berlioz à 135 CAN, côtes-du-jura Les Vignes de mon Père 2002 de Jean-François Ganevat à 261 CAN, pinot blanc du domaine Zind-Humbrecht à 69 CAN, chablis grand cru Grenouille de Jean-Paul et Benoît Droin à 170 CAN (idéal avec les magnifiques huîtres du restaurant), vouvray de Vincent Carême à 72 CAN, Clos de la Coulée de Serrant à 334 CAN, saint-joseph du domaine Dard et Ribo à 136 CAN, château Rayas à 671 CAN, grands-échézeaux du domaine de la Romanée-Conti à 1169 CAN, anjou du domaine Mosse à 72 CAN, cuvée Barthélemy du château le Puy dès 251 CAN, cornas Billes Noires du domaine du Coulet à 298 CAN, côtes-du-roussillon-villages La Foun du domaine Gauby à 299 CAN, coteaux-du-languedoc Clos des Cistes du domaine Peyre Rose à 251 CAN, ainsi que plein de vins de tous les pays du monde, et notamment du Canada. Difficilement surpassable.

***Menus** : Déjeuner (2 plats, dessert et café) : 50 CAN / Dégustation (6 plats et dessert) : 132 CAN*
***À la carte** : Mini : 75 CAN / Maxi : 150 CAN*

900, place Jean-Paul-Riopelle
QC H2Z 2B2 Montréal
Tél. : +1 514 499 2084

Fermé samedi midi, dimanche, lundi
www.restaurant-toque.com

Le Bouchon du Pied bleu

€€ LOUIS B. TRUDEAU ET THANIA GOYETTE

Bistronomique, Lyonnais à l'étranger, canaillou, charcutaille, brunch, sur rue

• « Bouchon québécois » serait probablement la meilleure façon de décrire le Pied bleu. Amoureux des abats, Louis B. Trudeau et sa conjointe, Thania Goyette, s'inspirent des traditions lyonnaises pour nous offrir une cuisine savoureuse et authentique dans une ambiance des plus décontractées. Tout ici tourne autour du plaisir et du partage, et rien ne se perd. Les plats de viande sont élaborés à partir de bêtes entières, achetées localement, et travaillées du museau à la queue. Une carte des vins brève, et géographiquement limitée (de la Bourgogne au Rhône), est entièrement composée de vins bio et se révèle complètement adaptée à la cuisine et à l'esprit de l'établissement. Pour qui aime les grosses pièces, les gros vins et les gros jus, le Bouchon du Pied bleu pourrait bien être le paradis !

***Menus** : Déjeuner (2 plats et dessert) : 35 CAN / Quatre services (3 plats et dessert) : 40 CAN / Cinq services (3 plats, fromages et dessert) : 45 CAN / Expérience lyonnaise (4 plats, fromages et dessert) : 50 CAN*
***À la carte** : Mini : 45 CAN / Maxi : 85 CAN*

179, rue Saint-Vallier Ouest
QC G1K 1J9 Québec
Tél. : +1 418 914 3554

Fermé dimanche soir, lundi et mardi
www.piedbleu.com

Chez Boulay – Bistro Boréal

€ JEAN-LUC BOULAY ET ARNAUD MARCHAND

Bistronomique, nordique, banquet, avec de l'alcool la fête est plus folle

• Jean-Luc Boulay et Arnaud Marchand sont passionnés de cuisine et amoureux du Québec, leur terre d'accueil. Ils ont ainsi décidé de mettre en valeur les terroirs boréals et nordiques, en chinant des produits fantastiques aptes à révéler toutes les richesses du Canada. Et ils ne rigolent pas. Par exemple, ici, le pavé de flétan, sel de berce laineuse, semoule d'avoine aux crevettes nordiques, bettes à carde glacées au miel et carvi des îles est réussi de manière incomparable. Il s'agit d'une recette certifiée par l'organisme Cuisine patrimoniale du Québec (ça situe le niveau), et inspirée par les repas des soldats britanniques stationnés à la Citadelle, qui allaient souvent à la pêche dans la rivière Jacques-Cartier. Ajoutons à cela une formidable sélection de vins au verre (25 références) et de bien belles bouteilles (sauvignon blanc Sandbanks à 50 CAN, Sous la Tonnelle du domaine de la Bergerie à 43 CAN, Pétales d'Osoyoos d'Osoyoos Larose à 52 CAN, gamay noir Blue Mountain d'Okanagan Valley à 60 CAN)... Pas besoin d'être viking pour avoir envie de se battre afin de décrocher son rond de serviette au bar !

***Menu** : Déjeuner (2 plats et dessert) : 25 CAN*
***À la carte** : Mini : 45 CAN / Maxi : 90 CAN*

1110, rue Saint-Jean
QC G1R 1S4 Québec
Tél. : +1 418 380 8166

Ouvert tous les jours
www.chezboulay.com

Le Clocher penché

⌘⌘⌘⌘ 🍷🍷 €€ MATHIEU BRISSON

♡ Bistronomique, brunch, prêt-à-manger, sac-à-luncher

• Au Clocher penché, on aime tout, vraiment. Cependant, à choisir, ce sont la rigueur et la simplicité de Mathieu Brisson qui s'expriment dans le cadre de généreuses recettes à vins, pour lesquelles notre cœur penche. D'autre part, les primeurs que le chef chine chez Marc Bérubé, qui cultive de manière biologique à Sainte-Agnès depuis un quart de siècle, notamment en hiver dans son caveau de légumes oubliés et de légumes racines, sont simplement incroyables. Ces produits permettent à Mathieu Brisson de pratiquer une cuisine exquise, de l'instant, sans artifice, idéale pour y associer les meilleurs vins biodynamiques : Le Vignoble d'Élian 2013 à 65 CAN, La Papesse du domaine Gramenon à 89 CAN, Clos de la Rue du château de Brézé à 99 CAN, La Luna de Bruno Duchêne à 79 CAN, Les Chalasses Vieilles Vignes de Jean-François Ganevat à 99 CAN, ainsi qu'une importante sélection au verre. Une adresse sûre. Un bonheur solide... et liquide !

Menus *: Brunch : 17 CAN / La Pause bien méritée (2 plats et café) : 17 CAN*
À la carte *: Mini : 40 CAN / Maxi : 80 CAN*

203, rue Saint-Joseph Est
QC G1K 3B1 Québec
Tél. : +1 418 640 0597

Fermé dimanche soir et lundi
www.clocherpenche.ca

Légende

⌘ 🍷 €€ ÉMILE TREMBLAY ET FRÉDÉRIC LAPLANTE JÉRÔME CORNELLIER

♡ Gastronomique, en vue, chic, booké, sophistiqué

• Il faut un certain cran pour nommer son restaurant Légende. Frédéric Laplante possède le C.V. lui autorisant ce genre de coquetterie. Par « légende », il souhaite entendre « retour aux racines », et annonce qu'il mène une réflexion sur l'histoire culinaire du Canada, sans chichis, sans trop d'apparat, mais en cherchant la vérité. Il a donc souhaité, avec son chef associé exécutif, Émile Tremblay, faire redécouvrir tous les terroirs de son pays. Il prête beaucoup d'attention aux matières premières qui composent ses recettes, et à la manière dont s'expriment ses assiettes. Par exemple, la croquette de gibiers (wapiti, cerf, bison) contient toutes les odeurs des forêts américaines. Coffrées dans une double panure, les chairs braisées reposent sur de la mousse (mélange du moelleux d'un œuf parfait et de l'oseille). La recette est splendide. Sa complexité et son onctuosité lui permettent d'être à son avantage avec n'importe quel vin rouge. Ça tombe bien, la cave est pléthorique dès 45 CAN. Un établissement qui a le vent en poupe, et c'est mérité !

Menu *: Dégustation (5 plats et dessert) : 95 CAN*
À la carte *: Mini : 55 CAN / Maxi : 110 CAN*

255, rue Saint-Paul
QC G1K 3W5 Québec
Tél. : +1 418 614 2555

Fermé lundi, mardi, et le midi
www.restaurantlegende.com

L'Affaire est Ketchup

⌘⌘⌘ € ANDRÉ CHÉNARD ET FRANÇOIS JOBIN

♡ Bistronomique, petit mais costaud, bruyant, frenzy, bordel organisé, réservation impérative

• « L'Affaire est Ketchup » est une pure expression québécoise signifiant que la journée de travail est terminée, et que tout va bien. Ici, on a davantage l'impression de dîner dans l'appartement de deux amis azimutés (16 couverts maximum) qu'au restaurant. L'ambiance est donc très décontractée, comme à la maison, à la différence que l'on peut se régaler de duos de bisons et champignons sauvages ou participer à des soirées sobrement intitulées : tripes, boyaux et caviar ! Nous, on adore cet état d'esprit déglingo ! D'autant plus que les propriétaires sont très attachés à leur terroir et aux aliments sains et frais, qui font la différence. Par ailleurs, même si on rigole beaucoup en salle, en cuisine les associations les plus farfelues sont remarquablement dosées et les cuissons sont toujours parfaites. La carte des vins est, elle aussi, folledingue. Elle change régulièrement, et se trouve composée de plein de vins bio vendus à prix d'amis (seulement 12 CAN de plus que leur prix d'importation). La vie est trop courte pour se priver de l'Affaire est Ketchup.

***À la carte** : Mini : 25 CAN / Maxi : 90 CAN*

46, rue Saint-Joseph Est
QC G1K 3A6 Québec
Tél. : +1 418 529 9020

Fermé lundi, mardi, et samedi soir
www.facebook.com/laffaireest.ketchup

Le Moine Échanson

⌘ € BERTRAND MESOTTEN

♡ Bistrot-trop, boîte à vins, happy huîtres, after hours, party time, décontracté, ou à emporter

• Les huîtres sont délicieuses, et vendues à prix coûtant ! Rien que cela vaut mention. Plus sérieusement, le Moine Échanson est l'un des hauts lieux où boire nature, et avec l'accent, au Canada. Les références donnent le tournis et sont vendues à prix d'amis : domaine de la Chappe, domaine des Brosses, Jean Ginglinger, La Combe aux rêves, Overnoy-Crinquand, Le Raisin et l'Ange, Mas d'Espanet, Bodegas Albamar... que du très pointu et du très bon. Et, côté cuisine, on ne s'ennuie pas. Tout est prévu pour faire la fête, des after brunchs de 14 heures à 16 heures aux fins de soirées très arrosées à la bière belge. Mais cela ne doit pas empêcher d'apprécier la choucroute, gravlax d'esturgeon, hareng fumé, câpres et choux de Bruxelles. Ici, c'est party time, toute l'année !

***À la carte** : Mini : 25 CAN / Maxi : 50 CAN*

585, rue Saint-Jean
QC G1R 1P7 Québec
Tél. : +1 418 524 7832

Fermé le midi
www.lemoineechanson.com

Le Panache

⌘⌘⌘ 🍷🍷 €€ JULIEN OUELLET YANN BARRETTE-BOUCHARD

♡ Haute gastronomie, hyper luxe, palace, chic, trop fort en vins, romantique, avec vue

• Il s'agit de l'un des plus beaux, des plus réputés et des meilleurs restaurants du Canada. La vue sur le fleuve est imprenable. C'est dans ce cadre paradisiaque que Julien Ouellet pratique une gastronomie de haute volée, qui en met plein les yeux, mais qui n'oublie pas de s'intéresser principalement au terroir et aux produits locaux. La carte suit scrupuleusement les saisons et la plupart des primeurs sont issus du jardin biologique situé sur l'île d'Orléans. Quant à la cave, elle abrite plus de 12 000 bouteilles provenant de 14 pays différents : château Rayas à 559 CAN, La Turque à 745 CAN, Saint-Eustache du vignoble Rivière du Chêne à 45 CAN, jurançon sec du domaine de Souch à 170 CAN... Enfin, goûter au contre-filet de cerf, échaudé dans un consommé de légumes racines, condiment au genièvre immature est une expérience rare, qui se mérite. Difficile d'être mieux situé à tous les niveaux : géographique, éthique et gastronomique. Réservation indispensable !

***Menus** : Déjeuner (2 plats et dessert et café) : 24 CAN / Signature (5 plats, fromages et desserts/vins) : 125/220 CAN*
***À la carte** : Mini : 75 CAN / Maxi : 200 CAN*

Auberge Saint-Antoine
10, rue Saint-Antoine
QC G1K 4C9 Québec
Tél. : +1 418 692 1022

Ouvert tous les jours
www.saint-antoine.com

La Planque

⌘⌘⌘ 🍷🍷 €€ GUILLAUME ST-PIERRE

♡ Gastronomique, cosy, post-industriel, cuisine ouverte, branché, collé-serré

• Guillaume St-Pierre est une star au Québec, où il a gagné l'équivalent canadien de « MasterChef ». Auparavant, il n'était cependant pas un inconnu, mais le second de cuisine du Laurie Raphaël. Désormais chez lui (une ancienne boutique de fleuriste entièrement réaménagée), le chef a adopté un style foisonnant, éclectique et locavore (le saumon bio vient de la Nouvelle-Écosse, la plupart des fruits de l'île d'Orléans et les volailles sont de Cap-Saint-Ignace). Les assiettes sont très généreuses et gourmandes. L'œuf de poule frit, sur un effiloché de pintade et ses asperges du Québec mélange agréablement les textures veloutées et croustillantes. Cette dernière est encore à l'honneur avec le duo de cochon de la ferme Bégin, qui croque et craque de partout, sans oublier de bien fondre. Faire fondre, l'exploit est également réussi par une carte des vins internationale et nature, bien qu'un peu courte : crémant-de-bourgogne du domaine François Mikulski à 60 CAN, Les Vieilles Vignes de Sylvaner du domaine Ostertag à 60 CAN, côtes-du-jura Les Chamois du Paradis du domaine Jean-François Ganevat à 92 CAN, anjou Sous la Tonnelle du domaine de la Bergerie à 45 CAN, faugères Tradition du domaine Léon Barral à 78 CAN, languedoc du Mas Jullien à 80 CAN... L'archétype du restaurant « nouvelle génération ».

***À la carte** : Mini : 40 CAN / Maxi : 100 CAN*

1027, 3e Avenue
QC G1L 2X3 Québec
Tél. : +1 418 914 8780

Fermé samedi midi, dimanche et lundi
www. aplanquerestaurant.com

La Belle Excuse

⌘⌘⌘ 🍷🍷 € FRANCE FOURNIER

♡ **Gastronomique, petite maison rouge, comme chez soi, romantique, intime, terrasse**

• La Belle Excuse, c'est une maison d'hôtes où l'on mange excellemment. C'est aussi de la musique stylée, une galerie d'art québécois et des lumières délicieusement tamisées. Mais la Belle excuse, s'est surtout France Fournier, qui a fait sienne la devise de Theodore Zeldin : « La gastronomie est l'art d'utiliser la nourriture pour créer le bonheur. » Pour parvenir à cette fin, elle met à l'honneur les fleurs comestibles dans ses assiettes, celles-ci (ainsi que beaucoup de primeurs) étant cultivées dans un jardin attenant au restaurant. Or, ce petit détail fait la différence. Il transforme des plats déjà fort bien construits en véritables écheveaux de parfums, dont le pouvoir de séduction est à la fois immédiat et très intense. Par ailleurs, ce restaurant est le seul que nous connaissions où des plats servis à volonté sont dignes d'être étoilés : les cuisses de grenouilles aux quatre beurres et la fondue chinoise au bœuf mariné et bouillon mijoté. Grand choix de vins à prix abordables (coefficients à peine doublant), présenté sur une belle carte qui fait le tour de la France, de l'Italie, du Canada, de la Californie, du Chili et de l'Argentine. France Fournier vous livre le monde gastronomique sur un plateau d'argent, comme à la maison !

***À la carte** : Mini : 35 CAN / Maxi : 100 CAN*

138, rue Notre-Dame Ouest
QC G0L 4K0 Trois-Pistoles
Tél. : +1 418 857 3000

Fermé lundi et mardi
www.facebook.com/Restaurant-la-belle-Excuse-inc-218939991468421

Le Buck

⌘ 🍷🍷 €€ SAMUEL LEMIEUX-SIMARD ET ALEXANDRE LABRIE SIMON BERGERON

♡ **Gastronomique, façon pub, coule à flots, décontracté, industique, ou à emporter**

• Le Buck, c'est d'abord un décor industique (industriel-rustique) épais, chaleureux, dominé par des tabourets vertigineux, du gros bois, du cuir travaillé façon Chesterfield. Ensuite, c'est un concept, le pub gastronomique, où l'on s'arrose et se gastronomise avec envie et satiété, dans la bonne humeur, mais en gardant le sens de la mesure et des valeurs. Enfin, c'est aussi une belle carte des bières, qui contient quelques « pressions » d'exception (dont la gueuze 100 % lambic bio de la brasserie Cantillon à 35 CAN). Cependant, si on fait le déplacement rue François-Xavier, c'est surtout pour goûter à l'excellente cuisine des chefs, qui s'organise autour d'ingrédients exclusivement issus de petits producteurs-artisans de la région. Le traditionnel burger de cerf, champignons sautés, cheddar de l'Île-aux-Grues, confit d'oignons au sang d'encre ; ou le fameux saumon Wellington, riz aux herbes, béchamel à l'aneth font beaucoup mieux que de la figuration, ils font carrément de l'épate, surtout si on joue à les associer à l'un des flacons d'une cave très ouverte et plutôt bio friendly : vins au verre dès 5 CAN, La Bulle du Facteur de Mathieu Cosme à 69 CAN, champagne extra-brut Fleury à 161 CAN, domaine François Chidaine dès 56 CAN, Clos de la Févrie du domaine Le Fay d'Homme à 56 CAN, Vista Luna de Neyers à 77 CAN, Ciscu du Celler de l'Era à 59 CAN, carignan d'Olivier Pithon 68 CAN. Au Buck (terme d'argot signifiant dollar), on en a pour son argent.

***À la carte** : Mini : 50 CAN / Maxi : 100 CAN*

142, rue Saint-François-Xavier
QC G9A 1P7 Trois-Rivières
Tél. : +1 819 519 2825

Fermé dimanche soir, lundi, et le midi tous les autres jours sauf vendredi
www.lebuck.ca

Poivre noir

⌘ 🍷🍷🍷 €€ JOSÉ-PIERRE DURAND

Gastronomique, terrasse avec vue, ou à emporter, chic, cosy, annexe de Bacchus

• Installé directement sur le Saint-Laurent, Poivre noir jouit d'une situation extrêmement privilégiée, notamment en été (et en terrasse). Il émane des cuisines et de la salle une véritable envie de plaire, que l'on retrouve dans les généreuses charcuteries et dans le foie gras servis en amuse-bouches. Toutefois, c'est l'incroyable bœuf wagyu, cuit à la perfection pour faire ressortir tous ses goûts de peau, son gras et ses salaisons, qui mérite à lui seul le détour, d'autant plus que son prix à la carte défie toute concurrence, sauf peut-être celle de la succulente tarte de foie gras au xérès sur biscuit couvert d'une fine couche de chocolat, un autre merveilleux plat. La carte des vins fait le tour du monde et des vignerons bio : D'Acco de Fuori Mordo à 89 CAN, Montsant de Laurona à 79 CAN, Taos de Parparoussis à 81 CAN, Grandes Jorasses du domaine Belluard à 76 CAN, jurançon du domaine de Souch à 85 CAN, Le Tournebride de Vincent Gaudry à 71 CAN. Un restaurant à découvrir, à tous points de vue !

***Menu** : Dégustation (4 plats et dessert/vins) : 70 CAN/115 CAN*
***À la carte** : Mini : 40 CAN / Maxi : 100 CAN*

1300, rue du Fleuve
QC G9A 4X8 Trois-Rivières
Tél. : +1 819 378 5772

Fermé samedi midi, dimanche, lundi, et mardi midi
www.poivrenoir.com

La Table des gourmets

⌘ 🍷 €€ ROUYÉ THIERRY

Gastronomique, chic, sympathique, romantique, brunch de luxe

• La Table des gourmets est un restaurant d'influence bretonne ! Ce qui, au Canada, n'est pas anecdotique. Son équipe se surnomme : les marchands de bonheur. Et il est vrai que les brigades de ce coquet établissement cherchent à chaque instant à nourrir et à satisfaire les clients. Sur le plan culinaire, force est de constater que la pintade de « Plume des champs », pomme de terre, cresson, champignons, noisettes, citron ; ou les raviolis à la châtaigne, cresson, ricotta, champignons, œuf poché possèdent une richesse et une complexité propres à ravir tous les gourmets. La carte des vins est, elle aussi, construite avec audace pour transporter et faire naître naturellement des émotions : Lalande de Pomerol du château Treytins, cheverny du domaine Sauger, pouilly-fumé d'Emmanuelle Mellot... L'endroit rêvé pour passer des moments tendres et gourmands.

***Menus** : Brunch : 30 à 40 CAN / Déjeuner (2 plats et dessert) : 22 CAN / Menu (3 plats et dessert) : 60 CAN*
***À la carte** : Mini : 50 CAN / Maxi : 100 CAN*

2353, rue de l'Église
QC J0T 2N0 Val-David
Tél. : +1 819 322 2353

Fermé lundi, mardi, et samedi soir
www.tabledesgourmets.com

QUÉBEC

INDEX GÉNÉRAL

FRANCE

BELGIQUE

INDEX DES COUPS DE CŒUR

Rédacteur en Chef :
Bertrand Rougier (rougier@guidedes100.com)

Conception
et réalisation graphique :
Juste Ciel

Relecture :
Carole Daprey

Photogravure :
Quadrilaser

Imprimé sur papier Condasilk 135 gr
issu de forêts gérées durablement et labelisées FSC

Achevé d'imprimer en juillet 2017
sur les presses de l'imprimerie Graphycems
Dépôt légal : août 2017
ISBN 978 2 7324 8393 1
Imprimé en Espagne